Journey Home

Autobiografie eines
amerikanischen Yogi

Radhanath Swami

Journey Home

Autobiografie eines amerikanischen Yogi

Aus dem Amerikanischen von
Petra Huy-Kraft,
Marlene Erhardt
und
Maria Stutzke-Schiffer

HANS-NIETSCH-VERLAG

Titel der Originalausgabe:
The Journey Home. Autobiography of an American Swami,
erschienen bei *Mandala Publishing, 10 Paul Drive,* San Rafael/CA 94903, USA
www.mandalaeartheditions.com

Lektorat: Sibylla Huy
Korrektorat: Ute Orth
Innenlayout: Kurt Liebig
Satz: Hans-Jürgen Maurer
Druck: CPI Moravia Books s.r.o., Pohořelice/
Tschechische Republik

Hans-Nietsch-Verlag
Am Himmelreich 7
79312 Emmendingen

www.nietsch.de
info@nietsch.de

ISBN 978-3-86264-232-8

Für alle meine Weggefährten und Meister verschiedenster Glaubensrichtungen, die mir auf meiner steinigen Reise nach Hause ihr Mitgefühl und ihre Weisheit zuteilwerden ließen.

Für meine Mutter und meinen Vater, die sich mit selbstloser Liebe und Hingabe um mich kümmerten. Sie gaben ihren eigenwilligen Sohn nie auf.

Für meinen Guru, der mein Leben mit seiner bedingungslosen Liebe transformierte.

Für all die aufrichtigen Seelen, meine Brüder und Schwestern, die auch auf der Suche nach dem vergessenen Schatz in ihrem Herzen sind.

INHALT

„tvayi me nanya-visaya
matir madhu-pate sakrit
ratim udvahatad addha
gangevaugham udanvati.“

„O mein Herr voller Süße, so wie der Ganges ewiglich ungehindert ins Meer strömt, so lass auch meine Zuneigung ständig auf dich gerichtet sein, ohne von irgendetwas abgelenkt zu werden.“

Srimad-Bhagavatam 1.8.42
(gesprochen von Königin Kunti)

PROLOG

Als ich aus dem eisigen Himalajawasser des Flusses Bagmati ans Ufer kletterte, fiel mein Blick auf zwei Häufchen Asche. Das eine stammte von einer Verbrennungsstätte und das andere von einem Opferfeuer. Ich war nur mit einem Lendentuch bekleidet und ein kalter Wind ließ mich bis auf die Knochen frieren. Eine starke Sehnsucht überkam mich. Was tat ich hier eigentlich – zitternd, allein, hungernd und so weit weg von zu Hause? War all mein Suchen umsonst gewesen? Ich blickte hinauf zu den Sternen, die durch die Zweige eines alten Banyan-Baumes schimmerten. Nachtvögel trällerten ein melancholisches Lied. Am Flussufer entlang brannten heilige Feuer, in die gottergebene Männer, deren Haare in verfilzten Strängen bis zu den Knien hinabhingen, Opfergaben aus streng riechenden Kräutern hineinwarfen. Aus den glimmenden Überresten schöpften sie ein paar Hände voll Asche und schmierten sie sich auf die Haut. Nach diesem Ritual gingen sie zu dem Heiligtum, das auch ich so sehnlichst betreten wollte.

Es war Frühling 1971 in Pashupatinath in Nepal und eine wahre Flut von Pilgern traf in dieser Nacht dort ein. Ich hatte meine Teenager-Jahre gerade hinter mir und führte mir vor Augen, dass mich die halbe Erdkugel von meiner Heimat in einem Vorort von Chicago trennte. Ich sehnte mich nach der Atmosphäre eines heiligen Ortes, an dem ich um Führung beten konnte. Eine Stunde zuvor hatte ich mich einem alten Tempel genähert, in dessen riesigem Eingangstor mythenhafte Löwen, Schlangen, Götter und Göttinnen eingemeißelt waren. Als ich voller Vorfreude die Steintreppe hinaufstieg, schlug mir ein Torwächter mit seinem Knüppel gegen den Brustkorb. Nach Atem ringend, fiel ich auf die Knie. Umgeben von Polizeiwachen versperrte mir der Torwächter den Weg und schrie mich an: „Du bist ein Ausländer! Hau ab!" Ihr Anführer in militärischer Uniform mit Turban stürzte mit zornigen Augen herbei und schlug mit einer Rute gegen ein Schild, auf dem stand: „Für Ausländer verboten!"

„Raus hier“, schimpfte er, „wenn du's noch mal versuchst, bekommst du eine gewaltige Tracht Prügel und fliegst ins Gefängnis! Keine Ahnung, was die aufgebrachten Insassen dort dann mit dir anstellen.“ Er befahl seinen Untergebenen, wachsam zu sein. Niedergeschlagen wanderte ich zum Flussufer. Meine mühsame spirituelle Sinnsuche hatte mich so weit gebracht. Ich konnte doch jetzt nicht umkehren.

Als ich die heiligen Männer beobachtete, kam mir eine Idee.

Ich kniete an einer noch glimmenden Grube nieder, an der ein Opferfeuer gebrannt hatte, grub meine Hände tief in die warme, puderige Asche und siebte die glühenden Kohleklumpen heraus. Schaudernd schmierte ich die Asche über meinen dünnen Körper und über mein verfilztes Haar bis hinunter zu meinen schwieligen, nackten Füßen. Das muffige Puder brannte in meinen Nasenlöchern, trocknete mir den Mund aus und blieb mir im Hals stecken.

Ich wickelte zwei alte Baumwolltücher um meinen Ober- und Unterkörper und schlich wieder zum Tor. Mein Herz klopfte heftig.

Dieselben Torwächter mit ihren Knüppeln in der Hand hielten Wache, erkannten mich jedoch nicht und ließen mich vorbei. Als ich den großen offenen Innenhof betrat, der den alten Tempel umgab, dachte ich, *wenn man mich hier gefangen nimmt, könnte ich getötet werden.* Einige Tausend Menschen standen in einer chaotischen Schlange an und warteten, zum Altar vorgelassen zu werden, denn es war jeweils nur einer Person gestattet, vor den Altar zu treten. Geduldig stellte ich mich ans Ende der Schlange und bewegte mich langsam voran. Plötzlich tauchte derselbe Polizeioberst wieder auf, der mich zuvor aufgehalten hatte, und ging zunächst an mir vorbei. Ich rang nach Luft und drehte mein Gesicht in die andere Richtung. Mein Adrenalin-Spiegel schnellte in die Höhe. Dann stellte sich der Mann direkt vor mich, blickte in mein aschebeschmiertes Gesicht und brüllte eine Frage auf Hindi, der lokalen Amtssprache. Ich verstand kein Wort. Falls ich hier auch nur ein einziges Wort Englisch sprach, wusste ich, dass dies mein Ende sein würde. Als ich keine Antwort gab, starrte er mich an und feuerte eine weitere Salve Fragen auf mich ab, nur diesmal viel lauter. Bei dem Gedanken, dass ich mehrere Jahre in einem dreckigen, nepalesischen Gefängnis verbringen oder vielleicht noch Schlimmeres ertragen müsse, verlor ich beinahe den Verstand.

Mit ausdruckslosem Gesicht stand ich bewegungslos da. Mir war klar, dass der Oberst darin geübt war, Verdächtiges aufzuspüren. Erkannte er mich etwa? Ich konnte nur Vermutungen anstellen.

Wieder hatte ich eine Idee. Ich legte eine Hand auf den Mund und winkte mit der anderen von einer Seite zur anderen. Die *Mauni Babas* – Menschen, die ein Schweigegelübde einhalten – machen andere häufig mit dieser Geste auf ihren Eid aufmerksam.

Der Oberst packte mich am Arm und zog mich fort. Wohin führte er mich? War ich verhaftet? Er schrie etwas und sofort kamen zwei Polizeiwachen herbei. Sie umringten mich und zogen mich durch die Warteschlage der Pilger hindurch, bis wir an die Stelle kamen, an der das Gedränge am größten war. Mit erhobenen Knüppeln donnerten die Wachen ihre Befehle. Sollte dies eine öffentliche Auspeitschung werden? Würde die Menge mich in Stücke reißen, weil ich ihren Tempel entehrt hatte? Sie schrien immer lauter, bis die Leute schließlich Platz machten. Ich wartete zitternd vor Angst.

Die Männer schleppten mich durch die unruhige Menschenmenge, bis ich mich direkt vor dem Altar wiederfand, einer farbenprächtigen Pagode, aus der mir Rauchschwaden von Sandelholz-Räucherstäbchen entgegenwehten. Davor stand eine massive Steinfigur in der Form eines Stieres. Auf dem Altar befand sich ein Stein-*Murti** des Gottes *Shiva*, der mit bestickter Seide, Gold und wertvollen Juwelen geschmückt war. Der Oberst hob seinen Knüppel erneut in die Luft und drückte dabei fest meinen Arm. Wollte er mich etwa direkt vor der heiligen Shiva-Figur verprügeln?

Er war von seinen Wachmännern umgeben, hielt den Stock weiterhin hoch über seinem Kopf und befehligte den Priester so laut herum, dass dieser umgehend in den Altarraum zurückeilte. Ich wartete zitternd. Dann trat der Priester wieder aus dem Innern des Heiligtums hervor – nun in ein Gewand aus roter Seide gehüllt. Ein auffallender Punkt aus rotem Puder war auf seiner Stirn zu sehen und er trug eine goldene Kette und einen Strang aus getrockneten *Rudraksha*-Samen um den Hals. In einem tiefen, hypnotischen Ton rezitierte er das Mantra „*Om Namah Shivaja.*“

---

* *murti* – Form bedeutet „Gestalt, Figur, Idol, Götterbild, Manifestation“ (Anm. d. Übers.)

Trotz des kühlen Windes schwitzte der korpulente Oberst am ganzen Körper. Wieder schrie er dem Priester etwas zu, was ich nicht verstand. Der Priester hörte aufmerksam zu, nickte, schloss die Augen und hielt inne. Einige Augenblicke verstrichen, während die Menschenmenge voller Ungeduld tobte. Dann richtete sich der Priester auf, atmete tief ein und begann, Verse uralter Sanskrit-Texte zu rezitieren. Er verblüffte mich, indem er mir plötzlich einen seidenen Turban um den Kopf band. Dann hängte er mir einen Schal um die Schultern, legte mir mehrere Girlanden aus Jasmin- und Nachtkerzenblüten um den Hals, bestrich meine Stirn mit Sandelholzpaste und bot mir Safran-Wasser zum Trinken an.

Ich war ganz benommen und begriff erst allmählich, dass die Polizei die Menge nur zurückhielt, um mir die einzigartige Gelegenheit zu geben, dem Herrn Gebete darzubringen und Ehrungen des Tempels entgegenzunehmen.

Der Polizeioberst verneigte sich tief, bat mit betenden Händen demütig um meinen Segen und verabschiedete sich dann.

Hatte er mich in meiner Verkleidung denn nicht erkannt? Oder war ihm sogar bewusst, wer ich war, und er rechnete mir einfach meine Entschlossenheit hoch an? Ich werde es wohl niemals erfahren. Was auch immer der Grund dafür war, ich war tief bewegt. Ich hatte gegen ein von Menschen beschlossenes Gesetz verstoßen und verdiente Prügel, aber Gott ist barmherzig.

Als ich so vor dem Altar stand, meine Glieder bedeckt mit Asche, eingehüllt in graubraune Tücher und meine verfilzte Haartracht ungeschickt mit Seide und Blumen geschmückt, schloss ich meine tränenerfüllten Augen ganz fest, führte meine Hände zum Gebet zusammen und flehte zu Gott, dass mir mein wahrer Weg auf meiner weiteren Reise offenbart werden möge.

Ich kehrte zum Flussufer zurück und saß auf der kalten Erde. Es war eine mondlose Nacht, die Sterne funkelten am dunklen Firmament, eine Brise erfüllte den Wald mit dem Duft von Jasminblüten und aus der Stille vernahm ich die Rufe einer Eule. Ich blickte flussabwärts und fragte mich, wohin der Fluss des Schicksals mich wohl als Nächstes treiben würde. Wie kam es nur, dass ich ein Leben führte, das sich so sehr von der Kultur meines Herkunftslandes unterschied, aber meiner Seele so vertraut war?

I

Reise in den Osten

1

Mein bester Freund Danny und ich schlichen die knarrende Treppe in den kalten, feuchten Keller hinunter. Plötzlich durchfuhr es mich wie ein Blitz – *ich sollte nicht hier sein.* Mein Herz schlug wie wild. In der Mitte des Raumes befand sich eine Hantelstange mit 250 Pfund schweren Gewichten, die auf einem Stahlgerüst aufgebockt war. Mein Klassenkamerad prahlte: „Mein Vater stemmt die jeden Tag." Ich war sieben Jahre alt, klein und schmal, hatte kurze, schwarze Haare, braune Augen und einen dunklen Teint. Als ich die kalten Gewichte berührte, kam ich mir winzig vor.

Danny drehte sich zu mir: „Richie, ich verrate dir jetzt ein großes Geheimnis." Er legte den Zeigefinger auf die Lippen und flüsterte: „Versprichst du, dass du es niemandem verraten wirst?"

Er kletterte auf ein Regal, streckte sich hoch hinauf zu einem Balken, holte einen Messingschlüssel hervor und kletterte wieder herunter. Dann führte er mich zu einem hohen Holzschrank, entriegelte ihn und stieß die Türen auf. Er zeigte auf einen Stapel Zeitschriften.

„Nur zu." Danny lächelte. „Schau dir ruhig eine an."

Das tat ich. Sie war voll mit Fotos nackter Frauen in verführerischen Posen. Mein kleiner Körper erstarrte. Nie zuvor hatte ich gesehen, was sich unter der Kleidung eines Mädchens verbarg. Es sah so seltsam und verboten aus.

„Toll, was?", fragte Danny.

Ich nickte, unsicher, was ich erwidern sollte. Ich schlug das Magazin zu und schob es zurück in den Schrank.

„Warte, bis du erst gesehen hast, was in der Schublade ist." Er zog sie auf und brachte zwei Pistolen und mehrere Handgranaten zum Vorschein. „Mein Vater lässt die Revolver immer geladen und die Handgranaten sind echt." Er gab mir eine Granate. „Hier, halt mal."

Ich erschauderte, als ich das kalte, schwere Metall in den Händen hielt.

„Das ist ganz schön gut“, murmelte ich. Ich versuchte, meine Angst zu verbergen, und legte die Waffe vorsichtig wieder zurück in die Schublade.

„Richie, warte, bis du das gesehen hast.“

Danny öffnete zwei Türen im Inneren des Schrankes und enthüllte eine Art Altar. Dort befand sich die gerahmte Fotografie einer Gestalt, deren Augen mich unheilvoll anstarrten. Entsetzt fand ich mich einer Abbildung von Adolf Hitler gegenüber. Zwei mit Hakenkreuzen bestickte Armbinden waren feierlich auf jeder Seite des Fotos drapiert worden und darunter hing ein Dolch, in dessen Griff eine glänzende Swastika geprägt war. Mir sank das Herz. Grauenvolle Bilder schossen mir durch den Kopf. Ich hatte schon oft gehört, wie meine Eltern darüber sprachen, dass die Nazis ein Blutbad an unseren Verwandten angerichtet hatten. Seit die Nazis damals 1941 in Litauen, der Heimat unserer Vorfahren, eingefallen waren, gab es von der Familie meines Großvaters kein Lebenszeichen mehr.

Danny flüsterte: „Das ist ein Geheimnis, aber meine Eltern hassen dich.“

Eine Hitzewelle raste von meinem Magen hinauf zu meiner Kehle. „Weshalb? Was habe ich denn getan?“

„Weil du ein Jude bist. Sie sagen, ihr habt Jesus getötet.“

„Was!?“ Ich stand da wie gelähmt. Was ich da hörte, ergab einfach keinen Sinn.

„Mein Vater sagt, dass selbst Gott euch hasst.“

Die Decke über uns knarrte unter den schweren Schritten seiner Eltern. Ich wusste nicht, ob ich weglaufen, mich verstecken oder weinen sollte.

„Hasst *du* mich, Danny?“

„Nein, du bist mein bester Freund. Weil du ein Jude bist, könnte ich dich vielleicht hassen, wenn ich groß bin. Aber ich hoffe nicht.“

In meinem Kopf herrschte völlige Leere.

Danny verschloss den Schrank und führte mich die Treppe nach oben an den Küchentisch, wo uns seine Mutter mit zwei Tellern Vanilleplätzchen und zwei Gläsern kalter Milch erwartete. Sie lächelte angespannt. Ein lautes Knarren im Fußboden kündete von Dannys Vater, einem stämmigen Mann mit kantigem Kiefer, ergrautem Bürstenschnitt, kleinen, stechenden Augen und einem halben Lächeln, das mich erschaudern ließ. In seiner Gegenwart fühlte ich mich äußerst verletzlich.

Waren die Kekse vielleicht vergiftet?, fragte ich mich. Aber was blieb mir anderes übrig? Ich hatte Angst, sie nicht zu essen.

„Iss, Richie. Stimmt etwas nicht?", fragte seine Mutter herausfordernd.

Ich aß die Kekse zwar, aber ich konnte mein Leid kaum verbergen. Bei jedem Bissen betete ich zu Gott, dass er mich beschützen möge.

Bleich wie ein Geist lief ich nach Hause. In diesem Alter besaß ich noch nicht die Fähigkeit, diesen Vorfall richtig einzuordnen. Ich war einfach verletzt, sehr verletzt.

Meine Mutter begrüßte mich mit einem sanften Lächeln. Sie stand in der Küche, eine Schürze um die Taille gebunden, und war dabei, Teig auf unserem runden Küchentisch auszurollen. „Ich mache Apfelstrudel für dich, Richie, deinen Lieblingskuchen."

„Mama", fragte ich, „hasst mich Gott?"

„Nein, natürlich nicht. Gott liebt dich." Sie zog die Augenbrauen hoch, als sie das Nudelholz auf den Tisch legte. „Warum fragst du?"

Ich hatte Angst, es ihr zu sagen. „Ich weiß nicht. Wahrscheinlich bin wohl einfach nur neugierig." Um weiteren Fragen aus dem Weg zu gehen, lief ich nach oben in mein Zimmer.

Ich glaubte meiner Mutter. Ich glaubte, dass Gott mich liebte. Ich lag in meinem Bett, starrte an die Decke und bemühte mich, den Widerspruch von Liebe und Hass, die ja beide in Beziehung zu ein und demselben Gott standen, zu begreifen.

In kindlicher Unschuld betete ich heimlich in Gedanken oder im Flüsterton. Meistens betete ich im Bett, bis ich einschlief. Wenn ich betete, fühlte ich mich geborgen und hatte das Gefühl, dass mir jemand zuhörte. Ich glaubte, dass Gott mich erhörte und bei mir war. Dennoch hatte ich viele Fragen zu diesem göttlichen Wesen. *Wer ist dieses Wesen, das Gott genannt wird?*, fragte ich mich oft.

> *Ist er wie eine gewaltige Wolke oder wie ein Schatten, fast unsichtbar?*
> *Oder ist er ein Freund, der jedes meiner Gebete hört und der so real ist,*
> *dass ich ihn beinahe mit meinen Gedanken berühren kann?*

Meine Eltern, Gerald und Idelle Slavin, waren nicht besonders religiös im herkömmlichen Sinne. Vielmehr brachten sie ihren Glauben an Gott durch ihre Dankbarkeit, Großzügigkeit, Güte und ihre Hingabe an die Familie zum Ausdruck. Sie waren in der Wirtschaftskrise aufgewachsen und hatten seit ihrer Kindheit hart gearbeitet, um ihre Familien zu unterstützen. Obwohl sie nur das Beste für ihre Kinder wollten, achteten sie dennoch darauf, uns nicht zu sehr zu verwöhnen, und ermunterten uns dazu, unsere Dankbarkeit für alles, was wir besaßen und was wir bekamen, zum Ausdruck zu bringen. Als ich 1955 vier Jahre alt war, zogen wir von Chicago weg aufs Land in ein Dorf im Sherwood Forest in Highland Park in Illinois. Meine Eltern wollten meine zwei Brüder und mich in einer Umgebung großziehen, die nicht von dem Dreck und den Gefahren der Großstadt geprägt war. Unsere ruhige Wohngegend lag im Grünen, umgeben von Wiesen und Wäldern. Die Kinder spielten auf leeren Parkplätzen und stille Straßen säumten fast identische Häuser.

„Unser kleiner Richie ist süß, aber so seltsam", sagten meine Eltern häufig. „Warum ist er nur so?" Ich hatte eigentümliche Angewohnheiten. Niemand hatte auch nur die geringste Ahnung, woher das kam.

Bis ich acht oder neun Jahre alt war, weigerte ich mich, beim Essen auf einem Stuhl Platz zu nehmen. Ich wollte stattdessen lieber auf dem Boden sitzen, was meine Eltern mir jedoch untersagten. Als Kompromiss erlaubten sie mir, am Esstisch zu stehen, und das sogar in Restaurants. Es kam häufig vor, dass die Kellnerinnen mich fragten, ob sie mir einen Stuhl bringen könnten. „Er hält nichts von Stühlen", pflege meine Mutter daraufhin mit einem Achselzucken zu erwidern.

Während meine Eltern großen Wert auf ihr Erscheinungsbild legten und sich immer ordentlich und gepflegt kleideten, musste meine Mutter meine neuen Sachen immer wieder waschen, bis sie alt aussahen, und ich damit einverstanden war, sie anzuziehen. Wenn sie mir neue Schuhe kauften, schabte ich so lange mit Steinen an ihnen herum, bis sie getragen aussahen. Immer wenn meine Eltern ein neues Auto hatten, drückte ich mich so lange auf den Boden des Rücksitzes, bis das Auto nicht mehr neu aussah.

Bessere Sachen als andere zu besitzen beschämte mich. Ich verehrte die Armen und Unterdrückten. Einmal nahm mein Vater die Familie zum Abendessen mit in den örtlichen Country Club. Plötzlich ließ ich alles stehen und liegen, sprang vom Tisch auf und eilte zur Ausgangstür, weil ich es nicht ertragen konnte, von dem Aushilfskellner, der ein Klassenkamerad von mir war, bedient zu werden. Als mich dann mein Großvater Bill allein in unserem Auto fand, vertraute ich mich ihm an. „Ist schon in Ordnung, kleiner Richie", sagte er. „Du hast richtig gehandelt. Ich bin stolz auf dich."

Der Vater meines Vaters, William „Bill" Slavin, hatte einen tiefen Eindruck bei mir hinterlassen. Seine liebevolle Art spiegelte den tief verwurzelten Glauben an seine Religion wider. Es faszinierte mich, die ruhige und bescheidene Art zu beobachten, mit welcher er versuchte, die alten Traditionen mit dem Leben in Amerika in Einklang zu bringen. Oft ertappte ich ihn, wie er leise für sich vor den Mahlzeiten im Familienkreis betete, während sich der Rest von uns um ihn herum bereits ans Essen machte.

Als ich in das Alter kam, die Hebräisch-Schule zu besuchen, konnte mein Vater es sich nicht leisten, mich dorthin zu schicken. Dennoch bemühte er sich nach seinem Vermögen, mir das Beste zu geben. Als ich mein dreizehntes Lebensjahr erreicht hatte, trat er mit der Bitte nach einer einfachen *Bar-Mizwa* an den Rabbiner Lipis heran, damit er mich segne. Der würdevolle, silberhaarige Rabbi unterrichtete mich bereitwillig kostenlos und brachte mir die wichtigsten Gebete bei. Eines Tages fragte ich ihn: „Rabbi, könnten Sie mir die Bedeutung dieser Gebete erklären?"

Tränen traten in seine sanften, braunen Augen und er umarmte mich mit einer Zuneigung, die ich niemals vergessen werde. Er war so gerührt, dass sich seine Stimme überschlug, als er in seinem altmodischen jiddischen Akzent antwortete: „Kleiner Richie, es berührt mich, dass du aufrichtig wissen möchtest, was diese Zeremonie bedeutet. Das wird heutzutage immer seltener."

„Rabbi, wie soll ich beten?"

Ein freundliches Lächeln breitete sich über sein kantiges, leicht faltiges Gesicht. Seine Zuneigung erweckte ein Gefühl von Geborgenheit in mir – etwas, das jedes Kind erfahren sollte, so glaubte ich.

„Im Talmud", sagte er, „einem Buch über das jüdische Gesetz, das von Rabbinern vor Tausenden von Jahren niedergeschrieben wurde, wird Folgendes gelehrt: Es ist besser, Gott um die Kraft zu bitten, Versuchungen, Schwierigkeiten und Zweifel zu überwinden, damit man Seinen Willen erfüllen kann, anstatt zu Ihm zu beten, dass Er unseren Willen erfüllt."

Zu meinem dreizehnten Geburtstag schenkte mir mein älterer Bruder Marty das Debüt-Album von Peter, Paul und Mary, dem Folk-Trio aus Greenwich Village. Ihre Lieder handelten von Protest gegen Krieg, Vorurteile und soziale Ungerechtigkeit, aber am meisten berührten ihre Texte über Gott meine Seele. Ich lehnte mich zurück, um der Musik zu lauschen, schloss meine Augen und wurde von jedem einzelnen Wort angezogen wie ein Magnet. Der erste Titel auf dem Album begann so: „Früh am Morgen, wenn der Tag anbricht – bitte ich den Herrn, mir zu helfen, meinen Weg zu finden." Immer wieder hörte ich mir das Stück an, ohne zu ahnen, dass dieses einfache Gebet mir als Grundlage für die kommenden Jahre meines Lebens dienen sollte.

Bei meiner Sinnsuche inspirierten mich Folkmusiker wie Pete Seeger und Bob Dylan, die eine in mir aufkeimende Tendenz zur Rebellion förderten. Folkmusik faszinierte mich wegen ihrer tiefgründigen Texte, aber der Blues mit seinem geradlinigen Gefühlsausdruck traf mich mitten ins Herz. Beim Blues dreht sich alles um Gefühl und Sehnsucht. Es geht darum, den Kummer und das Leid in deinem Herzen in jede gespielte Note und in jedes gesungene Wort einfließen zu lassen und in diesem Ausdruck dann Trost und Freude zu entdecken. Wenn ich hörte, wie ein Bluessänger über seine verflossene Liebe klagte, so schloss ich mich ihm instinktiv an und weinte um meine verflossene Liebe, obwohl ich noch gar nicht wusste, um wen es sich dabei handelte.

Während ich eher in mich gekehrt, schüchtern und oft um die Gefühle anderer besorgt war, hatte mein älterer Bruder Marty einen sechsten Sinn dafür, wie man anderen Menschen auf die Nerven ging. Da er sich dabei oft so wild wie ein Affe aufführte, wurde er kurzerhand „Monk" als Kurzform des englischen Wortes *monkey*, Affe, gerufen. 1965, als ich vierzehn Jahre alt war, wechselte ich auf die *Deerfield Highschool*, die Monk gerade abgeschlossen hatte. Als die Lehrer mich sahen, stöhnten einige von ihnen: „Oh nein, noch so ein Monk." Von meinem ersten Schultag an war ich somit als Little Monk, also kleiner Affe, abgestempelt. Der Name blieb, jedoch entging mir lange Zeit die Ironie dieses Namens, bis sie sich mir erst viele Jahre später erschloss.*

Als Neuer an der Schule wurde ich für das Ringerteam der Schulmannschaft angeworben. Ich kann nicht behaupten, dass ich besonders geeignet war, aber sobald ich meine Konzentration voll auf etwas gerichtet hatte, war ich ganz davon eingenommen. Der Trainer und meine Mannschaftskameraden hatten große Hoffnung, dass in den kommenden Jahren aus mir einmal ein Meister werden könnte. Anfangs liebte ich noch die Herausforderung. Stipendien wären mir sicher gewesen, wenn ich sie gewollt hätte. Aber etwas Seltsames geschah mit mir. Die Frage nach einem Sinn im Leben jenseits von Reichtum, Ansehen und den Launen der Gesellschaft ließ mich nicht mehr los. Wie konnte ich in der idyllischen Umgebung von Highland Park mich mit Sport zufriedengeben, wenn ich wusste, dass nur einige Meilen entfernt Afro-Amerikaner wie Sklaven in Ghettos eingesperrt lebten? Wie konnte ich mich über eine Ringkampf-Medaille freuen, wenn meine älteren Freunde gezwungen wurden, in den grausamen Vietnamkrieg zu ziehen? Von solchen Fragen verfolgt, begann ich zusammen mit meinen Freunden das Grundgerüst des Lebens, wie wir es bis dahin kannten, zu hinterfragen.

Auf der Suche nach einem Lebenssinn hatte ich eine glühende Leidenschaft für die Bürgerrechtsbewegung von Martin Luther King Jr. entwickelt und vertiefte mich in die Texte von Malcolm X und in Bücher über sozialen Wandel. Zusammen mit meinen besten Freunden Bassoon und Gary, die ich schon kannte, seit ich zehn war, hatte ich nach der Schule einen Job in einer Autowäscherei angenommen und in den Sommerferien arbeitete ich dort sogar ganztags. Es war harte Arbeit, aber ich liebte sie. Hier arbeiteten wir zu den Klängen von Soul-Musik zusammen mit älteren Afro-Amerikanern aus den Ghettos der South Side von Chicago, einer Welt fernab des behüteten Landlebens von Highland Park. Ich war tief im Herzen berührt, wenn ich den unverfälschten Schmerzensschrei eines Blues- oder Soulsängers bei diesen Männern hörte, die

---

* *monk* (engl.) bedeutet „Mönch" (Anm. d. Übers.)

gegen Armut, Rassendiskriminierung und Alkohol zu kämpfen hatten. Ich war fünfzehn Jahre alt und ich wurde heftig von Fragen gequält, auf die ich keine Antwort wusste.

Als dann ein enger Freund von mir im Alter von nur sechzehn Jahren bei einem Unfall ums Leben kam, nachdem sein Auto auf Eis geschlittert und in das eiskalte Wasser des Lake Michigan gestürzt war, beschäftigte mich die Frage: „Wer bin ich und wohin gehe ich?" Mir schien es, als schlittere die ganze Welt auf dem Eis der Ungewissheit dahin.

Auf der Suche nach einem Zufluchtsort zog ich in unseren Keller um und beklebte die Wände mit psychedelischen Postern, die im Schwarzlicht leuchteten. Fischernetze hingen von der Decke herab. Der Rauch von Jasmin-Räucherstäbchen hing wie eine Wolke in der Luft. Manchmal schaltete ich das blitzende Licht eines Stroboskops ein, um den traumähnlichen Effekt noch zu verstärken. In der Abgeschiedenheit meines Kellers hörte ich die revolutionäre Musik der sechziger Jahre. „A Day in the Life" von den Beatles schürte mein Verlangen, ein sinnvolles Leben jenseits des Oberflächlichen zu suchen. Wenn ich mich zurücklehnte, meine Augen schloss und Georg Harrison singen hörte: „Within You, Without You" rief ich zusammen mit den Saiten seiner Sitar nach innerem Frieden. Immer wieder spielte ich Ray Charles' gefühlvolle Interpretation von „Old Man River", während ich regungslos da saß und bekümmert über die Lage der Unterdrückten nachdachte. Wenn ich B.B. King hörte, bohrten sich die klagenden Noten, die er seiner Gitarre entlockte, tief in mein Herz, und ich fragte mich, warum ich mich bei traurigen Liedern so gut fühlte. Inmitten dieser aufregenden Zeit, in der ich alles um mich herum infrage stellte, hörte ich spät abends Johnny Rivers über meine Stereo-Kopfhörer singen: „Look to Your Soul for the Answer – Suche in deiner Seele nach der Antwort." Ich nahm einen tiefen Atemzug, blickte auf und rief: „Ja, genau!"

Meine Freunde und ich folgten dem Zeitgeist und stürzten uns voll in die Gegenkultur. An unserer Schule hatten zwar eher Konservative, Sportler und Cheerleader das Sagen und wir waren nur eine Minderheit, aber wir begannen, uns die Haare lang wachsen zu lassen, mit Marihuana und LSD zu experimentieren und ganz allgemein die Werte der Generation unserer Eltern abzulehnen.

Aber ich war innerlich zerrissen. Ich hasste es, jemanden zu enttäuschen. Ich kämpfte verzweifelt mit mir, die Ringermannschaft zu verlassen, hatte aber nicht das Herz, meinen Trainer und meine Mannschaftskameraden im Stich zu lassen. Die Schule erwartete von mir, dass ich dabei half, das Team zu Meisterschaften zu führen. Der Trainer hatte einmal der Mannschaft verkündet: „Wenn Little Monk entschlossen ist und gewinnen will, dann schreitet er wie ein hungriger Tiger auf der Matte auf und ab. Er hat das Zeug zum Sieger. Aber er scheint irgendwie abgelenkt zu sein."

Ich war verwirrt und betete um einen Ausweg.

Bei einem wichtigen Turnier riss ich meinen Gegner in den ersten fünf Sekunden des Kampfes zu Boden. Die Menge jubelte und feuerte mich an, aber ich kniete wie gelähmt am Boden. Ich hatte mir die Schulter ausgekugelt und nun stand der Knochen weit heraus.

Der Schmerz raste durch meinen Körper. In dem Augenblick, als die Schulter aus dem Gelenk gerissen worden war, wurde ich eine Leidenschaft los, die schon längst erloschen war. Zitternd vor Schmerz dankte ich Gott im Stillen, als Hunderte wie unter Schock in der Turnhalle zuschauten. Ich war frei.

Ich fühlte, dass das, wofür ich nicht den Mut aufgebracht hatte, es selbst aufzugeben, einfach durch die Macht des Schicksals zur Seite gefegt worden war.

Gary Liss, dessen Freundschaft ein Wunder in meinem Leben werden sollte, war freundlich, aufgeschlossen und immer auf der Suche nach neuen Abenteuern. Gary war ein Rebell, der sich mit der aufkommenden Gegenkultur völlig identifizieren konnte. In den Sommerferien nach meinem Junior-Jahr an der Highschool machten wir uns zusammen auf den Weg nach Kalifornien. Auf dem Sunset Strip und in Haight-Ashbury genossen wir die Freiheit dort in vollen Zügen. In diesen Oasen für Blumenkinder trafen wir viele wundervolle Menschen, die meisten von ihnen waren Idealisten wie wir selbst. Es begegneten uns aber auch wildere Typen, denen es nur um das eigene Vergnügen ging und die es einfach toll fanden, über die Stränge zu schlagen und sich destruktiv zu verhalten – aber um die machten wir einen großen Bogen.

1969 ging ich auch wie Bassoon, Steve und Gary, meine engsten Freunde von der Highschool, auf das *Miami Dade College* in Florida. Wie so viele meiner Generation war auch ich jung, wild und voller Abenteuerlust. Aber zu dieser Zeit bemerkte ich auch zum ersten Mal, dass etwas in meinem Herzen brannte, das den Vorrang vor allem anderen hatte – eine Sehnsucht nach Spiritualität. Sie nahm mit jedem Tag zu. Jemand hatte mir ein Buch mit dem Titel *Die großen Weltreligionen* gegeben. Ich verschlang begierig jedes Wort und wollte mehr. Beim Lesen weiterer Bücher entdeckte ich eine alte indische Praxis: die stille Meditation über die heilige Silbe *Om*. Durch meine inneren Reisen eröffnete sich mir eine subtile Wirklichkeit, die so vielfältig war, dass ich mich danach sehnte, diese Erfahrungen zu vertiefen.

Eines Morgens sah ich auf meinem College-Campus ein Plakat mit der Ankündigung für einen Vortrag über Transzendentale Meditation. Mike, ein bärtiger Amerikaner mit langen Haaren, sprach über die Wissenschaft des Bewusstseins, wie sie von Maharishi Mahesh Yogi gelehrt wurde. Ich war begeistert. Mike lud mich nach Hollywood in Florida ein, wo ich ohne jede Verpflichtung ein persönliches Meditationsmantra empfangen könne. Dort angekommen, legte ich eine Blume, ein Taschentuch und 35 Dollar auf einen Altar, woraufhin mir ein einsilbiges Mantra ins Ohr geflüstert wurde. Die tägliche Meditation wurde zum wichtigsten Teil meines Lebens.

Der Same meiner spirituellen Neigung keimte rasch. Aber zusammen mit diesem Samen wuchs auch Unkraut – meine Abneigung gegenüber Engstirnigkeit und Fanatismus. Da ich mir die Haare aus Protest gegen die Normen des Establishments hatte lang wachsen lassen, wurde ich in jenen Tagen öfter zur Zielscheibe für all diejenigen, die die Hippies hassten. Dazu zählte auch die Polizei, die mich in regelmäßigen Abständen anhielt, durchsuchte und schikanierte. In Wahrheit verspürte ich eine Art trauriger Erfüllung, wenn mich die Leute wegen meiner langen Haare, meiner Zugehörigkeit zu einer religiösen Minderheit oder wegen meiner Überzeugungen hassten. Ich empfand es geradezu als eine Ehre, für ein edles Ideal verfolgt zu werden, anstatt mich an die gängigen Auffassungen anzupassen oder kurzlebige Moden mitzumachen. Gleichzeitig wurde mir allmählich klar, dass ich Teil derselben Krankheit wäre, wenn ich diejenigen hasste, die mich hassten. Ich sehnte mich danach, alle konfessionellen Schranken zu durchbrechen und die innewohnende Essenz aller Religionen, die Einheit Gottes, zu entdecken.

Auf dem College studierte ich Psychologie und Geisteswissenschaften, aber die Meditation und Musik blieben nach wie vor das Wichtigste für mich. In der Nähe des Colleges, in der Stadt Opa Locka, gab es ein Haus namens „The Ash Tray – Der Aschenbecher“, wo der leidenschaftliche Musiker James Harmon lebte. Jimmy, der Bär, wie wir ihn nannten, war ein kräftiger, langhaariger, bärtiger Mann und der Sänger und Mundharmonika-Spieler der Burning Waters Blues Band.

Der Bär liebte mich wie einen kleinen Bruder. Eines Tages drückte er mir mit einem stolzen Lächeln eine seiner Mundharmonikas in die Hand. „Bruder, ich werde dir beibringen, wie man Bluesharp spielt.“

„Aber ich verstehe nichts von Musik“, erwiderte ich schüchtern.

„Das spielt keine Rolle, Junge. Dein Herz ist voll tiefer Gefühle und das ist es, worauf es beim Blues ankommt.“ Seit diesem Tag waren meine Mundharmonika und ich unzertrennliche Partner im Leben.

In dieser Zeit war ich mit einigen afroamerikanischen Studenten befreundet und durch einen von ihnen entwickelte ich eine besondere Freundschaft mit einer älteren Frau, die eine enge Vertraute von Dr. Martin Luther King Jr. gewesen war. Sie war eine sanfte, aber willensstarke Frau, die ihr Leben ebenfalls der Bürgerrechtsbewegung verschrieben hatte und dort eine Führungsrolle innehatte. Da sie in ihren späten Vierzigern war und ich erst achtzehn, nannte ich sie „Mutter“ und sie mich „Sohn“. Bei unseren gemeinsamen Gesprächen tauschten wir unsere innersten Gedanken über Dr. Kings Zukunftsvision und seine traurige Ermordung aus. Sie war eine fromme Baptistin, freundlich und liebenswürdig, aber dennoch furchtlos und entschlossen. Einmal organisierte sie einen Bürgerrechtsmarsch durch ein Viertel von Miami und lud mich ein, daran teilzunehmen. Ihr Gesicht strahlte überrascht, als ich tatsächlich dort erschien … ein weißer Junge bei einer schwarzen Demonstration im tiefen Süden. Voller Stolz nahm sie mich bei der Hand, um neben ihr an der Spitze des Zuges zu laufen.

Die Zuschauer waren entrüstet, mich dort zu sehen. Weiße Rassisten bedrohten und verhöhnten uns, als wir vorbeiliefen. Einige warfen mit

Steinen oder Flaschen nach uns, während die Polizei einfach wegschaute. Mutter lächelte, als über dreihundert Demonstranten Sam Cookes Hymne „A Change Is Gonna Come – Bald wird es einen Wandel geben" und „We Shall Overcome – Wir werden siegen" sangen. Die Demonstration gipfelte in einer Kundgebung in einem Park, wo sich die Teilnehmer auf Klappstühlen niederließen. Ich saß neben meiner Freundin, bis sie zum Mikrofon unter einer Kokospalme ging. Während sie die Ungerechtigkeiten verurteilte, unter denen ihre Leute litten, ermahnte sie die Zuhörerschaft eindringlich zu einem „gewaltlosen Aufbegehren".

Ihre Stimme donnerte voller Überzeugungskraft: „Gewalt erniedrigt uns nur selbst auf das Niveau unserer ungerechten Peiniger. Wie müssen furchtlos zusammenstehen und unsere Rechte einfordern, nicht mit Waffen und Feuer, sondern mit Integrität und Glauben an den allmächtigen Gott. Wo immer wir den Gestank von Fanatismus riechen, müssen wir uns ihm entgegenstellen. Wenn wir unseren Unterdrückern gegenüberstehen, dürfen wir nie zulassen, dass sie die Wahrheit beugen." Ihre Augen waren tränenerfüllt, als sie ihre Stimme erhob und ihren Mentor zitierte. „Dies ist Amerika, das Land der Freien. Wir werden niemals aufgeben, bis die Ketten der Sklaverei für immer zerbrochen sind, und wir in den Himmel hinaufrufen können – *endlich frei, endlich frei*. Reverend Martin Luther King hatte einen Traum. Er gab sein Leben für seinen Traum. Wir werden für seinen Traum leben. Amen."

Begeisterte Zurufe erfüllten den Park. Als sie ihren Platz wieder einnahm, flüsterte sie mir ins Ohr: „Hat es dir gefallen, mein Sohn?"

Ich nickte voller Überzeugung.

Als Nächstes erhob sich ein Sprecher, der zu einer Revolution aufrief. Mit zorniger Stimme verkündete er hasserfüllt: „Alle Hoffnung auf eine gewaltfreie Lösung ist erloschen, als Reverend King erschossen wurde!" „Brüder und Schwestern, erhebt euch aus eurem Schlaf. Wir müssen Feuer mit Feuer bekämpfen. Die Freiheit dieser Nation wurde durch Krieg gewonnen, nicht durch Frieden. Wir müssen geloben, unsere weißen Unterdrücker zu vernichten und ihre Städte niederzubrennen." Die eine Hälfte der versammelten Demonstranten johlte vor Begeisterung, während die andere vor Scham seufzte. Schweißgebadet reckte der Mann seine Faust beschwörend in die Höhe. „Sie haben sich gegen uns verschworen und wollen, dass wir immer im hinteren Teil ihrer Busse und Gefangene der Ghettos bleiben.“ Hass flammte in seinen Augen auf, als er mit seinem Finger auf mich wies und dabei losschrie: „Seht, meine Brüder und Schwestern, seht diesen heimtückischen Weißen. Heute, bei *unserem* Protestmarsch läuft er schamlos in vorderster Reihe mit und lässt uns Schwarze hinter sich zurück.“ Ein wütender Aufschrei ging durch die Reihe seiner Anhänger.

Der Mann fuhr fort, mich als das Symbol all dessen zu identifizieren, was sie verachteten. Er wetterte weiter und hetzte sie dazu auf, Rache und Vergeltung zu üben. Meine Freundin sprang auf, um mich zu verteidigen, aber ihr Protest ging neben den lauten Hasstiraden dieses Mannes völlig unter, der nun die Kontrolle über das Mikrofon und die Mehrheit der Menge hatte. Sie nahm liebevoll meine Hand und schüttelte bestürzt den Kopf. „Mein Sohn, es tut mir furchtbar leid. Ich habe dich an die Spitze des Marsches geholt und Gott ist mein Zeuge. Du hast mir vertraut und jetzt bist du in Gefahr.“ Sie drückte meine Hand und seufzte. „Es ist besser, du gehst jetzt. Und möge Gott mit dir sein.“

Ich schlich von Baum zu Baum weg von der Versammlung. Meine Freundin wachte aufmerksam, bereit, sich zu erheben und mich notfalls zu verteidigen. Mich hatte die Art und Weise erschüttert, mit der so viele Menschen in ihrem Bestreben nach Gleichheit und Gerechtigkeit ihre Aufmerksamkeit immer auf die Unterschiede richteten, und dabei sogar bereit waren, Gewalt anzuwenden. Als ich den Park verließ, stellte ich jedoch mit einem tiefen Atemzug der Erleichterung fest, dass meine Bewunderung für Martin Luther King und seine Anhänger durch die Erfahrung dieses Tages noch gestiegen war. Ich fühlte, dass sie ihrem Ideal treu blieben und unerbittlich gegen die Unterdrückung sowohl von außen als auch von innen kämpften. Als ich allein unter der Sonne Floridas dahin lief, erinnerte ich mich an eine Textstelle, die Licht auf die soeben gemachte Erfahrung warf. *Wenn ein Mensch kein Ideal hat, für das er bereit ist zu sterben, dann hat er nichts von Bedeutung, wofür es sich lohnt zu leben.* Dann dämmerte es mir. Martin Luther King Jr. hatte einen Traum, für den er gelebt und für den er sein Leben gegeben hatte, und dieser Traum hatte die Welt verändert. War diese Macht nicht in jedem von uns, wenn wir dem Ruf unseres Herzens folgten?

Ich hatte das erste Jahr am *Miami Dade College* hinter mir. Die Sommerferien fingen an und ich stand allein trampend am Straßenrand in einer ländlichen Gegend von Pennsylvania. Meine langen, schwarzen, gewellten Haare reichten mir bis über den Rücken. Es war ein schwüler Tag und ich hatte mich auf den Weg nach New York City gemacht, um einen Freund zu besuchen. Ich war gerade mal neunzehn Jahre alt, nur 1 Meter 68 groß und wog kaum 55 Kilogramm, und daher kam ich mir jedes Mal schwach und verletzlich vor, wenn ich per Anhalter fuhr. Drei Stunden verstrichen, bis der Fahrer eines rostigen 59er Plymouth auf die Bremsen stieg und anhielt. Ich rannte zu dem Wagen und brachte meine Dankbarkeit zum Ausdruck. „Vielen Dank. Vielen Dank, mein Herr."

Ein einzelner Mittelfinger kam mir aus dem Fenster entgegen und der schwitzende Fahrer im Inneren machte ein finsteres Gesicht. „Such dir gefälligst eine Arbeit, du nutzloser Schmarotzer." Er schob seinen stämmigen Arm aus dem Fenster, packte eine meiner langen Haarsträhnen und zerrte mein Gesicht nah an das seine. Der Gestank von Bier und Tabak schlug mir entgegen. Er spuckte auf den Boden und fluchte: „Du Dreckskerl, wenn ich mein Gewehr dabei hätte, würde ich dich umlegen." Dann rauschte er mit quietschenden Reifen davon.

Ich hustete den schwarzen Rauch aus, den ich von seinen Auspuffrohren eingeatmet hatte. Unmut stieg in mir auf, aber ich kämpfte dagegen an. Ich war auf der Suche nach einem spirituellen Leben. Am Straßenrand fühlte ich mich gelegentlich wie eine willkommene Zielscheibe für all jene, die unter ihrer Wut oder ihrer eigenen negativen Lebenseinstellung litten, aber ich hoffte, dass die Auseinandersetzung mit all diesen Schwierigkeiten für meine Entwicklung förderlich sein würde. Mir war bewusst, dass ich Geduld, Beharrlichkeit und den Wert des Gebets lernen musste, um Hindernisse zu überwinden.

Wenn man im Sommer des Jahres 1970 die Haare lang trug, war dies nicht nur eine Modeerscheinung, sondern vielmehr ein Ausdruck der Unzufriedenheit – eine aggressive Herausforderung für die breite Masse, deren Werte auf Geld, Macht und Vorurteilen basierten. Es war ein Symbol für all das, an das ich glaubte. Meine Freunde und ich lebten nach unseren Überzeugungen. Als wir im Jahr zuvor vor der Demokratischen Nationalversammlung in Chicago gegen den Krieg protestierten, ging die Polizei mit Tränengas gegen uns vor, und auch in unserer College-Stadt wurden wir oft von konservativen Polizeibeamten schikaniert. Und all das nur, weil wir uns nach einem sinnvollen Leben voller Ideale sehnten, für die wir bereit waren zu leben und zu sterben. Obwohl ich in meinem Herzen keinerlei Groll gegenüber jemandem hegte, lud mein Äußeres doch zu hasserfüllten Reaktionen ein.

Endlich, nachdem ich für Stunden auf eine Mitfahrgelegenheit gewartet hatte, nahm mich ein freundlicher junger Mann zu seinem Haus in der Nähe von Gettysburg mit. Dort setzte ich mich allein in einem Wald an das Ufer eines Baches. Das plätschernde Lied des Baches beruhigte mein Herz. Das Wasser floss wirbelnd sowohl um Holz als auch um Stein. Der Bach schien ein Geheimnis zu kennen, das die Mysterien des Lebens enthüllen konnte. *Wenn ich einfach nur, wie der Bachlauf, meinem Ruf folgte,* so dachte ich bei mir, *würde mir die Natur ihre Geheimnisse zuflüstern und mich zu meiner Bestimmung führen.*

Tage später, nachdem ich in New York angekommen war, nahm mich mein Freund Hackett zum *Randall's Island Rock Festival* mit. Eine Reihe von Bands von Jimi Hendrix bis hin zu Mountain traten auf und spielten mit Leib und Seele. Als ich das Konzert für eine kurze Zeit verließ, wurde ich von einem jungen Amerikaner mit rasiertem Kopf angesprochen. Er war in weiße Gewänder gekleidet und daher hielt ich ihn für eine Art Mönch. Ohne eine Erklärung reichte er mir eine Broschüre und bat um eine Spende. Während wir miteinander sprachen und ich ihm erklärte, dass ich kein Geld dabei hatte, näherte sich uns ein anderer Mann. Es war ein Dealer, der mir Haschisch verkaufen wollte. Als ich wiederholte, dass ich weder das eine noch das andere bezahlen konnte, gerieten die beiden in einen Streit und zogen von dannen. Der Mönch hatte vergessen, seine Broschüre mitzunehmen und ohne sie eines zweiten Blickes zu würdigen, ließ ich sie meinen kleinen Beutel gleiten.

Zu Hause bei Hacketts in Brooklyn erhielt ich am nächsten Tag einen Anruf von Gary, der mich bat, zu unserem Freund Frank nach Cherry

Hill in New Jersey, zu fahren. Als ich dort ankam, knieten Gary und Frank gerade über einer Karte, die sie auf dem Wohnzimmerteppich ausgebreitet hatten. „Wir fahren in einigen Tagen nach Europa", erklärte mir Gary. „Du musst unbedingt mitkommen."

Ich war vollkommen abgebrannt und hatte eigentlich vorgehabt, zurück nach Chicago zu gehen, da ich dort einen Job für die Semesterferien hatte. Frank versicherte mir jedoch, dass er genügend Geld besäße und es für uns alle drei reichen würde. „Einverstanden", sagte ich, „ich werde mitkommen."

Nun musste ich nur noch meinen Eltern in Highland Park meine Pläne beibringen. Niemand in meiner Familie hatte sich jemals aus Amerika hinaus gewagt. Wie würden meine fürsorgliche Mutter und mein Vater wohl reagieren? Ich fuhr zu meinem Elternhaus zurück, um es herauszufinden.

Ich saß an unserem runden, mit einer Glasplatte bedeckten Esstisch und starrte auf das Abendessen, das meine Mutter zubereitet hatte. Sie kochte jeden Abend für uns ein wahres Festessen. Eine saftige Lasagne, ein knuspriges, großzügig mit einer Knoblauchbutter-Sauce bestrichenes, italienisches Brot und gebutterte Artischockenherzen waren geschmackvoll auf meinem Teller angeordnet. Der Duft von kurz angerösteten Kräutern und Gewürzen durchzog den Raum. „Ich habe mich entschlossen, mit Gary eine Reise nach Europa zu machen", verkündete ich. Verständnislose Gesichter starrten mich über den Tisch hinweg an, während ich mir nervös zusätzlich etwas Salz und Pfeffer über mein Essen streute. „Es wird bestimmt sehr lehrreich sein, meint ihr nicht?" Keine Antwort. Ich blickte mich in der Küche um und mein Blick fiel auf die geblümte Tapete, den Herd und den Kühlschrank. Beide waren in Rosa, der Lieblingsfarbe meiner Mutter, gehalten. „Wir werden so viel lernen. Macht euch keine Sorgen. Ich werde rechtzeitig fürs College im September wieder zurück sein. Wir fahren in drei Tagen los."

Schweigen. Meine Mutter sah aus, als ob sie soeben die Nachricht vom Tod eines geliebten Menschen vernommen hätte. „Richie", schluchzte sie plötzlich. „Warum musst du das denn unbedingt tun? Was wirst du essen? Wo wirst du schlafen?" Sie schüttelte sorgenvoll den Kopf und flehte mit zärtlicher Stimme. „Du bist nur ein Junge. Wer wird dich beschützen?"

Mein Vater seufzte. „Mein Sohn, bist du verrückt? Die Welt ist ein gefährlicher Ort. Du bist jung und unerfahren. Alles Mögliche könnte dir zustoßen." Er atmete tief aus und fügte hinzu: „Ich würde es dir ja verbieten, wenn ich glauben könnte, dass du darauf hören würdest, aber das tust du ja sowieso nicht." Er starrte vor sich hin und bat mich schweigend, meinen Entschluss zu ändern, aber ich ignorierte ihn. Mit einer von Emotionen erstickten Stimme sagte er zu mir: „Ich werde mir Tag und Nacht bis zu deiner Heimkehr Sorgen um dich machen."

Mein kleiner Bruder Larry rief aus: „Toll! Ich wünschte, ich könnte mitfahren." Aber als er die Herzensqualen unserer Eltern sah, wurde er ernst. „Richie, bitte schreib ab und zu."

2

Am Tag meiner Abreise zwängte ich mich durch den Gang im Flugzeug vorwärts und bemühte mich, niemanden mit meinem Seesack am Kopf zu treffen. „Entschuldigen Sie bitte, Ma 'am", sagte ich zu einer Amerikanerin mittleren Alters, die am Gang saß. „Dürfte ich bitte zu meinen Fensterplatz?"

Abrupt riss sie ihren Kopf nach oben und runzelte die Stirn. Ich konnte förmlich hören, wie sie dachte: „Such dir gefälligst einen anderen Sitz." Ich hätte zweifellos nichts lieber getan als das, aber das Flugzeug war ausgebucht und die Passagiere im Gang hinter mir wurden bereits ungeduldig. Ich zwängte mich also vorsichtig an ihr vorbei, um mich auf meinen Platz zu setzen. Sie äugte unter ihrer aufgebauschten Frisur hervor und warf finstere Blicke auf meine langen Haare. Ich entschied mich, meine ganze Aufmerksamkeit auf das zu richten, was ich draußen vor dem Fenster sah.

Einige Minuten später wagte ich einen verstohlenen Blick aus dem Augenwinkel und wurde von ihrem unerbittlich starren Blick getroffen, der mich förmlich zusammenzucken ließ. Eine Verspätung wurde angekündigt; es würde ein langer Flug werden.

Die Zeit verging und wieder spähte ich seitwärts, aber dieses Mal erblickte ich anstatt der Dame mit der aufgetürmten Frisur eine faszinierende Person in schwarzen Jeans, schwarzen Stiefeln und einem schwarzen ärmellosen T-Shirt. Er trug silberne Armbänder an seinen hellen, schlanken Armen. Sein langes, glattes Haar war weiß wie Schnee, ebenso seine Haut. Er hatte die rosafarbenen Augen eines Albinos, aber sein verschmitztes Lächeln erfüllte mich mit Freude. Dieser Mann sah so ungewöhnlich, aber gleichzeitig so vertraut aus. Ich hatte ihn vorher schon einmal gesehen. Ja, es war ein legendärer Rock 'n' Roll-Star, einer meiner Lieblingsmusiker, Johnny Winter.

„Was geht, Kumpel? Ich bin Johnny."

„Ich werde Little Monk genannt."

Er begrüßte mich mit dem Handschlag eines Seelenbruders.

„Wie bist du denn zu diesem Platz gekommen?" fragte ich ihn. „Eben saß hier gerade noch jemand ganz anderes."

Johnny schmunzelte und erwiderte in seinem typisch texanischen Akzent: „Mann, die Frau, die neben dir saß, die war ja vielleicht total zugeknöpft. Sie kam den Gang runter gestürmt, machte ein Riesentheater und bestand darauf, dass sie einen anderen Sitzplatz bekam. Sie kann Leute wie uns nicht ausstehen, Little Monk. Aber, weißt du, das ist schon in Ordnung. Die Stewardess tauschte ihren Platz einfach mit meinem, damit wir zwei zusammensitzen können."

Wir hatten viel Zeit zum Reden. Ich erzählte ihm von meiner spirituellen Sehnsucht und er erzählte mir ganz offenherzig Geschichten aus seinem Leben. Ich sagte ihm, dass ich vor Kurzem ein tolles Konzert von ihm mit Janis Joplin in Florida gesehen hatte.

Er schüttelte sich so vor Lachen, dass sein ganzer schlanker Körper bebte. „Weder links noch rechts des Mississippis gibt es eine Frau, die wilder und verrückter ist als sie." Er meinte, dass Janis zwar etwas wirr im Kopf, ziemlich hedonistisch und total auf Drogen sei, aber in Grunde doch schwer in Ordnung. Sie sei wie eine Schwester für ihn und er mache sich Sorgen um sie. „Die kleine Janis brennt ihre Kerze von beiden Enden her ab. Ich weiß nicht, wie lange sie noch durchhält." Er wurde immer ernster und starrte mich mit seinen rötlichen Augen an. „Weißt du, Little Monk, Geld und Ruhm können einen Menschen zerstören. Sprich ein kleines Gebet für sie."

Mit dröhnendem Motor jagten wir die Startbahn entlang und stiegen hinauf in den Himmel. Als wir über die großen Blues-Legenden von Chicago und aus dem Mississippi-Delta sprachen, schienen unsere Herzen ebenfalls zu fliegen. Johnny geriet bei diesem Thema so richtig in Fahrt. „Seelenbruder, von mir aus könnten wir ewig so weiter quatschen. Es wäre mir egal, wenn dieses alte Flugzeug niemals landen würde." Plötzlich bemerkte er die Mundharmonika an meinem Gürtel und rief: „Hey, du spielst Bluesharp! Komm, wir jammen, Mann." Im nächsten Augenblick hatte er seine in der Hand. „Du wählst einen Song aus."

„Kennst du den ‚Mother-In-Law Blues' von Little Junior Parker?" fragte ich.

„Ja, klar, cool." Sein Daumen schoss nach oben.

In 10.000 Meter Höhe begann der berühmte Johnny Winter zu meinem großen Erstaunen mit mir als seinem Partner einen Auftritt. Während uns die älteren Leute voller Verachtung anstarrten, lächelten die jüngeren Passagiere vergnügt. Auch die jungen Flugbegleiterinnen genossen das kostenlose Konzert und bewegten sich im Gang zum Rhythmus der Musik. Ganz und gar im Blues vertieft vergaßen Johnny und ich die Welt um uns herum.

Das Flugzeug landete auf dem JFK-Flughafen in New York und Johnny und ich schlenderten zum Flughafenterminal. Am Ausgang wartete ein wunderschönes dänisches Model auf Johnny. Einige Schaulustige staunten nicht schlecht. Als Frank und Gary mich zusammen mit Johnny Winter sahen, waren sie im höchsten Maße begeistert und zutiefst beeindruckt von meinem Glück. Gary strich sich über seinen gewellten Bart und strahlte. „Hey, Monk", scherzte er und zeigte auf Johnnys Begleitung. „Hättest du dir nicht gewünscht, dass sie an unserer Stelle auf dich gewartet hätte?"

„Heute Abend beginnen wir mit unserer spirituellen Suche", erwiderte ich und schüttelte ihnen die Hand. „Ich denke, mit euch Jungs werde ich wohl weniger abgelenkt sein."

Wir landeten in Europa. Unsere erste Nacht in Luxemburg verbrachten wir auf einem Campingplatz. Wir drei hatten uns in ein kleines Zelt gezwängt und lagen in unseren Schlafsäcken voller Erwartung auf das, was der nächste Tag wohl bringen würde. Endlich verkündeten Hähne den Tagesanbruch. Gary und ich sprangen aus dem Zelt in die frische Morgenluft, streckten uns, genossen unser Glück und atmeten den Duft von Immergrün und blühenden Bäumen ein.

Plötzlich ertönte ein Schrei. „Nein! Gott verdammt noch mal. Nein!" Frank tauchte bleich und gequält aus dem Zelt auf. „Man hat mich beklaut. All mein Geld ist weg." Gary und ich krochen in das Zelt und suchten überall. Frank hatte bereits aufgegeben. „Ich habe schon alles abgesucht. Es hat keinen Zweck."

Gary legte seine Hand auf Franks Schulter und flüsterte: „Ist schon in Ordnung, Bruder. Wir kümmern uns um dich."

„Was immer wir haben, gehört dir, Frank", tröstete ich ihn. „Wir brauchen kein Geld. Wir haben immer noch uns."

Frank ließ entmutigt die Schultern hängen, schüttelte den Kopf und meinte, dass es keinen Weg gebe, mit dem durchzukommen, was uns geblieben war. Er würde nach Hause fahren, und zwar sofort. „Kommt ihr mit?"

Ich besaß weniger als 20 Dollar. Gary schaute mir in die Augen und ich übermittelte ihm schweigend meinen Entschluss zu bleiben. Er stimmte zu und wir verabschiedeten uns traurig von Frank, der ja nur eine Nacht in Europa verbracht hatte. Während Frank sich seinen Rucksack über die Schulter warf und sich zurück in die Sicherheit seiner Heimat aufmachte, überlegten Gary und ich, welche geheimnisvollen Abenteuer wohl vor uns lagen.

Etwas später am Tag kam ich zu einem Bach und ließ mich an ihm nieder. Die hohen Bäume tanzten im Wind und das Wasser floss mühelos dahin. Da Frank uns nun verlassen hatte, besaß ich fast nichts. Aber seltsamerweise fühlte ich mich frei.

Ehe wir es uns versahen, wurden Gary und ich von einigen Hippies aus Holland eingeladen, mit ihnen zu frühstücken. Nachdem Kosmos und Chooch ihr Müsli mit uns geteilt hatten, boten sie uns eine Mitfahrgelegenheit in die Niederlande an. Schon bald fuhren wir also in ihrem VW-Bus durch ländliche Gegenden in Belgien und Holland. Aus dem Kassettenrecorder dröhnte Musik von Donovan, den Beatles und den Rolling Stones, und wir schauten aus den offenen Fenstern über Felder mit Hunderttausenden von roten, gelben, weißen, rosafarbenen und violetten Tulpen, die alle perfekt aufgereiht im Sonnenschein blühten.

Nach einem Zwischenstopp in Abcoude, dem idyllischen Heimatort einer unserer neuen Freunde, kamen wir in Amsterdam an. Dort wurden wir zu einer verlassenen Lagerhalle geführt, in der Dutzende von Hippies auf dem Boden herumlümmelten und ganz offen Marihuana rauchten. Das Licht war gedämpft. Ratten huschten umher. Eine chaotische Band spielte auf einer improvisierten Bühne aus verfaulendem Sperrholz, das über Milchkisten gelegt worden war.

Mit einer Haschischpfeife in der Hand und einem wilden Grinsen im Gesicht platzte Chooch heraus: „Ich werd euch bestimmt wiedertreffen, Jungs. Vielleicht auf meiner Pilgerfahrt nach Haight-Ashbury, dem Mekka für Hippies." Dann winkte er uns zum Abschied zu und verschwand in den Rauschschwaden.

In den folgenden Tagen lernten Gary und ich, wie man praktisch ganz ohne Geld überleben kann. Früh morgens kauften wir uns normalerweise für ein paar Cents einen Laib Brot – noch ganz warm direkt aus dem Backofen. Unter einem Baum schnitten wir das Brot in zwei Hälften und genossen es als unsere Kost für den Tag. Dieses trockene Brot, das wir miteinander teilten, sollte zu unserer täglichen Nahrung werden, wohin wir auch reisten. Bei besonderen Gelegenheiten gelang es uns sogar, ein Stück Käse zu beschaffen. Wir schliefen in der Regel entweder als Gäste in den Wohnungen der Menschen, die wir trafen, unter Bäumen, in verlassenen Gebäuden oder in öffentlichen Notunterkünften. Das wenige Geld, das wir besaßen, versuchten wir, so lange wie möglich aufzubewahren.

Wer sich in Europa zur Gegenkultur zählte, pilgerte nach Amsterdam. Der Dam Square wurde zum Treffpunkt der Insider. Hunderte von Suchenden versammelten sich an Orten wie dem *Fantasio*, *Paradiso* und *Melkweg*, um dort abzuhängen und Musik zu hören. Es gab noch einen weiteren sehr beliebten Ort: das *Cosmos*, eine Art „spiritueller Nachtclub". Dort traf ich eines Nachts einen großen Amerikaner mit teilweise rasiertem Kopf und einem Pferdeschwanz. Er war ganz in Weiß gekleidet. „Möchtest du etwas spirituelle Speise?", fragte er. Ich nickte demütig. „Halt einfach deine Hände hin." Als ich das tat, lud er mir eine riesige Kelle Fruchtsalat auf, der mit dünnflüssigem Joghurt vermischt war. Ich stand etwas ratlos da, als mir die Sauce die Arme hinunter rann.

„Und was mache ich jetzt?", fragte ich.

„Na, iss auf!", lachte er und verabschiedete sich. Ich hatte keine Ahnung, dass das Schicksal uns Tausende von Meilen weiter, an einem Schauplatz, der jenseits meiner wildesten Vorstellungen lag, wieder zusammenführen würde.

Gary und ich freundeten uns mit Leuten aus der ganzen Welt an. Aber so schön das auch war, es lenkte mich ab. Etwas, das ich nicht in Worte fassen konnte, rief nach mir. Es fiel mir auf, dass ich mich immer öfter in

Museen zurückzog, um über religiöse Kunst nachzusinnen; oder ich ging in den Vondel Park, um zu meditieren und spirituelle Bücher zu studieren. Aber am liebsten saß ich an einem Platz über einem Kanal. Während es in der Stadt voller Leidenschaft nur so brodelte und die Menschen nach Macht, Reichtum und einer Unzahl von Vergnügungsangeboten gierten und die Moden und Marotten wie die Jahreszeiten wechselten, schien das kühle Wasser der Kanäle ganz friedvoll mitten durch das ganze Chaos hindurchzufließen. Oft saß ich einfach nur stundenlang da, beobachtete das Wasser und fragte mich, wohin der Strom meines Lebens mich wohl führen würde.

Wir setzten unsere Entdeckungsreise fort und trampten nach Hoek van Holland. Dort angekommen, buchten wir mit dem wenigen Geld, das wir für die Überfahrt beiseitegelegt hatten, Plätze auf einer riesigen Fähre über den Ärmelkanal nach Großbritannien. Graue Wolken hingen tief und ein nebelhafter Nieselregen setzte ein. Das Schiff folgte den Bewegungen der Wellen und bewegte sich bedächtig auf und ab. Als wir so vorwärts glitten und die raue See durchschnitten, dachte ich darüber nach, wohin ich wohl steuerte. Mit neunzehn sollte ich mich eigentlich auf eine Karriere vorbereiten, aber danach stand mir nicht der Sinn. Wohin ging ich eigentlich? Warum konnte ich mich denn nicht wirklich auf etwas anderes konzentrieren als auf meine Ideale, um die all meine Gedanken kreisten? Ich hatte eine vage Vorstellung von Spiritualität, aber nicht die geringste Ahnung davon, wie meine Zukunft aussehen sollte. Mein Blick fiel auf eine Reihe von Rettungsringen, die an der Seite der Fähre befestigt waren, und ich betete, dass mir ein solcher zugeworfen werden möge, um mich aus dem Meer von Ungewissheiten zu retten. Ich erinnerte mich an den Ausspruch: *Wenn ein Mensch kein Ideal hat, für das er bereit ist zu sterben, dann hat er nichts von Bedeutung, wofür es sich lohnt zu leben.* Ich hatte meine Heimat auf der Suche nach diesem Ideal verlassen, aber wie ein Blatt im Wind wusste ich nicht, wohin ich getragen werden würde.

Plötzlich tauchten vor uns die atemberaubenden Kreidefelsen von Dover aus einer Nebelwolke auf. Schon bald legte die Fähre an der Küste an und wir wurden durch die britische Grenzkontrolle geschleust. Die

Beamten schauten uns misstrauisch an. Gary war etwa 1 Meter 75 groß und schlank. Sein wallendes braunes Haar, sein Bart und sein markantes Gesicht brachten ihm häufig die Bemerkung ein, dass er Jesus Christus ähnlich sähe. Er trug Bluejeans, ein grünes T-Shirt und Segeltuchschuhe. Ein alter zerschlissener Versorgungsrucksack der U.S. Army und ein Schlafsack hingen über seiner Schulter. Ich dagegen konnte in meinem kindlichen Gesicht nicht mal einen Schnurrbart vorweisen, von einem Bart ganz zu schweigen. Ich trug graue Nadelstreifen-Jeans, einen grauen Rollkragenpullover und eine schwarze Weste. Für diejenigen, die mich kannten, war diese einfache schwarze Weste zu meinem Markenzeichen geworden, da ich sie schon über ein Jahr lang jeden Tag anhatte. Ein verblichener brauner Seesack und ein Schlafsack baumelten an meiner Schulter und meine Füße steckten in Mokassins.

Als wir so in der Reihe standen, spürten wir, wie die Beamten Blicke voller Abscheu auf uns richteten und herablassende Bemerkungen austauschten. Als wir den Schalter erreichten, hielten wir ihnen folgsam unsere amerikanischen Pässe entgegen, was jedoch nur zu Folge hatte, dass wir in ein Zimmer gezerrt wurden. Einige Minuten später betraten zwei Zollbeamte und ein Polizist den Raum und musterten uns von oben bis unten. Der Leiter trug einen grauen Anzug und eine braune Krawatte. Er befahl: „Durchsucht sie nach Drogen." Der Offizier leerte den gesamten Inhalt meiner Tasche auf den Tisch. Er brachte jedoch nichts weiter außer einem grünen T-Shirt, ein paar Unterhosen, einer Zahnbürste, einer Haarbürste, einer Seife, einer Bibel und der kleinen Broschüre von Randall's Island zum Vorschein.

Der Mann schaute missmutig. „Ist das alles, was du bei dir hast?"

Zaghaft antwortete ich: „Ja, Sir, das ist alles, außer der hier", und hielt ihm meine Mundharmonika hin.

Gary wurde ebenfalls durchsucht. Dann kam die Fangfrage. „Wie viel Geld habt ihr bei euch?" Als wir ihnen daraufhin unsere spärlichen Mittel offenbarten, schlug ihre Abscheu in Zorn um. Der Leiter wurde ganz rot im Gesicht. „Wir brauchen keine Tiere wie euch in unserem Land!", rief er verächtlich und spuckte aus. „Wir werden euch die verlausten Haare abschneiden und euch ins Gefängnis werfen." Er drehte sich zu seinem Untergebenen und befahl: „Hol die Schere und schneide ihnen eine

Glatze." Daraufhin mussten wir uns vollständig entkleiden und sie begannen jeden einzelnen Zentimeter unserer Habseligkeiten akribisch zu durchsuchen. Dann folgte ein endlos langes Verhör, das uns ganz auslaugte. „Ihr seid in großen Schwierigkeiten!", riefen sie und stürmten schließlich aus dem Zimmer.

Gelähmt vor Angst brachten Gary und ich kein Wort hervor. Wir verbrachten eine Stunde in Isolation und erwarteten angespannt unseren Schicksalsspruch. Schließlich rissen zwei Polizisten die Türen auf, packten uns bei den Armen und trieben uns einen Korridor entlang. Als wir den Zoll erreicht hatten, stießen sie uns durch das Tor. Mit den Worten „Ein falscher Schritt, und wir stecken euch hinter Gitter!", stempelten sie unsere Pässe ab. Wir waren frei.

Kurz darauf fanden wir uns am Straßenrand wieder, wo wir zwar noch immer tief erschüttert, jedoch dankbar – angesichts der Schönheit der englischen Landschaft – unsere Daumen in die Höhe reckten. Schließlich hielt ein Auto an und wir sprangen hinein. Eine junge Frau und ihr Freund lächelten, als ihr Scottish Terrier an unseren Beinen emporsprang. „Wo wollt ihr denn hin?", fragte die Frau.

„Das wissen wir noch nicht genau", antwortete Gary.

Der Junge nahm einen großen Schluck aus einer Bierflasche und sagte: „Wir fahren gerade zu einem Rock-Festival auf der Isle of Wight. Es wird sicher supergut. Warum kommt ihr nicht einfach mit, Jungs?"

Gary und ich warfen uns ein zustimmendes Lächeln zu und schon ging's los, als der bellende Terrier uns die Gesichter ableckte. Wir setzten mit der Fähre zur Insel über und waren schon bald mitten im bunten Treiben der Gegenkultur. Das riesige Festivalgelände erstreckte sich über Hügel und Täler. Während die Bands ununterbrochen spielten, kämpften wütende Polizisten mit ihren Kampfhunden an den Zäunen gegen Festivalbesucher, die keine Eintrittskarten besaßen. Drei Tage und Nächte war das Festival mit fantastischen Auftritten in vollem Gange. Der Rauch von Marihuana durchzog die Luft und die Leute warfen mit LSD nur so um sich. Männer und Frauen rutschten zusammen im Schlamm die Hänge hinunter und noch mehr halbnackte Körper drehten sich im Takt der Musik.

Eines Nachts – es goss gerade in Strömen – waren Gary und ich nicht weit von der Bühne entfernt, auf der Jimi Hendrix sich für seinen Auftritt bereit machte. Er trug einen orangefarbenen Samtanzug mit weiten Ärmeln, aber abgesehen davon machte er einen recht dezenten Eindruck. Nichts erinnerte mehr an den wilden Auftritt, den ich früher erlebt hatte, bei dem er seine Gitarre verbrannte. An diesem Abend war er vielmehr ganz der ernste Musiker.

Er gab seine verzerrte, jaulende Version von „The Star Spangled Banner" zum Besten. Hier war eine der Ikonen meiner Generation, ein Prophet der Gegenkultur, der seine Botschaft von Freiheit verkündete, die darin bestand, sich ohne jedes Tabu auszudrücken und gegen das Establishment zu rebellieren. Für mich bestand die Botschaft darin, meinem Herzen zu folgen – ganz unabhängig davon, was andere dazu sagten.

Die Musik war so tosend und schien die Hügel zu erschüttern, das Meer aufzuwühlen und die Wolken zu verwehen. Dennoch war der stille Ruf in mir, den ich noch nicht benennen konnte, um ein Vielfaches lauter.

Nach dem Konzert wurden Gary und ich von einem Kleinbus mitgenommen, in dem einige rüpelhafte Schlägertypen nach London fuhren. Auf der Suche nach einer Zuflucht sah ich meine Tasche durch und zog die Broschüre heraus, die mir der seltsame Mönch auf Randall's-Island mitgegeben hatte. Auf der Rückseite befand sich die Fotografie eines Mannes, der unter einem Baum saß. Seine großen mandelförmigen Augen schienen vor Ekstase zu funkeln. Obwohl er sehr alt war, leuchtete sein Gesicht mit der Unschuld eines Kindes. Er trug einen Rollkragenpullover und sein Lächeln strahlte tiefen Frieden aus. Ich wusste weder, wer er war, noch woher er kam, jedoch war ich zutiefst von ihm berührt. *Wenn in dieser Schöpfung jemand existiert, der spirituelle Glückseligkeit ausstrahlt,* dachte ich bei mir, *dann ist es diese Person.*

Einige Zeit später hielten wir uns vorübergehend in einer kleinen Wohnung in einem Vorort von London bei ein paar Freunden auf, die wir auf der Isle of Wight kennengelernt hatten. Einer von ihnen las gerade Zeitung. Plötzlich wurde er kreidebleich und stöhnte. „Was ist denn los?", fragten wir ihn.

„Ich hab verdammt schlechte Nachrichten für euch, Freunde. Jimi Hendrix ist tot."

„Nein! Wie ist denn das passiert?", fragte ich.

Wie in Zeitlupe legte unser Gastgeber die Zeitung zur Seite. „Die

Londoner Zeitung sagt, er habe gestern Nacht eine Überdosis Schlaftabletten genommen und sei an seinem Erbrochenen erstickt."

Gary ließ den Kopf in die Hände fallen. Ich kam mir vor, als hätte mir jemand die Luft abgestellt.

Was sollte ich daraus lernen?, fragte ich mich. In so jungen Jahren besaß Hendrix bereits alles, wonach sich die Welt sehnte: Reichtum, Ruhm und ein erstaunliches Talent. Aber dennoch war er unzufrieden. Dieses Idol unserer Generation war zum Opfer seiner eigenen Exzesse geworden. Tausende proklamierten „Sex, Drugs and Rock'n' Roll" als die progressive Art zu leben und hatten die Freiheit zu ihrem höchsten Gut erkoren. Aber waren sie wirklich frei? Ich musste an all die wundervollen Menschen denken, die ich als Teil der Gegenkultur kennengelernt hatte, aber auch an die anderen, die einfach nur wild und undankbar zu sein schienen. Ich erinnerte mich daran, dass Dankbarkeit die wichtigste Eigenschaft war, die mir und meinen Brüdern von meiner Mutter und meinem Vater mitgegeben worden war. Wollte ich wirklich ein Teil von all dem sein? Gewiss hatte ich andere Auffassungen als Menschen der Generation meiner Eltern. Aber wo gehörte ich hin? Bitte, lieber Gott, zeig es mir. Mit diesen Gedanken betete ich für Jimi.

Allmählich setzte bei mir eine Art Ernüchterung ein, wenn ich an die Bewegung dachte, der ich mich angeschlossen hatte und für die ich die Normen der Gesellschaft und meiner Familie zurückgewiesen hatte. Ich hatte einmal den Traum, dass die Gegenkultur eine erleuchtete Welt erschaffen würde, aber jetzt hatte ich den Eindruck, dass die destruktiveren Elemente der Bewegung die Oberhand gewonnen hatten, die „die Rebellion um der Rebellion willen" und „die Rebellion um des persönlichen Vergnügens willen" proklamierten. Mit dem sinnlosen und tragischen Tod von Jimi Hendrix war auch mein Traum so gut wie gestorben. Aber gleich einem Todgeweihten, der um eine letzte Überlebenschance kämpft, war ich im Begriff, mich tiefer in das ausschweifende Leben meiner Generation zu stürzen als je zuvor.

In London erkundeten Gary und ich die Gegend um den Piccadilly Circus. Hier scharten sich bunt gekleidete Acidheads, Kiffer und Friedenssucher aller Art. Hippies unterhielten sich, Drogendealer und Prostituierte warben um Kunden, Bobbys führten Kontrollen durch, Skinheads grölten und Touristen machten Schnappschüsse von dieser bizarren Szene.

In der Lambeth Road, auf der anderen Seite des Flusses gegenüber dem britischen Parlament, trafen wir einen katholischen Priester, der mit jugendlichen Touristen Mitleid hatte. Jeden Abend um neun Uhr öffnete er den Gewölbekeller seiner Kirche für junge Menschen, damit sie dort umsonst übernachten konnten. Um neun Uhr morgens mussten wir ihn wieder verlassen. Außer dem kalten, harten Steinboden stand zwar nichts zu unserer Verfügung, aber so hatten wir zumindest einen Platz, wo wir für die Nacht unterkommen konnten und die meisten Reisenden brachten sowieso ihren eigenen Schlafsack mit. Jede Nacht entdeckte ich irgendwo in dem vollgepackten Raum noch ein freies Fleckchen auf dem Boden; um dorthin zu gelangen, musste ich mich erst einmal zwischen den ungewaschenen Körpern hindurchzwängen. Die Luft war hier vom Haschischrauch zum Schneiden dick. Sobald das Licht ausgeschaltet war, wurde es finster. Gewöhnlich hörte ich schon bald darauf das Gestöhne liebeshungriger Paare, die sich beim Sex herumwälzten. Manchmal machte ich Gestalten in einem entlegenen Winkel des Raumes aus, die kleine Kerzen entzündeten, sich den Arm abbanden und sich bei Kerzenschein einen Schuss Heroin setzten.

Von dieser Atmosphäre in Mitleidenschaft gezogen, begann ich mehr Haschisch und Marihuana zu rauchen als je zuvor und äußerlich gesehen passte ich allmählich auch besser zur dieser Gruppe. Aber während alle anderen um mich herum sich mit Freunden trafen, zog ich mich in mich selbst zurück. Oft ertappte ich mich bei der Frage, warum ich mir überhaupt die Mühe machte, mich zu amüsieren. Wenn Gary bereits schlafen gegangen war, saß ich oft noch stundenlang am Ufer der Themse. Die dahinfließenden Wassermassen hatten eine hypnotische Wirkung auf mich und so stellte ich mein derzeitiges Leben grundsätzlich infrage. Ich blickte zu den unbarmherzigen Zeigern des Big Ben hinauf und fragte mich, ob ich nicht gerade im Begriff war, meine Zeit zu verschwenden.

Ein anderer Teil von mir hatte jedoch das starke Bedürfnis, mir ein für alle Mal zu beweisen, dass ich meine Schüchternheit überwinden und das Leben einfach mal ausgiebig genießen konnte. Außerdem war ich neunzehn Jahre alt und hatte noch nie eine Freundin gehabt. Da ich so schüchtern war, hatte ich mich immer wohler gefühlt, wenn ich allein in meinem Zimmer Musik hörte oder zusammen mit meinen Freunden die Zeit verbrachte, als mit Mädchen auszugehen. Ich hatte zwar viele Angebote erhalten, aber ich hatte mich aus Angst, ich könne meine Freiheit verlieren, oder schlimmer noch, das Herz eines netten Mädchens brechen, gescheut, sie anzunehmen. Aber nun prahlten alle Jungs um mich herum mit ihren sexuellen Eroberungen. Ich war es leid, anders zu sein. Ich gab mir also Mühe, mich der Szene anzupassen, und traf mich mit einigen Mädchen und flirtete ernsthafter denn je. Dennoch fühlten sich meine Bemühungen leer an.

Eine Kraft in mir zog mich fort von alledem. Ich kämpfte gegen diese innere Kraft an und war fest entschlossen, siegreich zu sein, um die uneingeschränkten Freuden, die von der Gesellschaft so verherrlicht wurden, aus erster Hand zu erfahren. War es der Herr in meinem Herzen, gegen den ich kämpfte? *Ja*, rühmte ich mich im Stillen, *und ich gewinne diesen Kampf*. Jedoch spät in der Nacht, wenn ich an den Fluss zurückkehrte und hinunter auf die Strömung blickte, fühlte ich mich beschämt. Ich war im Begriff zu gewinnen, aber ich fühlte mich verloren.

Eines Abends saß ich mit geschlossenen Augen und in stiller Meditation in einem Meer von Tauben am Trafalgar Square. Obwohl ich umringt war von schreienden Kindern, schwatzenden Touristen und dem hupenden Feierabendverkehr, fühlte ich mich mit einem Universum innerhalb meiner selbst verbunden, das weitaus wirklicher war, als irgendetwas um mich herum. Ich holte tief Atem und lächelte. Meine Vorstellung von meinem Körper schien sich aufzulösen und ich spürte, wie mein Geist in einem Ozean des Friedens aufging. Im Vergleich dazu erschienen meine Versuche, sinnliche Vergnügen zu kosten oder meine naturbedingte Neigung zur Introspektion zu überwinden, ganz unbedeutend. Als ich schließlich meine Augen wieder öffnete, hatte sich die Londoner Innenstadt vor meinem geistigen Auge zu einer schönen Familie verklärt, die aus Marmorlöwen, Lord Nelson auf seiner Säule, all den Tauben, Touristen, Geschäftsleuten, Einkäufern und Bettlern bestand. Ich schlenderte über die Straße und auf der anderen Seite bekam ich eine Tasse Gerstensuppe und eine Scheibe Brot von einer Wohlfahrtsinitiative der

Kirche gereicht und inmitten der Obdachlosen ließ ich mir beides schmecken. Daraufhin betrat ich in aufrichtiger Ehrfurcht die *St. Martin In the Fields*-Kirche, setzte mich auf eine hölzerne Kirchenbank und vertiefte mich ins Lesen der Heiligen Schrift. Dabei berührte eine bestimmte Stelle mein Herz ganz besonders. Darin wies Jesus seine Anhänger an: „Zieht darum weg aus ihrer Mitte und sondert euch ab." Ich sann darüber nach.

> *Warum sollte ich mein Leben verschwenden, indem ich versuchte, mich an den Zeitgeschmack meiner Altersgenossen anzupassen? Warum sollte ich nicht versuchen, nach meinen eigenen Vorstellungen zu leben? Und hoffentlich, so dachte ich, eines Tages nach den Vorstellungen Gottes.*

Gary und ich nahmen die Fähre über den Kanal nach Frankreich und gingen in Calais an Land. Es war ein sonniger Tag und die Vögel zwitscherten in kunstvoll beschnittenen Bäumen. Das feine Gras saftiger Weiden wog sich sanft im Wind. Wir genossen unsere Freiheit. Wir konnten jetzt hingehen, wohin wir auch wollten.

„Hey, Monk, wohin geht's als Nächstes? Dein Wunsch ist mir Befehl." Garys grüne Augen funkelten vor Abenteuerlust, als wir an einer Landstraße im Norden Frankreichs standen. „Die Welt steht dir offen." Aus der Gesäßtasche seiner Jeans zog er eine alte Karte von Westeuropa und deutete auf verschiedene Orte. „Marokko, Spanien, Paris, Rom, die Schweiz, Deutschland. Wohin?"

„Wohin möchtest du denn gern, Gary?"

„Überall hin! Aber in welcher Reihenfolge? Das ist die Frage."

Ich dachte einen Augenblick lang nach und erinnerte mich an die Wasserläufe, die ich so oft studiert hatte, und hob meine Arme zum Himmel. „Wir sollten unser Schicksal in die Hände Gottes legen."

Gary lachte und warf seinen Rucksack auf den Boden und setzte sich darauf. Er imitierte meine Geste und erwiderte: „Was soll das denn bedeuten?"

„Was sollte es deiner Meinung nach denn bedeuten?"

Gary faltete spöttisch seine Hände zum Gebet. „Du verbringst doch deine Tage damit, die Schriften zu studieren und zu meditieren, während ich mich einfach nur rumtreibe." Wieder streckte er seine Arme in den Himmel und verkündete: „Du entscheidest, wie wir unser Schicksal in die Hände Gottes legen sollen."

Ich pflückte eine gelbe Wildblume vom Boden und erklärte: „Genau wie diese hier."

„Du willst, dass wir hier wie diese Blume für immer festsitzen?"

„Sieh mal, Gary. Aus einem kleinen Samenkorn, das in der Erde begrabenen war, ist sie zu dem geworden, was sie jetzt ist – eine wunderschöne, blühende Blume, die sich im Sonnenschein wiegt. Wie konnte das geschehen? Indem sie ihr Schicksal in die Hände Gottes legte."

„Du hast gewonnen, Kumpel, aber wie lässt sich deine kunstvolle Poesie in die Sprache eines Trampers übersetzen?"

Ich roch an der Blume und hatte eine Idee. „Immer wenn ein Auto für uns anhält, was ist dann die erste Frage, die sie uns normalerweise stellen? Übernimm du mal die Rolle des Fahrers und ich spiele uns."

Gary zuckte mit den Schultern. „Hallo, wohin wollt ihr?"

„Wohin fahren *Sie* denn?"

„Nach Casablanca", antwortete er und tat dabei so, als ob er ein Auto lenken würde.

Ich klatschte in die Hände. „Perfekt, genau dahin wollen wir auch." Ich überreichte ihm die Blume und fragte: „Was meinst du dazu, Gary? Jedes Mal, wenn wir am Straßenrand stehen, bleibt unser Schicksal ein Geheimnis, das uns erst auf der nächsten Fahrt enthüllt wird."

Gary sprang auf, klopfte mir auf den Rücken und rief: „Genau, wo immer unser Fahrer hinfährt, das ist auch unsere Richtung." Er warf die Wildblume in den Wind.

Wir fuhren durch Dörfer und Städte und fanden uns ein paar Tage später am Stadtrand von Paris wieder. Je näher wir der Stadt kamen, desto größer wurde unsere Vorfreude. Der Louvre, der Eiffelturm, prachtvolle Denkmäler, Paläste und Cafés – all das lag nur einige Kilometer von uns entfernt. Aber das Schicksal hatte andere Pläne mit uns. Das erste Auto, das uns mitnahm, fuhr mit uns in die Schweiz nach Genf, wo wir bald darauf am Ufer eines ruhigen, halbmondförmigen Sees meditierten.

Wir kamen in einer Jugendherberge unter und teilten uns den Schlafsaal mit ungefähr fünfundzwanzig anderen Reisenden. Einer von ihnen,

Jim, war erst vor Kurzem ehrenvoll aus der U.S. Army entlassen worden. Er war fasziniert von Büchern über östliche Mystik und wir verbrachten viele Stunden damit, uns über dieses Thema zu unterhalten. Er war schlank, kräftig gebaut und äußerst unternehmungslustig, denn nach mehreren Jahren in der Army hatte er einiges nachzuholen.

Eines Tages fragte mich Jim aus reiner Neugier: „Monk, in Asien tobt der Vietnam-Krieg. Wie kommt es eigentlich, dass du niemals eingezogen wurdest?"

Ich erzählte ihm, dass die Einberufungsbehörde aus Versehen das falsche Geburtsdatum in meine Akte eingetragen hatte. Später, als die Ziehung abgehalten wurde, zogen sie ein Geburtsdatum nach dem anderen, während die Nation wie auf Nadeln vorm Fernseher saß und zuschaute. Die zuerst Gezogenen waren auch diejenigen, die später als Erste einberufen wurden. Mein wirklicher Geburtstag kam eigentlich am Anfang der Ziehung, der versehentlich falsche wurde ziemlich zum Schluss gezogen. Diejenigen, die man später ermittelt hatte, erhielten jedoch nie einen Einberufungsbefehl.

Jim schaute zum Himmel, strich sich übers Kinn, schüttelte den Kopf und dachte eine Minute nach. Schließlich bemerkte er: „Vielleicht war es ja gar nicht der Fehler der Einberufungsbehörde. Vielleicht hat Gott einfach andere Pläne mit dir."

Jim lud Gary und mich ein, ihn auf seinem Weg durch Italien nach Marokko zu begleiten, und wir nahmen die Einladung gern an. In der Nähe von Genua, der Stadt von Christoph Kolumbus, luden wir das ganze Geld, das er beim Militärdienst verdient hatte, und diverse elektronische Geräte, die er in Amerika gewinnbringend verkaufen wollte, in seinen VW Käfer. Terrassenförmig angelegte Hügel gaben den Blick über das Mittelmeer frei und die Nachmittagssonne spiegelte sich im tiefblauen Wasser. Wir machten eine Pause, um schwimmen zu gehen. Als wir zum Käfer zurückkamen, war zu Jims Entsetzen alles aus dem Auto verschwunden.

Wir gingen hinunter zur Polizeiwache, um Anzeige zu erstatten, aber dadurch wurde die ganze Angelegenheit nur noch schlimmer. Zu unserer Bestürzung schrien uns die Polizisten an, fuchtelten mit ihren Fingern vor unseren Gesichtern herum und steckten uns schließlich in eine Gefängniszelle. Als die schwere Stahltür zuflog, lief es mir eiskalt den Rücken hinunter.

Ihr Chef kam zu uns. „Ihr habt zwei Möglichkeiten“, kläffte er uns an. „Entweder ihr bleibt im Gefängnis oder ihr verlasst sofort die Stadt und kommt nie wieder zurück.“ Natürlich entschieden wir uns für Letzteres. Daraufhin wurden wir von einem Streifenwagen mit rot blinkenden Lichtern auf dem Dach durch das Dunkel der Nacht bis zur Stadtgrenze eskortiert. So endete unser erster Tag in Italien.

Wir fuhren die ganze Nacht hindurch, bis wir schließlich am Morgen ein Telegrafenamt erreichten. Jim kontaktierte seine Kameraden in Deutschland und sie wiesen für ihn Benzingeld an, damit er zu seinem Stützpunkt zurückkehren konnte. Und wieder waren Gary und ich allein. Wir standen am Straßenrand und fragten uns, was wohl als Nächstes kommen würde.

„Hey Monk, glaubst du, wir sind Pechvögel? Zuerst die Geschichte mit Frank und jetzt das mit Jim. Wer versucht, uns zu helfen, der verliert alles.“

„Ich weiß nicht, Gary, aber vielleicht gibt es einen Grund für all das.“

Gary blickte die Straße hinunter, auf der wir gerade hergekommen waren. „Glaubst du wirklich, dass es für alles einen Grund gibt?“

„Ja, ich glaube, dass hinter allem ein herrlicher Plan stehen muss.“

Gary nickte. „Ich auch.“

Daraufhin streckten wir unsere Daumen raus und waren gespannt darauf, was das Schicksal wohl als Nächstes für uns vorgesehen hatte.

3

Wie ein prachtvolles Juwel liegt die Kathedrale Santa Maria del Fiore in Herzen von Florenz. Das Renaissance-Bauwerk lockt mit seiner riesigen Kuppel und historischen Schnitzereien Scharen von Touristen an. Während Besucher draußen auf den Stufen der Kathedrale eifrig Fotos machten, saß ich allein in einer der Bankreihen im Inneren des Heiligtums. Auf unserer Reise durch Europa hatte ich immer wieder Kirchen besucht und mich in ihnen stets wie zu Hause gefühlt. Jetzt bat ich vor dem heiligen Altar um spirituelle Führung. Gläubige strömten herein und knieten nieder. Aristokraten und einfache Bauern fielen gleichermaßen auf die Knie nieder, um den Allmächtigen anzurufen. Ich fragte mich, wofür sie wohl beteten. Wandten sie sich an den Herrn, damit er ihnen Erfolg in ihren Bemühungen beschere, Trost spende oder Unglück von ihnen abwende? Oder baten sie um Geld, Ruhm oder etwa Vergeltung? Oder flehten sie vielleicht um bedingungslose Liebe? Ich persönlich begann allmählich die Beweggründe für meine Reise zu hinterfragen. Kam ich etwa meiner Verantwortung gegenüber der Gesellschaft nicht nach, weil ich mir keine Arbeit suchte? Wollte ich vielleicht aufgrund irgendeiner inneren Schwäche davor fliehen?

Ich unterzog mein Herz einer Prüfung. Zu Beginn meiner Reise hatte ich gehofft, aus meinem Schneckenhaus auszubrechen, meine Hemmungen zu überwinden und die Freuden, die die Welt verspricht, selbst zu erfahren, da ich glaubte, dass dies mich Gott näher bringen würde. Aber jetzt fühlte ich, wie die Ablenkungen der Reise mich nur von dem für mich so bedeutenden Ziel wegführten. Mein Herz sehnte sich nach einer spirituellen Erfahrung. Ich schaute die mächtige Kuppel empor, faltete meine Hände und betete: *Ich weiß zwar nicht wirklich, wer du bist, aber ich glaube daran, dass du meine Gebete hörst. Ich sehne mich nach deiner Gegenwart.*

Ich fühlte mich winzig, als ich an den riesigen Steinbögen und den hoch aufragenden Mauern emporblickte. Die Sonne, die durch die Glasfenster schien, erleuchtete die massive, achteckige Kuppel und hüllte die Marmorfiguren der Heiligen in weiches Licht. Der vom Sonnenschein überflutete heilige Altar war von Kerzen umgeben und glühte geradezu. Dort hing eine fast lebensgroße, in Bronze gegossene Jesusfigur an einem Holzkreuz. Hier war das Symbol dafür, dass wahre Liebe und wahres Mitgefühl mit der Bereitschaft einhergehen, für diejenigen, die wir lieben, Leiden auf uns zu nehmen. Oben in der Kuppel wurden die Qualen der Hölle und die Herrlichkeiten des Himmels durch ein riesiges Gemälde versinnbildlicht, das von dem auferstandenen Herrn, der von Engeln umgeben war, gekrönt wurde. Als ich das heilige Kreuz anschaute, erklangen die Worte Jesu aus einer Bibelstelle, die ich auswendig gelernt hatte, in meinem Herzen: „Trachtet zuerst nach dem Reich Gottes, so wird euch das alles zufallen ... Denn wo euer Schatz ist, da ist auch euer Herz."

Mir lief ein Schauer über den Rücken, meine Glieder zitterten, meine Wangen bebten und mein Kopf fühlte sich leer und leicht an. Ergriffen sowohl von Scham als auch von Trauer, fühlte ich mich plötzlich verloren und verlassen, wie ein Waisenkind. Ich stellte mir vor, dass die Pilger um mich herum ebenso erstarrt seien wie die Statuen hinter ihnen. Diese Statuen leuchteten und schienen jetzt zu atmen.

Dann hörte ich eine zweite Bibelstelle in meinem Inneren: „Selig sind, die geistlich arm sind, denn ihrer ist das Himmelreich. Selig sind die Sanftmütigen, denn sie werden das Erdreich besitzen." Ich fühlte, dass von diesen Worten ein Schauer der Vergebung niederging, der mich mit neuem Leben erfüllte. In die Stille hinein drang plötzlich das Lied einer Orgel und trug mein Herz weit über die Spitze der Kuppel hinaus. In der Gegenwart des Herrn fühlte ich mich allein und entblößt und musste weinen. Ich fühlte mich so befreit. Der innere Kampf, den ich seit London ausgefochten hatte, war vorüber. An dieser Flussgabelung der Unschlüssigkeit entschied ich mich ein für alle Mal für den Strom, der in Richtung meiner spirituellen Sehnsucht floss. Ich wusste, dass ich niemals umkehren würde.

In dieser Nacht ging ich allein in einen Wald und ließ mich auf der niedrigen Ruine einer alten Mauer nieder. Dort spielte ich im Mondlicht auf meiner Mundharmonika und ließ das Instrument an meinen innersten Gefühlen teilhaben. Gleich einem lieben Freund hörte es geduldig zu und antwortete mit einem Lied, das meinen Geist auf eine Reise tief ins Innere schickte, um dort Trost und Weisheit zu finden. Wenn ich den Blues spielte, brachte ich meine Freuden, meinen Schmerz und meine Sehnsüchte frei zum Ausdruck. Ich weinte um meine verlorene Liebe – ich weinte um Gott.

Stunden vergingen und ich spielte immer weiter. Plötzlich wurde ich von der Gestalt einer jungen Frau erschreckt, die in der Nähe im silbernen Mondlicht stand. Schüchtern trat sie näher. „Ich bin Irene", sagte sie und erklärte weiter, dass sie schon seit Stunden zuhöre. „Deine Musik berührt mich. Kann ich mich zu dir setzen, wenn du spielst?"

„Wenn du magst", antwortete ich. Befangen spielte ich eine Zeitlang weiter, aber es war nicht mehr dasselbe. Dann wagte ich einen schüchternen Blick auf sie. Irene war so wunderschön, wie eine Frau nur sein konnte. Jede ihrer Gesten brachte ihre Bescheidenheit zum Ausdruck und war von Anmut erfüllt.

Sie strich sich nervös ihr langes, hellbraunes Haar aus dem zierlichen Gesicht und sagte mit sanfter Stimme: „Ich komme aus einem Dorf in der Schweiz. Ich mache gerade Ferien und bin auf der Suche nach spirituellen Freunden." Tränen traten ihr in die braunen Augen. Sie sprach von ihrer Enttäuschung von Menschen, die sie getroffen hatte und denen es nur um egoistisches Vergnügen gegangen war. Sie offenbarte mir, wie sehr sie sich danach sehnte, Gott näher zu sein. „Deinem Lied nach zu urteilen, bist du, glaube ich, auch auf einer spirituellen Suche. Bitte erzähle mir davon."

Daraufhin unterhielten wir uns viele Stunden lang über unser Leben und unsere Sehnsüchte. Es war beängstigend, wie viel wir gemeinsam hatten. Auf ihren zarten Wangen glitzerten Tränen. Sie holte tief Atem, wodurch ihre anmutige Gestalt noch mehr betont wurde. „Ich habe darum gebetet, einen Weggefährten zu finden. Bitte nimm mich mit, wo immer du auch hingehst." Ich lauschte voller Ehrfurcht, als sie mir in ihrer aufrichtigen Art und Weise vorschlug, auf der Suche nach Erleuchtung unsere Liebe miteinander zu teilen. Abschließend fügte sie mit einem liebevollen Blick hinzu: „Bitte lass dir meinen Vorschlag durch den Kopf gehen." Ich versicherte ihr, dass ich das tun würde.

Wir verbrachten den ganzen nächsten Tag zusammen und besichtigten Museen, gingen in Parks spazieren und tauschten unsere Gedanken aus. Sie war anders als jede Frau, die mir bis dahin begegnet war. Ich war hingerissen. Am Abend, als Gary und ich auf einem Gras bewachsenem Hügel saßen und unser Brot miteinander teilten, kam eine andere junge Frau zu uns herauf, die ich noch nicht kannte. Sie blickte mir direkt in die Augen und gab mir einen Brief in die Hand. Ich zog mich allein in den Wald zurück und stellte fest, dass der Brief von Irene war. Wenn ich ihrer Bitte nicht nachkommen könne, schrieb sie, sei es zu schmerzlich für sie, mich jemals wieder zu sehen. „Wenn ich nichts von dir hören sollte, werde ich es verstehen." So beendete sie den Brief. Ich brachte die ganze Nacht damit zu, allein durch den Wald zu laufen. War dies eine Versuchung, um mich von meinem spirituellen Weg abzubringen oder bot sich mir hier vielmehr die einmalige Gelegenheit, mein Leben mit einem sanften, schönen Engel zu teilen? Ich sann über die Wunderlichkeit der ganzen Angelegenheit nach. Nur wenige Stunden, bevor wir uns getroffen hatten, hatte ich in der Kathedrale die tiefste spirituelle Erfahrung meines Lebens gemacht und war vor dem Altar des Herrn zu einem Entschluss gelangt. Wenn Irene auch nur einen Tag früher erschienen wäre, wie hätte ich ihr da widerstehen können? Sie verkörperte alles, was ich mir jemals von einer Frau erträumt hatte, und ich fühlte eine tiefe Zuneigung und Anziehung zu ihr. Ich konnte sie mir als die ideale Lebenspartnerin vorstellen. Ich kannte sie zwar noch nicht lange, aber ich wusste, dass es ihr und mir das Herz brechen würde, wenn ich Nein sagte.

Wieder einmal fand ich mich an einer Flussgabelung wieder. Zwei Ströme lagen vor mir, die mich zur Erleuchtung tragen konnten. Der eine verhieß mir das Glück mit einer wunderschönen Begleiterin und der andere war ein Weg, den ich allein gehen musste und bei dem ich all meine Energie dem Göttlichen darbringen würde. Ich lief die ganze Nacht gedankenversunken auf und ab und betete. Konnte ich wirklich dieses Angebot irdischer Liebe einfach so an mir vorbeiziehen lassen? Ich blickte hinauf zum Sternenhimmel und dachte an katholische Heilige, tibetische Lamas und Yogis aus Indien, die alle in ihrem leidenschaftlichen Streben nach Erleuchtung ein Leben der Entsagung gewählt hatten. Sie hatten die Freuden des Lebens aufgegeben, um sich von dem

Ruf nach ausschließlicher Hingabe leiten zu lassen. Ich sehnte mich danach, ihren Fußspuren zu folgen, auch wenn ich wusste, dass es nicht immer leicht sein würde. Doch mit Gottes Hilfe war alles möglich und so entschied ich mich, zumindest für jetzt, es zu versuchen.

Eine Träne fiel im Mondlicht auf mein Adressbuch, als ich Irenes Namen ausstrich. Ich erzählte Gary nie von ihr und er sollte auch nie etwas von alledem erfahren, es sei denn, er verstand es, das Lied meiner Mundharmonika zu deuten.

Obwohl sich der Sommer allmählich seinem Ende zu neigte und es Zeit für uns wurde, aufs College und zu unseren Familien und Freunden nach Hause zurückzukehren, waren Gary und ich beide der Auffassung, dass wir jetzt nicht umkehren konnten. Unsere Suche nach Erleuchtung hatte ja gerade erst begonnen.

Ein paar Tage später waren wir in Rom. Direkt hinter der Jugendherberge befand sich ein bewaldeter Hügel. Dort schlugen Gary und ich unser Nachtlager unter dem sternenübersäten Himmel auf.

Die meiste Zeit am Tag wanderte ich ohne meinen Freund umher, da ich allein sein wollte. Eines Tages stieß ich auf ein altes Kloster und betrat eine kleine Kapelle. Als ich niederkniete und anfing zu beten, tippte mir von hinten ein betagter Mönch auf die Schulter. „Kann ich dir helfen?“, fragte er. Seine weißen Haare waren auf der Oberseite des Kopfes teilweise abrasiert. Er war groß und trug eine braune Kutte. Sie war sauber, aber zerschlissen und fiel in einem Stück von den Schultern bis zu seinen Füßen. Ein dicker Strick war um seine Taille gebunden und seine Füße steckten in abgenutzten Sandalen.

Seine Erscheinung erfüllte mich mit Ehrfurcht. Bedächtig erwiderte ich: „Euer Hochwürden, wenn Sie meinen, dass ich es wert bin, dann erzählen Sie mir bitte etwas über Ihren spirituellen Weg.“

In aller Seelenruhe setzte er sich neben mich auf die Kirchenbank und lächelte heiter. „Ich wuchs in einer aristokratischen Familie auf“, begann er mit einer weichen und tiefen Stimme zu erzählen. „Als junger Mann hatte ich zu viel Geld und stand unter den schlechten Einfluss meiner Altersgenossen. Damit ich von ihnen akzeptiert wurde, beging ich viele Sünden. Ich legte Wert auf vornehme Kleidung, guten Wein und schöne

Frauen." Er hielt einen Augenblick inne, dann fuhr er in reuevollem Ton mit seiner Erzählung fort: „Als ich an der Universität studierte, erfuhr ich vom tragischen Tod meiner gesamten Familie – ihr Schiff war auf einer Urlaubsreise untergegangen. Da ich nun meine Familie verloren hatte, begann ich über die Sinnlosigkeit meines habgierigen Lebens nachzudenken. Deshalb begab ich mich auf die Suche nach einem Sinn im Leben und so machte ich letztendlich die Bekanntschaft mit einem Mönch des Franziskanerordens, unter dessen Anleitung ich schließlich die heiligen Schriften studierte." Tränen traten in seine Augen, als er seine Hände zum Altar erhob. „Im Leben und in den Lehren Jesu Christi fand ich Erlösung von meinen Sünden und den Brunnen des ewigen Lebens. Inspiriert von der Hingabe des Heiligen Franziskus, nahm ich schließlich das Mönchsgelübde an. Das war vor fast fünfzig Jahren."

Ich verneigte mich leicht. „Haben Sie vielen Dank. Könnte ich Ihnen vielleicht eine Frage stellen, die mich seit Langem quält?" Eine Zeremonie begann in der Kapelle und die hereinströmenden Menschen verbreiteten eine gewisse Unruhe. Mit seinen sanften blauen Augen blickte er in meine. Die tiefen Falten in seinem Gesicht zeugten von einem strengen, entsagungsreichen Leben. Aber sein fast zahnloses Lächeln strahlte eine erhabene Freude aus, das Geheimnis seines Lebens. „In Kürze beginnt der Gottesdienst. Bitte folge mir."

Er führte mich einen schmalen Gang entlang und einige Steinstufen hinab in völlige Dunkelheit. Unten angekommen, entzündete er eine Laterne und wir schritten weiter durch einen etwas über einen Meter breiten, unterirdischen Tunnel. Die Wände des Tunnels waren aus uralten Steinen gemauert, die Decke war niedrig und es roch muffig und feucht. Eine Fledermaus flog kreischend an meinem Gesicht vorbei. Ich hörte den Mönch in der Dunkelheit murmeln: „Ich nehme dich mit an einen Ort, an dem ich gern bete." Seine Worte, wie auch unsere Schritte, hallten von den Wänden wider. Wir betraten eine abgelegene Kammer. Die tanzende Flamme der Laterne beleuchtete schwach die ungefähr fünf Quadratmeter große Zelle, in der sich nur eine Holzbank befand und ein hölzernes Kruzifix an der Wand hing. Lächelnd fragte er: „Ist es dir hier unten ruhig genug?"

Es war für mich ein Segen, dort sein zu dürfen, und ich ließ ihn das auch wissen. Wir setzten uns auf die Bank und der Mönch stellte die Laterne zwischen uns. Dann offenbarte ich ihm etwas, das mir seit meiner Ankunft in Europa auf dem Herzen lag. „Ich stamme aus einer jüdischen Familie und ich halte unseren Glauben in Ehre. Die Hingabe meines Großvaters an das Judentum hat mich als Kind tief im Herzen berührt. Auf meinen Reisen studierte ich die heiligen Thora und Kaballa, die zu Quellen der Inspiration und Weisheit für mich wurden. Gleichzeitig rühren das Leben und die Lehren Jesu mein Herz zu Tränen. Seine Weisheit, sein Mitgefühl und seine Liebe zu Gott haben mich tief beeindruckt." Ich wurde ein wenig nervös, da ich noch nie offen mit jemanden über diese Gedanken gesprochen hatte. Aber der Mönch ermunterte mich mit seinen sanften Augen und so fuhr ich fort: „In der Geschichte lernen wir, dass die Juden von den Christen verfolgt wurden. Es gibt auch unter den Christen einige, die die Juden als Jesusmörder verachten, und ich habe das auch schon am eigenen Leib zu spüren bekommen. Jedoch gibt es auch einige Juden, die den Christen gegenüber eine sehr herablassende Haltung einnehmen und Jesus nur wenig Bedeutung beimessen." Plötzlich tauchten Bilder aus meiner Vergangenheit vor mir auf und brachten mich zum Stocken. Ich starrte in den schwachen Schein der Laterne und bat den Mönch um eine Antwort. „Warum existiert ein solcher Konflikt unter denen, die nach Liebe zum gleichen Gott streben? Verrate ich etwa meine jüdische Abstammung durch meine tief empfundene Verehrung von Jesus?"

Der alte Mönch legte seine Hand auf meine. Er blickte nach oben, um die richtigen Worte zu finden, und schloss dann schweigend seine Augen. Nach kurzer Zeit öffnete er sie wieder. „Mein liebes Kind, es gibt nur einen Gott. Alle Religionen lehren uns, ihn zu lieben und ihm zu gehorchen. Aber wenn der Glauben nur schwach ist, das Ego oder politische Motive dazu kommen, dann streiten sich die Menschen wegen oberflächlicher Unterschiede. In den fünfzig Jahren, die ich mit Meditation, Gebeten und Nächstenliebe verbracht habe, habe ich erkannt, dass sich die Liebe Gottes den Menschen auf unterschiedliche Art und Weise offenbart. In den verschiedenen spirituellen Traditionen gibt es Heilige, die ihr Leben für die Liebe Gottes und die Liebe zum Nächsten opfern." Tief in Gedanken versunken strich er sich übers Kinn und mit stockender

Stimme fuhr er fort: „Ich glaube an Jesus Christus, den Sohn Gottes und meinen Erlöser. Vielleicht ist es ja Gottes Wille, aufrichtig suchende Juden mit einem anderen Glauben als dem meinen zu inspirieren." Er fuhr fort, dass Moses und die Propheten uns lehrten, Gott mit ganzem Verstand, aus vollem Herzen und mit ganzer Seele zu lieben. Jesus lehrte dasselbe und er war nicht gekommen, um dieses Gebot zu ändern, sondern um es mit Leben zu erfüllen. „Warum sollte es deswegen Hass und Kampf geben?", fuhr er fort. „Ein Weg mag verschiedene Formen annehmen, aber das Ziel, das Königreich Gottes, ist das, was wir alle gemeinsam haben. Es sind die Kleingeistigen und Engstirnigen, die Verwirrung stiften." Er gab meine Hand frei und strich mir liebevoll über den Kopf. „Sei nicht betrübt, mein Sohn. Du bist aufrichtig. Gott wird dich führen."

Seine Worte rührten mein Herz.

Eines Tages stießen Gary und ich auf ein Kloster, in dem die Mönche in Katakomben meditierten, die mit den Skeletten ihrer Vorgänger angefüllt waren. In einigen dieser Räume hatte man Hunderte von menschlichen Schädeln oder Skelettteilen an den Wänden entlang aufgetürmt und in anderen waren sie künstlerisch zu floralen Mustern, Möbeln und Leuchtern zusammengefügt worden. Wir baten einen alten Mönch, der neben uns saß, uns all dies zu erklären. „Hier rufen wir uns die Vergänglichkeit des Körpers und all dessen, was mit ihm in Verbindung steht, ins Bewusstsein." Wir lauschten aufmerksam, als er fortfuhr: „Dies hilft uns dabei, die Versuchungen des Fleisches zu überwinden und Zuflucht im Königreich Gottes zu suchen." Tiefer in den Katakomben wies eine Gruppe von Skeletten, die in Mönchsgewänder gekleidet war, auf eine Tafel, auf der zu lesen war: „So, wie ihr jetzt seid, sind wir einst gewesen, und so, wie wir jetzt sind, werdet ihr bald sein."

Trotz dieser spirituellen Begegnungen zerrte die materielle Welt weiterhin an mir. Eines Nachmittags schlenderten Gary und ich durch Rom und entdeckten einen interessanten Buchladen. Wir suchten oft Buchhandlungen auf und überflogen auf der Suche nach inspirierenden Passagen Bücher nach dem Zufallsprinzip. Heute stieß ich auf ein Buch mit dem Titel: *Bluesharp – Spielen wie die Stars* und war sofort fasziniert.

Beim Durchblättern fand ich Lektionen über die verschiedenen Stilrichtungen der großen Meister auf diesem Gebiet und die Titel all meiner Lieblingsinterpreten wie Sonny Boy Williamson, Little Walter, Howlin' Wolf, Jimmy Reed, Slim Harpo, Sonny Terry, Junior Wells, John Mayall, Paul Butterfield und viele andere. Es wäre ein ideales Handbuch für unterwegs, aber ich konnte es mir nicht leisten. Würde ich jemals wieder so ein Buch finden? Wohl kaum.

Meine niedere Natur überwältigte mich. Vorsichtig spähte ich nach beiden Seiten, schob das Buch diskret unter meine Weste und ging hinaus. Als wir zum Waldhügel in unser Lager zurückkamen, zeigte ich Gary meinen Schatz. Er lächelte anerkennend.

Ein paar Tage später besuchten wir den Petersdom, als der Papst gerade eine Predigt dort hielt. Später streiften wir stundenlang durch Rom und kamen schließlich zu einer schönen Kirche. Wir ließen uns auf den schweren hölzernen Kirchenbänken nieder, die vor langer Zeit kunstvoll geschnitzt worden waren, und verbrachten eine Stunde voller Dankbarkeit in Meditation und Gebet in dem höhlenartigen Altarraum, der in sanftes Kerzenlicht getaucht war. Etwas später – wir waren schon weiter getrampt und hatten gerade eine geschäftige römische Straßenkreuzung erreicht – brachte Gary voller Stolz ein aufwendig geschnitztes Kruzifix zum Vorschein. Ich nahm es in meine Hände und bestaunte seine Schönheit. „Woher hast du das?", fragte ich.

„Aus dem Beichtstuhl in dieser Kirche", antwortete Gary vergnügt.

„Was?!" Ich stieß es zu ihm zurück. „Du hast das aus dem Gotteshaus gestohlen? Wie konntest du nur so etwas tun? Ich schäme mich für dich."

Garys Augen blitzten auf. „Monk, was glaubst du denn, wer du bist, dass du so zu mir predigst? Hast du etwa nicht selbst das Mundharmonika-Buch geklaut? Sei doch kein Heuchler."

Er hatte recht. Ich fühlte mich beschämt und geschlagen. Ich hatte kein Recht, ihn zu kritisieren, aber ich musste ihm meine Meinung sagen. „Ja, ich habe es gestohlen, aber aus einem Geschäft, das auf Gewinn aus ist, und nicht etwa aus einem Heiligtum."

Jetzt geriet Gary erst richtig in Fahrt. Er erhob seine Stimme, um sich über den Verkehrslärm hinwegzusetzen, und protestierte: „Die Kirche ist ja wohl eines der Unternehmen, das den größten Gewinn der Welt einfährt. Sie macht Milliarden von Dollar, während diese Buchhandlung vermutlich einem frommen Mann gehört, der darum kämpfen muss, irgendwie über die Runden zu kommen.“ Während wir uns so stritten, umringten uns immer mehr Fußgänger und sogar Autos hielten an, um die Auseinandersetzung mitzuverfolgen.

Ich strengte mich an, das Dröhnen der Busse zu übertönen. „Vielleicht hast du ja recht, aber nichtsdestotrotz haben wir Gott in dieser Kirche unsere Verehrung dargebracht. Ich kann es nicht ertragen, dass du ausgerechnet von diesem Ort etwas gestohlen hast. Bitte, Bruder, bring es zurück. Tu's für mich.“

Garys Wut schmolz auf ein ruhiges Lächeln zusammen. Er umarmte mich, und als er sich entschuldigte, willigte er ein, das Kreuz zurückzubringen.

„Es tut mir auch leid, Gary. Ich weiß, dass ich im Unrecht bin, aber danke vielmals.“

Gary und ich trampten zurück zu der Kirche, um das gestohlene Kruzifix zurückzubringen. Erst bei Einbruch der Nacht kehrten wir zu unserem Lager im Wald zurück. Wir lachten über unsere Auseinandersetzung und waren uns einig darin, dass sie unsere Beziehung vertieft und unsere Loyalität zueinander bewiesen hatte. Während ich in meinem Schlafsack auf dem Rücken lag und hinauf zu den Sternen blickte, ärgerte ich mich über mich selbst. *Ich bin ein Heuchler. Waren es nicht Heuchler gewesen, die Jesus an dieses Kreuz genagelt hatten? Wie verlogen es doch ist, etwas zu predigen, aber es selbst nicht vorzuleben.* Als ob er meine Gedanken lesen konnte, unterbrach Gary die Stille und sagte: „Monk, bitte bring dieses Mundharmonika-Buch nicht zurück. Jedem gefallen die neuen Stücke, die du spielst.“

Ich behielt das Buch so lange wie es nötig war, um aus ihm so viel zu lernen, wie ich konnte. Kurz bevor wir Rom verließen, ging ich zu dem Buchladen zurück und schob das Buch wieder in das Regal, aus dem ich es genommen hatte.

Wie an so vielen anderen Orten zuvor fand ich auch in Rom Zuflucht an einem Flussufer. Ich blickte über den Tiber und dachte darüber nach, dass dieser Fluss hier schon beim Aufstieg und Niedergang des Römischen Reiches und seit jeher hier entlang geflossen war. Generationen und Zivilisationen waren untergegangen und von den prachtvollen Bauten Roms sind heute nur noch Ruinen übrig. Die ganze Zeit über floss der Tiber dahin und trug eine Weisheit mit sich, die ich ergründen wollte. Ich beobachtete die Strömung und dachte über meine Freuden, mein Leid und meine Prüfungen während meines Aufenthalts in Italien nach. Mir kam der Raubüberfall des armen Jim, unseres wohltätigen Soldaten, in den Sinn. Ich erinnerte mich auch an den unschätzbaren Segen, den ich in der Kathedrale Santa Maria del Fiore empfangen hatte. Dann flossen meine Gedanken zurück zu Irene, dem süßen Engel, den ich für ein Hindernis auf meinem Weg gehalten hatte. In der dahin rauschenden Strömung des Tibers vernahm ich die weisen Worte des Franziskanermönchs, die er in der dunklen, unterirdischen Kammer gesprochen hatte. Dann erinnerte ich mich voller Scham an mein heuchlerisches Verhalten, da ich selbst etwas gestohlen hatte und dann meinen besten Freund für das Gleiche verurteilte. Bei all dem hatte ich immer das Gefühl, dass mich eine göttliche Hand leitete und mir wertvolle Lektionen erteilte. Während das Wasser dahinfloss, begann ich über das Leben des heiligen Franziskus von Assisi nachzudenken. In seiner Jugend verabscheute er den Anblick von Leprakranken. Als er aber von der Gnade Gottes berührt worden war, küsste er voller Mitgefühl die Hand eines Aussätzigen mit der Absicht, ihm zu dienen. In mir wurde eine innere Stimme laut, die mir riet, Assisi zu besuchen.

Ich trennte mich für einige Tage von Gary und begab mich auf Pilgerreise. In Assisi angekommen, las ich Geschichten über das Leben von Franziskus und besuchte die Orte, an denen sich die jeweiligen Begebenheiten zugetragen hatten. Franziskus war der Sohn eines wohlhabenden Kaufmannes und diente als junger Mann als Soldat, aber als er 1205 im Kloster San Damiano betete, wurde er von Jesus vom Kirchenkreuz herab ersucht, „die Kirche, die sich im Verfall befand, wieder aufzubauen". Das war der Augenblick seiner Transformation. Von da an verschrieb er sich einem Leben in selbst auferlegter Armut, Demut und Hingabe und zog viele Menschen an, ihm nachzufolgen. Ich verbrachte mehrere Tage in San Damiano und versenkte mich in Gedanken über die Verwandlung des heiligen Franziskus. Ich besuchte sein Elternhaus und sah den Wandschrank, in den ihn sein Vater aus Angst, dass er der Welt entsagen würde, eingesperrt hatte. Dort gelang es Franziskus, seine Mutter zu täuschen, sodass sie ihn wieder freiließ. Ich suchte auch die Kirche Santa Maria degli Angeli auf, in der er sein Wirken begonnen hatte und in der er Jahre später seinen letzten Atemzug machte. In meinem Herzen bewahrte ich die Inspiration der Entsagung, des Mitgefühls und der Ekstasen spiritueller Liebe des heiligen Franziskus und nahm sie mit mir, als ich zu Gary nach Rom zurückkehrte.

Von Rom aus trampten wir nach Neapel und dann weiter zur legendären Stadt Pompeji. Die Tatsache, dass dies bis zum Ausbruch des Vesuvs eine blühende Stadt gewesen war, berührte mich tief. Jetzt, Jahrhunderte später, gingen wir durch die Ruinen dieser antiken Zivilisation und staunten über all das, was man aus den erstarrten Lavaschichten ausgegraben hatte. Vollkommene Formen menschlicher Körper hatten sich in der Asche gebildet. Tiere, Gebäude, Straßen und Hunderte von Kunstgegenständen waren in der erhärteten Lava konserviert worden. Ich verlor mich in Gedanken. Was konnten wir aus der Tragödie von Pompeji lernen? Jederzeit kann eine Katastrophe über uns hereinbrechen. In unserer Selbstzufriedenheit vergessen wir, uns die Vergänglichkeit alles Materiellen vor Augen zu halten. Ich dachte an die Beulenpest, die Europa heimgesucht hatte, an die Atombombe, die Hiroshima dem Erdboden gleichgemacht hatte, und an die Erdbeben und Waldbrände, die ganze Städte in Amerika zerstört hatten. An der Geschichte der Menschheit können wir sehen, wie die Kräfte der Natur uns immer wieder alles entreißen. Warum sollte ich es also aufschieben, nach dem immerwährenden Juwel der Erleuchtung zu suchen? *Jetzt ist die Zeit dafür.*

Wie der Ausbruch des Vesuvs zur Folge hatte, dass eine ganze Stadt verschüttet wurde, so war in meinem Herzen der Drang übermächtig geworden, mich ausschließlich dem Weg der Spiritualität verpflichtet zu fühlen und alles andere aus meiner Vergangenheit in Schutt und Asche zurückzulassen.

4

Von Pompeji aus trampten wir weiter zu der Hafenstadt Brindisi. Von unserem allerletzten Geld, das wir zur Seite gelegt hatten, bezahlten wir die Überfahrt in einem Segelboot zu der griechischen Insel Korfu, das alte Corcyra, über das schon Homer in seiner *Odyssee* berichtet hatte. Dort wanderte ich jeden Tag allein einen Berghang mit blühenden Oliven- und Feigenbäumen hinauf. Dann suchte ich mir einen Platz unter einem Granatapfel-Baum mit Blick über das Ionische Meer und las das Buch *Tao te king*, die Bhagavad Gita und die Bibel und war begierig, so viel wie nur möglich von den verschiedenen Traditionen zu lernen. Die frische mediterrane Luft beflügelte meine Gedanken.

Wir setzten zum Festland über und trampten Richtung Athen. Während wir die Straßen entlang rasten, staunte ich über diese einzigartige Landschaft, die Sprache und die verschiedenen Gebräuche in Europa. Ich kam aus dem Mittleren Westen Amerikas und diese große Vielfalt hier weitete meinen Horizont merklich. Ich schaute aus dem Fenster und versank ganz in meine Gedankenwelt. Mein ganzes Leben lang war ich davon geprägt worden, die Wirklichkeit auf eine bestimmte Art und Weise entsprechend meiner Herkunftskultur zu deuten. Wie kam es nur, dass wir Menschen eine scheinbar tief verwurzelte Neigung besaßen, uns anderen gegenüber überlegen zu fühlen, sei es nun in Bezug auf Nationalität, Rasse, Religion oder soziale Stellung? Wir denken, dass wir normal sind und die anderen irgendwie merkwürdig oder gar minderwertig. Diese anmaßenden Vorurteile machen uns engstirnig und fanatisch und führen zu Hass, Furcht, Ausbeutung und letztendlich sogar zu Krieg. Ich betete darum, dass das Reisen meinen Blickwinkel weiten und in mir ein Verständnis dafür wecken würde, wie Menschen anderer Kulturen das Leben, die Welt und Gott betrachteten.

In Athen angekommen, schrieb ich einen Brief an meine Familie in Chicago. Ich berichtete, wo ich mich gerade aufhielt, wie viel mir die

Reise bis jetzt bedeutet hatte und wie nah ich mich ihnen fühlte. Ich brachte es jedoch noch nicht übers Herz, ihnen zu sagen, dass ich nicht vorhatte, diesen Herbst wieder ans College zurückkehren, und dass ich nicht wusste, wann ich überhaupt wieder zurückkommen würde.

In Athen waren Gary und ich bestürzt, als wir sahen, wie die Polizisten bei Straßenpatrouillen ihre automatischen Maschinengewehre hin und her schwenkten. Uns war klar, dass wir wohl besser in einer Jugendherberge und nicht unter einem Baum übernachten sollten, aber dabei gab es ein Problem – unsere dürftigen Finanzen waren erschöpft. Obwohl Jugendherbergen billig waren, konnten wir uns trotzdem keine Übernachtung leisten. Somit griffen wir also auf eine Methode zurück, die damals unter mittellosen Reisenden nicht ungewöhnlich war: Wir gingen zur staatlichen Blutbank, um Blut zu spenden. Das primitive Verfahren, das damals angewandt wurde, war schmerzhaft. Sie banden uns mit Gurten an einem Tisch fest und zogen dann das Blut in große Spritzen auf. Wir wurden fast ohnmächtig. Laut Vorschrift bekam jeder Spender nach der Blutentnahme ein Glas Orangensaft, musste dann aber noch eine halbe Stunde lang im Wartezimmer sitzen bleiben. Denn erst, wenn sie sich versichert hatten, dass der Spender auch stabil und gesund war, bezahlten sie. Wir saßen also unsere Zeit im Wartezimmer ab und ertrugen die Schmerzen in den Armen. Gary verzog das Gesicht und jammerte: „Es muss doch noch einen besseren Weg geben, um an Geld zu kommen." Wir blickten uns im Raum um und sahen einen Franzosen mit einem Gitarrenkoffer, der genauso litt wie wir. Ein paar Stühle weiter saß ein Junge aus der Schweiz, der einen Geigenkasten bei sich hatte und sich ebenfalls den Arm hielt. Wie üblich hatte ich meine Mundharmonika dabei, die an meinen Gürtel geschnallt war. Wir Musiker sahen uns an und lächelten. Wir hatten alle die gleiche Idee.

Es stellte sich heraus, dass der Junge aus der Schweiz von klein auf Unterricht in klassischer Geige bekommen hatte, sich später als Teenager aber mehr für Rock und Blues entschieden hatte. Der französische Gitarrist war mit klassischem Flamenco groß geworden, hatte sich jedoch später der Folk-Musik zugewandt. Nachdem wir unser Geld kassiert hatten, stürmten wir auf die Straße hinaus, bildeten spontan eine Band und fingen an, wilde Improvisationen über einen Eight-Bar Blues zu spielen.

Schnell waren wir bestimmt von einem Duzend Leuten umringt, die anfingen zu tanzen. Es dauerte nicht lange und die Zahl verdoppelte sich. Gary bildete unsere Rhythmusgruppe: Er ließ einige Münzen in einen geborgten Hut fallen und schüttelte ihn. Das Publikum war mit unserer Vorstellung so zufrieden, dass es fortwährend Drachmen in Garys Hut warf. Als die Begeisterung ihren Höhepunkt erreichte, bildeten wir eine musikalische Prozession und zogen zu den Klängen eines einzigen langen Musikstückes durch die Straßen von Athen. Die Leute sprangen hinter uns her. Als wir an einer Ecke haltmachten, versammelten sich Dutzende Menschen um uns, und der Hut quoll nur so über vor lauter Geldstücken.

Am Ende des ersten Tages teilten wir unsere Einnahmen und checkten in der Jugendherberge ein. Am nächsten Morgen waren wir berühmt. Wo immer wir auch hinkamen, versammelten sich Scharen von lächelnden und klatschenden Griechen in einem Kreis um uns herum. Sie liebten uns. Wir spielten fröhlich drauf los und dachten, es sei zu schön, um wahr zu sein. An einem öffentlichen Platz erfüllte unsere Musik die Luft, alte Leute klatschten, Jugendliche tanzten, Kinder sprangen hin und her und Mütter schaukelten ihre Babys im Rhythmus der Musik. Jeder lächelte an diesem sonnigen Nachmittag und der Hut floss nur so über, bis die Menge auf einmal schlagartig auseinanderstob. In der nächsten Sekunde blickten wir plötzlich in den Lauf von Maschinengewehren und die Musik verstummte. Wir wurden verhaftet und auf die Polizeiwache abgeführt. Dort beschlagnahmte die Polizei das ganze Geld aus dem Hut und verwarnte uns, nie wieder so ein Verbrechen zu begehen. Das war sowohl der Anfang als auch das Ende meiner Karriere als professioneller Musiker.

Wir spürten, dass es an der Zeit war, einen friedlicheren Ort zu finden, um unsere Spiritualität zu vertiefen, und mit dem bisschen Geld, das wir vor der Polizei verstecken konnten, bezahlten Gary und ich die Bootsfahrt auf die Insel Kreta. Nachdem wir im Hafen von Iraklion im Ägäischen Meer angekommen waren, nahmen wir einen Bus zur Südküste. An der steilen, felsigen und für Schiffe unzugänglichen Küste fanden wir einen Ort von wilder Schönheit vor – die Gegend war reichlich gesegnet mit natürlichen Quellen, Schluchten, Sandstränden, Gebirgsziegen und reichlich Sonnenschein. Wir hatten noch nie zuvor so viele Höhlen gesehen. Verblüfft wählten wir eine mit Blick über das Mittelmeer als Aufenthaltsort aus. Dieses Inselparadies war der ideale Ort, um sich zurückzuziehen, zu fasten, zu meditieren und zu beten. Ich kletterte jeden Morgen noch vor Sonnenaufgang auf einen Berg, auf dem ich bis zum Sonnenuntergang meditierte und betete. Als ich über das klare Wasser des Meeres blickte, wurde mein Durst nach Erleuchtung stärker als je zuvor. Gary blieb unterdessen unten am Meer und meditierte ebenfalls. Nach Sonnenuntergang trafen uns jedes Mal in der Höhle wieder und brachen unser ganztägiges Fasten mit etwas trockenem Brot. Wenn wir uns abends auf dem Steinboden zum Schlafen niederlegten, tauschten wir die Erkenntnisse aus, die wir im Laufe des Tages gemacht hatten.

Wochen der Kontemplation verstrichen auf diese Weise und inzwischen hatten meine Gebete und meine Meditation den Funken meiner spirituellen Sehnsucht in ein loderndes Feuer verwandelt. Von diesem einsamen Berggipfel aus wurde ich Zeuge, wie alles in meinem Leben sich in diesem Feuer in Rauch auflöste. Es war ein Gefühl, als würde ich wie ein Besessener von meiner Sehnsucht nach Gott verzehrt werden.

Aber das Schicksal führte mich erneut an einen Scheideweg. Der eine Weg würde mir erlauben, die Person zu bleiben, für die ich mich hielt – ein amerikanischer Junge aus einer bestimmten Familie, der sich der Gegenkultur angeschlossen hatte, von dem man aber erwartete, dass er das College besuchen und einen Abschluss machen würde. Der andere Weg würde mich in ein Reich führen, in dem sich alles ändern musste.

Das machte mir Angst. Ich wusste, dass ich dabei war, eine Entscheidung zu treffen, die mein Leben vollkommen verändern würde, aber nichts konnte mich aufhalten. Ich wusste nicht, wohin mich das Schicksal führen würde, aber ich war mir darüber im Klaren, dass ein ganz neues Leben mit einer völlig neuen Identität auf mich wartete, wenn ich einen Schritt vorwärtsgehen würde. Ich musste alles zurücklassen.

Der Tag neigte sich seinem Ende zu, und die zartrote Sonnenkugel schien vom Meer verschlungen zu werden. Sie warf einen Schleier aus rotgoldenem Licht über die Wellen, die sich unter seiner Berührung wiegten und tanzten. Die Berge an der Küste erstrahlten, als wären sie aus purem Gold, und das Himmelszelt über mir glühte in Rosa, Orange und Flieder. Und dann vernahm ich aus meinem Herzen eine süße, aber gebieterische Stimme, die mich aufforderte: „Geh nach Indien."

Warum nach Indien?, dachte ich bei mir. *Das ist eine völlig andere Welt, so weit entfernt und ich weiß so wenig darüber.* Ich besaß so gut wie kein Geld und hatte nicht die geringste Ahnung von dem, was mich erwarten würde. Dennoch glaubte ich, dass es die Stimme meines Herrn war, der nach mir rief. Schon zu anderen Zeiten hatte ich die Anwesenheit Gottes verspürt. Oder ich hatte mich schuldig gefühlt, dass ich mich auf eine Art und Weise verhalten hatte, die mich von Gott wegführte. Aber dieses Mal war es etwas anderes. Das war eine leise Stimme gewesen, die aus meinem Herzen kam. Ich war fest davon überzeugt, dass es nicht meine eigene Stimme oder mein Verstand war. Nein, das war Gott, der auf meine Gebete nach Führung geantwortet hatte.

In der Dämmerung stieg ich, eingetaucht in mein eigenes Meer der Selbstbetrachtung, vom Berggipfel zum Mittelmeer hinunter. Ich fühlte, dass jeder meiner Schritte mich näher an mein Ziel brachte. Als ich in unsere Höhle kletterte, fand ich dort Gary in tiefe Meditation versunken. Eine einsame Kerze flackerte und warf einen gelben Lichtschein an die Wände und Decke unserer Zufluchtsstätte.

Ich setzte mich am Eingang der Höhle auf den Steinboden und starrte hinauf zu dem sich verdunkelnden Himmel. Dann brach ich das Schweigen: „Gary, mir ist heute etwas Erstaunliches passiert."

Er machte große Augen. „Wirklich, Monk?!", rief er aus. „Mir ist heute auch etwas Erstaunliches passiert."

„Sag schon."

Gary blickte auf zu den Sternen. „Bei Sonnenuntergang sprach eine Stimme zu mir."

„Unglaublich. Was hat die Stimme zu dir gesagt?"

„Sie sagte", flüsterte er, „,Geh nach Israel.'"

Mir blieb der Mund offen stehen. „Was?" Ich zitterte vor Anspannung und lehnte mich zu ihm hinüber. Ich konnte nicht glauben, was ich da gerade gehört hatte. „Wohin?"

„Sie sagte: ‚Geh nach Israel.' Glaubst du mir nicht?"

Ich suchte Halt auf dem Höhlenboden. „Ich habe auch eine Stimme gehört, als die Sonne unterging."

„Wahnsinn!", brach es aus Gary hervor. „Dann gehen wir zusammen nach Israel."

„Allerdings, Gary“, flüsterte ich und mein Herz raste, „hat die Stimme zu mir gesagt: ‚Geh nach Indien.‘“

„Indien?“, stieß Gary hervor. Er verstummte.

Keiner von uns brachte ein Wort über die Lippen.

Schweigen breitete sich zwischen uns aus und ich blickte hinauf zu den Sternen. „Ja, ich bin bereit“, flüsterte ich zum Himmel.

Die Höhle war jetzt bis auf das Flimmerlicht einer einzigen Kerze in Dunkelheit getaucht. Ich wandte mich an meinen besten Freund. „Morgen werde ich gehen. Vielleicht für immer.“

Lange Zeit sprach keiner von uns ein Wort. Dann brach Gary das Schweigen. „Zwischen uns und Indien liegen die Wüsten des Nahen Ostens, die sich über Tausende von Kilometern erstrecken.“ Die Kerzenflamme ließ unruhige Schatten an den Wänden entlang tanzen. „Sie zu durchqueren ist gefährlich, wenn nicht gar tödlich. Du hast nichts, Monk. Das ist keine spirituelle Suche mehr – das ist glatter Selbstmord. Bitte warte damit. Warum kommst du nicht mit mir nach Israel und wir verdienen dort etwas Geld und dann gehen wir gemeinsam nach Indien?“

Minuten vergingen. Ich dachte darüber nach, aber die innere Stimme lenkte nicht ein.

„Gary, ich glaube, dass es Gott ist, der mich ruft. Ich kann das nicht aufschieben.“

Sorgen huschten über sein Gesicht. „Wie willst du bis da hinkommen, Monk?“

„Ich denke, wenn ich einfach Richtung Osten trampe, werde ich schon eines Tages das Land erreichen, in dem die Antwort auf meine Gebete auf mich wartet.“

Er verstand mein Herz. Eine Träne rann seine Wange hinunter und benetzte seinen Bart. „Du musst deinem Schicksal folgen“, flüsterte er. „Ich werde für dich beten.“

Als die Kerze in ihrem letzten Licht flackerte, lege ich mich auf den Boden der Höhle zur Ruhe. In der Stille der Nacht blickte ich hinaus zu den unendlich vielen Sternen. In meinem Kopf drehte sich alles in gespannter Erwartung.

Die Sonne ging auf und ich traf Vorbereitungen für meinen Aufbruch. Gary begleitete mich zur Bushaltestelle an einer Landstraße, um mir Lebewohl zu sagen. Als wir zwischen ein paar Bauern standen, die auch auf den Bus warteten, fühlten wir, wie die Traurigkeit über die Trennung sich allmählich breitmachte. Solch brüderliche Liebe, die uns verband, war selten. Von Kindheit an hatten wir gemeinsam die geheimnisvollen Phasen des Lebens gemeistert. Von zu Hause in Highland Park, von den Hippie-Oasen in Kalifornien, von unserem College in Florida und von vielen Plätzen in Europa hatten wir gemeinsam zu den Sternen aufgeschaut. Wir hatten uns zusammen Gedanken darüber gemacht, warum die Menschen hassen und töten, und waren gemeinsam gegen den Vietnamkrieg und die schlechte Behandlung der Afroamerikaner eingetreten. Wir träumten von Bürgerrechten und einer Welt frei von Hass und voller Musik. Auf unseren jüngsten Reisen waren wir sogar noch mehr auf die Freundschaft und die Unterstützung des anderen angewiesen. Aber jetzt war der schicksalhafte Augenblick gekommen. Der klapprige Bus näherte sich uns und ich wollte Gary gern etwas schenken, und zwar das für mich Bedeutungsvollste, das ich besaß. Ich dachte darüber nach, wie ich am besten meine Gefühle zum Ausdruck bringen könnte, und dann hatte ich plötzlich eine Idee. Ich zog meine alte, schwarze Weste aus und reichte sie ihm. Ich hatte sie seit Jahren Tag für Tag getragen. Für diejenigen, die mich kannten, war sie schon zu einem untrennbaren Teil meiner Identität geworden. Sie war auch mein kostbarster Besitz.

„Die Weste!“, rief Gary.

Wir waren wie zwei Blätter im Wind, die weder wussten, wie noch wohin sie getragen werden würden. Wir schüttelten uns die Hände und umarmten uns. Gefühle begannen meine Kehle zuzuschnüren und voller Ergriffenheit stieß ich hervor: „Wenn Gott will, werden wir uns vielleicht eines Tages wieder treffen.“

Ich fand einen Sitzplatz im Bus, und als er über die holprige Straße vorwärts ratterte, blickte ich zurück. Einsam stand Gary dort. Als ich ihm meine Weste gab, war mir bewusst, dass dies ein Zeichen dafür war, dass ich meine gegenwärtige und vergangene Identität hinter mir ließ. Ich beschloss auch den Spitznamen „Monk“ abzulegen und von diesem Zeitpunkt an meinen Vornamen, Richard, zu benutzen. Die Reise ins unbekannte Indien, so fühlte ich, würde eine Reise werden, auf der ich meine ewige Identität wiederfinden sollte.

5

In Iraklion, dem nördlichsten Hafen in Kreta, fand ich einen Fischer, der bereit war, mich auf seinem Boot nach Athen mitzunehmen. Sobald ich an Bord war, setzte ich mich und ließ meinen Blick über das Meer schweifen. Mein Geist war ebenso aufgewühlt wie die Wellen. Ich konnte mir nicht ausmalen, was die nächsten Tage bringen würden. Hier war ich nun, neunzehn Jahre alt, und ich war noch nie zuvor einem Menschen aus Indien begegnet. Abgesehen davon, dass ich wusste, dass Indien irgendwo im Osten lag, hatte ich keine genaue Vorstellung davon, wo es sich genau befand oder wie weit es entfernt war. Ich besaß nicht einmal eine Karte. Nach dem, was ich in der Schule gelernt hatte, handelte es sich bei Indien um ein Land, das von Armut, Krankheit, Überbevölkerung und Schlangenbeschwörern geprägt war. Später, als ich nach Anhaltspunkten suchte, die möglicherweise die tiefsten Geheimnisse des Lebens enträtseln konnten, erfuhr ich, dass viele Indien als das Land der Religion, der Yogis und großer heiliger Persönlichkeiten betrachteten. Würde ich es schaffen, diese *Rishis** zu treffen? Und nicht etwa als Tourist oder Urlauber, sondern als jemand, der nach der Wahrheit suchte?

Bei meiner Rückkehr in Athen prasselte eine schlechte Nachricht nach der anderen auf mich ein. Ich erfuhr, dass ich die Türkei durchqueren musste, um nach Indien zu gelangen. Reisende, die bereits in der Türkei gewesen waren, warnten mich vor Istanbul. „Der Schwarzmarkt von Istanbul ist blutrünstig. Sie versprechen dir einen hohen Preis für eine Blutspende, aber in Wirklichkeit fesseln sie dich und ziehen dir das ganze Blut aus dem Leib und schmeißen anschließend deine Leiche ins Schwarze Meer." Ein anderer meinte: „Die Ghettos von Istanbul sind die reinste Oase für Schwerverbrecher, die nicht mit der Wimper zucken, dich wegen einer Lira umzubringen." Ich war jedoch fest entschlossen

* *risi (sansk.)* bedeutet „Seher" (Anm. d. Übers.)

und so verschloss ich meine Ohren vor diesen grausigen Geschichten.

In der Jugendherberge erkundigte ich mich nach dem Landweg nach Indien. Und wieder versammelte sich eine Gruppe Europäer um mich und versuchte mich davon abzubringen. „Liest du denn keine Zeitung? Bist du völlig verrückt?" Jemand wedelte mit einer englischen Zeitung vor meiner Nase herum. TÜRKEI VON CHOLERA-EPIDEMIE HEIMGESUCHT lautete die Überschrift. „Du kannst aber Indien nicht erreichen, ohne die Türkei zu durchqueren." Ja, die Türkei wurde gerade von einer Cholera-Epidemie geplagt. Diese Nachricht beherrschte die Presse in ganz Europa. Allein schon der Gedanke, durch dieses Land trampen zu wollen, erschien abwegig. Vielleicht war ich ja tatsächlich verrückt.

Neben diesen Schwarzmalern traf ich jedoch auch zwei junge Männer, die wie ich die Absicht hatten, auf dem Landweg nach Indien zu reisen. Jeff, ein Amerikaner aus San Diego, war Anfang zwanzig, groß und sportlich mit einem kantigen Kinn und einer markanten Nase. Sein blondes, ordentlich zur Seite gescheiteltes Haar reichte fast bis zu seinen Schultern und seine blauen Augen blickten hinter einer schwarz eingefassten Brille hervor. Trotz seiner strengen Züge war er doch eine friedliebende Seele. Wie ich war auch er auf einer spirituellen Suche und unterwegs nach Indien. Mit seiner bescheidenen und humorvollen Art war er einer der liebenswertesten Menschen, die mir je begegnet waren. Ramsey, ein Australier mit einem rötlichen Teint und rostroten Haaren, war Mitte dreißig und ein erfahrener Reisender. Obgleich er gerissen und zäh wirkte, war er dennoch auch ein sanftmütiger Mensch. Da er schon durch Europa und Asien getrampt war, besaß er eine gewisse Reife und auch Weisheit, die uns noch fehlte. Obwohl ich mich als Richard vorstellte, waren die Verbindungen unter den Reisenden so eng, dass ich bereits unter meinem Spitznamen „Monk" bekannt war, und Jeff und Ramsey mich demzufolge auch so nannten.

Von uns dreien besaß nur Jeff etwas Geld. Er lachte übers ganze Gesicht und sagte: „Hey Jungs, das hier ist nicht gerade viel, aber was immer ich besitze, es gehört euch." Er ließ seinen Arm in seinen Rucksack gleiten und brachte etwas Brot, Sesambutter, Spinat, Tomaten, Oliven und Fetakäse zum Vorschein. Mit der Begeisterung eines großen Kindes bereitete er für uns ein köstliches Festmahl und teilte alles in drei gleich große Portionen. Er biss genüsslich in das Sandwich und sagte beim

Kauen: „Nach dem hier müssen wir aber wirklich etwas kürzertreten, einverstanden Jungs?“

Ramsey und ich nickten und ließen uns die Sandwiches schmecken.

In der Eingangshalle der Jugendherberge schlossen wir drei einen Pakt und gelobten feierlich, auf dem Landweg nach Indien zu reisen. Wir gingen zur türkischen Botschaft, um herauszufinden, ob die Grenzen geschlossen waren. „Die Grenzen sind offen!“, brüsteten sie sich. Am nächsten Tag kamen wir erneut, um unsere Visa abzuholen.

Um die Türkei zu erreichen, trampten wir die Küste Griechenlands Richtung Norden hinauf bis zu der biblischen Stadt Thessaloniki und dann weiter Richtung Osten nach Kipi, dem nordöstlichsten Punkt Griechenlands. Tage vergingen, ohne dass uns irgendjemand mitnahm. Dennoch gelang es uns, näher an die Grenze heranzukommen, die eine Brücke zwischen Europa und Asien bildete und außerdem den Schmugglern von Cannabis und Heroin aus dem Nahen Osten und Südostasien das Tor nach Europa öffnete. Der Grenzposten lag weit entfernt von jeder Stadt. Wir liefen stundenlang, bis wir schließlich zu einem trostlosen, staubigen Vorposten kamen, an dem die Straße endete. Ein Stahlzaun, der nichts Gutes zu verheißen schien, blockierte den Weg. Er wurde von Stacheldrahtspiralen gekrönt und erstreckte sich kilometerweit, soweit das Auge reichte. Davor standen griechische Soldaten, die mit Maschinengewehren bewaffnet waren. Ramsey fragte einen Soldaten, der in der Nähe stand: „Wo finden wir die Einwanderungsbehörde?“ Der Soldat wies auf eine einfache Bretterbude nahe dem Zaunwall. Dort trafen wir jedoch niemanden an und der Abend rückte allmählich näher. Was nun?

Es war bereits beschlossene Sache, dass wir vorwärtskommen wollten. Dennoch waren Gleichgültigkeit, Gereiztheit oder Unverständnis die einzigen Reaktionen, die wir auf unsere wiederholten Anfragen erhielten. Schließlich verschwand ein junger Soldat, der uns beobachtet hatte. Einige Augenblicke später kam der griechische Grenzbeamte aus einer Teestube, die wir bis dahin nicht bemerkt hatten. Er war ein dicker Mann mit einem Kugelbauch und einem dichten Schnurrbart; sein Uniformhemd schien ihm eine Nummer zu klein zu sein. Er wischte sich die Mundwinkel mit einem Handtuch ab, gab es dem jungen Berichterstatter und beäugte uns.

„Was wollt ihr?“, fragte er.

Ramsey reagierte gelassen. „Wir wollen über die Grenze in die Türkei.“

Der Dickbäuchige blickte uns ungläubig an. „Das ist nicht möglich. Die Grenzen sind geschlossen. Die Cholera wütet wie ein Buschfeuer in der Türkei. Niemand mit gesundem Menschenverstand würde jetzt dorthin gehen.“

„Aber auf der Botschaft sagte man uns, sie seien offen“, platzte Jeff heraus. „Wir wollen ...“

„Habt ihr überhaupt eine Ahnung, was eine Cholera-Epidemie ist?!“, schrie uns der Beamte mit zornesrotem Gesicht an. „Wenn ich euch durch dieses Tor lassen würde, könntet ihr nicht mehr zurückkommen. Die Grenze nach Griechenland ist geschlossen.“ Er deutete nach Osten in Richtung des zunehmend dunkler werdenden Himmels. „Dort draußen ist Niemandsland.“ Er kniff die Augen zusammen und fügte hinzu: „Könnt ihr euch überhaupt vorstellen, was euch dort erwartet? Eine Wildnis voll von giftigen Schlangen und hungrigen Wölfen. Eine Wüste ohne Nahrung oder Wasser.“

Bevor er dem noch etwas hinzufügen konnte, fiel ihm Jeff wieder ins Wort: „Aber warum hat man uns dann auf der Botschaft in Athen gesagt, dass sie geöffnet sei? Wir haben bereits bezahlt und uns wurde der Einlass zugesichert.“

Die Adern am Hals des Beamten traten hervor. Mit erhobenen Finger schrie er: „Die türkische Grenze ist geschlossen! Wenn ihr dieses Tor passiert, werdet ihr nie wieder zurückkehren. Hast du mich verstanden? Ich rate euch, dahin zurückzukehren, wo ihr hergekommen seid. Ich habe in zwei Minuten Feierabend. Entscheidet euch jetzt sofort.“

Die Sonne näherte sich dem Horizont. Wir hatten uns tagelang abgemüht, um die Grenze zu erreichen. Hastig platzten wir hervor: „Wir gehen in die Türkei.“ Entrüstet befahl der Mann dem Soldat, das Tor zu öffnen. Als wir es passierten, schrie er uns seine Prophezeiung hinterher: „Ihr Narren, ihr werdet nie wieder zurückkehren!“ Die Soldaten standen mit Gewehren in der Hand dabei, als das Stahltor hinter uns ins Schloss fiel.

Wir kamen nur langsam vorwärts. Dieses „Niemandsland“ war in der Tat der trostloseste Ort, den ich je gesehen hatte. Es war eine öde Wildnis, die als Puffer zwischen zwei verfeindeten Ländern diente. Die Sonne ging unter. In einiger Entfernung erblickte ich eine Schlange, die über den ausgedörrten Boden glitt. Ein paar kahle Bäume standen wie einsame Wächter in der kargen Landschaft und kennzeichneten unseren Weg. Es wurde zunehmend dunkler. Für gewöhnlich war dies ein durchaus gängiger Weg für Rucksacktouristen, aber in dieser Nacht war er wegen der Epidemie und der geschlossenen griechischen Grenze völlig menschenleer. Da wir zu Fuß unterwegs waren und die Nacht bereits einsetzte, waren wir besonders schutzlos. Ich bemerkte die verblichenen Knochen von irgendeinem Skelett, das knapp 10 Meter zu unserer Linken lag, aber ich wagte es nicht, meine Gefährten darauf aufmerksam zu machen.

Die Angst nagte an mir. Was tun, wenn die türkische Grenze tatsächlich geschlossen war? Auf der Botschaft hatte man uns zwar erklärt, dass sie geöffnet sei, aber das war vor einer Woche gewesen. Würden wir in diesem Niemandsland eingeschlossen sein und sterben? Es wurde immer dunkler und kälter. Von Zeit zu Zeit zerriss das Heulen von Wölfen die Stille. Wir schlichen weiter voran. Ich erinnerte mich daran, wie mich ein Ladenbesitzer aus Athen vor diesem Landstrich gewarnt hatte, da diese Gegend noch aus der Zeit des griechischen Bürgerkriegs vermint war. „Minen können dir glatt das Bein abreißen", hatte er gesagt, „und Fetzen deines Schuhes bleiben im Stumpf stecken." Ich schauderte bei dem Gedanken und schritt vorsichtig voran. Ich betete bei jedem Schritt. Keiner von uns wagte es, ein Wort zu sagen.

Der vier Kilometer lange Fußmarsch durch die rabenschwarze Nacht war wie ein Marsch durch das Tal des Todes. Vor Kälte zitternd, fühlte ich mich aller Hoffnung beraubt und elend. Gerade als es so schien, dass diese Nacht niemals enden würde, tauchte in der Ferne ein Lichtschimmer auf. Wir eilten vorwärts und sahen einen Zaun aus Eisenträgern, an denen oben eine Rolle aus Stacheldraht befestigt war. In der Mitte befand sich ein Tor, an das eine türkische Fahne aus Metall geschraubt war. Wir beschleunigten unsere Schritte. Ein bewaffneter Soldat hielt dahinter Wache und paffte eine filterlose Zigarette. Ramsey, der immer einen kühlen Kopf behielt, flüsterte: „Lasst mich das machen." Er zog seinen Pass aus der Tasche und hustete, um die Aufmerksamkeit der Wache auf sich zu ziehen. Als der Wachposten aufblickte, zeigte Ramsey ihm seinen Pass, wies auf uns und zum Land auf der anderen Seite.

Der Mann zeigte nicht das geringste Interesse. Er schrie nur zwei Wörter: „Grenze geschlossen!"

„Aber Sir, Sie müssen uns hineinlassen oder wir werden sterben. Die Griechen werden uns nicht wieder zurücklassen."

„Grenze geschlossen." Er stieß eine Dunstwolke aus, die den zwei harten Wörtern umso mehr Nachdruck verlieh. Da wir nirgends hingehen konnten, fühlten wir uns wie Gefangene, die um Gnade flehten. Aber von diesem Torwächter war keine Gnade zu erwarten. Sein gesamter englischer Wortschatz beschränkte sich auf zwei Wörter: „Grenze geschlossen". Er zerdrückte den Stummel seiner Zigarette unter dem Absatz seines Stiefels und verschwand stampfend in der Dunkelheit.

Zwanzig Minuten später kam er zurück und traf uns immer noch an, wie wir wie Flüchtlinge vor dem Tor standen. Er gestikulierte wild und wiederholte lauthals seinen Urteilsspruch: „Grenze geschlossen. Grenze geschlossen. Grenze geschlossen." Ich fragte mich, ob er wohl auf uns schießen würde. Gerade in diesem Augenblick kam ein ranghöherer Offizier dazu. Anscheinend war er von der gleichen Schule: „Grenze geschlossen." Schweigend hielten wir die Stellung. Durch unsere Verzweiflung oder unsere mangelnde Bereitschaft umzukehren konnten wir den zweiten Torwärter schließlich umstimmen und er gab nach. Er sperrte uns in eine Bretterbude, konfiszierte unser Eigentum einschließlich der Pässe, des Geldes und sogar der Kleidung, die wir am Leib trugen. Dann verriegelte er die Tür und ließ uns so zurück. Da standen wir nun, fast nackt in der eisigen Kälte und fragten uns, ob wir jetzt wirklich auf irgendeine Art und Weise besser gestellt waren als noch vor ein paar Minuten im Niemandsland. Was nun? Wollte er uns hier sterben lassen?

Wir standen ungefähr eine halbe Stunde lang in unseren Unterhosen in diesem behelfsmäßigen Gefängnis und zitterten sowohl vor Anspannung als auch vor Kälte. Schließlich kehrte unser Gefängniswärter zurück. Er blickte prüfend in unsere Gesichter, gab uns unsere Kleidung zurück, stempelte unsere Pässe und begann zu lächeln. „Willkommen in diesem großartigen Land, der Türkei", sagte er.

Innerlich völlig erschüttert, schritten wir hinüber in eine ganz neue Welt.

6

Als wir den Grenzposten nach dem Weg nach Istanbul fragten, wies er auf eine einsame Landstraße. Sie erstreckte sich über das hügelige und fruchtbare Land von Ostthrakien und verlor sich schließlich in der Dunkelheit. Als wir weitergingen, erblickte ich zum ersten Mal das Minarett einer Moschee. Ich war fasziniert von der Kuppel und den Türmen der Moschee. Aber besonders freute es mich, ein Gotteshaus zu sehen. Auf der Straße gab es keinen Verkehr und Istanbul war noch 240 Kilometer entfernt. Was nun? Während wir dastanden und uns fragten, wie wir wohl jemals unser Ziel erreichen könnten, kam ein alter Pritschenwagen die Straße heruntergeknattert und hielt neben uns an. Seltsamerweise waren darauf Holzbänke, auf denen etwa ein Dutzend missmutig dreinblickender Polizisten saßen. Wir kletterten an Bord. Alle trugen schäbige Uniformen und sprachen kein Wort, bis auf einen, der keine Uniform trug. Er flüsterte mir ins Ohr:

„Ich möchte Haschisch von dir kaufen. Verkauf mir was. Ich bin kein Polizist."

„Ich habe keines", antwortete ich, aber er verlangte immer wieder danach. Etwas später sprang er vom Laster, setzte sich eine Polizeikappe auf und stolzierte davon.

Mitten in der Nacht erreichten wir Istanbul. Als der Polizeichef uns fragte, wo wir unterkommen würden, erklärte ihm Ramsey, dass wir nach einer billigen Bleibe suchten. Der Chef beäugte uns über seinen Brillenrand hinweg. Daraufhin ging er davon, um mit einem Untergebenen etwas unter vier Augen zu besprechen. Als er zurückkam, wies er uns an, seinem Polizeiassistenten zu folgen.

Die Uniform des Polizisten war ausgeblichen und zerschlissen. Sein Gesichtsausdruck war stoisch. Er gab nicht ein einziges Wort von sich oder schaute auch nur einmal in unsere Richtung. Wir folgten ihm durch die verlassenen Straßen von Istanbul. Mit jedem Straßenzug wurden die

Häuser ärmlicher. Uns wurde allmählich klar, dass er uns mitten hinein in das Herz des Ghettos führte, eben genau zu dem Ort, an dem die Cholera-Epidemie wütete. Die Gegend war bedrückend. Rings um uns überall nur Armut und Krankheit.

Jeff zitterte. „Wir haben einen großen Fehler gemacht. Das Niemandsland war bedeutend weniger gefährlich als das hier."

Selbst Ramsey stieß einen lauten Seufzer aus: „Leute, in all meinen Jahren auf Reisen habe ich noch nie einen so deprimierenden Ort gesehen."

Ich versuchte zu beten, aber ich drehte fast durch vor Panik. Wohin brachte uns dieser Mann?

Durch die bedrückende Dunkelheit vernahmen wir Schreie und Stöhnen von Menschen, die unter den Qualen der Cholera litten. Die Seuche forderte in diesem schmutzigen Elendsviertel einen hohen Tribut. Ich hatte Angst zu atmen. Die Cholera konnte einen sehr schnell niederstrecken und führt zu schweren Darmkrämpfen und letztendlich zum Tod. Wir waren verloren und allein und konnten nicht mehr zurück, da dieser seltsame Mann uns den Weg wies.

Ein unheimliches, mittelalterlich anmutendes Steingebäude ragte vor uns auf. Mich überkam ein unheimliches Gefühl. Meine Intuition sagte mir, dass ich sofort abhauen solle. Aber unser Führer geleitete uns lächelnd ins Innere des Gebäudes. Wir betraten einen spärlich beleuchteten Raum, der als Billardsaal diente. Dort rauchten ein Dutzend Männer Zigaretten und spielten Billard. Sie sahen aus wie die fiesesten Gangster der Unterwelt. Als sie uns mit ihren eisigen Blicken musterten, musste ich unwillkürlich daran denken, dass sie wohl zu der Art von Schurken zählten, die sich nichts daraus machen würden, jemanden wegen Spielschulden umzubringen. Der Anführer, klein aber nichtsdestotrotz respekteinflößend, lehnte lässig an einer Wand. Er war dabei, den Schmutz unter seinen Fingernägeln mit einem Springmesser zu entfernen. Man konnte sehen, wie dabei seine Muskeln unter einem hautengen schwarzen T-Shirt hervortraten. Als er unseren Führer erblickte, ließ er das Messer in seine Tasche gleiten, strich sich mit der Hand über sein öliges, schwarzes Haar und kam zu uns herüber, um mit ihm zu sprechen.

Die zwei schienen irgendeine Art Vereinbarung zu treffen und winkten uns herüber, damit wir ihnen zur Rückseite der Billardhalle folgten. Daraufhin stiegen wir eine dunkle, steile Treppe hinauf, die aus unebenen Steinplatten bestand. Auf der einen Seite befand sich eine Steinmauer und auf der anderen Seite gab es nicht etwa ein Geländer, sondern es ging geradewegs steil hinunter in einen tiefen Keller. Es war stockfinster. Wir gerieten außer Atem, als wir die Treppe hinaufstiegen. Oben angelangt, durchquerten wir einen unbeleuchteten Gang, der zu dem Raum führte, in dem wir unterkommen sollten.

Von einem gastfreundlichen Empfang konnte keine Rede sein. Vielmehr bestanden unsere „Gastgeber" darauf, dass wir sie bar im Voraus bezahlten. Ihre Aggressivität war erschreckend und uns begann es allmählich zu dämmern, dass wir einen schwerwiegenden Fehler begangen hatten. Waren wir womöglich in eine Falle gegangen? Wir hatten etwas Billiges gesucht, aber noch nicht die Endstation. Ramsey ergriff das Wort und erklärte ihnen, dass wir keine türkischen Liras besäßen und bat sie, ihm den Wechselkurs für Dollar zu nennen. „Dann können wir über Bezahlung reden. Aber nur für eine Nacht." Sie schockierten uns, weil sie uns nur die Hälfte des offiziellen Wechselkurses anboten. Ramsey widersprach und versuchte höflich, einen höheren Kurs auszuhandeln.

Aber der Anführer der gerissenen Betrüger ließ sich auf nichts ein, da wir uns jetzt in seinem Revier befanden. Mit einem finsteren Blick, der sein Gesicht derb entstellte, schleuderte er seine qualmende Zigarette an die Wand. Er durchschnitt die Luft zwischen uns mit seinem Klappmesser und lies eine heftige Schimpfkanonade los. Trotz seiner Kleinwüchsigkeit erschreckte uns seine ausgeprägte Härte. Seine stechenden, schwarzen Augen blitzten vor Erregung. Seine Lippen zitterten, er schrie wie ein Wahnsinniger und gestikulierte wild mit seinen Fingern vor unseren Gesichtern herum. Er schäumte geradezu vor Wut. Die anderen Schlägertypen schauten mit eiskalter Miene zu. Mittlerweile erschauderte sogar unser einstiger Freund, der Polizist, und zuckte vor Angst zusammen. Wir waren auf uns allein gestellt. Die Männer nahmen unser Geld und ließen uns in unserem Zimmer wie in einem Gefängnis zurück.

Wir schauten uns nach einem Fluchtweg um, aber da gab es keinen. Außer der Tür existierte nur ein einziges Fenster, das nur einen langen und geraden Fall auf das Kopfsteinpflaster nach unten zuließ.

Wie saßen in der Falle.

„Jeff, verriegle die Tür", flüsterte Ramsey, „und du, Monk, hilf mir, dieses Doppelbett dagegen zu schieben. Auf diese Weise können die Schlägertypen nicht hier hereinkommen, wenn wir schlafen." Schlaf war jetzt das Letzte, an das irgendeiner von uns denken konnte, aber es schien dennoch angebracht, alles zu tun, um uns zu schützen.

So leise wir konnten, hoben wir das Bett an, schoben es an die richtige Stelle und banden, um die Sicherheit noch zu erhöhen, den eisernen Bettpfosten mit einem Seil am Türgriff fest. Ramsey und Jeff bezogen dieses Bett, während ich ein kleineres Feldbett, das an der Wand stand, nahm. Das Zimmer war das reinste Loch. Eine einzelne Glühbirne hing von der Decke. Grüne Farbe und Putz fielen von den Wänden. Spinnweben hingen in jeder Ecke und ein übler Gestank drehte uns schier den Magen um. Nach frischer Luft ringend, kämpfte ich mit einem etwa 1 Meter 80 hohen und 90 Zentimeter breiten Fenster, bis es sich endlich öffnen ließ. Ich ließ mich zurück in das Bett fallen, wo jedoch nach wenigen Minuten die Wanzen über mich herfielen. An Schlaf war also nicht zu denken. Wir drei lagen im Dunkeln und warteten.

Ungefähr eine Stunde später hörten wir, wie sich ein Schlüssel langsam im Schloss herumdrehte. Die Tür öffnete sich leise und schlug dann gegen das Bett. Die Eindringlinge drückten zuerst leicht, da sie ja nicht ahnen konnten, dass wir drei auf dem Fußboden am anderen Ende des Betts hockten und mit all unserem Gewicht dagegen hielten. Sie drückten stärker. Schon bald hatten sie verstanden, dass wir sie aussperrten. Sie brüllten wütend herum und warfen sich mit dem ganzen Körper gegen die Tür. Sie flog auf, aber wir drückten uns mit unserem ganzen Gewicht gegen das Bett und schlossen sie wieder. In diesem Tauziehen um Leben und Tod kämpften inzwischen beide Seiten verzweifelt. Ich sprang auf das Bett, um den Türknauf wieder an den Bettposten zu binden, als einer der Angreifer durch den Türspalt mit einem Messer in meine Richtung stieß. Ich dachte nur noch: *Sie wollen uns umbringen.*

Der Kampf ging weiter. Sie warfen sich mit dem ganzen Körper gegen die Tür, die immer wieder gegen das Bett knallte. Sie stießen Drohungen und Flüche aus, während wir uns gegen das Bett stemmten. Da sie nicht imstande waren, die Tür gewaltsam zu öffnen, zogen sie sich unerwartet zurück. Eine trügerische Stille machte sich breit.

Ich zog mich auf mein wanzenverseuchtes Bett zurück, um mich für die unausweichliche nächste Belagerung auszuruhen. Grauenvolle Gedanken gingen mir durch den Kopf. *Was tat ich hier nur, eingeschlossen in einem Cholera-verseuchten Ghetto von Istanbul als Zielscheibe für Schurken der Unterwelt?* Während ich mich auf meinem Bett unruhig hin und her warf, rief ich mir das Leben, das ich in Highland Park zurückgelassen hatte, in Erinnerung.

> *Ich bin ein einfacher Junge und habe eine liebevolle Familie und gute Freunde. Warum habe ich die Geborgenheit eines solch friedlichen Zuhauses verlassen? Jetzt bin ich hilflos und allein. Ich betete. Ich kam hierher auf der Suche nach Erleuchtung. Ist das vielleicht der Weg, den ich gehen muss, um Hingabe zu erlernen?*

Ein Gedanke kam mir in den Sinn. *Wenn ja, dann lass es so sein. Nur Gott kann uns aus dieser Zwangslage retten.*

Meine Gebete wurden jäh unterbrochen, als die Tür wieder gegen das Bett schlug. Die Schlacht ging in die zweite Runde. Unsere Quasi-Mörder schrien vor Zorn und stießen wie wild gegen die Tür. Ein Moment der Unaufmerksamkeit und wir wären tot. Trotz der beißenden Kälte trat uns der Schweiß aus allen Poren. Wir keuchten vor Erschöpfung und waren entkräftet, aber unsere Feinde wurden nicht müde. Ihr Gebrüll setzte uns zu. Zu dem Zeitpunkt hatte ich außerdem das Gefühl, dass meine Blase jeden Moment platzen könnte. Die einzige Toilette befand sich jedoch im Flur vor der Tür. Es tobten also drei schreckliche Schlachten gleichzeitig in mir: der Kampf gegen die Meuchelmörder draußen, der Kampf gegen meinen Urin und letztendlich der Kampf, in all dem einen Sinn zu sehen.

Als ich es nicht mehr länger aushalten konnte, verließ ich Ramsey und Jeff und kletterte auf das Fensterbrett und erleichterte mich auf die Gasse unter mir. Plötzlich drang der gellende Schrei einer Frau an meine Ohren. Die Gasse war etwa viereinhalb Meter breit und gerade gegenüber von mir befand sich ein Fenster, von dem aus mich eine alte muslimische Frau, die mit einem traditionellen schwarzen Schleier bekleidet war, beobachtet hatte. In meiner Verzweiflung hatte ich sie gar nicht bemerkt, aber sie starrte mich geradewegs an. Sie war schockiert von meinem obszönen Verhalten und schrie vor lauter Abscheu. Das war zu viel für mich. Ich stand hilflos mit heruntergelassenen Hosen auf der Fensterbank, erleichterte mich vor ihren Augen und flehte um ihr Erbarmen.

Stattdessen verfluchte sie mich und schleuderte mir einen Schuh ins Gesicht. Es war ein Volltreffer. Ich schloss das Fenster, sprang von der Fensterbank herunter und wischte mir das Blut von Nase und Mund. Aber ich war noch nicht fertig gewesen. Meine Blase drohte immer noch zu platzen und inzwischen schrie auch Ramsey bereits: „Monk, komm wieder zurück! Wir können sie nicht aufhalten." Ich war dabei, alle drei Kämpfe zu verlieren. *Das werde ich nicht überleben*, dachte ich bei mir, *Gott steh mir bei!* Genau in diesem Moment sah ich die Antwort und brachte das zu Ende, wobei mich der Schuh zuvor unterbrochen hatte. Ich vertraute es einem Schreibtischfach an und trat wieder in den Kampf ein. Wir stemmten uns fest gegen das Bett und hielten so unsere Feinde fern.

Aber ohne Nahrung und ohne Wasser saßen wir in der Falle. Es war nur eine Frage der Zeit, bis sie erneut versuchen würden, hier einzudringen. Als die Morgendämmerung das erste graue Licht durchs Fenster warf, kamen wir überein, dass unsere einzige Hoffnung darin bestand, in einer Angriffspause leise durch die Tür zu entkommen.

Wir entschieden uns, unser Leben für diese winzige Fluchtmöglichkeit zu riskieren. Wir hatten keine Ahnung, ob eine Wache vor der Tür postiert war, aber falls ja, dann waren wir so gut wie tot. Es gab nur diese eine Möglichkeit und wir mussten sie ergreifen, bevor es zu spät war. Ganz langsam und so leise wie nur möglich öffneten wir die Tür zum pechschwarzen Flur. Ich konnte meine eigene Hand nicht vor den Augen sehen. Als wir auf Zehenspitzen vorwärts schlichen, knarrte der alte Holzboden bei jedem Schritt. Jedes Knarren erschien uns wie ein Schrei. Würden wir in dieser Dunkelheit direkt in einen von ihnen hineinlaufen? Mein Herz schlug wie wild. Wir schafften es bis zur gotischen Treppe. Da wir immer noch nichts erkennen konnten, tasteten wir uns voller Angst, an der anderen Seite hinunterzufallen, an der Außenwand entlang. Auf diese Weise schlichen wir die Treppe hinunter in Richtung der spärlich beleuchteten Billardhalle, wo zu unserem Entsetzen die Wache schlafend auf einem der Billardtische lag. Wir hielten den Atem an und stahlen uns durch den Raum zur Tür.

Sie war verschlossen. Der Riegel rührte sich keinen Millimeter und wir hatten noch nie ein Schloss wie dieses gesehen. Verzweifelt versuchte jeder von uns, es zu öffnen. Leider weckten unsere Geräusche den Mann aus seinem stumpfen Schlaf und er begann gleich, nach den anderen zu rufen. Von einer anderen Treppe her hörten wir das entsetzliche Dröhnen ihres Ansturms.

„Oh mein Gott", keuchte ich. „Schnell, mach das Schloss auf, Ramsey, mach's auf!!"

„Ich versuch's. Ich versuch's ja."

Er rüttelte auf jede nur erdenkliche Art und Weise am Schloss, jedoch vergeblich. Das herannahende Stampfen der Stiefel unserer Häscher machte mich ganz krank. Gerade, als sie uns fast hatten, flog auf einmal das Schloss auf und wir stürzten auf die Straße hinaus. Wir rannten trotz unserer Rucksäcke, wie wir noch nie zuvor in unserem Leben gerannt waren. Hinter uns konnten wir die Schreie unserer Gegner hören. Ohne zurückzublicken, hechteten wir in ein Taxi. Wir kannten nur einem Platz in Istanbul. „Blaue Moschee, Blaue Moschee!", riefen wir wie aus einem Munde.

Jedoch bewegte sich der Taxifahrer, der durch den Rückspiegel die herannahende Männerbande überflog, nicht von der Stelle. Er witterte seine Chance.

„Zweihundert Dollar", forderte er. „Was? Zweihundert Dollar?", rief Jeff aus.

Der Fahrer schrie laut: „Zweihundert Dollar, zweihundert Dollar!"

Hastig willigten wir ein, „Ja, zweihundert Dollar, zweihundert Dollar."

Er brauste davon. Aber waren wir sicher?

Jeff, der das Geld verwaltete, war beunruhigt. „Wir können ihm keine zweihundert Dollar geben", flüsterte er. „Vielleicht wird er uns dann umbringen?"

Wir wollten es nicht darauf ankommen lassen, das herauszufinden. An der ersten Ampel stürzten wir aus dem Taxi. Der Fahrer brüllte uns nach: „Zweihundert Dollar, zweihundert Dollar." Aber wir waren schon auf und davon.

7

Wir wollten Istanbul so schnell wie möglich verlassen und gingen an Bord einer Fähre, um den Bosporus zu überqueren. Von dem überfüllten Deck aus sahen wir müde aber erleichtert zu, wie die Sonne am dunstigen und wolkenverhangenen Himmel aufging. Vögel stiegen auf und ich verneigte meinen Kopf in Dankbarkeit. Als die Fähre übers Meer fuhr, blickte ich auf die gewaltige Stadt zurück, die langsam vom Horizont verschluckt wurde. Letzte Nacht, dachte ich, schien unser Tod besiegelt, aber wir hatten gekämpft und waren ein unvorstellbares Risiko eingegangen, um zu entkommen. Das war möglich gewesen, weil wir Hoffnung hatten. Hoffnung auf das Göttliche kann einen Menschen in die Lage versetzen, unvorstellbare Hindernisse zu überwinden. Als wir uns in dieser schrecklichen Zwangslage in unserem Herzen an die Hoffnung klammerten, zogen wir eine Macht an, die jenseits unserer Kontrolle lag, die uns führte, läuterte und uns letztendlich befreite. Meine Hände zitterten noch immer und mein Adrenalin raste, aber in meinem Herzen dankte ich dieser Mörderbande, die als Instrument gedient hatte, mir eine wesentliche Lektion zu lehren und mich für die bevorstehende Pilgerreise zu wappnen.

Unser feindseliger Empfang in Istanbul hatte uns jedoch nicht auf die Herzlichkeit der Menschen vorbereitet, die wir auf der Weiterreise durch den Osten der Türkei trafen. Einige luden uns in ihre Häuser und Geschäfte ein, um mit ihnen zu essen. Ihre Mahlzeiten waren einfach und bestanden in der Regel nur aus traditionellem Fladenbrot und Tee, aber wir waren von ihrer Gastfreundschaft zutiefst gerührt und immer zufriedengestellt. Auch entdeckte ich meine Faszination für die vielen Moscheen mit ihren exotischen Mustern und wann immer es möglich war, besuchte ich diese wunderschönen Gotteshäuser.

Unsere Reisemethode spiegelte unseren Geldmangel wider. Entweder wir trampten oder bekamen Mitfahrgelegenheiten in klapprigen Bussen oder auf den Ladeflächen von Lastern. Dort quetschten wir uns zusammen mit den Einheimischen zwischen all ihre Habseligkeiten einschließlich ihrer Tiere. Wir reisten durch das trockene und windige Hochland der Zentral-Türkei und machten einen kurzen Zwischenstopp in Ankara, wo Rinder auf kahlen und weitläufigen Hügeln weideten. Nach ein paar Wochen erreichten wir das wildere und bergige Gelände des östlichen Hochlandes, wo die Nächte kälter wurden. Seit Istanbul hatten wir ungefähr 1300 Kilometer zurückgelegt, als uns wieder ein Unglück widerfuhr.

Ich erkrankte an schwerem Durchfall. Reisen war nicht mehr möglich und so machten wir in der Stadt Erzurum halt und erkundigten uns unter den Einheimischen nach der billigsten Unterkunft. Sie führten uns zu einer Teestube am Stadtrand und gaben uns einen Raum im dritten Stock eines heruntergekommenen Gebäudes. Meine brennendste Sorge galt der Toilette. Um sie zu erreichen, musste ich ein steile Treppe von ungefähr dreißig Steinstufen hinabsteigen. In einem Gang auf der linken Seite der Treppe befand sich ein Loch im Boden. Das war die Toilette. Dort ließ man die menschlichen Fäkalien sich so lange in dem Loch auftürmen, bis sie irgendwann einmal herausgeschaufelt wurden, was – das konnte ich mit Bestimmtheit sagen – selten geschah. Eine Trennwand aus verfaulten Brettern bot etwas Privatsphäre. Mir wurde schwindlig vom Gestank und die Luft war so dick, dass ich fast ohnmächtig wurde. Dennoch verbrachte ich viele Tage in dieser Latrine. Nachdem ich mein Geschäft verrichtet und meinen Körper wieder die Steintreppe bis nach oben hinaufgeschleppt hatte, wurde ich wieder nach unten gezwungen, um mich zu entleeren. Intensive Übelkeit, Erbrechen und konstanter Durchfall zerrütteten meinen Körper. Unterdessen gingen meine Freunde, die geduldig auf meine Genesung warteten, jeden Tag hinaus, um die Stadt zu erkunden.

Als ich eines Tages allein im Zimmer war, kam zu meiner Überraschung ein fremder Mann herein und fing an, in Jeffs Rucksack herumzuwühlen. Er entdeckte sein Schweizer Taschenmesser, zog es heraus und verkündete einfach so: „Eine Lira!“ Dann warf er eine Lira auf den Tisch und eilte mit seinem neuen Besitz davon. *Aber das Messer ist viel mehr wert,* dachte ich. Trotz meines labilen Zustands hielt ich es für meine

Pflicht, den Besitz meines Freundes zu verteidigen, und so kämpfte mich aus meinem Krankenbett auf und verfolgte den Mann nach unten. Ich gab ihm seine eine Lira zurück und bestand höflich darauf, dass er das Messer zurückgab, was er nur widerwillig tat. „Bitte kommen Sie später wieder und verhandeln Sie mit Jeff darüber", sagte ich. Ich konnte mich kaum noch auf den Beinen halten. Er erwiderte nichts und ging davon.

Keine fünf Minuten später stürzte ein wilder Mob die Treppe herauf. Dehydriert, fiebrig und kaum fähig mich aufzusetzen, war ich aber absolut nicht in der geeigneten Verfassung, mich auf eine Konfrontation einzulassen. Sie platzten die Tür herein. Der Eindringling, der nur wenige Augenblicke zuvor das Messer gestohlen hatte, führte die wilde Meute an. Er wies mit dem Finger auf mich und schrie: „Pakistani, Pakistani! Er ist ein Pakistani." Der aufgestachelte Mob war in heller Aufregung. Sie umstellten mein Bett, schwangen Knüppel und Dolche und schrien wütend: „Stirb du Pakistani. Stirb du Pakistani." Ich war allein und über alle Maßen verwirrt. Was blieb mir anderes übrig, als zu Gott zu beten?

Hastig zog ich meinen amerikanischen Pass hervor und hielt ihn für alle sichtbar hoch: „Hier, seht, ich bin Amerikaner."

Daraufhin trat ein älterer Anführer der aufgebrachten Menge nach vorn. Er nahm meinen Pass entgegen und unterzog ihn – als wäre er ein selbst ernannter Einwanderungsbeamter – einer genauen Überprüfung. Dann blickte er auf und sagte mit ruhiger Stimme: „So. Du bist kein Pakistani?"

„Nein."

„Du bist Amerikaner?"

„Ja", antwortete ich.

Er lächelte und beugte sich herunter zu meinem Bett, um mir die Hand zu schütteln. „Sehr gut, wir mögen Amerikaner. Ihr liefert der Türkei Waffen." Daraufhin zollte mir jeder Respekt und verließ das Zimmer.

Bevor ich jedoch meine Fassung wiedererlangen konnte, hörte ich, wie die Bande erneut die Treppe heraufstürmte. Ich betete um Schutz. Abermals drangen mehr als ein Dutzend Männer in mein Zimmer ein und belagerten mein Bett. Dieses Mal kamen sie jedoch in Frieden und boten mir Fladenbrot und Tee an.

Der Älteste unter ihnen ergriff das Wort. „Du bist Amerikaner. Das ist sehr gut. Es tut uns leid. Bitte iss jetzt etwas."

Mir war noch ganz übel und ich hatte keinen Appetit. Genau genommen wurde mir schon beim bloßen Geruch von Essen schlecht. Mir war bewusst, dass ich wohl den Rest des Tages und die kommende Nacht in der fürchterlichen Latrine zubringen würde, wenn ich das Brot aß und den Tee trank. Aber was blieb mir anderes übrig? Ihre Gastgeschenke zurückzuweisen würde einer Beleidigung gleichkommen. Dieser Art der Gastfreundschaft konnte man sich schwer entziehen. Ich rang mir ein Lächeln ab und aß den ganzen Teller und noch mehr, bis sie schließlich zufrieden waren. Kurze Zeit darauf bekam ich die Quittung dafür.

Mein Gesundheitszustand besserte sich allmählich. Eines Abends streifte ich durch die staubigen Straßen. Die Armut dieser Gegend machte mich sprachlos. Die Menschen hier hatten nur zerlumpte Kleider und die einzelnen Familien lebten zusammengedrängt mit ihren wenigen Habseligkeiten in baufälligen Hütten. Viele kauerten entlang der staubigen Straße und sahen hungrig und missmutig aus. Es war eine Art der Armut, die im Westen schwer vorstellbar ist. Obwohl es erst Oktober war, wehte ein eisiger Nachtwind – schon als Vorbote der langen und bitterkalten Winter in diesem Teil der Türkei.

Um in unser Zimmer zurückzugelangen, musste ich die kleine Teestube im Erdgeschoss des Gebäudes passieren. Eines Abends packte mich dort jemand am Arm – es war ein kräftig gebauter Mann, Mitte dreißig, mit glänzend schwarzem Haar und einem dünnen Schnurrbart – und drückte mich in einen Stuhl. Aus der Art und Weise, wie die anderen Leute sich ihm gegenüber verhielten, schloss ich, dass er bei ihnen ein hohes Ansehen genoss. Er schob ein kleines Glas Tee in meine Richtung. Seine funkelnden, schwarzen Augen starrten in meine und er zitterte am ganzen Körper. Die Spannung war unerträglich. Er sprach kein Englisch, deutete jedoch auf eine arabische Inschrift auf dem goldenen Ring, den er am Finger trug, und brüllte wie ein wütender Löwe: „Allah!" Dann stieß er mir einen Finger ins Gesicht und bestand mit dieser Geste darauf, dass ich den Namen Gottes wiederholte.

Ich konnte es nicht ertragen, ihn anzusehen. Ich richtete meinen Blick auf das durchsichtige Teeglas auf dem Tisch. Es gab weder Milch noch

Sahne, sondern nur ein Stück Würfelzucker, das sich langsam am Glasboden auflöste.

Er drückte mein Kinn nach oben und zwang mich, in sein angsteinflößendes Gesicht zu schauen. Ich löste mich schneller auf als der Zucker. Er stieß mir erneut seinen Finger ins Gesicht und schrie: „Allah!"

Es schien entscheidend für mein Wohlergehen zu sein, ihn zufriedenzustellen, und so raunte ich voller Ehrfurcht: „Allah."

Er kniff die Augen zu kleinen Schlitzen zusammen und schaute mich an, als wolle er mich zu Asche verbrennen, und zitterte dabei vor Wut. Als er nicht länger an sich halten konnte, schlug er mit der Faust auf den Tisch. „Nein! Allah!" Die Teegläser stürzten zu Boden, woraufhin sich alle in der Teestube um uns versammelten. Er schlug einen lauteren Ton an und donnerte abermals: „Nein! Allah!" Wieder stieß er seinen Finger in mein Gesicht.

Diesmal rief ich um ein Vielfaches lauter: „Allah."

Aber es war ihm nicht laut genug. Mittlerweile kochte er vor Wut. Ich saß da wie gelähmt. Er schlug abermals mit der Faust auf den Tisch und brüllte zum vierten Mal aus voller Lunge: „Nein! Allah!" Jedes Augenpaar in dem überfüllten Ladenlokal war finster auf mich gerichtet, als ob ich der Entweihung ihres allerheiligsten Heiligtums überführt worden wäre. Er stieß mir seinen mächtigen Finger gegen die Brust, drängte meinen Stuhl gegen die Wand und forderte, dass ich den Namen Gottes auf die Art und Weise aussprach, die seiner inbrünstigen Leidenschaft entsprach.

Das war nicht das erste Mal auf meiner Reise, dass ich mir sicher war, dass der Todesengel mich gefunden hatte und nur wenige Zentimeter über meinem Kopf schwebte. Was konnte ich anderes tun, als zum allmächtigen Allah zu beten, dass er mich beschützen möge? Ich stand auf, hob meine Arme empor und rief mit all meiner Kraft und aus vollem Herzen: „Allaaaaah!"

Alle in der Teestube verstummten, während er mir lange Zeit fest in die Augen blickte. Schließlich gab er kopfnickend seine Zustimmung und ging hinaus. Als die anderen Leute zu ihren Tischen zurückkehrten, saß ich fassungslos da. Nie zuvor hatte jemand so zu mir gepredigt.

8

Nachdem ich mich wieder erholt hatte, nahmen Ramsey, Jeff und ich unsere Reise Richtung Osten wieder auf. In jenen Jahren waren viele Menschen unterwegs, die sich zur Gegenkultur zählten und die bereitwillig die Strapazen auf sich nahmen, mit nur ganz wenig Geld zu reisen. Die meisten trieb die Abenteuerlust an, aber viele waren auch spirituell veranlagt. Manchmal lernten wir uns an ganz ungewöhnlichen Orten kennen. In Erzeram trafen Ramsey und Jeff einige Typen, die auch nach Osten unterwegs waren und einen Busfahrer überzeugt hatten, sie umsonst nach Teheran mitzunehmen. Der Bus war nur zur Hälfte mit Waren gefüllt und so gab es dort genügend Platz für einige Fahrgäste. Wir schlossen uns ihnen an und überquerten auf diese Weise die Grenze der Türkei und erreichten den Iran.

An der Grenze, im Inneren des beeindruckenden Einreisegebäudes, nahmen wir die überlebensgroße Fotografie des Schahs zur Kenntnis. Noch mehr ernüchterte uns jedoch ein Warnschild, das vom amerikanischen Außenministerium angebracht worden war. In großen Lettern warnte es amerikanische Staatsbürger davor, dass auf Besitz, Mitführen oder Verkauf von Haschisch oder Opiumprodukten die Todesstrafe stand. Wenn man verhaftet wurde, konnte das Außenministerium nur noch wenig Einfluss geltend machen.

Der Busfahrer wurde durch Einreiseformalitäten aufgehalten und so gingen wir wieder in den Bus zurück, um dort zu warten. Es war Abend. Schon bald versammelte sich draußen eine Traube von Kindern, um die merkwürdigen Ausländer durch das Busfenster zu sehen. Obgleich sie zerlumpte Kleidung trugen, waren sie wunderschön. Ich lächelte einem kleinen Jungen von ungefähr vier Jahren zu, der mich jedoch mit einem solch intensiven Hass in den Augen anstarrte, dass es mir den Atem verschlug. Wie war es möglich, dass so ein kleines Kind so viel Hass ausstrahlte? Dieser Blick sollte mich noch wiederholt in Albträumen verfolgen. Ich fand es erschreckend mit anzusehen, wie leicht Kinder beeinflusst werden konnten. Durch die Familie und ihr Umfeld können sie so konditioniert werden, dass sie lieben, sich fürchten oder sogar hassen, bevor sie selbst vernünftig denken können.

Wir kamen in die historische Stadt Täbris. Auf meinen Streifzügen allein durch die Stadt traf ich eines Tages eine freundliche Familie, die mich zu sich nach Hause in ihr Zwei-Zimmer-Ziegelsteinhäuschen einlud. Die Frauen der Familie hatten mehrere Jahre lang mühsam an einem einzigen Perserteppich gearbeitet. Auf dem Boden ihrer einfachen Hütte sitzend, erschufen Mutter und Töchter ein kostbares Kunstwerk. Die komplizierten Muster bestanden aus gut und gern 250 handgeknüpften Knoten pro Zoll. Natürlich gefärbte Wolle, jede mit einem Eigenleben, glänzte in leuchtenden Farben. Rot, blau, grün, orange, gelb, weiß und violett waren nur einige dieser farbenfrohen Garne, die sie so sorgfältig zusammenfügten.

Ihre Gastfreundschaft war so einfach und liebenswürdig, dass ich mich wie ein Teil der Familie fühlte. Sie sprachen kein einziges Wort Englisch, aber das spielte auch keine Rolle. Zum Abendessen ließen sich alle Männer der Familie auf dem Boden nieder und luden mich ein, es ihnen gleichzutun. Sie rezitierten zuerst ein schönes Dankesgebet, bevor sie das Fladenbrot und den Tee genossen. Während wir uns gerade glücklich das selbst gemachte Essen schmecken ließen, kam ihr zehnjähriger Sohn stolz lächelnd zur Tür herein. Er hielt eine große Überraschung in den zu Fäusten geballten Händen – Datteln von ihrem eigenen Baum. Er kam zu mir und legte die kostbaren Früchte auf meinen Teller. Jeder lachte und beglückwünschte mich zu meinem Geschenk.

Fünfmal am Tag ließ die Familie alles stehen und liegen, um Allah und der heiligen Stadt Mekka Gebete darzubringen. Die natürliche Hingabe dieser demütigen Seelen rührte mein Herz zutiefst. Ich dankte Gott für diese Erfahrung und dieser Familie für ihre Freundlichkeit, die sie mir – einem eigenwilligen Fremden – entgegenbrachten.

Unser Bus durchkreuzte die mystische Landschaft des Irans. Soweit das Auge blickte, erstreckte sich ringsum die flache und unfruchtbare Wüste. Stunden vergingen ohne auch nur ein einziges Anzeichen von Leben. Von Zeit zu Zeit tauchten sandige Hügel oder Dörfer aus winzigen Lehmhäusern in der Ferne auf. Wir fuhren tagsüber, wenn es kühl war, und die ganze Nacht hindurch. Eines Nachts füllte sich der mondlose Himmel mit unendlich vielen Sternen, die besonders entlang des Horizonts auffallend hell funkelten. Fasziniert von der Schönheit, starrten wir durch die Fenster des Busses. Meine Mitreisenden baten mich eindringlich, doch auf meiner Mundharmonika zu spielen. Ich blickte in das Meer von Sternen und spielte ein spontanes Lied meiner aufrichtigen Sehnsucht nach Gott und legte mein ganzes Herz in die Musik. Als mein trauriges Lied erklang, verstummte der Bus. Als es zu Ende war, zollten mir alle Beifall. Ich schaute um mich und sah, wie sich mehr als einer die Tränen aus den Augen wischte. Während mir Jeff vom Sitz hinter mir lächelnd auf die Schulter klopfte, hob Ramsey vor mir seinen Daumen anerkennend in die Luft. Ich kam mir ausgesprochen klein vor. Ich wusste nur allzu gut, dass ich wirklich keine Ahnung davon hatte, wie man wirklich gut auf diesem Instrument spielte, und so dankte ich Gott und Jimmy, dem Bären, von damals in Opa Locka.

Als wir durch die iranische Wüste fuhren, war mein Herz ständig von Gedanken an meine Mutter und meinen Vater erfüllt. Bestimmt machten sie sich Sorgen, denn sie hatten ja schon vor mehreren Wochen mit meiner Rückkehr gerechnet und seit Athen nichts mehr von mir gehört. Sie litten sicher schrecklich. Warum schrieb ich ihnen dann nicht einfach? Offen gestanden wusste ich einfach nicht, wie ich diesen Brief schreiben sollte. Ganz gleich, welche Wortwahl ich dafür treffen würde, um ihnen zu erklären, dass ich auf dem Landweg nach Indien reiste, es würde ihnen das Herzen brechen. Was konnte ich tun? Meine Suche nach Gott war zu dem Einzigen geworden, wofür ich für lebte. Ich wusste, dass ich nur eine leere Hülle sein würde, wenn ich dieser Suche nicht nachgehen würde.

Meine Mutter und mein Vater hatten ihr ganzes Leben dem Wohlergehen ihrer drei Kinder gewidmet. Beide kamen aus armen jüdischen Einwandererfamilien. Ihre Eltern waren aus Litauen über Rumänien, Russland und Polen geflohen, um der religiösen Verfolgung zu entgehen. Soviel wir erfahren konnten, waren alle Verwandten, die dort geblieben waren, später von den Nazis ermordet worden.

Meine Mutter hatte eine schwere Kindheit. Als kleines Mädchen litt sie sehr unter dem frühen Tod ihres Vaters. Kurz darauf wurde ihre ältere Schwester in einer Gasse überfallen und litt für den Rest ihres Leben unter diesem Trauma. Daher musste meine Mutter bereits als junges Mädchen arbeiten, um ihre kränkliche Mutter, ihre auf Hilfe angewiesene ältere Schwester und ihre jüngere Schwester zu unterstützen. Aber sie war immer fröhlich und stets dankbar für alles, was Gott ihr gegeben hatte. Später diente sie rund um die Uhr ihrem Ehemann und ihren Kindern, ohne dabei ihre Herkunftsfamilie zu vernachlässigen. Vielmehr sparte sie sich heimlich etwas Geld vom Mund ab, um sie zu unterstützen.

Sie zog drei Söhne groß und bewältigte nebenbei noch alle im Haushalt anfallenden Aufgaben im Alleingang. Sie machte sauber, wusch die Wäsche und bügelte, kaufte ein und kochte noch dazu jeden Abend ein erstaunliches Festmahl. Sie war schlank, strahlte von innen heraus und war immer sehr sorgfältig gekleidet. Die Eltern all meiner Freunde staunten über die Schönheit und Anmut meiner Mutter.

Ihre Bereitschaft, anderen zu helfen beschränkte sich nicht auf ihre Familie. Solange ich zurückdenken konnte, hatte sie sich voller Freude in den verschiedensten gemeinnützigen Organisationen engagiert. Insbesondere wirkte sie bei Tänzen mit, die im Rahmen von Spendenaktionen aufgeführt wurden. Meine Brüder und ich waren immer auf der Hut, damit sie nicht plötzlich unsere gebrauchten Spielsachen oder unsere getragene Kleidung zur Wohlfahrt gab. Unser Leben lang legte sie immer besonders großen Wert auf die Tugend der Dankbarkeit. Ich wusste ganz genau, dass sie mich danach fragen würde, ob ich mich bei den Eltern meiner Freunde bedankt hatte, wenn ich bei ihnen zu Hause mitgegessen hatte. Sie stellte sicher, dass ich mich bei jedem bedankte, der irgendetwas Nettes für mich getan hatte. Von allen unangenehmen Eigenschaften, die ihr bei Kindern auffiel, war mangelnde Dankbarkeit bestimmt das, was sie am meisten störte. Folglich achtete sie besonders darauf, dass sie uns nicht verzog, indem sie unseren Launen nachgab. Und wann immer wir ein Geschenk erhielten, betonte sie: „Es ist der Gedanke, auf den es ankommt." Sie ging mit gutem Beispiel voran. Ob sie nun kostbaren Schmuck oder eine einfache Blume geschenkt bekam, sie war von beidem gleichermaßen begeistert. Dadurch lehrte sie mich, dass das Glück nicht von der materiellen Sache an sich, sondern von der Liebe, mit der etwas geschenkt wurde, herrührt.

Sie war unglaublich stolz darauf, wenn sie sah, dass wir irgendetwas Gutes taten. Es kam ihr nicht darauf an, ob unsere Bemühungen zu großen oder nur zu kleinen Ergebnissen führten, Hauptsache, sie waren ehrlich. Dann war sie glücklich. Immer wieder kamen wir in den Genuss ihres selbstlosen Dienstes. Als ich mir die Schulter ausgekugelt hatte, war sie innerhalb weniger Minuten an Ort und Stelle, um mich ins Krankenhaus zu fahren. Nach der Operation war meine Mutter die erste Person, die ich an meinem Bett sitzen sah. Ich hustete und bat sie eindringlich: „Mama, deine Zigarette macht mich krank." Sie rauchte, wie es für amerikanische Frauen der damaligen Zeit Mode war, zwei Schachteln Zigaretten täglich, und dies seit über fünfzehn Jahren. Aber der Gedanke, dass sie mir damit Schmerzen bereiten könne, traf sie mitten ins Herz. Tränen traten in ihre braunen Augen, als sie hektisch die Zigarette ausmachte. Beschämt kam sie an mein Bett und streichelte meine Wange. „Oh mein Liebling, Richie, wenn dir mein Rauchen Schmerzen zufügt, verspreche ich dir, dass ich für den Rest meines Lebens keine Zigarette mehr anrühren werde." Sie rauchte nie wieder.

Mein Vater hatte viel mit meiner Mutter gemeinsam. Während der Zeit der großen Depression waren bei ihm zu Hause Lebensmittel sehr knapp und so war er gezwungen, mit fünfzehn die Schule vorzeitig zu verlassen und zu arbeiten, um seinen Eltern unter die Arme zu greifen. Später, als verheirateter Mann, arbeitete er hart, um seine in die Jahre gekommenen Eltern und seine kränkliche Schwiegermutter finanziell zu unterstützen und seine eigene Familie über die Runden zu bringen. Finanzielle Herausforderungen folgten ihm wie ein Schatten. 1958 – ich war damals sieben Jahre alt – investierten er und mein Onkel Irving all ihr Geld in ein vielversprechendes Unternehmen. Damit wurden sie zum größten Autohaus in Chicago, das eine brandneue Marke von Ford, den *Edsel*, auslieferte. Aber die Verkaufszahlen von *Edsel* brachen ein und dieses Modell geriet zu einem der größten Misserfolge der Automobilgeschichte. Infolgedessen musste mein Vater Insolvenz anmelden und verlor alles. Ich kann bezeugen, wie er sehr oft bis spät in die Nacht hinein arbeitete und darum kämpfte, uns vor der drohenden Armut zu bewahren.

Aber mein Vater kümmerte sich nicht nur um das Wohlergehen seiner Kinder, sondern trieb auch sehr gern Sport mit uns oder nahm mich zu Football- und Baseballspielen mit, wann immer es ihm zeitlich möglich war. Später eröffnete er eine Autoreparaturwerkstatt und brachte es durch harte Arbeit im Laufe der Zeit zu einem gewissen Wohlstand. Dennoch arbeitete ich seit meinem fünfzehnten Lebensjahr nach der Schule und in den Schulferien in verschiedenen Jobs. Ich wollte meinen Eltern nie zur Last fallen, eine Eigenschaft, die ich durch ihr Beispiel vollkommen verinnerlicht hatte.

Einen Tag, bevor ich von zu Hause aufbrach, um aufs College zu gehen, war mein Vater besonders bewegt gewesen. „Richie", sagte er, „lass uns zusammen rausfahren." Wir fuhren in Highland Park die ruhigen Straßen des Sherwood Forest entlang. Um uns herum erklang das Lachen spielender Kinder. „Mein Sohn", begann er, „solange ich lebe, werde ich immer für dich da sein." Er hielt das Auto an, nahm meine Hand und mit zitternder Stimme sagte er: „Als dein Vater erwarte ich von dir, dass du dein Bestes gibst, aber ob du Erfolg hast oder scheiterst, ob du gute oder schlechte Dinge tust oder mich sogar hintergehst, solange ich lebe, werde ich dich lieben und immer für dich da sein. Für dieses Versprechen bin ich gewillt zu leben und zu sterben. Bitte vergiss das niemals." Überwältigt hörte ich ihm zu. Ich wusste, dass er jedes Wort so meinte, wie er es sagte. Tatsächlich blieb er seinem Versprechen immer treu, obwohl ich ihn weit über die Maßen auf die Probe stellen sollte.

Als der Bus auf einem Hügel außerhalb eines Dorfs hielt, wurde ich aus meinen Erinnerungen gerissen. Ich hob meinen Seesack auf, löste die Schnüre und zog einen Stift und einen iranischen Luftpostbrief heraus. Die Zeit war gekommen, meinen Eltern meinen Beschluss mitzuteilen.

Meine liebe Familie,
mir ist es gut ergangen. Die Straßen sind manchmal etwas holprig, aber es sind gute Straßen. Ich habe viel nachgedacht und festgestellt, dass es jetzt an der Zeit ist, etwas zu tun, nach dem ich mich schon lange sehne. Ich habe mir viele Gedanken gemacht und viel Zeit damit verbracht, in mich zu gehen, um sicher zu sein, dass dies der richtige Weg ist. Überall auf der Welt betrachten die Menschen das Leben aus verschie-

denen Perspektiven. Seit fast zwanzig Jahren sehe ich nun durch die Augen eines Mannes aus dem Westen. Ich habe die Gesetze, Philosophien, Religionen, Künste und dem Lebensstil der Menschen im Westen im Allgemeinen gesehen und erfahren. Jetzt möchte ich sehen, wie das Leben im Osten gelebt wird. Ich tue dies nicht, um meinem bisherigen Leben zu entfliehen, sondern vielmehr, um ein anderes kennenzulernen. Das ist aber etwas, das mir keine Schule vermitteln kann, da in den Schulen nur aus einem verzerrten Blickwinkel gelehrt wird. Deshalb werde ich mich selbst auf den Weg in den Osten machen. Kann es eine bessere Ausbildung als das geben? Ich tue dies nicht, um euch zu beunruhigen. Bitte schadet euch nicht selbst, indem ihr euch unnötig um mich sorgt. Es ist mir nicht möglich, so oft zu schreiben, wie ihr es euch vielleicht wünscht, da ich manchmal einfach kein Postamt finden kann. Gary ist nicht mehr mit mir unterwegs. Er ist in Israel. Ich bin jedoch immer in Begleitung von Weggefährten. Liebe Grüße an alle Freunde und Verwandten.
Richard

Der Brief war im Iran abgestempelt und hatte keinen Absender.

9

Unser Bus durchquerte die schier unendlich erscheinende Wüste, in der nur hier und da ein paar Siedlungen aus Lehmhäusern auftauchten. Wir beobachten, wie sich Kamelkarawanen durch die Ebene schlängelten. Die Tiere waren mit schweren Bündeln bepackt und dennoch schritten sie mühelos voran. Dabei bewegten sich ihre langen Hälse in vollkommener Harmonie mit allen anderen Gliedmaßen langsam hin und her. Unter der gleißenden Sonne ritten die Nomaden auf ihren Kamelen oder schritten neben den zuverlässigen Tieren her. Ihre Turbane waren von der Sonne und dem Sand schon ganz verblichen. Hier, unter dem klaren Himmel der iranischen Wüste, lebten die Menschen auf eine Art und Weise, die mir völlig fremd war, und es kam mir so vor, als wäre die Zeit zurückgedreht worden. Als die Sonne sich am westlichen Horizont zur Ruhe begab und die sternenklare persische Nacht überaus still und leise ihren Einzug hielt, glitt ich in einen Traum hinüber.

Als ich wenige Minuten später meine Augen wieder öffnete, wurde ich von einem grellen Lichtblitz geblendet. Leuchtreklamen von Mobil, Shell, Exxon und Texaco ließen die Sterne blass erscheinen. Es kam mir so vor, als hätte sich der Bus in eine Zeitmaschine verwandelt, mit der wir innerhalb von nur wenigen Minuten Jahrhunderte zurückgelegt hatten. Alle, bis auf den Fahrer und mich, schliefen tief und fest. Wir hatten die Außenbezirke von Teheran erreicht, wo der Schah von Persien den roten Teppich für ausländische Ölkonzerne ausgerollt hatte, um sie willkommen zu heißen. Von meinem Platz aus schien die Stadt wie eine neonbeleuchtete Insel in einem vorzeitlichen Wüstenmeer zu treiben.

In Teheran brachten einige Mitreisende Jeff, Ramsey und mich zu einem Hotel, in dem viele westliche Jugendliche abstiegen. Mit jedem Schritt in Richtung unseres Zimmers nahm der beißende Geruch von Haschisch zu. Hippies aus England, Deutschland und Kalifornien lagen wie ohnmächtig auf ihren Betten, andere lümmelten auf dem Fußboden herum. Von Iron Butterfly dröhnte „In-A-Gadda-Da-Vida" durch die Stereo-Lautsprecher. Alle waren auf Drogen. Ein junger Mann, dem die struppigen blonden Haare wirr ins Gesicht hingen, schwankte auf uns zu. „Hey Leute, willkommen zu Hause", lallte er mit halb geschlossenen, geröteten Augen. „Ihr seid mit von der Partie, zieht euch einen durch, Brüder. Seid einfach cool und lasst euch umhauen." Er nahm einen starken Zug von einer Haschischpfeife und hielt sie uns dann hin. „Nehmt einen Zug." Auf den Tischen lagen mehrere Kugeln Haschisch in der Größe von Tennisbällen. Die Leute im Raum rissen davon fortwährend Stücke ab, um sie zu rauchen oder zu essen. Obgleich wir grundsätzlich für solche Erfahrungen offen waren, war dies selbst für uns zu viel.

Ramsey rief bestürzt: „Bei Gott, auf den Besitz von einem Gramm Haschisch steht die Todesstrafe und trotzdem habt ihr hier ein paar Kilo offen rumliegen!"

Jeff stimmte ein: „Seid ihr verrückt, Jungs? Der Rauch zieht schon unter der Tür durch in den Flur. Das könnte euch das Leben kosten."

Ein Hippie, der auf dem Boden lag drehte sich um und schrie: „Du bist ja vielleicht 'ne Flasche, Mann, verschwinde von hier."

Ein Mädchen mit zerzaustem blonden Haar schob sich Kartoffelchips in den Mund, kaute wie wild und schalt uns: „Was ist los mit euch? Nehmt ihr keine Drogen oder was?"

„Seid doch nicht so paranoid, Leute", lallte unser Gastgeber und zog an seiner Pfeife. „Entweder ihr seid cool oder ihr zieht ab."

Wir drei sahen einander ungläubig an. Jeff murmelte: „Wir müssen hier weg."

Die Warnung des amerikanischen Außenministeriums hatte sich uns tief ins Gedächtnis gebrannt. Als wir die Treppe hinuntereilten, rannten wir drei Polizisten geradewegs in die Arme, die auf dem Weg nach oben waren. Ich hatte den Eindruck, dass die da oben wirklich auf einer Wolke schwebten und allem Anschein nach braute sich ein schweres Gewitter zusammen.

In Teheran beobachtete ich still für mich, wie die Menschen dort den Islam praktizierten. Die Religion war ein selbstverständlicher Teil ihres Alltags und schien die wahre Schönheit in ihrem Wesen hervorzubringen. Die spirituelle Rechtschaffenheit der einfachen, Gott liebenden

Muslime zu sehen inspirierte mich; Begegnungen mit anderen, die im Namen der Religion ihren extremistischen Neigungen nachkamen, hinterließen dagegen ein Gefühl der Beklommenheit bei mir. Ich war auf der Suche nach der Essenz der Weltreligionen und erhoffte mir ein besseres Verständnis.

Wir reisten weiter durch ländliche Gegenden im Iran und kamen schließlich nach Maschhad, einem Wallfahrtsort für schiitische Muslime. Hier brachte ich meinen Wunsch zum Ausdruck, einige Zeit für mich allein zu verbringen, und so erklärten sich Jeff und Ramsey einverstanden, schon voraus zu reisen und mich in Kabul in Afghanistan wieder zu treffen.

Ich muss wohl schon einen seltsamen Anblick geboten haben, wie ich so als junger Amerikaner mit langen, über den Rücken fallenden Haaren in Rollkragenpullover und Nadelstreifenjeans allein vor einer Moschee saß und abwechselnd den Koran las und meditierte. Ein Herr, der mich eine Zeit lang aus einiger Entfernung beobachtet hatte, kam schließlich aus Interesse zu mir herüber. Er war ein hochgewachsener Mann von ungefähr vierzig Jahren, mit klaren braunen Augen und einem hellen Teint. Er trug ein makellos weißes Gewand und einen Turban.

Er verneigte sich respektvoll. „Mein Herr, gestatten Sie mir, mich vorzustellen. Mein Name ist Ibraham. Ich bin ein Einwohner der heiligen Stadt Maschhad."

Ich reichte ihm meine Hand. „Sie scheinen ein Interesse an meiner Religion zu haben. Darf ich mich mit Ihnen unterhalten?" Nachdem er sich nach meinem Leben erkundigt hatte, erklärte er sich einverstanden, mir etwas über den Islam beizubringen. Wir setzten uns zum Studieren auf zwei kleine Teppiche direkt vor die prachtvolle Gruft eines Heiligen. Er blickte zum Himmel und sagte mit tiefer Stimme: „Der allmächtige Allah hat Sie zu dieser heiligen Zeit und an diesen heiligen Ort zu mir geschickt. Im Inneren dieses Schreins befinden sich die Grabstätten der Heiligen Imam Reza und Harun al-Rashid. Und Tausende von Pilgern haben sich jetzt gerade in Maschhad eingefunden, um den heiligen Monat Ramadan, den neunten Monat des islamischen Kalenders, zu begehen." Er machte eine Pause und lächelte sanft. Dann fuhr er fort darüber zu sprechen, wie der Prophet Mohammed die ersten Offenbarungen des heiligen Koran während des Ramadans empfangen hatte. „In einer Höhle offenbarte Gabriel, der barmherzige Bote des allmächtigen Allahs, dem Propheten den heiligen Koran, um allen fühlenden Wesen Frieden zu bringen." Er drückte seine Handflächen und Finger zusammen und berührte dann mit den Spitzen seiner Zeigefinger die Stirn.

„*Islam* bedeutet, sich dem Willen Allahs, des allmächtigen Schöpfergottes, zu unterwerfen. Hören Sie bitte gut zu, wenn ich Ihnen nun unsere Lehren und Gebräuche erkläre." Schon bald waren wir von einer Gruppe von Pilgern umringt, die uns anstarrten. Ich war eben kein alltäglicher Anblick in dieser Gegend.

Ibraham geleitete mich liebenswürdig in das Bibliothekszimmer seines Hauses. Ich stellte fest, dass er ein weltoffener Schriftgelehrter war, der, wie es schien, die Lehren seines Glaubens ernsthaft, voller Großmut und Güte praktizierte. Aus einem Regal, das mit alten arabischen und persischen Manuskripten gefüllt war, zog er den heiligen Koran hervor und rezitierte daraus eine Anrufungspassage. Dann erhob er seine ausgestreckten Hände zum Himmel und begann: „Der Islam lehrt, dass es keinen anderen Gott als nur den Einen Gott gibt und dass Mohammed der Gesandte Gottes ist. Gott offenbarte sein Wort der Menschheit durch Mohammed und andere Propheten, einschließlich Adam, Noah, Abraham, Moses und Jesus. Mohammed ist der letzte oder das Siegel der Propheten. Somit wird seine Verkündigung an die Menschheit bis *Qiyamah*, den Tag der Auferstehung, fortdauern." Dann erklärte er, dass der allmächtige Allah Engel zur Erde gesandt hatte, damit sie den Gläubigen dabei halfen, sich auf den Tag des Jüngsten Gerichts vorzubereiten, an dem sie ihr Schicksal entweder im Himmel oder der Hölle ereilen würde. Er sagte, dass die Muslime glaubten, dass der Koran die wichtigste schriftliche Aufzeichnung der Offenbarung an die Menschen, ja die endgültige Offenbarung Gottes an die Menschheit war. Er berichtete mir auch von den fünf Pflichten, die die Muslime in ihrem Leben erfüllen müssen: an Allah, als den einen wahren Gott zu glauben, *Namaz* oder fünfmal täglich Gebete darzubringen, während des Monats Ramadan zu fasten, den Mittellosen Spenden zu geben und *Hajji*, das heißt wenigstens einmal im Leben eine Pilgerreise nach Mekka zu machen.

Auf diese Weise sprach Ibraham stundenlang über die Geschichte und die Lehren seines Glaubens. Er war ein Gentleman und so ganz anders als der Mann, der mich in der Teestube von Erzeram gezwungen hatte, den Namen Gottes hinauszuschreien. Allmählich lernte ich auf eindrucksvolle Weise, dass es in jeder Religion Anhänger auf so vielen verschiedenen Stufen gab. Daher wäre es oberflächlich, aus dem Verhalten einiger Anhänger Rückschlüsse auf die ganze Religion zu ziehen.

Während die Sonne unterging und Maschhad in goldenes Licht tauchte, schenkte mir Ibraham eine verzierte Dose mit getrockneten Früchten und sagte mir Lebewohl, um zu seiner Familie zurückzugehen und das Ramadan-Fasten zu brechen.

10

Auf der Ladefläche eines Lastwagens, auf der Jutesäcke mit Getreide gestapelt waren, gelangte ich zur Grenze nach Afghanistan. Der heruntergekommene Grenzposten deutete schon darauf hin, wie arm das Land war. Dennoch hießen mich die Beamten – ganz im Gegensatz zu den meisten anderen Grenzwachen, die ich bis dahin erlebt hatte – herzlich willkommen. Meine erste Station in Afghanistan war Herat. Die Leute hier waren liebenswert und freundlich. In diesem unwirtlichen Wüstengebiet lebten sie in Behausungen, die auch schon bessere Tage gesehen hatten. Obwohl sie zu den ärmsten Menschen gehörten, die ich bis dahin auf meiner Reise gesehen hatte – ihre Kleidung war zerlumpt und staubig –, schenkte mir jeder ein Lächeln und niemand bat mich um etwas. Vielmehr waren sie stets bereit, auch das Wenige, das sie besaßen, mit mir zu teilen, und jeden Tag, den ich in Herat verbrachte, wurde ich von einer anderen Familie zum Essen eingeladen.

Hier lebte normalerweise die ganze Familie zusammen in einer Hütte, die nur aus einem einzigen kleinen Raum bestand. Voller Freude teilten sie ihr Fladenbrot mit mir. Meine Gastgeber konnten weder lesen noch schreiben, aber viele von ihnen beeindruckten mich durch ihre Bescheidenheit und Weisheit, aber auch durch die Art und Weise, wie sie trotz all der Schwierigkeiten mit Würde durchs Leben gingen. Obwohl sie kein einziges Wort Englisch sprachen, erfüllte mich unsere Herz-zu-Herz-Kommunikation ungemein.

An einem Wintertag im Jahr 1970 schrieb ich in einer kleinen Teestube in Herat einen Brief nach Hause.

Liebe Familie,
Wie geht es euch? Ich bin jetzt in Herat in Afghanistan. Es ist erstaunlich, hier in einem Land unter Menschen zu sein, die von Natur aus freundlich und bescheiden, arm aber dennoch friedlich sind.

Ich weiß, es ist zu spät, aber ich wünsche Vati und Larry noch nachträglich alles Gute zum Geburtstag.
Ich wünsche euch das Allerbeste
In Liebe,
Richard

Eines Morgens machte ich mich früh auf den Weg, um die Stadt Herat zu erkunden und stolperte dabei nichts ahnend in eine Gegend, die sich von allem, was ich bis dahin erlebt hatte, deutlich unterschied. Es war schon spät am Vormittag, als ich am staubigen Straßenrand stand, alles genau beobachtete und die Szenerie einfach auf mich wirken ließ. Ich sah mich um und kam mir vor, als sei ich in eine Zeit eines ganz einfachen, natürlichen Lebens zurückversetzt. Mein Herz pochte heftig. Ein Kamel nach dem anderen trottete vorüber. Es gab keinen Straßenlärm, kein Hupen, kein Motorendröhnen. Das Klappern der Kamelhufe auf der unbefestigten Straße war das Einzige, was man hörte. Ganze Familien drängten sich in kleinen einstöckigen Häusern aus getrocknetem Lehm. Der penetrante Wüstenstaub trocknete meinen Mund aus und der Geruch von Kameldung und brennendem Holz stach mir in der Nase. Leute hockten in der traditionellen afghanischen Kleidung am Straßenrand und unterhielten sich. Ihre locker fallenden Gewänder wirkten elegant, obwohl sie schon ausgeblichen, abgetragen und zerschlissen waren. Die Männer hatten sich Turbane aus langen Stoffbahnen um den Kopf gewickelt und bei vielen war das Gesicht mit dunklen Flecken und tiefen Pockennarben übersät. Ihre Haut war vom Wetter ausgetrocknet und wirkte gegerbt wie altes Leder; ihr strahlendes, von innen kommendes Lächeln legte den Blick auf faulende oder fehlende Zähne frei. Lange Hemden reichten ihnen bis über die Knie. Sie gingen einfach ihren Arbeiten nach, ohne auf die Zeit zu achten. Die Frauen hielten ihre Gesichter mit einem feinmaschigen Netz bedeckt und trugen blaue oder schwarze Gewänder, die vom Kopf bis hinunter zum Boden reichten und von ihren Körpern nicht das Geringste preisgaben. Ein Blinder saß am Straßenrand und sang mit hoher Stimme fromme Lieder und schlug im Takt auf das Fell einer Trommel.

Es war kalt, aber der Rauch der Kochfeuerstellen erfüllte die Luft.

Plötzlich, ganz unerwartet, wurde ich von einem Kulturschock buchstäblich in die Knie gezwungen. Meine Augen brannten vom Rauch. Mir war schwindelig und übel und zudem war ich völlig orientierungslos und ängstlich. Urplötzlich war es mir nicht mehr möglich, mich mit irgendetwas, das meine fünf Sinne wahrnahmen, zu identifizieren. Restlos entfremdet erlitt mein Ego einen schmerzlichen Zusammenbruch. Aufgewühlt und schwitzend kniete ich am Boden und rang darum, etwas mit der Welt, die ich kannte, in Verbindung zu bringen. Es gelang mir nicht. Ich fühlte mich vollkommen abgeschnitten. Obgleich die bittere Armut entmutigend war, schienen die Leute von Herat die glücklichsten und unbeschwertesten Menschen zu sein, die ich je gesehen hatte. Diese surreale Verbindung von Armut und Glück wirkte wie ein Kurzschluss in meinem Verstand.

Alte Männer saßen am Straßenrand und rauchten große Wasserpfeifen. Der Geruch von trockenem Wüstenstaub vermischte sich mit dem beißenden Aroma von Haschisch. Die Bilder, die sich mir boten, die Gerüche und Klänge waren für meine Sinne beunruhigend fremd. Ich war in einer Kultur auf mich allein gestellt, in der nichts existierte, auf das ich mich beziehen konnte. Wie ein einsames, fremdes Wesen in einem entfernten Universum saß ich bewegungslos am Straßenrand und betete, dass diese Verwirrung vorbeigehen mochte. Was geschah mit mir? Was war die Ursache für diese Verwirrung? Warum war ich so betroffen? Ich rang damit, mich selbst zu finden. Seit meiner Geburt hatte ich mich immer mit meiner Außenwelt identifiziert. Bis zu diesem Augenblick war es mir nicht bewusst, in welchem Ausmaß ich geprägt worden war. Wenn wir eine Brille mit grünen Gläsern tragen, erscheint alles, was wir sehen, grün; ebenso nehmen wir entsprechend unserer Umgebung und unseren Erfahrungen die Wirklichkeit auf eine bestimmte Art und Weise wahr. Die Vorstellungen, die mein Körper und mein Intellekt wahrgenommen hatten, waren zu meiner Identität geworden. Jetzt hatten sich jene vertrauten Auffassungen jedoch in Luft aufgelöst und ich fiel ins Leere. *Gott, bitte hilf mir! Wer bin ich? Wer bin ich? Wer bin ich wirklich?*

Die Welt um mich herum schien auf einmal zu verschwinden, als mein Gebet und meine Meditation mich in einen Zustand versetzten, in dem eine stille innere Präsenz über die Welt der Erscheinungen herrschte.

Dort fand ich eine kostbare Wahrheit, eine Wahrheit, mit der ein Gefühl der Geborgenheit und Freiheit erwachte: *Ich bin die Seele, die von der äußeren Welt verschieden ist. Ich bin ein Kind Gottes.* Das lodernde Feuer des Kulturschocks hatte wie die Strahlen der Sonne gewirkt und den Nebel falscher Vorstellungen aufgelöst. Ich fühlte mich befreit. Mein Herz floss vor Dankbarkeit über, und mir war klar, dass Herat für immer ein heiliger Platz auf der Landkarte meines Herzens sein würde.

Immer wenn ich auf diesen Tag zurückblicke, werde ich daran erinnert, dass Gebete manchmal auf eine Art und Weise beantwortet werden, die wir niemals erwartet hätten. Um zu wachsen, ist es manchmal notwendig, dass wir bis aufs Mark erschüttert werden. Während ich dort in Herat am Straßenrand kniete, starb in mir etwas und ermöglichte dadurch eine Erkenntnis, die für mich notwendig war, damit ich auf meinem Weg vorankommen konnte. Wenn das Kamel sich vorwärts bewegen will, hebt es bei jedem Schritt seinen Huf von einem standsicheren Platz auf der Erde. Und ebenso muss jede noch so kleine Welle des Flusses ihren gegenwärtigen Zustand aufgeben und sich der Strömung überlassen, um das Meer zu erreichen.

Auf dem Rückweg zu meinem Zimmer stieß ich auf einen alten Mann, der zusammengesackt am Straßenrand saß. Sein welkes Gesicht, das unter der Kopfbedeckung hervorblickte, war von tiefen Falten zerfurcht. Er strahlte mich mit einem zahnlosen Lächeln an und winkte mich zu sich heran, um mit ihm das Haschisch in seiner *Wasserpfeife* zu teilen. Ich lächelte und lehnte dankend ab. Seine Kultur hatte mir bereits zu einem Rausch verholfen, den ich niemals zu vergessen hoffte.

In Herat bekam ich das Angebot, auf einem Kamel bis zu einem Ort mit zu reiten, an dem ich dann einen Bus nach Kandahar in Zentral-Afghanistan nehmen konnte. In dem heruntergekommenen Bus saßen vor allem arme Bauern, und niemand schien sich dafür zu interessieren, ob sie die wenigen Cents für die Fahrt bezahlt hatten oder nicht. Der Mittelgang war voll mit Getreidesäcken, Obst und Gemüse und einem halben Dutzend Hühner, zwei Schafen und einer Ziege. Der strapazierte, ungedämpfte Motor, das Gelächter der Männer und Frauen und das Schreien der Babys bildeten die Hintergrundmusik für das nun folgende erstaunliche Schauspiel: Mitten in der unendlichen Wüste hielt der Bus plötzlich an und von einem Moment auf den anderen stiegen alle aus. War dies ein Notfall? Nein, ganz und gar nicht. Die Fahrgäste rollten sorgfältig ihre Gebetsteppiche auf dem Sand aus und wandten sich in Richtung der heiligen Stadt Mekka. Sie kamen ihrer Namaz-Pflicht nach, das heißt, sie verehrten Allah und seinen Propheten Mohammed, indem sie sich auf den Boden niederwarfen und ihnen Ehrerbietungen darbrachten. Alle paar Stunden wiederholte sich dieses Ritual, ganz gleich, wo wir uns gerade befanden. Diesen bescheidenen Menschen bedeutete ihre Religion einfach alles. Sie waren weder Mullas, Priester, Yogis noch Mönche, sondern lebten ganz normal mit ihren Familien. Dennoch war ich davon beeindruckt, wie sie überall und in jeder Situation ihrer Hingabe zu Allah den Vorrang vor allem anderen einräumten.

In Kandahar hießen mich die Leute herzlich willkommen. Insbesondere ein Mann namens Hariz zeigte ein besonderes Interesse an mir. Er war ein großgewachsener, gepflegter und gebildeter Mann, der durch Handelsgeschäfte zu Wohlstand und Ansehen gekommen war. Seine Geschäftsinteressen und Urlaubsreisen führten ihn häufig ins Ausland. Nachdem er mir die Stadt Kandahar gezeigt hatte, lud er mich zu sich in sein weitläufiges Haus ein. An einem ruhigen Abend, als wir auf seiner Dachterrasse saßen und gerade in eine philosophische Diskussion vertieft waren, sagte er auf einmal mit ruhigem Ton: „Herr Richard, entschuldigen Sie mich bitte für einen kurzen Augenblick, ich muss einer Verpflichtung nachkommen." Plötzlich sprang er von seinem Stuhl, legte seinen Kopf zurück, blickte zum Mond und begann, wie ein Wolf zu heulen. „Aaauuuwww, aaauuuwww, aaauuuwww." Was passierte denn jetzt? War dieser vornehme Herr auf einmal verrückt geworden? Er ergriff ein langes Seil mit einer Schlaufe am Ende, lief zum Rand seiner Dachterrasse und warf es auf die Straße hinunter. Was in aller Welt machte er bloß? Mit gespannter Aufmerksamkeit zog er langsam das Seil wieder nach oben. Zu meinem Erstaunen hatte er ein zappelndes Nagetier von der Größe und Form eines Frettchens herauf gefischt. Ich sah voller Verwunderung zu. Wie sich herausstellte, war dies ein Mungo, der tagsüber durch die Stadt streifte und jeden Abend auf Hariz' Heulen hin in die Schlaufe des Seils kroch. Mit diesem wurde er dann nach oben gezogen, um die Nacht auf dem Dach zu verbringen. Während mein Freund und ich unser Gespräch wieder aufnahmen, fühlte ich, wie der Mungo mit seinen scharfen Krallen meinen Rücken hinaufkletterte. Er kroch unter meinen langen Haaren nach oben, bis er meinen Kopf erreicht hatte. Dort vergrub er sich in meinen dicken Locken, baute sich sein Nest und legte sich schlafen. Als ich spürte, wie sein warmer Körper auf meinem Kopf tief ein- und ausatmete, stand mir der nächste Kulturschock bevor.

Ich blickte meinen Gastgeber hilfesuchend an. „Und was mache ich jetzt?"

Mein Freund lachte. „Herr Richard, er hat ein gutes Nest in Ihren Haaren gefunden."

Mein Nacken fühlte sich an, als würde er unter seinem Gewicht zusammenbrechen. „Bitte nehmen Sie ihn herunter."

Hariz wurde ernst. Unter dem sternenklaren Nachthimmel nippte er an seinem Tee, kniff seine Augen zusammen und warnte mich: „Bei uns erzählt man sich eine alte Weisheit: Wecke niemals einen schlafenden Mungo." Er setzte seine Tasse auf dem Tisch ab und erklärte mir, dass das Tier für die alten Ägypter heilig gewesen war. „Der Mungo ist ein unberechenbarer Killer, wenn man ihn verärgert. Im Kampf mit einer Kobra, der tödlichsten Schlange und einem Symbol des Todes, wird der Mungo siegen." Hariz nippte wieder an seinem Tee und lehnte sich zurück. „Wenn Sie ihn plötzlich aufwecken, könnte er unter Umständen ihren Kopf in Stücke zerfetzen. Herr Richard, bitte rühren Sie sich nicht, bis er von selbst geht."

Stunden vergingen, in denen ich regungslos da saß und um mein Leben fürchtete. Von Zeit zu Zeit bewegte sich der Mungo und grub dabei seine Krallen in meine Kopfhaut. Hariz konnte nicht länger wach bleiben und verließ mich daher unter vielen Entschuldigungen, um sich schlafen zu legen. Jetzt saß ich dort allein. Diese dunkle und schlaflose Nacht in Kandahar schien nie enden zu wollen. Mein Nacken pochte heftig vor Schmerz, aber ich hatte zu viel Angst, als dass ich mich bewegte. Der Mungo auf meinem Kopf war wie eine Zeitbombe, die jede Sekunde explodieren konnte. Ich verlor sehr schnell die Anhaftung an meine langen Haare. Wenn nur die Grenzbeamten in England ihre Drohung, meinen Kopf zu rasieren, wahr gemacht hätten, würde das Leben heute Abend um so vieles sicherer sein.

Ich versuchte mich zu trösten. Zumindest gab es jemanden, der meine Haare schätzte! Aber der Mungo war nicht allein gekommen. Ausgehungerte Insekten fingen an, in meine Kopfhaut zu beißen und löschten diese edlen Gedanken wieder aus. Warum geschah das mit mir? Ich spürte meine Verletzlichkeit und nahm all meine Kraft zusammen, um meine Gefühle zu beherrschen. Dann ging ich in mich, dachte über alles nach und versuchte, das Ganze zu verstehen. Ich erkannte, dass es unserem freien Willen möglich war, einen Fluch in einen Segen und einen Segen in einen Fluch zu verwandeln. Ja, so lächerlich es auch war, aber dieser Mungo war vielleicht geschickt worden, um mich die heilige Tugend der Geduld und Nachsicht zu lehren. Schwierigkeiten zu erdulden und sich in ihnen an Gott zu wenden war ein unbezahlbarer Segen. Eine Krise in eine Chance zu verwandeln war wahre Weisheit.

Den Rest der Nacht verbrachte ich in einem ungewöhnlichen Zustand der Dankbarkeit. Ich hatte keine Ahnung, dass das, was der Mungo mich über Krisen gelehrt hatte, mir Stärke in den schweren Zeiten geben würde, die auf mich zukommen sollten. Als schließlich die Sonne endlich aufging, hatte mein ungebetener Gast einen gut sechsstündigen tiefen Schlaf genossen. Er erwachte, krabbelte meinen Rücken hinunter und sprang auf den Boden. Dann tat er etwas, das mein Herz rührte: Der Mungo starrte mich mit einer solch unschuldigen Liebe an, als wollte er mir für meine Gastfreundschaft danken. Dann wandte er sich von mir ab und kroch in die Schlaufe des Seils, mit dem ihn Hariz, der gerade erwacht war, wieder für einen weiteren Tag auf die Straße hinunter ließ.

Hariz lächelte mich an. „Herr Richard, ich bitte um Verzeihung für die Unannehmlichkeiten, die Sie erdulden mussten. In meinem Haus ist bislang nichts dergleichen passiert. Aber freuen Sie sich darüber, dass es in unserer Kultur als eine fromme Tat gilt, einem ungeladenen Gast mit Gastfreundschaft zu begegnen. Sie haben einem unserer Mungos gute Gastfreundschaft erwiesen und das ohne irgendwelche Förmlichkeiten. Heute Morgen sah er so glücklich und ausgeruht aus."

Mit einem von der Belastung und Schlaflosigkeit tauben Nacken dachte ich über seine Worte nach. Hatte ich ihn gerade von Mungos im Plural sprechen hören? Für mich stand fest, dass ich wirklich nicht in der Nähe sein wollte, wenn er das nächste Mal seinen Kopf zum Himmel erhob und wie ein Wolf zu heulen beginnen würde. Ich kratzte mich an den unzähligen Insektenstichen am Kopf und hatte das brennende Verlangen weiterzuziehen. „Vielen Dank, Hariz", seufzte ich. „Sie haben schon so viel für mich getan. Aber ich glaube, ich mache mich jetzt am besten auf den Weg."

Als ich eines Abends allein durch eine ruhige Seitenstraße in Kandahar ging, ergriff ein kleiner Mann mit nur einem Auge und einem Arm meine Hand. Er schleifte mich ein Stück durch eine Gasse hinter sich her und zog mich schließlich eine Wendeltreppe hinunter. Es war stockdunkel. Als wir die unbehauenen Steinstufen hinabstiegen, grübelte ich darüber nach, was mir jetzt wohl Rätselhaftes bevorstand. Sobald wir unten angekommen waren, wurde ich in ein dunkles und kaltes Verließ hineingeschoben. Als meine Augen sich an die Dunkelheit gewöhnt hatten, konnte ich eine kleine Laterne ausmachen, von der ein schwaches Licht ausging. Ihre Flamme flackerte über die abbröckelnde Steindecke und an den Wänden entlang, von denen Spinnennetze und bedrohliche Eisenketten herabhingen. Es gab kein einziges Fenster oder Möbelstück. Auf dem schmutzigen Fußboden hockten ein Dutzend barfüßige, alte Männer in abgetragenen Gewändern und zerschlissenen Turbanen. Sie kauerten dicht zusammengedrängt um einen schemenhaften Haufen. Was konnte das sein? Als sich meine Augen weiter an die Dunkelheit gewöhnt hatten, sah ich, dass es sich um einen Haufen, möglicherweise ein paar Hundert Kilo, schwarzes afghanisches Haschisch handelte. In Europa hatte man mir versichert, dass dies eine der teuersten und stärksten Haschischsorten der Welt sei. Die armen alten Männer rissen ununterbrochen Brocken von diesem Hügel ab und formten sie zu flachen, handtellergroßen, runden Fladen, die sich leichter zum Schmuggeln eignen würden. Mein Begleiter ließ mich in einer Ecke allein und gesellte sich zu den anderen, um ebenfalls Haschischfladen zu formen.

Wie seltsam, dachte ich, *Was tat ich hier?* Vermutlich würde ich, selbst wenn ich es versuchte, nicht mehr den Weg nach draußen finden. Dann erhob sich jemand und entzündete eine lodernde Fackel. Er schritt – wie ein Hohepriester auf einer feierlichen Prozession zum Altar – zu einer Seite des Raumes. Dort stand das, was offenbar ihre verehrenswerte

Gottheit zu sein schien: eine gewaltige Wasserpfeife. Der Mann fuhr fort, das riesige Maul der Pfeife mit einigen Kilos Haschisch zu stopfen und entzündete sie dann feierlich mit der Fackel. Genau in diesem Moment erhob sich ein anderer Mann. Er trat an den langen, nach oben geschwungenem Schlauch und begann mit all seiner Kraft lange und tief zu inhalieren, bis seine Lungen kurz davor waren zu platzen. Dann setzte er seinen Mund kurz ab und atmete aus, jedoch nur um dann eine weitere Dosis zu inhalieren. Immer wieder sog er entschlossen große Mengen des Haschischrauches in sich hinein. Es war unglaublich. Schon bald strömte eine dicke Rauchsäule von allein aus dem Mundstück. Nichtsdestotrotz paffte er immer weiter. Es war übermenschlich. Als er schließlich sogar den Punkt des Übermenschlichen überschritten hatte, lehnten sich seine Lungen auf. Er verlor die Kontrolle, stürzte taumelnd zu Boden und hustete so stark, dass ich schon dachte, dass jeden Augenblick seine Eingeweide zum Vorschein kommen könnten.

Währenddessen formten alle anderen gelassen ihre Haschischfladen weiter. Dann trat der nächste Mann an die unheilvolle Wasserpfeife und wiederholte das gleiche Ritual. Er sog und sog, vielleicht zwanzigmal. Der Rauch quoll bereits aus dem Mundstück hervor. Schließlich erreichte er den Höhepunkt und brach auf dem Lehmboden zusammen. Er warf sich hin und her, wälzte sich herum und hustete ebenfalls ununterbrochen. Jeder Einzelne im Raum wiederholte dasselbe unglaubliche Schauspiel. Sobald der Mann wieder die Kontrolle über seinen Husten gewonnen hatte, schloss er sich wieder ruhig seinen Brüdern an, um die flachen, runden Taler zu formen. Er kauerte sich um den Haschischhaufen und gab den Weg für das nächste Opfer der Wasserpfeife frei. Jeder Mann kam mehrmals an die Reihe, während die alles verschlingende Wasserpfeife Kilo um Kilo und Raucher um Raucher verzehrte. *Diese alten Afghanen sind in der Kunst der Berauschung zweifellos sehr bewandert,* dachte ich bei mir. *Im Vergleich dazu sind die stolzen Hippies des Westens noch blutige Anfänger.*

Eine dichte Haschischwolke erfüllte das stickige Verließ. Meine Augen brannten. Allein durch das bloße Einatmen der Luft hier unten wurde ich in einen solchen Rauschzustand versetzt wie nie zuvor in meinem Leben. Dann kam ich an die Reihe. Sie zogen mich zu der Wasserpfeife. War ich die nächste Opfergabe an ihre Gottheit? Ein dichter Strom von Haschischrauch strömte aus dem breiten Mundstück. Wie sollte ich das angehen? Ich schwankte vorwärts. Ich hatte noch nicht einmal die Tülle erreicht, um einen ersten Zug zu nehmen, als der Rauchstrom bereits, wie eine Schlange, die sich in ein Mauseloch stürzt, über meine Lungen herfiel. Ich brach auf dem Boden zusammen und wälzte mich heftig hin und her. Tränen quollen aus meinen Augen und ich musste so heftig husten, dass ich dachte, meine Lunge und meine Kehle würden in Fetzen zerrissen.

Unterdessen schüttelten sich die alterfahrenen Raucher vor Lachen, kreischten belustigt und schlugen sich auf die Knie. Hier war ich, ein unerfahrener Amerikaner, etwa dreimal so jung wie sie, und ich konnte noch nicht einmal das Mundstück erreichen.

Das war ihre nächtliche Erholung, aber für mich war das zu viel. Ich kroch zurück in meine Ecke und ließ mich gegen die Wand fallen. Energieschübe verkrampften alle meine Glieder, während vor mir in der unermesslichen Rauchwolke seltsame Visionen auftauchten. Alle Klänge verschmolzen zu einer fremdartigen Musik und mein Verstand schien sich jenseits von Raum und Zeit endlos zu drehen. Ich konnte mich nicht bewegen und es gab auch keinen Platz, wo ich hätte hingehen können. Tränen traten in meine brennenden Augen. In meinen Halluzinationen sah ich, wie Rauchschwaden aus der Wasserpfeife aufstiegen und die Formen von gespenstischen Dämonen annahmen, die auf mich zu kamen, um mich zu verschlingen.

Ich dachte an die Zeiten zurück, in denen ich durch Berauschung nach Entspannung, Glück oder einem Sinn gesucht hatte. Was hatte ich dadurch gewonnen? In meinen Gedanken tauchten Bilder von Rauschgiftsüchtigen und Alkoholikern auf, denen ich in heruntergekommenen Gegenden amerikanischer Großstädte begegnet war. Einige meiner Bekannten vom College waren den Drogen erlegen und zu hilflosen Sklaven ihrer Sucht geworden. Ich erinnerte mich an eine liebe Seele, die von einer Überdosis LSD verrückt geworden war. Sie war eine intelligente Studentin, die jedoch anfing, wie ein Vogel zu zwitschern. Jeder amüsierte sich darüber, bis sie schließlich versuchte, aus dem Fenster des zweiten Stocks zu fliegen. Ein Jahr später glaubte sie immer noch, dass sie ein Vogel sei. Jedoch zwitscherte sie jetzt – wie ein Vogel in einem Käfig – in der Psychiatrie. Ich hatte gelegentlich auch versucht, mit

Rauschmitteln Frieden zu finden, da ich glaubte, dass chemische oder pflanzliche Aufputschmittel höhere spirituelle Wahrnehmungen herbeiführen würden. Jedoch hatte ich schnell die Grenzen der Drogen erkannt. Es war ein künstlicher Zustand, der mich von der Sehnsucht meines Herzens immer weiter wegzog. Ich musste das hinter mir lassen und vorwärtsgehen.

Als ich in dieser Haschischhöhle von Kandahar wie von einer Wolke der Qualen verschluckt wurde, entsprang meinem Herzen ein Versprechen: *Lieber Gott, ich werde mich nie wieder Rauschmitteln hingeben.*

Ich stolperte aus dem Raum und schwankte hinaus auf die Straße.

Am letzten Abend in Kandahar hockte ich mich in einer schlecht beleuchteten und überfüllten Teestube mit zu den Einheimischen auf den Boden. Plötzlich schauten alle auf einen blinden Jungen, der hereingestolpert kam. Er trug ein einfaches Holzinstrument mit einer einzigen, der Länge nach aufgezogenen Saite bei sich. Er war vielleicht sechzehn Jahre alt und trug wie die anderen schmutzige Lumpen, die lose an seinem abgemagerten Körper herunterhingen. Mein Herz erbebte – nichts bedeckte seine geblendeten, entstellten Augen. Trotz seiner extremen Armut hatte er ein strahlendes Lächeln, als er von ganzem Herzen Loblieder zu Ehren des Allmächtigen Allah sang und sich auf seinem Saiteninstrument begleitete. Seine liebliche Stimme und seine aufrichtigen Gefühle hatten eine fast schon hypnotische Wirkung auf uns sechs, die wir in der kleinen Bretterbude zusammensaßen. Eine Stunde verging, in der die spontane Freude dieses blinden Jungen den Raum mit einer übernatürlichen Glückseligkeit erleuchtete. Er zupfte auf seiner einen Saite und war bei der Lobpreisung Gottes zu Tränen gerührt.

Ich war bewegt. Er war heimatlos, blind, ungebildet und bettelarm. Obwohl er sich in solch entwürdigenden Umständen zurechtfinden musste, sang er dennoch von dem unermesslichen Schatz der Freude, den er in seinem Herzen gefunden hatte: von seiner Liebe zu Gott.

Kandahar hatte mir außergewöhnliche Erfahrungen ermöglicht: Von einem Mungo hatte ich Geduld gelernt, von Haschischsüchtigen Mäßigkeit und von einem blinden Jungen spirituelle Freude. Dankbar für alles, was ich in dieser Stadt gelernt hatte, nahm ich Abschied.

11

Zusammen mit den anderen Fahrgästen zwängte ich mich in einen Bus nach Kabul. Zwei hölzerne Bänke, die der Länge nach durch den Bus verliefen, dienten als Sitzgelegenheiten. In der Mitte schlugen Dutzende von laut gackernden Hühnern mit ihren Flügeln und verteilten ihre Federn in der Luft. Hähne taten es ihnen gleich und krähten mit hoch geschwollener Brust. Ziegen schnüffelten auf der Suche nach etwas Essbarem herum und einige Schafe scharten sich, wild blökend, um ihren Besitzer. Die Tiere brachten Fliegenschwärme und andere exotische Insekten mit sich. Eine gesellige Ziege starrte mir, als ob sie um Almosen flehte, direkt in die Augen. Dann begann sie mit großer Begeisterung an meinem Hosenaufschlag zu kauen. Dieser schien anscheinend sehr köstlich zu sein, da eine andere Ziege es ihr schon bald gleichtat und anfing, sich an meinem anderen Hosenaufschlag gütlich zu tun. Währenddessen sprang ein Huhn auf meinen Schoss und pickte auf meinen Oberschenkeln herum.

Diese Art fahrbarer Bauernhof war etwas ganz Alltägliches für die Mitreisenden, die mich anstarrten, aber auch anlächelten. Möglicherweise erlebten sie auch eine Art Kulturschock, wenn sie ein so merkwürdiges Geschöpf wie mich, in grauen Nadelstreifenjeans, meinem grauen Rollkragenpullover und langem gewellten Haar sahen. Der Bus hielt an und alle menschlichen Passagiere strömten hinaus in die Wüste, um ihre Gebetsteppiche auszulegen und Gebete in Richtung der heiligen Stadt Mekka darzubringen. Nur die Tiere und ich blieben im Bus zurück.

Ich hatte einmal gelesen, dass Menschen ohne einen spirituellen Weg nichts weiter als zweibeinige Tiere seien. Obwohl ich viele verschiedene Religionen kennengelernt und erforscht hatte, fühlte ich, dass ich trotzdem noch keinen eindeutigen Weg für mich selbst gefunden hatte. Während die frommen Muslime draußen beteten, spürte ich, dass ich zu meinen Gefährten im Bus gehörte.

Kabul, die Hauptstadt des Mogul-Reiches, war einst eine wunderschöne Stadt. Dieser Ort lag auf einem Gebirgsplateau und war von schneebedeckten Berggipfeln umgeben; mir war nur bekannt, dass Kabul Afghanistans Hauptstadt und somit die wichtigste Stadt des Landes war. Hier traf ich wieder mit Jeff und Ramsey zusammen. Sie hielten sich bereits seit ungefähr einer Woche in Kabul auf und wollten endlich die Reise entlang der berühmten Grand Trunk Road nach Indien fortsetzen. Wir planten, über den Khyber-Pass zusammen nach Pakistan zu reisen. Eines Morgens brachen wir früh zum Busbahnhof auf und Jeff kaufte unsere Fahrkarten. Vor dem Einsteigen wurden jedoch alle Passagiere aufgefordert, ihre Papiere draußen vor dem Bus den Einwanderungsbeamten vorzuzeigen. Jeff und Ramsey standen vor mir in der Reihe. Nachdem sie die Formalitäten durchlaufen hatten, stiegen sie in den Bus. Aber als ich an der Reihe war, kam es zu einem Missverständnis. Ein Beamter entriss mir den Pass und zerrte mich in das Büro der Einwanderungsbehörde. Zu meinem Entsetzen ließ der Busfahrer draußen den Motor aufheulen und brauste auf und davon – und meine Fahrkarte mit ihm. Jeff und Ramsey hatten sie mit in den Bus genommen und nicht bemerkt, dass ich zurückgelassen worden war. Wie sich herausstellte, hatte ein anderer Einwanderungsbeamter irrtümlicherweise das falsche Abreisedatum eingetragen. Nachdem sie ihren Fehler erkannt hatten, ließen sie mich gehen.

Ich saß allein und mittellos in Kabul fest und fragte mich, was ich als Nächstes tun sollte. Es war unvorstellbar, allein über den Khyber-Pass zu trampen, denn der Pass galt als einer der gesetzlosesten Landstriche der Erde. Auf meiner Reise waren mir erschreckende Geschichten über dieses Grenzgebiet zwischen Afghanistan und Pakistan zu Ohren gekommen. Geschichten über unheilvolle Felsabgründe und kriegerische Stämme, die sich keinem Gesetz unterstellten. Wie die Bewohner des Wilden Westens in Amerika bereinigten sie Streitigkeiten mit geladenen Gewehren und Schießereien. Raub und Mord standen auf der Tagesordnung und waren aus ihrem Leben nicht wegzudenken. Ich hatte Geschichten über Reisebusse gehört, die mit Waffengewalt gestoppt worden waren und deren Reisende ausgeraubt und manchmal sogar getötet worden waren. Ich hatte auch gehört, dass die Busfirmen den Stammesführern Schutzgeld bezahlen mussten, damit ihre Busse vor solch gewalttätigen Übergriffen verschont blieben. Ich konnte nicht einschätzen, inwiefern diese Schilderungen der Wahrheit entsprachen, aber zweifellos war dies nicht der Ort, um es selbst herauszufinden. Was sollte ich jetzt tun? Ich besaß kein Geld, um eine neue Busfahrkarte zu kaufen. Ich lief allein durch die Straßen von Kabul und grübelte über mein Schicksal nach.

Auf diese Weise verging der Tag. Mit der Nacht kam die eisige Kälte. Ich hatte keine warme Kleidung und keinen Ort, wo ich unterkommen konnte. Der Vollmond glich einem Eisblock. Ich setzte mich zitternd an den Rand einer verlassenen Straße, schloss meine Augen in Meditation, führte meine Mundharmonika an die Lippen und begann ein Lied zu spielen, das aus den Tiefen meines Herzen strömte. Als ich einige Zeit später meine Augen wieder öffnete, stand eine attraktive junge Frau vor mir. Ihr dunkelblondes Haar wehte im kalten Wind. Sie schaute mich voller Mitleid an. „Frierst du hier nicht mitten in der Nacht ohne vernünftige Kleidung?“, fragte sie. Sie zitterte, als sie mich mit funkelnden blauen Augen ansah, und ich erzählte ihr, was mir widerfahren war.

„Ich komme aus Holland“, antwortete sie sanft, „aber ich lebe seit mehreren Jahren in Kabul. Wenn du magst, kannst du mit zu mir nach Hause kommen und dich heute Nacht wärmen.“ Dankbar folgte ich ihr.

Von der eisigen Straße draußen führte sie mich durch eine Tür in einen warmen, schönen Raum. Er war mit goldenen und grünen Vorhängen geschmückt und mit einem weißen Sofa und einem geschmackvollen Esstisch und Stühlen ausgestattet. Sie lud mich ein, auf dem weichen Sofa Platz zu nehmen. Etwas Derartiges hatte ich seit meiner Abreise aus dem Hause meiner Familie in Highland Park nicht mehr erlebt und das schien schon eine Ewigkeit her zu sein. Die holländische Frau lud mich zum Abendessen ein, zu dem sie warmes Brot mit Butter, gebackenes Gemüse und Schokoladenkuchen als Nachtisch servierte. Ich dachte schon, dass es vielleicht ein heimlicher Segen gewesen sei, dass ich den Bus verpasst hatte.

Nach einer zwanglosen Unterhaltung bat sie mich, schlafen zu gehen. „Du musst sicherlich furchtbar müde sein, nachdem du so lange in der Kälte gesessen hast.“ Sie führte mich quer durch den Raum zu zwei Betten. „Hier ist dein Bett. Ich werde in meinem Schlafzimmer schlafen.“

Plötzlich erschien aus einem anderen Raum ein Hüne von einem Mann. Meine Gastgeberin stellte ihn mir vor. „Das ist mein Leibwächter. Er ist ein afghanischer Krieger und mir völlig ergeben." Ich betrachtete diesen Giganten, der da vor mir stand. Er war ungefähr 1 Meter 90 groß und sein Körper glich einem Berg. An jedem Körperglied traten Muskeln wie Felsbrocken hervor. Seine langen, fettigen Haare waren schwarz wie Kohle und ein ungepflegter Bart bedeckte sein Gesicht. Ich setzte mich auf mein Bett und der afghanische Krieger ließ sich auf dem anderen nieder. Er schielte herüber und durchbohrte mich mit seinen pechschwarzen Augen. Mit einem langen knurrenden Gähnen reckte er seine Fäuste über den Kopf. Sein Körper verströmte einen penetranten Schweißgeruch. Meine Gastgeberin fuhr fort: „Er ist mein Beschützer. Ich habe schon gesehen, wie er den Schädel eines Mannes mit einem einzigen Faustschlag zermalmte. Du kannst jetzt schlafen." Sie durchquerte das Zimmer zu einem angrenzenden Raum. Bevor sie durch einen Perlenvorhang verschwand, schaltete sie das Licht aus und sagte: „Ich gehe jetzt in mein Schlafzimmer."

Der afghanische Krieger war mein Zimmergenosse und seltsamerweise fühlte ich mich mit ihm an meiner Seite sicher. Das Haus war so warm und gemütlich, dass ich dachte, ich hätte wirklich Glück gehabt, als ich meinen müden Körper ins Bett niederlegte. Wie würde ich die eisige Nacht überlebt haben, wenn diese freundliche Frau nicht Mitleid mit mir gehabt hätte? Ich zog die weiche Decke nach oben und genoss das Gefühl, als ich so in den Schlaf sank.

Einige Minuten später erwachte ich wieder, als meine Gastgeberin den Perlenvorhang, der unsere Räume trennte, teilte. Alles was sie trug, war ein transparentes Seidennachthemd. Räucherstäbchen brannten und im Hintergrund lief sanfte Musik. Sie trat an mein Bett heran und hauchte süße Worte in mein Ohr. „Du bist so jung und schön." Ihre Augen waren glasig vor Leidenschaft. Sie ließ ihr Nachtkleid fallen und präsentierte mir ihren nackten Körper. Dann schlang sie ihre Arme um mich und legte ihren parfümierten Körper auf mich. Verwirrt kämpfte ich darum, mich auf das Ziel meiner Reise zu konzentrieren.

„Es tut mir leid, aber ich möchte das nicht. Bitte lassen Sie mich schlafen", bat ich nachdrücklich. Sie ließ sich jedoch nicht abbringen und versuchte unverzagt, weiter auf verschiedene Art und Weise die Leidenschaft in mir zu erwecken. „Lassen Sie mich bitte in Ruhe", war alles, was ich sagen konnte. Gepeinigt lag ich da, wie ein toter, kalter Fisch.

In einem Rausch der Leidenschaft flüsterte sie mir ins Ohr: „Wenn du meinem Verlangen nicht nachkommst, wird mein Leibwächter dir den Schädel einschlagen. Du kannst nicht entfliehen."

Von mir zurückgewiesen rief sie nach seiner Hilfe. Der Krieger sprang von seinem Bett auf, machte einen Satz durch den Raum und baute sich über uns auf. „Gib nach, gib schon nach oder du bist ein toter Mann", knurrte er.

In meinem Kopf drehte sich alles. Während meine Verführerin mit ihren Bemühungen, mich zu bezwingen, fortfuhr, lag ich zitternd unter ihr. Unterdessen thronte der afghanische Krieger über uns. Er riss heftig an meinen Haaren und brüllte: „Gib nach oder stirb. Gib nach oder stirb." Seine Worte hallten wie Bomben in meinem Kopf wider. Fragen schossen mir durch den Kopf. War das ein Albtraum? Blieb mir nichts anderes übrig, als mich ihr zu ergeben oder zu sterben? Warum passierte mir das?

Blitzschnell wälzte ich mit meiner ganzen Kraft die Frau von mir, ergriff meinen Beutel und meine Schuhe und rannte zur Tür und ließ meinen Schlafsack einfach zurück. Sie schrie aus Leibeskräften. Der Leibwächter brüllte und stürzte los, um mich wieder einzufangen, aber ich entwischte ihm. Mit aller Macht brach ich durch die Tür und stürzte auf die Straße hinaus. Der Krieger war knapp hinter mir. Kochend vor Wut heulte er auf. Die Vorstellung davon, wie seine gigantische Faust meinen zerbrechlichen Schädel zerschmetterte, erfüllte mich mit Angst und Schrecken und ich rannte, so schnell ich konnte, ohne mich auch nur einmal umzublicken. Ich lief und lief und lief. Irgendwie entkam ich.

Wieder einmal war ich mitten in der Nacht auf mich allein gestellt und hatte keinen Ort, wo ich unterkommen konnte. Während ich durch die verlassenen Straßen von Kabul lief, realisierte ich, dass die eiskalte Nacht, vor der ich mich zuvor gefürchtet hatte, mir jetzt Zuflucht bot. Der eisige Mond, der mich bis auf die Knochen hatte frösteln lassen, strahlte eine Wärme aus, die meinen müden Geist nährte. Ungebunden und ohne eine bestimmte Richtung im Sinn lief ich umher. Ich war frei. Ich blickte hinauf zu den Sternen und sann über die Macht der Leidenschaft nach. Sexualität kann ein Geschenk Gottes sein, aber wenn sie zur Besessenheit wird, beraubt sie die Menschen aller Intelligenz. Dann begehen sie abscheuliche Taten, nur um die eigene Lust befriedigen zu können. Und wenn die Leidenschaft enttäuscht wird, büßen die Menschen all ihre Vernunft ein. Ich dachte über die Tatsache nach, dass es im Laufe der Geschichte schon immer Heilige in allen Traditionen gegeben hatte, die wunderbare Kinder großgezogen und Sexualität als heiliges Opfer genutzt hatten. Dann fragte ich mich aber, warum gleichzeitig auch immer wieder viele Heilige das Gelübde der Ehelosigkeit auf sich genommen hatten. Je mehr ich darüber nachdachte, desto mehr versuchte ich, diese Frage auch für mich selbst zu klären. Möglicherweise war diesen Menschen bewusst geworden, dass die Anziehung des anderen Geschlechts für sie eine Ablenkung von ihrer ausschließlichen Hingabe zu Gott darstellte. Vielleicht waren sie fest entschlossen, diese machtvolle Energie in Richtung Gebet und Hingabe zu lenken. Möglicherweise war es das, wonach auch ich suchte. In der Tat würde das erklären, warum ich in Italien Irene abgelehnt hatte. *Liebe bedeutet, das Herz hinzugeben,* dachte ich bei mir. *Reine Liebe muss selbstlos und frei von selbstsüchtigen Motiven sein.* Während der Vollmond hoch über Kabul aufstieg und die Berge mit seinen Strahlen erhellte, formte sich in meinem Herzen der Entschluss, für den Rest meines Lebens zölibatär zu bleiben. Als ich so vom bitterkalten Wind umarmt wurde, betete ich zu Gott, er möge mir helfen, mein Gelübde einhalten zu können.

Als die Sonne über den malerischen Bergen von Kabul aufging, beeilte ich mich, zum Busbahnhof zu kommen, und fragte mich, was die Zukunft für mich wohl bereithielt. Zu meiner großen Erleichterung hatte Jeff meine Fahrkarte dem Busfahrer auf dessen Rückweg nach Kabul mitgegeben und sogar ein wenig Geld beigelegt. Bevor ich den Bus bestieg, drehte ich mich noch einmal um, um einen letzten Blick auf die Stadt Kabul zu werfen. Auf dieser Gebirgshochebene von Afghanistan hatte ich einen bedeutenden Schritt auf meiner inneren Reise zur Erleuchtung unternommen. Ich hatte darum gebetet, ein schwieriges Gelübde auf mich zu nehmen, und ich war fest entschlossen, es zu einhalten. Dafür war ich zutiefst dankbar.

Durch mein Fenster blickte ich auf steil abfallende Felsen in einer trostlosen Einöde. An den Hängen plagten sich arme Bauern ab, dem kargen Boden ein wenig Getreide abzutrotzen. Diese Menschen am Khyber-Pass waren von den zerklüfteten Wüstenbergen in ihrer eigenen Welt geradezu eingeschlossen. Die Einheimischen trugen zum Schutz Gewehre über der Schulter und einige hatten sich Patronengürtel über die Brust geschlungen. Als der Bus die Straße entlang holperte, kamen wir an Munitionsfabriken vorbei, in denen primitive Gewehre hergestellt wurden, die für jeden erschwinglich waren. In einiger Entfernung sah ich lange Karawanen von Kamelen mit schweren Lasten auf dem Rücken die staubigen Wege entlang ziehen.

Der Bus holperte und ratterte über Schlaglöcher hinweg und kämpfte sich den Khyber-Pass entlang vorwärts. Als ich so aus dem Fenster schaute, konnte ich mir lebhaft vorstellen, wie Alexander der Große auf seinem Eroberungsfeldzug nach Indien im 4. Jahrhundert vor Christus hier durchgezogen war. Auch kamen mir die blutigen Mongolenüberfälle Dschingis Khans im 13. Jahrhundert in den Sinn und die riesigen Armeen der Mogulen, die, angeführt von ihren Kaisern, hier durchgezogen waren, um den Subkontinent zu erobern und auszuplündern. Ich musste auch an die britischen Soldaten denken, die hier von den Stammesangehörigen niedergemetzelt worden waren. Seit vielen Generationen gehörten Blutvergießen und Tod zum Alltag der dort lebenden paschtunischen Stämme.

Obgleich der Tribut, den der Kampf ums Überleben von den Stammesmitgliedern forderte, sich auf ihren Gesichtern abzeichnete, waren sie dennoch auch von einer Art herber Schönheit geprägt.

Ich dachte an all die schauderhaften Geschichten, die über sie erzählt wurden, und fühlte mich nunmehr froh, diesen Leuten meinen Respekt zu zollen – wenngleich auch nur durch das Busfenster.

Am Abend setzte uns der Bus in Peshawar in Pakistan ab. Meine Neugier führte mich zu einer stillen, alten Frau, die in einen schwarzen Schleier gehüllt war und auf dem Gehweg saß. Sie hatte ein Stück Sackleinen vor sich ausgebreitet, auf dem sie eine Vielzahl von billigen Schmuckstücken zur Schau stellte. Ich trat näher heran, um zu sehen, was diese großmütterliche Seele anbot.

Schlagringe. Sie verkaufte Schlagringe.

Diese grausamen Waffen, die dicht mit messerscharfen Metallstacheln besetzt und so konzipiert waren, dass sie ins Fleisch eindrangen und es beim Herausziehen auseinanderrissen, waren mit Halbedelsteinen verziert. Sie hieß mich, auf einen versteckten Knopf auf dem Schlagring drücken, und als ich dies tat – *zisch* – sprang eine Klinge heraus. Mir war schwindlig. Die alte Frau gab nicht so schnell auf und wollte mit mir feilschen, aber ich ging höflich meines Weges.

Indien war jetzt nur noch ein Land entfernt. Ich setzte ungeduldig meine Reise über Land zur historischen Stadt Lahore fort, um dort mein indisches Visum in Empfang zu nehmen. Unterwegs traf ich einige liebenswerte Menschen, die sich sehr viel Mühe gaben, damit ich mich in Pakistan wie zu Hause fühlte. Sie boten mir zu Essen an und nahmen mich in Lastwagen oder Bussen mit. Eines Morgens stand ich schon früh vor der indischen Botschaft in Lahore und wartete. Große Falken kreisten über mir am wolkenlosen Himmel. Als sich schließlich die Türen der Botschaft öffneten, trat ich ein und überreichte dem Beamten schüchtern meinen Pass. Als er ihn abstempelte, jubelte mein Herz. Es kam mir vor, als hielte ich ein Visum für das Reich Gottes in den Händen. Indien war jetzt zum Greifen nahe. Das Land der Yogis, Lamas und Heiligen erwartete mich.

12

Die Sonne schien hell und klar in der frischen Winterluft. Ich war bei Sonnenaufgang in Lahore aufgebrochen und hatte zu Fuß und trampend fünfundfünfzig Kilometer auf einer einspurigen Schotterstraße zurückgelegt, die sich ihren Weg durch ein Meer von Weizen, Baumwolle und gelb blühenden Senffeldern bahnte. Akazien säumten den Straßenrand und ragten manchmal vereinzelt zwischen den Feldern als Markierungen empor. Ansonsten waren Bäume äußerst rar. Noch spärlicher war jedoch der Verkehr auf dieser Straße. Die wenigen Fahrzeuge, die gelegentlich vorbeifuhren, waren für mich ebenso aufregend wie die traditionellen Turbane und Gewänder der Menschen, die in ihnen saßen. Klapprige Lastwagen rumpelten vorbei, die so grell und aufwendig bemalt waren wie die psychedelische Limousine eines reichen Rockstars. Gelegentlich rumpelte ein Ochsenkarren vorbei, der mit Heu ausgekleidet war und auf dem sich Weizen auftürmte und zudem noch das Vieh und die ganze Familie Platz hatten. Mithilfe solcher Transportmittel, aber auch über weite Strecken zu Fuß, erreichte ich schließlich den Grenzübergang Hussainiwala nach Nordindien.

Als ich mich den Beamten der Einwanderungsbehörde näherte, zersprang mir das mein Herz schier vor Vorfreude. Es kam mir so vor, als sei ich auf dieser sechsmonatigen Reise durch Europa und den Nahen Osten um dreißig Jahre gealtert. Aber ich verstand auch, dass die Prüfungen, die ich zu bestehen hatte, notwendig waren, damit ich nun geläutert in das heilige Indien eingelassen werden konnte. Jetzt war ich so nah, nur noch wenige Schritte entfernt.

Nur eine korpulente Grenzbeamtin, die allein an ihrem Schreibtisch saß, trennte mich noch von meiner Bestimmung. Sie saß in graubrauner Militärkleidung unter der Sonne des Punjabs. Ihr strenger Blick war alles andere als einladend. Staubbedeckt stand ich voller Hoffnung vor ihr. Ich reichte ihr meinen Pass. Auf beiden Seiten neben ihr standen Spezialeinheiten der indischen Grenzsicherheit mit Gewehren über der Schulter. Während sie jede einzelne Seite des Dokuments einer genauen Überprüfung unterzog, trugen mich meine Gedanken zu jenem Moment auf dem Berggipfel in Kreta zurück, der meine Füße veranlasst hatte, meinem Herz nach Indien zu folgen. Etwas war mit mir auf diesem Berggipfel geschehen. Einige Leute – dessen war mir bewusst – würden das schlichtweg als eine Geistesverwirrung abtun, die durch stundenlanges Beten in der Abgeschiedenheit hervorgerufen worden war, oder als eine Art von Halluzination, die durch Fasten ausgelöst worden war. Aber ich hatte gespürt, dass Gott in meinem Herzen erschienen war, und ich hatte seine Worte laut und deutlich vernommen: „Geh nach Indien.“ Von diesem Augenblick an war ich davon überzeugt, dass der Herr mich zu sich nach Indien rief.

Drei Monate waren vergangen und ich hatte über 4800 Kilometer auf meiner Reise durch den Mittleren Osten zurückgelegt. Jede Sekunde war anders verlaufen, als ich es mir vorgestellt hatte, denn ich war ja nur ein Junge, der die Welt bislang so betrachtet hatte, wie es ihm durch die schlecht sitzenden Brillengläser aus dem amerikanischen Vorstadtmilieu möglich war. Und mit jedem Kilometer sehnte sich mein Herz mehr nach der heiligen Erde Indiens und einer Begegnung mit dem Göttlichen, ohne die ich mir mein Leben nicht mehr vorstellen konnte.

Ich sehnte mich so sehr danach, nach Indien zu kommen. Dort könnte dann mein innigster Herzenswunsch Wirklichkeit werden. Mein Herz und meine Seele weilten bereits bei den Yogis in ihren Ashrams auf den Berggipfeln des Himalaja. Seit Monaten hatte ich unvorstellbare Hindernisse bewältigt und immer vorwärtsgedrängt, um endlich zu ihnen zu gelangen. Nur einen Schritt von meinem Ziel entfernt stand ich nun wartend vor der Grenzwache, die meine Einreisepapiere nach Indien in der Hand hielt und die bürokratische Prozedur in Angriff nahm.

Nachdem sie meinen Pass einige Minuten lang eingehend überprüft hatte, blickte sie mit ausdruckslosem Gesicht auf. „Zeig mir, wie viel Geld du dabei hast.“

Während ich nervös in meinem Stoffbeutel kramte, beugte sie sich in ihrem Stuhl nach vorn. Ein paar Münzen waren alles, was ich vorweisen konnte.

Ihr Gesicht verfinsterte sich. „Du brauchst mindestens zweihundert Dollar für die Einreise." Sie lehnte sich zurück, verschränkte ihre uniformierten Arme über der Brust und musterte mich mit Misstrauen. „Wo ist dein Geld?"

Ich blickte zu Boden und stammelte: „Das ist alles, was ich gerade besitze."

„Dann kannst du nicht über die Grenze." Sie knallte den Pass auf den Tisch, der nun wie eine Mauer zwischen uns stand. „Geh in dein eigenes Land zurück."

Ihre Worte waren wie Pfeile, die mein Herz durchbohrten. „Aber ich bin monatelang über Land gereist und habe mein Leben riskiert, um Ihr Land besuchen zu können. Mein brennendster Wunsch ist es, alles über die Religionen Ihres Landes von den Heiligen dort zu lernen." Wie aus weiter Ferne hörte ich meine Stimme sie anflehen. „Ich habe die Annehmlichkeiten eines amerikanischen Zuhauses aus Liebe für Indien aufgegeben. Bitte, geben Sie mir eine Chance."

Jetzt starrte sie mich zornig an. „Wir haben bereits genug Bettler in Indien. Wir brauchen nicht noch einen." Sie gab einem Wachposten ein Zeichen und er hob sein Gewehr. „Du wirst nicht nach Indien einreisen. Du bist abgewiesen. Geh jetzt dahin zurück, wo du hergekommen bist."

„Aber …"

„Das ist mein letztes Wort. Keine weitere Diskussion." Sie stand vom Tisch auf, drehte mir den Rücken zu und marschierte hinüber zu einer kleinen Kaserne.

Ich lief ihr hinterher und versuchte sie umzustimmen, aber sie ließ mich draußen vor der Tür stehen. Ihr abschließendes Urteil: „Du kannst nicht nach Indien einreisen", zerriss mir das Herz. Ihre Mitarbeiter, die bis zu diesem Moment unbeweglich und teilnahmslos waren, hoben nach der Bekanntgabe ihres Beschlusses plötzlich ihre Gewehre und befahlen mir, augenblicklich zu verschwinden. Erschüttert ging ich die Straße zurück und ließ mich in einiger Entfernung unter einem großen Neem-Baum nieder. Während ich in den Punjab hinüberschaute und auf die flache, grüne Landschaft starrte, drehte sich mir alles im Kopf. Wohin sollte ich jetzt gehen? Was sollte ich jetzt tun?

Ich weiß nicht, wie lange ich dort wie benommen saß. Aber als mein

Bewusstsein meine Umgebung wieder wahrnahm, stand für mich fest, dass ich nicht umkehren würde. Wenn diese Grenzbeamtin mir keinen Einlass in das Wunschland meines Herzens gewähren würde, dann, so beschloss ich, würde ich im Staub unter diesem Baum verharren. Niemals hätte ich mir träumen lassen, dass mir die Einreise nach Indien verwehrt werden würde.

Da ich gar nicht über die politische Lage informiert war, konnte ich natürlich nicht wissen, dass Indien und Pakistan kurz davor standen, einen dritten Krieg seit der Teilung Indiens gegeneinander zu führen. Wie hätte ich ahnen können, dass ein Jahr später, im Dezember 1971, entlang dieser Grenze, an der ich mich jetzt befand, ein blutiger Krieg ausbrechen würde? Niemand hatte mich davor gewarnt, dass ich mich an eine der konfliktträchtigsten Grenzen der Welt gewagt hatte, deren schlechter Ruf nur vom Checkpoint Charlie in Berlin übertroffen wurde. In Hussainiwala standen sich zwei angriffsbereite, gleich starke Armeen – eine in Pakistan und eine in Indien – entlang der Grenze gegenüber.

All das war mir an diesem sonnigen Winternachmittag, als ich mich die Straße in Richtung Pakistan zurückschleppte, nicht bekannt. Von meinem Platz auf dem staubigen Boden aus konnte ich meine frustrierte Gegenspielerin sehen, wie sie hinter dem Fenster ihrer kleinen Kaserne hin und her schritt. Erwartete sie etwa ein Bestechungsgeld von mir, einer Seele, von der sie irrtümlicherweise angenommen hatte, dass sie einfach wegen ihrer Geburt in einem westlichen Land und ihrer weißen Hautfarbe von Geld regiert würde? Hatte sie überhaupt eine Vorstellung davon, was ich alles durchgemacht hatte, um diesen einsamen Grenzposten zu erreichen? *Werde ich jemals nach Indien kommen?*, fragte ich mich. Konnte es wirklich sein, dass ich, nachdem ich den ganzen Weg von London bis hierher getrampt war, an der indischen Grenze wegen Geldmangels abgewiesen wurde? Ich fühlte mich wie ein Verbannter und meine Gedanken wanderten zu meinem besten Freund und Reisegefährten. Bei unserem Abschied hatte Gary auch wie ein Verbannter ausgesehen. Wo mochte er jetzt wohl sein? Was war aus ihm geworden? Hatte er es jemals nach Israel geschafft? Während ich im Staub dieser Punjab-Ebene saß und beobachtete, wie der Wind sanft durch ein blühendes Senffeld in der Nähe strich, vermisste ich meinen alten Freund.

Über Stunden verließ ich immer mal wieder den Platz unter meinem Baum und kehrte zur Grenze zurück, die Beamtin ignorierte mich jedoch jedes Mal. Letztendlich wusste ich mir keinen anderen Ausweg, als sie nochmals eindringlich zu bitten. Sie stampfte mit ihrem Militärstiefel auf den Boden. „Das übersteigt jetzt wirklich meine Geduld." Ihre Lippen zitterten, als sie mit ihrem kurzen, dicken Finger in meine Richtung zeigte. „Du bist abgewiesen. Verstanden? Das ist meine letzte Warnung. Belästige mich nicht noch einmal."

Ich kehrte zu meinem Baum zurück und verbrachte den Tag ganz aufgewühlt. Als die Sonne langsam unterging, beobachtete ich, dass ein Schichtwechsel am Einwanderungsschalter bevorstand. Ein älterer Mann war gekommen, um die Frau abzulösen. Er war ein hochgewachsener Sikh mit einem elegant gewickelten Turban, der von der gleichen tristen beigen Farbe war wie seine Militäruniform. Die Beamtin deutete auf mich und stellte sicher, dass er verstand, dass es mir nicht gestattet war, nach Indien einzureisen. Dann fuhr sie in einem Armee-Jeep davon.

Ich wusste nicht, was ich anderes hätte tun können, und so näherte ich mich demütig dem neuen Beamten und betete von ganzem Herzen. Ich reichte ihm meinen Pass und flehte ihn an. „Bitte lassen Sie mich in Ihr großartiges Land einreisen."

Mit einer gleichgültigen und desinteressierten Stimme sagte er: „Man hat mich schon davor gewarnt, dass du Ärger machst. Ich habe strikte Anweisungen, deine Einreise abzulehnen. Entweder du kannst nachweisen, dass du genügend Geld dabei hast, oder du gehst zurück."

Tränen traten in meine Augen, als ich ihm mein Leben und meine spirituelle Sehnsucht schilderte. „Ich habe alle Annehmlichkeiten eines Lebens in Amerika hinter mir gelassen, um nach den spirituellen Schätzen Indiens zu suchen. Ich habe mein Leben riskiert und bin den ganzen Weg von London getrampt, um Ihre Heimat zu erreichen. Ich sehne mich danach, den Weg zu Gott zu finden. Bitte kommen Sie mir entgegen. Ich verspreche, dass ich eines Tages etwas Gutes für die Menschen in Indien tun werde. Wirklich, mein Herr, ich werde Ihrem Volk helfen. Bitte geben Sie mir eine Chance."

Seine Augen füllten sich mit Tränen. „Gib mir deinen Pass." Das Tageslicht verblasste schon allmählich, als er meinen Pass durchblätterte.

Dann blickte er mir in die Augen und sprach: „Manchmal muss ein Mensch seinem Herzen folgen. Ich glaube dir." Er nahm den Stempel an seinem Holzgriff vom Tisch und drückte das Gummisiegel auf ein Stempelkissen und genehmigte mit einem *Rums* meine rechtmäßige Einreise nach Indien.

„Fertig", sagte er, schlug den Pass zu und gab ihn mir zurück. Mit einem liebevollen Lächeln legte er seine Hand auf meinen Kopf. „Mein lieber Sohn, du hast meinen Segen. Mögest du die Wahrheit finden, nach der du dich so sehr sehnst. Willkommen in Indien."

II

Mutter Indien

1

Ich wanderte immer weiter landeinwärts, als mich plötzlich das Gefühl überwältigte, endlich am Ziel zu sein. Die Abenddämmerung setzte ein. In meinem Herzen umarmte ich jedes Blatt an den Bäumen, jeden Stern am Himmel und jede Pflanze auf den Feldern. Alles war so aufregend neu und dennoch ganz vertraut. Während es immer dunkler wurde, legte sich eine tiefe Ruhe über die grünen Felder, die sich bis zum fernen Horizont erstreckten. Nur die sanfte Stimmenkulisse der Vögel, Frösche und Grillen war zu hören. Ich wusste, dass ich diese mühselige Reise niemals allein bis zu diesem Punkt überlebt hätte. Durch die Gnade Gottes war ich zu Hause angekommen.

Ich ging noch ein Stück zu Fuß weiter, bis ich schließlich ein Auto anhielt. Der Fahrer begrüßte mich herzlich und nahm mich mit nach Ferozepore, einer Stadt im nordindischen Bundesstaat Punjab. Nach einer angenehmen Unterhaltung kamen wir am Bahnhof an, wo er mir eine Fahrt nach Alt-Delhi anbot. Während meiner gesamten Reise war ich nicht ein einziges Mal mit dem Zug gefahren. Ich fuhr gewöhnlich per Anhalter oder auf der Ladefläche eines Lastwagens, in klapprigen Bussen, auf überladenen Fährbooten und einmal ritt ich sogar auf einem Kamel. Jetzt wurde mir eine Zugfahrt angeboten. Wie konnte ich das ablehnen? Ich freute mich auf eine erholsame Fahrt, während ich mit meinem neuen Freund den Bahnsteig entlangschlenderte.

Auf dem Bahnsteig schoben Verkäufer ihren Handwagen auf und ab, vollgepackt mit ganzen Mahlzeiten, Snacks, Früchten, Plätzchen, Souvenirs, Zeitschriften, Arzneien, Tee und Kleidung. Speisen, wie ich sie noch nie zuvor gesehen hatte, wurden direkt auf dem Verkaufswagen zubereitet. Jemand frittierte in einer Wanne mit heißem Öl Gemüsestücke, die in einen dickflüssigen, gelben Backteig eingetaucht wurden. Auf einem anderen Wagen wurden flache Teigfladen in siedend heißes Öl geworfen und gingen sofort auf wie ein Ballon. In der Nähe brannte ein

Holzfeuer unter einem mit Sand gefüllten, eisernen Wok. Der Koch röstete unter Rühren Erdnüsse. Der Geruch von scharfen, in Speiseöl angebratenen Gewürzen vermischte sich auf seltsame Weise mit Dieselschwaden und Räucherwerk.

Hunderte von Leuten unterhielten sich lautstark, als sie gemeinsam auf den nächsten Zug warteten. Viele Familien saßen einfach entlang der Gleise auf dem Boden und verkürzten sich die Zeit mit einem Picknick. Träger balancierten schwere Gepäckstücke auf dem Kopf, wobei nur ein kleines Stück roter Stoff ihren Schädel von der schweren Last trennte. Bettler baten um Almosen, indem sie ihre Missbildungen zur Schau stellten. Manche waren blind oder gelähmt, einigen fehlten Arme oder Beine, andere hatten Verbrennungen im Gesicht oder verstümmelte Gliedmaßen. Ein Mann, der an Lepra litt, bettelte, indem er anderen Menschen seine absterbenden Finger ins Gesicht hielt. Mütter, die nur in paar Lumpen gehüllt waren, trugen Babys auf dem Arm, denen eine eitrige Flüssigkeit aus dem Auge tropfte, um das sich viele Fliegen tummelten. All die notleidenden Menschen gingen von einer Person zur nächsten. Von oben dröhnten pausenlos Durchsagen aus der Lautsprecheranlage, und der Boden des Bahnsteigs war mit unzähligen Spuckflecken übersät. Trotz des Lärms und Stimmengewirrs lagen Dutzende von Menschen bei all dem Treiben friedlich schlafend auf dem Boden.

Als über die plärrende Anlage die Ankunft unseres Zuges angekündigt wurde, standen plötzlich alle Reisenden auf. Die Pfeife ertönte. Schwarzer Rauch stieg aus dem Schornstein der Lok und der Dampf zischte. Als sich die Lokomotive dem Bahnsteig näherte, setzten sich plötzlich Hunderte von Menschen in Bewegung und rannten, so schnell sie konnten, neben dem einfahrenden Zug her. Auch mein Begleiter rannte, so schnell er konnte. „Komm mit!“, schrie er mir zu. Als sich der Zug soweit verlangsamt hatte, dass man aufspringen konnte, versuchte plötzlich jeder, über die Fenster hineinzugelangen. Mein Freund erhöhte sein Tempo, schleuderte seine Tasche in eines der Fenster und sprang gleich hinterher. Ich rannte, so schnell ich konnte. Aus dem Inneren des Zuges schrie er mir zu: „Spring jetzt, sonst ist es zu spät!“ In das Fenster eines fahrenden Zuges zu springen erschien mir unglaublich gefährlich – aber jeder tat es. Schließlich, nachdem ein paar Waggons vorbeigefahren waren, machte ich einen Riesensprung und umklammerte eine Fensterleiste. Aber ich konnte mich nicht richtig festhalten. Ich blickte nach unten und schrie. Die riesigen Räder donnerten über das Gleis unter mir. Ich fühlte mich so schwach. Reichlich verwirrt gelang es mir unter großer Anstrengung, mich irgendwie nach oben zu ziehen und mich durch das Fenster in den fahrenden Zug zu zwängen. Innerhalb von Sekunden kletterten noch zwei weitere Personen hinter mir herein.

In dem immer noch fahrenden Zug schaute ich mich um und sah, dass auch durch alle anderen Fenster Menschen ins Abteil gelangten. Als der Zug schließlich anhielt, war jedes Abteil so überfüllt, dass nicht auch nur ein einziger Fahrgast noch hineingepasst hätte. Die Frage nach einem Sitzplatz stellte sich erst gar nicht. An der Wand hing ein Schild mit der Aufschrift „Höchstens 60 Passagiere". Die Menge war kaum überschaubar, aber ich schätze, dass ungefähr 200 Menschen eng aneinandergepresst um mich herumstanden. Für einen Kontrolleur wäre es ein Ding der Unmöglichkeit gewesen, hier Fahrkarten zu entwerten. Mein Begleiter war in ein anderes Abteil einige Waggons vor mir gesprungen, und ich sah ihn nie wieder.

Jeder fuhr umsonst mit. Wie ich später herausfand, war das einfach das übliche System für Dritte-Klasse-Abteile bei *Indian Railways*. Das Ganze hatte seinen Preis – der sich allerdings nicht in Rupien bemessen ließ. Im Innern des Zuges drückte und drängelte sich die Menge, und trotzdem herrschte eine überraschend friedliche Atmosphäre. Das war für die Inder schließlich auch nichts Ungewöhnliches. Als der Zug wieder losfuhr, hingen die Leute immer noch durch Fenster und Türen halb draußen, schienen dabei jedoch ziemlich gelassen. Ich schaute nach oben zu den Metallstegen, die als Ablage für Gepäckstücke vorgesehen waren. Dutzende von Menschen hatten sich dort auf die Gepäckablage gequetscht. Ich entdeckte, dass da oben noch ein wenig Platz frei war und kletterte hinauf. Irgendwie schaffte ich es, mich so klein zu machen, dass ich zusammen mit den anderen darauf passte. Im Schutz der Gepäckablage blickte ich auf die dicht gedrängte Menschenmenge herab und fühlte mich, als würde ich erster Klasse reisen. Ich war außer mir vor Freude, endlich in Indien zu sein.

Die alte Dampflok zischte und pfiff die ganze Nacht hindurch, bis sie im Morgengrauen schließlich in den Bahnhof von Alt-Delhi einfuhr. Ich stieg aus und spazierte ziellos den Bahnsteig entlang, da ich nicht wusste, wo ich hingehen sollte.

Plötzlich rief jemand meinen Namen. „Monk, Monk! Ich kann's nicht fassen, dass du's bist." Ich drehte mich um und sah zwei Franzosen, die ich vorher in der Schweiz getroffen hatte. Wir hatten am Ufer des Genfer Sees über *Das Tibetanische Totenbuch* gesprochen. Nach einem freudigen Wiedersehen luden sie mich ein, bei ihnen zu duschen und unterzukommen. Wir erreichten mit der Rikscha das *New Crown Hotel*, eine billige Bleibe für Reisende. Ich duschte mich und ruhte mich auf dem Boden der Veranda aus, bis mir ein langer, haariger Schwanz ins Gesicht wedelte und meinen Schlaf unterbrach. Ich öffnete die Augen und sah einen braunen Affen neben mir sitzen. Aus seinem rosafarbenen Gesicht fixierten mich zwei grüne Augen. Ich schaute nach hinten. Ich hätte nie gedacht, dass wilde Affen in einer Großstadt frei herumstreunen könnten. Ich sah noch zwanzig oder dreißig weitere Affen, die von Dach zu Dach sprangen und spielten oder nach Essbarem Ausschau hielten. Im Erdgeschoss öffneten Ladenbesitzer gerade ihre Geschäfte. Sie benutzen Stöcke, um die Plagegeister zu verscheuchen.

Mein Aufenthalt bei den Franzosen war kurz, da sie nach Nepal aufbrachen. Ich verabschiedete mich, verließ das *New Crown Hotel* und trat auf die Straße hinaus.

Ich war voller Aufregung. Was würde mich auf meiner spirituellen Suche als Nächstes erwarten? Ich war gerade zwanzig geworden und Mutter Indien, mein lang ersehntes Ziel, lag mir nun zu Füßen. Direkt vor dem Hotel war der *Chandni Chowk*, ein Basar, auf dem großes Gedränge herrschte. Die Straße war von einer endlosen Reihe von Läden gesäumt. Musik dröhnte, überall brannten Räucherstäbchen und Affen tollten herum. Wo immer ich auch hinschaute, sah ich Saris in leuchtenden Farben, Turbane und bunte Dekorationen. Kinder spielten mit ihren Kricket-Schlägern, während Kühe anmutig an ihnen vorbeizogen. Nachdem ich Monate in Höhlen und der kargen Kultur des Mittleren Ostens verbracht hatte, erlebte ich diese Atmosphäre als ein Freudenfest des Lebens. Ich lief durch die überfüllten Straßen, schaute mir alles genau an und nahm auf, was ich konnte.

Plötzlich versperrte mir ein Mann den Weg und begrüßte mich mit einer wahren Flut von Fragen. „Wie heißt du? Aus welchem Land kommst du? Was machst du beruflich? Warum bist du nach Indien gekommen? Gefällt dir mein Land?“ Wir gingen nebeneinander her, während er meinen Antworten lauschte. „Hättest du vielleicht gern eine Erfrischung?“, fragte er.

„Gern“, antwortete ich erfreut.

Er führte mich weg von der belebten Straße zu einer leeren Bude, in der ein Mann mit freiem Oberkörper und einem kurzen Tuch um die Hüfte die Bestellung entgegennahm. Der Ladenbesitzer schnippte die selbst gedrehte Zigarette weg, die er gerade geraucht hatte, und nahm einen Block Harz und rieb ihn gegen eine Steinplatte, bis eine blasse, grüne Paste entstand. Mit seinem Zeigefinger schmierte er die Paste in ein Eisengefäß, mischte sie mit Wasser und schüttelte kräftig. Dann goss er die Zubereitung in ein Glas, warf noch ein paar Gewürze dazu, rührte das Ganze mit einem Löffel um und knallte es auf den Tisch. Ich sah zu meinem Gastgeber hinüber, der ein merkwürdiges Lächeln auf den Lippen hatte. „Trink“, sagte er, „das ist ein ganz natürliches Getränk, nicht alkoholisch und sehr gesund.“

Ich hatte schon über einen Tag lang nichts mehr gegessen oder getrunken und leerte das Glas. „Magst du noch ein Glas?“, fragte er. Ich nahm dankbar ein zweites Glas von dem grünen Gebräu an, und dann noch ein drittes und viertes. Es hatte einen beißenden Geschmack, der schwer einzuordnen war.

„Wie heißt dieses Getränk?“, wollte ich wissen.

Er lächelte immer noch und antwortete: „Bhang.“

Ich hatte dieses Wort noch nie zuvor gehört.

Er verabschiedete sich und ich ging weiter die belebte Straße entlang. Aus heiterem Himmel wurde ich explosionsartig in einen Rauschzustand versetzt. Seltsame Farben, Geräusche und unzählige Leute schienen um mich zu kreisen. Ich zitterte am ganzen Körper und litt unter kompletter Orientierungslosigkeit. Ich rempelte Leute an, ohne es zu wollen. Völlig paranoid dachte ich, dass alle nur mich anstarrten. Woher hätte ich auch wissen können, dass *Bhang* ein berauschendes Getränk war, dessen Inhaltsstoffe von der Cannabis-Pflanze gewonnen werden. Ich dachte, es sei harmlos und trank gleich vier Gläser, und das auch noch innerhalb sehr kurzer Zeit. Plötzlich erschrak ich, als mir klar wurde, dass ich unwissentlich mein Gelübde gebrochen hatte, nie wieder berauschende Mittel zu mir zu nehmen. Jetzt lief ich allein in diesem seltsamen, unangenehmen Zustand herum und kämpfte damit, wenigstens bis zum Ende der Straße zu gelangen, wo ich hoffte, der einschüchternden Menschenmenge entfliehen zu können. Die Straße schien nicht enden zu wollen. Hilflos stieß ich mit Menschen, Kühen, Schweinen und Rikschas zusammen.

Schließlich erreichte ich das Ende der Straße und starrte in meinem berauschten Zustand auf die massiven Steinwände, die das Rote Fort umgaben. Die gewaltigen Ausmaße dieses Bauwerks, das im 17. Jahrhundert dem Mogul-Kaiser Schah Jahan als königlicher Palast gedient hatte, waren überwältigend. An der Vorderseite war ein großer offener Platz, an dem sich eine Menschenmenge versammelt hatte. In meinem Delirium lief ich dorthin, um zu sehen, was los war. Da saß ein alter Mann mit weißem Turban und blies in die zwei Bambus-Blättchen eines exotischen Instruments. Es war einen halben Meter lang und aus trockenem Kürbis gefertigt. Dieser Schlangenbeschwörer spielte eine eindringliche Melodie auf seiner Flöte und taumelte dabei hin und her. Um ihn herum standen ungefähr ein Dutzend handgewebter Körbe mit Deckeln. Ein großer, bärtiger Mann in schwarzer Kleidung und rotem Turban öffnete einen Korb nach dem anderen. Die Menschen schnappten nach Luft. Als der Schlangenbeschwörer sein hypnotisierendes Lied spielte, kamen giftige Kobras hervor, die ihre furchterregenden Hauben ausbreiteten. Ihre gespaltenen Zungen schnellten aus ihren Mäulern. Sie wogen sich hin und her, als würden sie zur Musik tanzen. Dann öffnete der bärtige Mann weitere Körbe und brachte verschiedene Arten von Schlangen zum Vorschein, bis er schließlich eine riesige Schlange aus dem Korb hob, die etwa dreieinhalb Meter lang und acht Zentimeter dick war. Die Menge wich zurück.

Bevor ich auch nur den Mund aufmachen konnte, war er schon in meine Richtung losgestürmt und hatte mir die monströse Schlange um die Hüften gelegt. Langsam kroch die Schlange aufwärts, wand sich in kalten, kräftigen Bewegungen um meine Taille und Brust und presste meine Arme gegen meinen Rumpf. Ihr Gesicht war nur wenige Zentimeter von meinem entfernt und ich konnte praktisch ihren Atem fühlen und riechen. Ihre schlitzartigen Augen starrten in meine und sie züngelte hin und her. Mein Herz klopfte immer heftiger und meine Glieder zitterten, als die Schlange mich noch stärker zusammenpresste. Die Wirkung des berauschenden Bhang hatte immer noch nicht nachgelassen. Albtraumartige Halluzinationen, Schwindel und Paranoia überkamen mich. In der Zwischenzeit umringte mich eine wachsende Menge von Schaulustigen, die aber einen sicheren Abstand einhielten.

Plötzlich trat ein Mann aus der Menge hervor und fragte auf Englisch. „Wie heißen Sie, Sir? Aus welchem Land kommen Sie? Warum lassen Sie sich von dieser gefährlichen Schlange erdrücken?"

„Bitte helfen Sie mir", brachte ich mühsam hervor. Mein Peiniger verschärfte seinen Griff, sobald ich zu sprechen anfing. Es war geradezu so, als wolle die Schlange eifersüchtig meine ganze Aufmerksamkeit in Anspruch nehmen.

Der große bärtige Mann mit dem roten Turban kam herbei und starrte mir in die Augen, als sei ich ein ausländischer Eindringling. Er fuchtelte mit seinen Händen wie mit Waffen und schrie mich an: „Fünfzig Rupien, fünfzig Rupien!" Endlich erklärte mir jemand aus der Menge auf Englisch: „Er wird die Schlange nur dann wegnehmen, wenn Sie ihm fünfzig Rupien geben."

Angestrengt stieß ich hervor: „Aber ich habe keine Rupien."

Der Schaulustige warnte mich: „Dann wirst du wohl so ausharren müssen", und lief unbekümmert davon.

Ich wusste nicht, was ich tun sollte; ich fühlte mich gedemütigt und hatte Angst. Alle starrten mich an, einen seltsamen Ausländer, umschlungen von einer Schlange. Vielleicht dachten sie, dass dieser Teil zur Vorführung gehörte. Eine schmerzhafte halbe Stunde verging. Der Schlange lief bereits das Wasser im Munde zusammen und immer mal wieder starrte sie mir tief in die Augen. Die ganze Zeit über spielte der alte Schlangenbeschwörer sein hypnotisierendes Lied und die Kobras wogen sich hin und her.

Viele Gedanken gingen mir durch den Kopf und brannten sich in mein Bewusstsein ein. Es war erst mein erster Tag in Indien. Als ich die Zähne der Schlange sah, fragte ich mich, *ob das der Ort war, für den ich mein Leben riskiert hatte? Was würden meine Mutter und mein Vater denken, wenn sie ihren Sohn in diesem Zustand, so weit weg von zu Hause, sehen würden?* Da ich keinen anderen Ausweg sah, schloss ich die Augen und betete. *Wenn ich etwas in dieser Welt für dich tun kann, Herr, bitte hilf mir.* Als ich dieses einfache Gebet sprach, spürte ich einen kleinen Funken inneren Friedens.

Schließlich tauchte ein Mann aus der Menge auf, der in seinen faltigen Händen eine Gebetskette trug. Er hatte Mitleid mit mir, feilschte mit dem Schlangenmann und versuchte, ihn mit einer Spende von zehn Rupien dazu zu bewegen, mich freizulassen. Zu meiner Erleichterung chantete der Schlangenmann verschiedene Mantras, die die Schlange dazu bewogen, wieder zu ihm zurückzukriechen. Die Menge jubelte, als mich die Schlange freiließ. Ich dankte dem Spender und floh, so schnell ich konnte, auf die andere Straßenseite. Dort sah ich ein paar Männer auf Holzstühlen sitzen, die sich etwas in den Mund warfen, das für mich aussah wie rote Bonbons. Sie fragten mich, ob ich auch welche wolle. Ich war immer noch neugierig auf indische Bräuche und Essgewohnheiten und aß eines. Mein Mund brannte mörderisch. Ich war schweißgebadet und Tränen schossen mir aus den Augen. Ich griff nach einem Glas Wasser und trank, aber das hatte die Wirkung wie Kerosin auf Feuer – es verstärkte den Schmerz nur noch. Ich hatte gerade eine rote Chilischote gegessen, die erste, die ich je gesehen oder probiert hatte. Schon wieder versammelte sich eine Menge Schaulustiger um mich herum. Ich bedankte mich höflich bei den Männern und ging weiter. Ich dachte an das Sprichwort: „Des einen Freud, des anderen Leid." Dieses Sprichwort hatte sich für mich in Form einer feurigen Botschaft allzu spürbar manifestiert. Ich dachte an meine Erkenntnisse aus den Schriften des Judentums, des Christentums und des Islams und an das, was ich bislang über den Buddhismus und einige Philosophien Indiens gelernt hatte. Was der eine genießt, fühlt sich für den anderen sehr leidvoll an. Was wir von der Welt erfahren, ist relativ und abhängig von der Subjektivität unserer Erfahrungen. Ebenso offenbart sich Gott, der absolut ist, verschiedenen Menschen auf unterschiedliche Art und Weise. Mein Mund brannte immer noch. Ich verstand, dass es wohl sehr engstirnig wäre zu glauben, dass es nur einen einzigen Weg zu Gott gibt.

Es wurde Abend und die Wirkung des Bhang und der Chili ließ endlich nach. Ich ging zurück zur Chandni Chowk Road und schlenderte ziellos über den geschäftigen Basar. Wo sollte ich denn hingehen? Aus der Schar von Fußgängern tauchte plötzlich ein Mann auf, der mich mit einem herzlichen Lächeln begrüßte. Er war begeistert davon, dass ich von so weit hergekommen war, um seine Kultur kennenzulernen, und lud mich zum Abendessen in ein Restaurant ein, das gleich an der Straße lag. Wir setzten uns an einen Tisch im Freien, der nur ein paar Zentimeter von der Straße entfernt war. Als er mir gerade von den Gebräuchen seiner Familie erzählte, lief plötzlich eine weiße Kuh an uns vorbei, die ihrem Kälbchen gerade einen liebevollen Stups gab. Ihr Auftreten war so sanft, ihre Bewegungen so anmutig und ihre großen, schönen Augen so unschuldig, dass mein Herz dahinschmolz. Diese Mutter schien in jede einzelne Bewegung ihres Kindes vernarrt zu sein. Sie leckte ihr Junges zärtlich, während es ihre Milch saugte. Sie hatte sich nur ein paar Zentimeter von unserem Tisch entfernt hingelegt und spielte mit ihrem kleinen Kälbchen. In meinem ganzen Leben war ich noch nie einer Kuh so nah gewesen. Früher hatte ich manchmal Kühe auf fernen Weiden gesehen, wenn wir gerade einmal auf der Autobahn vorbeifuhren. Ich war erstaunt, wie liebevoll diese Tiere miteinander umgingen, das Verhalten unterschied sich kaum von dem einer menschlichen Mutter und ihrem Kind.

Ein Kellner eilte an uns vorbei und knallte unsere Teller auf den Tisch. Ich war total ausgehungert, da der Bhang und die Chilischote das Einzige war, was ich an diesem Tag zu mir genommen hatte. Außerdem hatte mich die Anstrengung im Kampf mit der Schlange zusätzlich hungrig gemacht. Ich schlang das Essen nur so in mich hinein. Als ich den Teller bereits bis zur Hälfte aufgegessen hatte, fragte mich mein freundlicher Gastgeber: „Mr Richard, dürfte ich Ihnen wohl die einzelnen Speisen dieses Menüs erklären?“

„Bitte.“

Er zeigte auf jeden einzelnen Bestandteil und beschrieb: „Das ist *Chaval* oder Reis. Das hier sieht aus wie Weizenbrot und heißt *Roti.* Dieses Gemüse heißt *Subji.* Diese Suppe hier wird mit Linsen zubereitet, wir nennen sie *Dhal.* Hier ist noch etwas Würzig-Pikantes oder

Chutney." Dann zeigte er auf die Stückchen, die auf dem Reis lagen. „Und das ist Fleisch."

Bei den letzten drei Worten schien etwas in meinem Kopf zu explodieren. Ich starrte zuerst auf die Fleischstückchen und dann auf die Kühe. In diesem Moment lehnte sich die Mutterkuh zu mir herüber und schleckte an meinem Bein. Mein Herz schmerzte. Warum sollte ein solch wunderbares Tier getötet werden, nur damit jemand Fleisch essen kann? Sie liebt ihr Kind. Und dieses unschuldige Kalb liebt seine Mutter. Warum hatte ich blind bei all dem mitgemacht? Warum verschließen wir Augen und Ohren angesichts der Gräueltaten, die in jedem Schlachthof stattfinden? Wie konnte die menschliche Gesellschaft so abstumpfen und die Grausamkeiten an diesen Kindern Gottes so sehr verdrängen? Obwohl das Fleisch, das ich gegessen hatte, kein Rindfleisch war, zog ich an diesem Tag zum ersten Mal die Verbindung zwischen meiner Ernährung und dem Leiden der Tiere. Ich dachte an die Tausende von Tieren, die jeden Tag in Amerika geschlachtet werden. Ich konnte es nicht fassen und brach in Tränen aus.

Mein armer Gastgeber wusste nicht, was los war. „Stimmt etwas nicht, Sir? Warum sind Sie so beunruhigt?"

Ich brachte kaum ein Wort heraus. „Ich danke Ihnen für alles, Sir." Ich stand auf und schob meinen Stuhl zurück. „Bitte verzeihen Sie, aber ich fühle mich nicht gut." Auf dem Weg zur Straße streichelte ich die Mutter und ihr Kalb und sie erwiderten die Liebkosung, indem sie vorsichtig meine Hand leckten.

Tausende von Leuten drängten sich auf der Straße. Ich war freudig überrascht, als mir plötzlich Ramsey und Jeff inmitten dieses Gewimmels entgegenkamen. Sie erkannten mich zunächst gar nicht. Ich hatte sie seit dem Tag, als wir in Kabul getrennt wurden, nicht mehr gesehen.

„Monk, du bist's!", rief Jeff. „Bin ich aber erleichtert, dich zu sehen. Ich kann's kaum glauben."

„Hey, mein Freund!", rief Ramsey, „seit dem Tag, an dem du verschwunden bist, haben wir uns Sorgen um dich gemacht."

Wir begrüßten und umarmten uns und waren wieder vereint.

Sie nahmen mich mit, damit ich mit ihnen auf dem Dach eines billigen Hotels übernachten konnte. Als ich auf dem aus überkreuzten Schnüren gebundenen Bett einnickte, erschienen mir die Mutterkuh und das Kalb im Traum. Ihre sanften Augen, in denen ich Tränen sah, schauten hilflos in meine, als sie von der Klinge eines skrupellosen Fleischers getötet wurden. Aus meinem Herzen erschallte das biblische Gebot: „Du sollst nicht töten." Als ich von diesem Albtraum erwachte, war mir so speiübel, dass ich sofort zur Toilette stürzte, um mich zu übergeben.

Die Toilette bestand aus einem Zementloch auf dem Dach, das umgeben war von einer bröckeligen Backsteinmauer und einer Aluminium-Platte als Dach. Im Innern war es stockdunkel und es gab keine sanitären Anlagen, sondern nur *Bhangis* oder Straßenkehrer, die die Toilette mit der Schaufel entleerten. Sie schaufelten die Fäkalien in einen Eimer und trugen sie auf ihren Köpfen davon. Aber die Reinigung dieser Toilette war schon längst überfällig. Aus dem Loch quoll bereits der in Urin getränkte Stuhl. Ich konnte nicht aufhören, mich zu übergeben und steckte erst mal in der Latrine fest. Insekten summten um mich herum und bissen mich, und ich spürte etwas über meine Füße laufen. Ich versuchte, mich irgendwie aufrecht zu halten. Mir war so unglaublich übel. Ich war in kaltem Schweiß gebadet und zitterte. Währenddessen sah ich vor meinem geistigen Auge immer wieder die beiden Kühe, die mich mit ihren unschuldigen Augen anstarrten. In dieser dunklen Hausdach-Latrine in Alt-Delhi legte ich vor meinem Herrn ein weiteres Gelübde ab. *Ich werde niemals wieder Fleisch essen.*

So endete mein erster Tag in Indien.

Am nächsten Morgen wandten sich Jeff und Ramsey an mich. „Wir sind unterwegs ein tolles Team gewesen. Lasst uns doch zusammenbleiben und durch Indien reisen."

„Wir haben viel gemeinsam durchgestanden", sagte ich, „und sind verbunden wie Brüder. Ich bin euch ewig dankbar für eure Liebenswürdigkeit und Freundschaft. Aber ich möchte als Eremit durch den Himalaja reisen. Bitte gebt mir eure Segnungen, dass ich das tun kann."

Jeff sprach zuerst und war sehr freundlich. „Verstehe. Eigentlich haben wir uns schon gedacht, dass du so etwas machen möchtest." Er legte seine große Hand auf meine schmale Schulter. „Mögest du das finden, was du suchst. Wir werden dich wirklich vermissen."

Sorgenvoll schaute mich Ramsey an, denn ich war für ihn wie ein kleiner Bruder. Seine Augen röteten sich. „Wie willst du denn dort oben überleben?“ Aber als er sah, wie entschlossen ich war, zwang er sich ein Lächeln ab und rief in seinem australischen Akzent: „Es war eine tolle Reise, mein Lieber. Mach's gut!“

Bevor wir aufbrachen, gab mir Jeff einen kleinen Zettel, auf dem stand: „Es ist irgendwie traurig, dass wir alle unseren eigenen Weg gehen – auf der Suche nach uns selbst. Ich bin mir sicher, du wirst ihn finden.“

2

An einem kalten Dezembermorgen in Alt-Delhi – ich war gerade dabei, meine Reise in den Himalaja zu planen, um dort die Yogis und weisen Männer aufzusuchen – schaute ich zufällig nach oben und entdeckte ein Schild, das an einem alten viktorianischen Gebäude angebracht worden war. In Neu-Delhi sollte noch am gleichen Tag um neun Uhr morgens die *World Yoga Conference* beginnen. Gespannt lief ich zu dem Ort, an dem die Konferenz stattfinden sollte. Ein britischer Yogi namens Christopher Hills hatte aus Liebe zu Indien diese groß angelegte, renommierte Veranstaltung organisiert. An den nächsten vier Tagen sollten Gurus, Lamas, Gelehrte und Weise zusammenkommen, um der Welt etwas von ihren Fähigkeiten zu vermitteln. Unter ihnen waren einige, die nach Jahrzehnten der Abgeschiedenheit im Dschungel nun erstmals wieder an die Öffentlichkeit treten würden. Von morgens bis abends sollten an sieben verschiedenen Standorten *Darshans* oder spirituelle Zusammenkünfte stattfinden. Später erfuhr ich, dass sich 800 Yogis für dieses Ereignis zusammengefunden hatten. Ich konnte mein Glück kaum fassen.

In einem gigantischen Zelt sah ich einen Yogi, der die Wissenschaft des Hatha Yoga lehrte und kleine Kinder aufforderte, verschiedene *Asanas* oder Körper-Haltungen zu demonstrieren, die der Harmonisierung von Körper und Geist dienten. Ein Kind hatte seine Beine hinter den Kopf gelegt und chantete dabei „*Om*". Ein anderer junger Schüler lief auf seinen Unterarmen umher, wobei er seine Beine so nach hinten baumeln ließ, dass seine Füße den Kopf berührten. Ein weiterer stand regungslos auf dem Kopf, während der neben ihm auf einem Bein stand, seinen Rücken krümmte und das andere Bein hinter seinen Kopf zog. Ein vielleicht elfjähriger Junge verschluckte einen langen Stoffstreifen und zog ihn wieder heraus, um sich so innerlich zu reinigen. Ein anderer Schüler fädelte zur Reinigung seiner Nebenhöhlen einen dünnen Strang durch die Nase, der dann aus dem Mund wieder herauskam, dort nahm er ihn und zog ihn vor und zurück.

Ich staunte, mit welcher Leichtigkeit Kinder diese Dinge zustande bringen können, wenn sie einfach von klein auf üben. Währenddessen erläuterte ihr Guru dem Publikum den Nutzen jeder einzelnen Technik.

Am ersten Tag kam ein älterer Mann auf mich zu. Es war ein kleiner, dünner buddhistischer Mönch aus Südostasien. Sein Kopf war rasiert und er trug leuchtend orangefarbene Tücher. Mit einem strahlenden Lächeln stellte er sich als Bhikku Vivekananda vor. Er war fasziniert von mir, einem jungen, nach Gott suchenden Amerikaner, und so wurden wir enge Freunde auf der Konferenz.

Bhikku war der spirituelle Führer von Tausenden von Mönchen in einem Kloster in Thailand. Er hatte eine weite Strecke zurückgelegt, um an dieser Konferenz teilzunehmen. Obwohl er bereits über fünfzig war, konnte er so ausgelassen sein wie ein Teenager. Er erklärte mir die buddhistische Philosophie in seinem süßen Thai-Akzent, als wir gemeinsam die Yoga-Konferenz erkundeten.

Auf dieser Konferenz traf ich auch zum ersten Mal Swami Rama, der in der Zwischenzeit als der Begründer des *Himalaja-Instituts* bekannt geworden ist. Er ist ein hoch aufragender Mann mit majestätischem Schritt und einer würdevollen Aura, tadellos gekleidet und Ehrfurcht gebietend. Seine Augen waren tief und dunkel und sein silbernes Haar war ordentlich nach hinten gekämmt. Ich war begierig, mehr über ihn zu erfahren, aber mit anderen Teilnehmern der Konferenz ging es mir genauso. Ich fragte nicht nur seine Schüler über ihn aus, sondern las alles, was ich über seinen Hintergrund in die Hände bekommen konnte.

Swami Rama wurde 1925 in einem Bergdorf im Himalaja geboren und war seit seiner Kindheit umhergewandert und hatte bei Rishis oder Heiligen im Dschungel gelebt. Mit dröhnender Stimme erzählte er, wie sein Guru ihn unterwiesen hatte, die uralte Weisheit der Weisen des Himalaja in den Westen zu bringen. „Versuch dein Bestes", hatte ihm sein Meister gesagt, „aber immer wenn du dein Ego fütterst oder versuchst, etwas Egoistisches zu tun, wird es dir nicht gelingen. Dies ist mein Segen für dich: Immer wenn du selbstlos, liebevoll und frei von Ego sein willst, wirst du eine starke, unterstützende Kraft hinter dir verspüren und immer etwas Gutes bewirken."

Um die besondere Kraft des Yoga aufzuzeigen, hatte Swami Rama verschiedene amerikanische Ärzte eingeladen. Als er in yogischer Trance versunken war, schlossen sie moderne diagnostische Geräte an seinen Körper an. So konnte er unter anderem zeigen, dass er bewusst die Temperatur an einem Punkt an der linken Seite seiner Hand um zehn Grad erhöhen, seine Herzfrequenz in nur 50 Sekunden von 74 Schlägen pro Minute auf 52 verlangsamen konnte, oder auch auf Wunsch spezifische Gehirnwellenmuster produzieren, bewusst ein physisches Objekt quer durch den Raum bewegen und sogar seinen Herzschlag vollkommen anhalten konnte. Als Swami Rama aus der Trance kam, erklärte er: „Der ganze Körper unterliegt der Willenskraft. Der Geist steht über der Materie, wenn man das Bewusstsein kontrollieren kann. Sie brauchen wirklich nicht viele Dinge zu wissen, aber Sie sollten definitiv das praktizieren, was Sie wissen." Er faltete seine Hände und ergänzte: „Ich habe das nicht etwa gemacht, um zu zeigen, dass ich übermenschliche Kräfte besitze, sondern um die Wissenschaft des Yoga zu demonstrieren." Er fuhr fort und erklärte, dass Yoga die größte aller Wissenschaften sei, obwohl Yoga schon seit ewigen Zeiten praktiziert wurde. Yoga konnte Dinge bewirken, die moderne Wissenschaftler nicht erklären können. Aber auch kein Aberglaube oder Sektendenken sei dazu nötig. „Es ist", sagte er, „die Wissenschaft, mit der man den inneren Zustand der Erleuchtung erzielen kann."

Ich war wirklich beeindruckt von Swami Rama. Als ich ihn um seine Segnungen bat, sagte er mit tiefer Stimme: „Die Gemeinschaft mit heiligen Menschen bildet das Fundament deines spirituellen Pfades." Er hielt mir seine geöffneten Handflächen zur Segnung entgegen. „Die Segnungen von Heiligen werden es dir ermöglichen, alle Hindernisse auf deinem Pfad ohne Schwierigkeiten zu überwinden."

Jede Nacht schlief ich allein auf dem Boden unter einem Banyan-Baum in der Nähe des Konferenzzentrums. Morgens wurde ich von den Rufen eines Falken geweckt, der in seinem Nest über mir gerade seine Flügel ausbreitete und hoch in den Himmel flog. Während ich auf den Einlass wartete, meditierte ich unter diesem Baum in der zugigen Morgenluft von Delhi. Die Abschlussveranstaltung der Konferenz fand im Vigyan Bhavan statt, Neu-Delhis größter Konzerthalle. Dreitausend Menschen waren an diesem Abend auf der Suche nach Wissen und Segnungen der Yogis zusammengekommen. Christopher Hills, der Veranstalter, erinnerte uns daran, dass wir uns sehr glücklich schätzen könnten, mit so vielen spirituellen Lehrern in einem Raum zu sein. Zu unserer Überraschung kündigte er an, dass die Veranstaltung pünktlich um 19 Uhr enden müsse. (Damals wussten wir nicht, dass er gerade davon in Kenntnis gesetzt worden war, dass er und andere Swamis um 20 Uhr von Fanatikern erschossen werden sollten.) Aber wie konnte eine Veranstaltung so vieler Swamis und Yogis, ausgerechnet in Indien, rechtzeitig enden?

Als klar wurde, dass nicht alle die Möglichkeit bekommen würden zu sprechen, sprang ein Yogi auf und griff Hill verbal an und stieß eine Reihe niederträchtiger Beleidigungen gegen ihn aus. Christopher bemühte sich, alle Anwesenden zufriedenzustellen, aber eine angespannte Stimmung machte sich unterschwellig bemerkbar.

Ein paar Minuten vor sieben nahm Christopher Hills nervös das Mikrofon in die Hand und stand einen Moment still da, bevor er ankündigte, dass die Konferenz nun beendet werden müsse. Ein Swami begann das abschließende *Om* zu singen, das – wie ich wusste – eine heilige Klangschwingung war, die unser Bewusstsein in Einklang mit Gott bringen sollte. Einige, die nicht die Chance bekommen hatten zu sprechen, waren wegen des abrupten Endes ziemlich aufgebracht. Das *Om* war noch nicht einmal verklungen und schon entstand ein Aufruhr, als einige der Yogis versuchten, das Mikrofon in die Hand zu bekommen. Schließlich erwischte einer von ihnen das Mikrofon und legte los wie ein Politiker mit feurigen Augen. Bestürzt sah das Publikum zu, wie sich Yogis auf der Bühne bekämpften. Waren das die Männer, die der Welt Frieden und Harmonie bringen sollten? Keiner wusste, was er sagen oder tun sollte.

Bhikku Vivekananda und ich konnten nur noch den Kopf schütteln. Meine naiven Erwartungen waren enttäuscht worden. Schließlich ermächtigte sich Christopher Hills heldenhaft des Mikrofons und riss das Kabel aus der Steckdose. Dann verschwand er hinter der Bühne. Die Konferenz war vorbei.

Nach dem Programm begegnete ich in einem etwas abseits liegenden Raum in der Nähe des chaotischen Auditoriums einem großen, hageren Mann mit langem, weißen Haar, wallendem Bart und safranfarbenen Gewändern. Er hatte eine so wunderbare Ausstrahlung – er sah aus wie einer der alten Weisen aus den Heiligen Schriften. Mit einem heiteren Lächeln und einem bezaubernden Blick hieß mich Swami Satcitananda willkommen. Als ein Schüler von Swami Shivananda, dem berühmten Heiligen des Himalaja, hatte Swami Satcitananda die alte Wissenschaft des Yoga in den Westen gebracht und hatte inzwischen Anhänger auf der ganzen Welt. Mit seiner interreligiösen Arbeit bemühte er sich, Menschen unterschiedlicher Religionen im Namen der „Einheit des Geistes" zusammenzubringen. In seiner ersten Begegnung mit dem Papst lobte Swami Satcidananda diesen für seine Bemühungen, Christen weltweit zu einen und ergänzte daraufhin: „Nun, warum setzen Sie sich nicht gleich dafür ein, die ganze Welt zusammenzubringen? Nicht nur Christen sollten zusammenfinden, sondern alle Menschen im Namen von religiöser Harmonie."

Wegen seines Auftritts auf dem legendären Woodstock Rock Festival wurde er über Nacht in ganz Amerika als der „Woodstock Guru" bekannt. Die Organisatoren der Veranstaltung hatten ihn gebeten, die Eröffnungsansprache zu halten, in der Hoffnung, so eine friedliche Atmosphäre zu schaffen. Nachdem er von einem Hubschrauber eingeflogen worden war, stand er vor Hunderttausenden von Hippies und sprach darüber, wie Klang das Universum kontrolliert und Amerika die Welt regiert. Er ermahnte die amerikanische Jugend, den Klang der Musik dafür nutzen, Frieden und Freude zu verbreiten. „Lasst uns nicht für Frieden kämpfen", sagte er, „sondern lasst uns zuerst Frieden in uns selbst finden."

Während der *Welt-Yoga-Konferenz* hatte ich genau beobachtet, dass er trotz des Chaos seine Würde und Gelassenheit behielt. Jetzt sagte er zu mir mit sanfter Stimme: „Es tut mir leid, dass du diese Streitigkeiten mit ansehen musstest. Bitte versteh, dass jede Person auf ihrer eigenen Stufe des Fortschritts ist. Selbst unter Yoga-Praktizierenden können wir nicht erwarten, dass jeder perfekt ist. Wenn wir über die Fehler anderer urteilen, tappen wir in eine Falle. Es ist besser, Menschen mit gutem Charakter zu vertrauen und deine eigene Yoga-Praxis zu vertiefen."

Er war ruhig und gelassen und seine langsame und souveräne Art zu sprechen bewegte mich. Er erklärte mir, dass wir Wesen der Glückseligkeit, der Liebe und des Lichts seien, dies jedoch vergessen hätten, weil wir uns zu sehr mit unserem Körper und Geist identifizierten. „Wir waren ursprünglich feiner, aber wir haben diese Feinheit verloren." Die Essenz von Yoga und Religion bestehe darin, wieder fähig zu werden, uns mit unserer wahren Natur als Seele zu verbinden, sagte er. „Yoga ist ein Prozess der Verfeinerung.“ Er betonte, dass wir die Tendenz überwinden müssten, uns für selbstsüchtige Belange zu interessieren, wenn wir unsere eigentliche Natur erkennen wollten. „Es gibt nur einen Grund für all unsere Sorgen und Ängste. Egoismus.“ Der Prozess, den er lehrte, um zur Erkenntnis der essenziellen Natur zu gelangen, wurde als *Integrales Yoga* bekannt und stellt eine Synthese von sechs Yoga-Disziplinen dar. Swami Satcitananda präsentierte Spiritualität auf bodenständige, einfühlsame und oft humorvolle Art und Weise.

Dankbar verabschiedete ich mich. Der Swami stand aufrecht da, hob anmutig seine schlanke Hand und sagte: „Sei ernsthaft und diszipliniert in deiner Praxis. Nur der ist ein wahrer Yogi, der die höchsten menschlichen Werte verkörpert und in seinem Leben zum Ausdruck bringt.“ Er schloss seine Augen, atmete tief ein und richtete seine Handfläche auf, um mich zu segnen. „Richard, du hast schon einen weiten Weg hinter dir. Mögest du die Schätze deines Herzens entdecken.“

In dieser Nacht gingen Bhikku Vivekananda und ich zu einem Vortrag des weltbekannten Autors und Redners J. Krishnamurti. Wir betraten ein großes Zelt oder *Pandal* und nahmen in der zweiten Stuhlreihe Platz. Das Pandal füllte sich rasch und ein Mann von ungefähr sechzig Jahren setzte sich neben uns. Sein Name war Dilip. „Würden Sie gern etwas über das Leben von J. Krishnamurti erfahren?“, fragte er. „Er ist mein Lehrer.“

„Bitte“, antworteten wir.

Er schlug die Beine übereinander, lehnte sich in seinem Stuhl zurück und begann zu sprechen. Er erzählte uns, dass Krishnamurti 1895 in Südindien geboren wurde und als Kind von dem berühmten Hellseher Charles Leadbeater entdeckt wurde. Leadbeater und Annie Besant, die Präsidentin der Theosophischen Gesellschaft, verkündeten, dass dieses Kind das „Medium“ desselben Weltenlehrers sei, der auch durch Christus sprach. Annie Besant erzog den Jungen in England und reiste mit ihm durch die ganze Welt. Tausende empfingen ihn als den nächsten Messias und gründeten den „Orden des Sterns“ mit ihm im Zentrum. Als er 27 Jahre alt war, nahm er offiziell die Funktion des erleuchteten Meisters an und wurde bald von mehr als 60.000 Mitgliedern verehrt.

Dilip beugte sich vor. „Aber 1929 lehnte er es ab, weiterhin in der Position des Meisters zu verbleiben, löste seine religiöse Bewegung auf und …"

Plötzlich erhob sich die Menge, als J. Krishnamurti die Bühne betrat. Er war ein älterer Mann von 75 Jahren, klein und schlank und makellos gekleidet in einer Nehrujacke und einer weiten Hose. Sein glattrasiertes Gesicht war von Altersfalten gezeichnet und sein überwiegend weißes Haar verlieh ihm eine Aura gelehrter Vornehmheit. Seine sanften Augen sprühten vor Enthusiasmus, als er die Versammlung liebenswürdig mit britischem Akzent begrüßte.

Bald darauf jedoch begann er mit einem Aufruf zur Revolution. Er schwang die geballte Faust und rief aus: „Ihr habt zu viele Gurus in diesem Land. Sie haben euch gesagt, was ihr tun, was ihr denken und was ihr praktizieren sollt. Sie sind Diktatoren." Eine Totenstille machte sich im Zelt breit. „Die Wahrheit ist ein unwegsames Land, aber Yoga mit seiner Atmung und seinen Körperhaltungen ist einfach nur psychosomatische Akrobatik. Ashrams und Klöster sind Konzentrationslager des Geistes." Er hielt inne und sah mir direkt in die Augen. „Wenn man ein System der Meditation hat, ist es keine Meditation mehr, sondern vollkommen nutzlos und ohne jede Bedeutung."

Er erzählte eine Geschichte vom Teufel, der mit einem Freund spazieren ging. Sie beobachteten, wie ein Mann vor ihnen auf der Straße lief und einen glänzenden Gegenstand aufhob. Der Freund des Teufels lehnte sich herüber und fragte, was der Mann gefunden hatte. Der Teufel antwortete: „Er hat die Wahrheit aufgehoben."

„Das ist ein schlechtes Geschäft für dich", sagte der Freund.

„Überhaupt nicht", entgegnete der Teufel. „Ich werde ihm dabei helfen, es aufzubauen."

Um seiner Aussage mehr Gewicht zu verleihen, schloss Krishnamurti seine Augen und sprach ganz langsam und deutlich: „Wir müssen in uns selbst eine Revolution entfachen. Aber wie um Himmels willen können wir das bewerkstelligen, wenn unser Leben nur aus Oberflächlichkeiten besteht? Wir verbringen Jahre im Büro, fristen ein geistloses, tristes Dasein …"

Er beugte sich vor. „Niemand kann durch irgendeine Organisation, ein Bekenntnis, ein Dogma, einen Priester oder ein Ritual, weder durch philosophisches Wissen noch durch psychologische Techniken erleuchtet werden. Man muss erst einmal den eigenen Geist verstehen, und zwar durch *Beobachtung*, und nicht durch Analyse auf der Ebene des Intellekts oder durch Introspektion."

Ich erschauderte förmlich bei dem Gedanken daran, wie dieser Vortrag auf meinen lieben Bhikku Vivekananda wirken würde. Immerhin war er der Guru von Tausenden von Mönchen in einem organisierten Kloster, in dem Meditation und Rituale gelehrt wurden. Ich drehte mich zu ihm hin und flüsterte: „Bhikku, er greift all das an, wofür du dich in deinem Leben eingesetzt hast. Wie fühlst du dich dabei?"

Bhikkus Augen weiteten sich erstaunt und er rief: „Es stimmt, was er sagt!"

Ich war verblüfft und fragte: „Was wirst du jetzt tun, Bhikku?"

Sein Gesichtsausdruck wurde sehr ernst. „Ich werde in Ruhe darüber nachdenken müssen."

Auch an den nächsten paar Tagen besuchten wir eine Reihe von Vorträgen von Krishnamurti, bei denen er eine erstaunliche Logik und Überzeugungskraft bewies. Obwohl er dafür bekannt war, dass er jede Frage beantworten und jedes Argument widerlegen konnte, war er im persönlichen Umgang doch eher sanftmütig, freundlich und humorvoll. Ich dachte über seine Lehren nach. Die östliche Literatur war voll von Geschichten über erleuchtete Heilige, die gewissenhaft ihrer Religion oder ihrem jeweiligen Guru folgten. Wie konnte ich sie außer Acht lassen, nur weil eine Person andere Erfahrungen gemacht hatte und zu anderen Erkenntnissen gelangt war? Dennoch ging mir Krishnamurtis Aussage, dass Oberflächlichkeit im spirituellen Leben fehl am Platze sei, nicht aus dem Kopf. Wir müssen persönlich Verantwortung übernehmen. Wenn wir zu sehr an den Äußerlichkeiten festhalten, könnten wir leicht den eigentlichen Zweck verfehlen: nämlich unser Herz zu läutern.

An einem dieser Tage saß ich mit Bhikku im Schatten eines Pippala-Baumes und fragte ihn, ob er schon wisse, was er tun würde. Er fuhr mit seinem Finger über den Rand seiner Bettelschale. „Ja, Richard, ich weiß es", sagte er. „Ich werde in mein Kloster nach Thailand zurückkehren."

„Wirklich?", erwiderte ich, „Also, wie denkst du nun über Krishnamurtis Lehren?"

Gedankenversunken starrte er vor sich hin und sagte dann schließlich:

„Ich werde Mr J. Krishnamurti folgen." Ein schelmisches Lächeln huschte ihm übers Gesicht. „Soll ich dir sagen wie?"

„Ja, bitte."

„Ich werde die Lehren des Lehrers ablehnen, der uns lehrt, Lehrer und Lehren abzulehnen", sagte er in seinem liebenswerten Thai-Akzent.

Etwas später am gleichen Tag verabschiedete ich mich von Bhikku und ging zu Fuß zum Connaught Circus, dem kommerziellen Zentrum der Stadt. Hier saß ich unter einem Ashoka-Baum und schrieb Folgendes an meine Familie in Amerika:

Die Art und Weise, wie Indien mich bewegt, ist mit Worten nicht zu beschreiben. Das ist alles, was ich euch jetzt sagen kann. Ich verspüre tiefe Liebe in meinem Herzen für euch alle. Ich bete, dass es euch allen gut geht.
Richard
New Delhi, Indien
Dezember, 1970

Connaught Circus war ein von den Briten kreisförmig angelegtes Gebiet, in dessen innerem Bereich sich ein weitläufiger Park befand. Dort spazierte ich einen Weg entlang, als ich auf ein handgemaltes Schild aufmerksam wurde, auf dem stand: „S.S. Brijabasi und Söhne – Religiöse Bilder". Am Gehweg waren Hunderte von 20 mal 24 Zentimeter großen Drucken gestapelt. Ich war neugierig und wollte sie mir näher anzuschauen. Die Drucke mit wunderlichen Figuren, die mir sehr befremdlich, aber dennoch sehr schön erschienen, waren wie Fenster in eine Welt der Farben, Geheimnisse und Magie. Ich wollte gern eines der Bilder zum Meditieren haben. Ich schaute in meine kleine Tasche und sah, dass ich nicht genügend Geld besaß, um eines der Bilder zu kaufen. Ungefähr eine Stunde lang saß ich auf dem Gehweg und stöberte durch das Angebot. Unter den Bildern war eine schöne Frau, die auf einem Löwen ritt und acht Arme und Hände hatte, in denen sie Schwerter, Äxte und Speere hielt. Auf einem anderen Bild war ein rundlicher Mann mit Elefantenkopf zu sehen, der auf einer Maus saß. Als ich die Bilder weiter durchsah, fand ich die Abbildung einer schönen, blauen Person mit vier Armen, die mit kostbaren Juwelen geschmückt war und auf einer Schlange mit mehreren Köpfen lag. Als Nächstes fiel mir das Bild eines friedvollen Yogi in die Hände, der in Meditation vertieft war und sich von den Schlangen, die sich um seine Gliedmaßen gewunden hatten, nicht stören ließ. Der Mond ruhte auf seinem Kopf und Wasser sprudelte aus seinem Haar in die Höhe. Ein anderes Bild zeigte einen heldenhaften Jungen, der einen Speer trug und auf einem Pfau ritt. Ich stieß auch auf einen prachtvollen Affen mit einer Krone, dessen Augen vor Hingabe glänzten. Er flog lächelnd über den Himmel und trug dabei mühelos einen Berg auf der Hand. Als ich weiter durch den Stapel mit Drucken stöberte, entdeckte ich das Bild einer Person mit vielen Armen und einem Dutzend Köpfen, von denen jeder von einer anderen Spezies stammte. Furchterregende Menschen flogen in die flammenden Münder hinein und wurden verschlungen. Diese Kunst war unbeschreiblich und die Figuren sagenhaft. Stammten sie aus Märchen oder mythologischen Erzählungen? Ich wusste es nicht. Aber ich spürte, dass diese Kunst irgendwie beseelt war. Ich fragte mich, wie ich es schaffen sollte, mich für nur eines dieser Bilder zu entscheiden.

Plötzlich fiel mir ein Bild in die Hände, auf dem eine Person zu sehen war, die mich anzog wie keine andere. Dieses Wesen hatte einen bläulichen Teint, trug eine Pfauenfeder in seiner Krone und stand Flöte spielend ganz anmutig am Ufer eines Flusses. Hinter ihm stand eine weiße Kuh mit liebevollen Augen und man sah, wie der Vollmond einen verwunschenen Wald in perlmuttfarbenes Licht tauchte. Spontan füllten sich meine Augen mit Tränen. Die Person in dem Bild traf mich direkt in der Seele. Warum passierte mir das? Ich fühlte, wie sie mich rief. Aber wie? Es war nur ein Gemälde von einer wunderlichen Person, die ich noch nicht einmal kannte. Sein Name stand auf der Unterseite in einer alten Schrift geschrieben, die ich nicht lesen konnte.

Ich gab dem Verkäufer alles, was ich an Geld noch hatte, aber es reichte nicht. Er lächelte und gab mir das Bild trotzdem, ein Bild, von dem ich mich auf meiner ganzen Reise nicht mehr trennen sollte. Wer war die Person auf diesem Bild? Das sollte noch lange Zeit ein Geheimnis bleiben.

3

Das Jahr 1970 neigte sich seinem Ende zu. Ich war gerade zwanzig geworden und es zog mich einfach in den Himalaja nach Norden. Ich wusste zwar nicht genau, wohin meine Reise mich führen würde, aber ich hatte gehört, dass in diesem Teil der Welt viele große Weise und heilige Menschen leben sollten, und ich sehnte mich danach, ihnen zu begegnen und von ihnen zu lernen. Ich freute mich so sehr, in Indien zu sein und nun – so kurz vor großen Entdeckungen – blieb mir wenig Zeit, meine Familie zu vermissen. Sie wussten nicht einmal, wo sie mich erreichen konnten, deshalb hatte ich seit meiner Ankunft in Indien keine Post mehr von ihnen erhalten. Doch bevor ich meine Reise in den Himalaja begann, schrieb ich die folgende Nachricht nach Hause – was mir so weit weg vorkam.

> *Meine liebe Familie,*
> *heute verlasse ich Delhi und gehe in die Berge, um zu lernen. Ich weiß nicht, ob ich euch von den Orten, zu denen ich gehe, oft schreiben kann. Bitte macht euch keine Sorgen, wenn ihr eine Zeit lang nichts von mir hört. Was kann mir mit Gott an meiner Seite zustoßen?*
> *In Liebe und Gedanken an euch,*
> *Richard*

Ich sicherte mir wieder eine kostenlose Zugfahrt in der dritten Klasse und machte mich auf den Weg nach Rishikesh, einem heiligen Ort im Himalaja, der für seine vielen Ashrams bekannt war. Die Dampflok tuckerte vorwärts und ließ Delhi in einem qualmenden Rauchschwaden verschwinden. Von meinem Fenster aus konnte ich den Sonnenaufgang verfolgen und betete, dass meine Pilgerreise in den Himalaja ein neues Kapitel in meiner spirituellen Suche einleiten würde.

Stunden später erreichte ich Haridwar, einen heiligen Ort am Ufer des

Ganges, ungefähr 225 Kilometer nordwestlich von Neu-Delhi. Von dort aus lief ich die verbleibenden 24 Kilometer nach Rishikesh zu Fuß weiter. Mittlerweile hatte ich jede einzelne Seite der spirituellen Legenden des Himalaja verschlungen. Einfach nur hier zu sein war die Erfüllung eines Traumes.

Schon der erste Blick auf das Vorgebirge des Himalaja überwältigte mich und stellte alles Bisherige in den Schatten. Das Vorgebirge war von üppigen grünen Wäldern bedeckt, und es kam mir vor, als strahle jeder einzelne Baum ein tiefes Gefühl der Ruhe aus. Ich war der einzige Pilger, der den staubigen Fußweg entlangwanderte und war ganz überschwänglich vor lauter Freude. Aus einiger Entfernung sah ich plötzlich etwas, das eine wahre Flut von Gefühlen auslöste – den Ganges. Ich stürzte vorwärts und hielt meine Finger in das kalte, brausende, blaue Gewässer. Ich zitterte am ganzen Körper.

Nachdem ich eine Stunde an diesem einsamen Ort gesessen hatte, lief ich am Flussufer entlang und kam schließlich bei „The Divine Life Mission" an, dem Ashram des berühmten Himalaja-Heiligen Swami Sivananda. In diesem Ashram hatte er lange meditiert und seine Lehren etabliert. Er war der Guru von Swami Satcitananda, dem majestätischen Woodstock Guru, den ich in Delhi getroffen hatte. Sivananda war ein sehr produktiver und erfolgreicher Autor, engagierte sich in humanitären Belangen und wirkte als persönliches Vorbild. All das trug ihm Ruhm und Ansehen auf der ganzen Welt ein. Ich hatte bereits einige seiner Schriften gelesen und freute mich, dass ich auf diesen Ort gestoßen war. Ich betrat den Ashram und erfuhr von einigen seiner Anhänger, dass Swami Sivananda 1963, bevor er diese Welt verließ, aus dem Kreis seiner ausgebildeten Schüler Swami Cidananda Saraswati als seinen Nachfolger ausgewählt hatte. Swami Cidananda war zufällig gerade im Ashram, als ich ankam. Ein paar Tage lang tauchte ich einfach in die friedliche Atmosphäre des Ashrams ein. Ich erfuhr, dass Ashrams, die in ganz Indien verbreitet sind, von den Anhängern der jeweiligen Gurus unterstützt werden. Diese Anhänger pflegen Verbindungen zur ganz normalen Handels- und Geschäftswelt. Nach dem vierten Tag im Ashram fragte ich, ob ich Swami Cidananda treffen könnte. Ich wurde in einen einfachen Raum geleitet, wo ich von dem Swami begrüßt wurde, einem überaus freundlichen, respektvollen und demütigen Mann, der mich einlud, mit ihm auf dem Boden Platz zu nehmen.

Ich hatte von seinen Schülern erfahren, dass Swami Cidananda 1916 in Südindien als der älteste Sohn eines sehr reichen Gutsbesitzers geboren worden war. Mit ungefähr zwanzig Jahren fühlte er sich berufen, als entsagter Mönch zu leben, alle materiellen Annehmlichkeiten aufzugeben und einfach Gott zu dienen. Zu dieser Zeit hatte er begonnen, sich um Leprakranke zu kümmern. Auf den ausgedehnten Grünflächen um sein Haus baute er ihnen Hütten und sorgte persönlich für sie. Im Jahre 1943 verließ er schließlich seine Heimat und zog in den Ashram von Swami Sivananda in Rishikesh, wo er bald wegen seiner brillanten Vorträge bekannt wurde.

Ich ging jeden Morgen zu seinen Vorlesungen. Er war schmächtig, hatte einen kahl geschorenen Kopf, trug safranfarbene Gewänder und wurde von den Asketen des Himalaja und den Suchenden aus westlichen Ländern gleichermaßen verehrt. Der Swami saß mit gekreuzten Beinen in einer yogischen Haltung. Er sprach hervorragend Englisch und unterstrich das Gesagte mit präzisen Gesten. „Das Leben ist dafür bestimmt, Gott zu erkennen", betonte er. „Wenn du stirbst, ohne Gotteserkenntnis erlangt zu haben, war dein Leben vergebens. Dann hast du dieses kostbare Geschenk der menschlichen Geburt verschwendet, das dir von Gott gegeben wurde."

Er sprach ein Problem an, das unter den Menschen, die einen spirituellen Pfad eingeschlagen haben, weit verbreitet ist: Viele meditieren zwar morgens und abends, verhalten sich dann aber über den Tag hinweg eher kleinherzig und selbstsüchtig. Dies, erklärte er mit Nachdruck, mache alles, was man in den Stunden der Meditation erreicht habe, wieder zunichte.

Er legte sehr großen Wert auf die Entwicklung von Tugend als einem wesentlichen Bestandteil der spirituellen Entwicklung. Er verglich diese Kultivierung von Tugend mit der mühevollen Arbeit, bei der auf einem Feld Unkraut und Gestrüpp oder Steine und Kiesel entfernt werden. So mache man den Boden fruchtbar und könne dann einen Garten anlegen. Immer wieder betonte er, dass man Opfer für andere bringen müsse. Moral und Ethik, sagte er, seien die Grundlagen des Yogapfades.

Er betonte, dass der Schüler volles Vertrauen darin haben solle, in diesem Zeitalter durch Mantra *Japa*, die Rezitation Gottes heiliger Namen, zu Gotteserkenntnis gelangen zu können. „Du solltest das Chanten der Namen des Herrn praktizieren", sagte er, „bis du einen Zustand erreichst, in dem die *Japa* ununterbrochen im Geiste weitergeht, also auch im Sitzen oder Stehen, beim Essen oder Trinken, Laufen oder Arbeiten, beim Schlafen oder im Wachzustand."

Ich wusste nicht, wie man die Namen des Herrn chantete, aber ich war sehr beeindruckt von Cidanandas Lehre. Eines Abends saßen er und ich bei Laternenlicht auf dem Boden eines Raumes mit Blick über den Ganges und das ganze Himalajatal. Begeistert beschrieb der Swami ganze Passagen meiner Reise mit unglaublicher Genauigkeit und brachte dabei auch noch selbst meine innersten Gedanken zum Ausdruck. Er erzählte mir, dass ich von zu Hause fort gegangen war, weil ich eine brennende Leidenschaft verspürt hatte, nach Indien zu gehen, und dass ich mein Leben riskiert hatte, um dorthin zu gelangen. Ich hatte ihm diese Dinge nie erzählt, dennoch wusste er in allen Einzelheiten, was ich erlebt hatte. Während er mich mit Segnungen überschüttete, saß ich ehrfürchtig vor ihm. Es war etwas ganz Besonderes, einem so berühmten Menschen mit solch außergewöhnlichen Fähigkeiten zu begegnen, dem es gelungen war, trotz alledem einfach und freundlich zu bleiben.

Ich sehnte mich nach Ruhe und einem Ort in völliger Abgeschiedenheit und wollte mich zunächst etwas läutern. Daher dankte ich Swami Cidananda und verließ den Ashram. Am nächsten Morgen, als ich am Ufer des Ganges saß, verfasste ich einen kurzen Brief an meine Mutter.

Geliebte Mutter,
ich tue hier nur das, wovon ich denke, dass ich es tun muss.
Rishikesh ist ein heiliger Ort am Ufer des Ganges.
Ich habe das Gefühl, dass es hier in der friedlichen Abgeschiedenheit und Ruhe viel für mich zu lernen gibt. Es ist ziemlich schwierig, Dir zu erklären, was ich alles gemacht habe. Ich bin nicht so sehr ein Urlauber oder Tourist, sondern vielmehr jemand, der auf der Suche nach seiner eigenen Seele ist. Hier in Asien lebt man ganz anders als in Amerika oder Europa. Alles ist ganz anders. Es ist schwierig zu sagen, wann ich

zurückkommen werde. Aber ich möchte Dir versichern: Ich vermisse die ganze Familie und all meine Freunde sehr und sehne mich danach, Euch alle wiederzusehen. Aber Du musst verstehen, dass ich das zu Ende bringen muss, wofür ich hierhergekommen bin; nämlich die wahre Bedeutung des Lebens herauszufinden.
Dein Dich liebender Sohn,
Richard
Rishikesh, Himalaja, Indien, Januar 1971

Ich ging an Bord eines überfüllten Schiffes, um zur östlichen Seite des Ganges zu gelangen. Große Fische schwammen in Schwärmen um das Boot, als wir den glitzernden Wasserstrom überquerten. Eine kalte Brise strich über mich hinweg. Ich atmete tief ein und lauschte dabei dem hypnotischen Gesang der Yogis, die am Flussufer saßen und die *Veden* oder heilige Schriften rezitierten. Als ich am anderen Ufer ausstieg, ging ich auf der Suche nach einem ruhigen Platz allein am Ganges entlang Richtung Süden. Als ich etwas Geeignetes gefunden hatte, setzte ich mich hin und meditierte. Ich fühlte mich unendlich weit entfernt von der Welt, die ich kannte. Stunden später merkte ich, wie jemand in meine Richtung kam. Es war ein Heiliger mit goldener Gesichtsfarbe, grauem Bart und langen Haaren, die bis über die Schultern herabhingen. Sein dünnes Gewand kräuselte sich in dem leichten Wind, der von den Bergen herab wehte. Er strahlte eine tiefe Ruhe aus.

Ich erhob mich, um ihn zu grüßen. Seine sanften, großen Augen blickten zu mir auf und er sprach: „Du weißt nicht, wer ich bin, aber ich kenne dich. Ich habe beobachtet, wie stark deine Entschlossenheit ist. Übergib jetzt die Kleider, die du trägst, dem Ganges, denn heute werde ich dir das Gewand eines *Sadhu* überreichen."

„Was ist ein Sadhu?", fragte ich.

„Ein Sadhu ist ein umherziehender Bettler, der weltlichen Anhaftungen entsagt, um einem göttlichen Leben nachzugehen. Oder man könnte auch sagen, er ist ein Mönch."

Am Ufer dieses heiligen Flusses gab er mir zwei ungesäumte weiße Tücher aus dünner Baumwolle. Er zeigte mir, wie ich das eine Tuch um den unteren Teil meines Körpers wickeln musste, um einen *Lunghi* zu binden und das andere Tuch um den Oberkörper, um ein *Chaddar* zu binden. Dann gab er mir einen Lendenschurz aus zwei Streifen Baumwolle, die man *Kaupin* nennt. Ich war geehrt, dieses Geschenk von einer so liebenswürdigen Person zu erhalten, warf meine westliche Kleidung in den reißenden Strom und brachte ein Gebet dar. Meinen Rollkragenpullover und meine Jeans würde ich also nie wieder sehen.

Bevor er ging, flüsterte mir der Mann etwas ins Ohr. Angesichts des Briefes, den ich gerade geschrieben hatte, fand ich es etwas unheimlich. „Der Ganges wird deine Mutter sein", sagte er. „Der Fluss wird dir dies mit der Zeit offenbaren."

Einige Tage später stieß ich unerwartet auf Veda Niketan, einen kleinen, abgelegenen Ashram, der aus einem Dutzend karger Räume in einem ebenerdigen Stockwerk bestand. Wie so viele andere, die ich traf, waren auch die Bewohner dieses Ashrams gerade dabei, sich auf die Reise zur *Kumbh Mela* vorzubereiten, dem größten religiösen Fest in ganz Indien. Als ich hörte, dass zwanzig Millionen Menschen dort zusammenkommen würden, beschloss ich zurückzubleiben. Nicht weit von Veda Niketan fand ich eine Höhle im Wald, wo ich mich niederließ. Jeden Morgen vor Sonnenaufgang ging ich ans Ufer von Mutter Ganges und schaute in ihren schnell dahin fließenden Strom. Mutter Ganges war an dieser Stelle vielleicht hundert Meter breit, und ihr Ufer war bedeckt mit weichem, silbrigen Sand. Wie mit Edelstein besetzte, mehrfarbige Verzierungen säumten glatte Felsen ihre Ufer, von kleinen Kieselsteinen bis hin zu riesigen Felsbrocken, die Tausende von Kilos schwer waren. Ich fühlte mich der Schätze, die ich suchte, nicht würdig und hatte das starke Bedürfnis, mich zu läutern.

Und deshalb beschloss ich auf der Stelle, mich einen Monat lang von Sonnenaufgang bis Sonnenuntergang im stillen Gebet dort niederzulassen. Ich bat darum, dass ich einen guten Platz finden würde. Und plötzlich sah ich vor meinen Augen eine Reihe kleinerer Felsbrocken im Fluss. Sie formten eine natürliche Brücke zu einem viel größeren, ziemlich flachen Felsbrocken ungefähr acht Meter vom Ufer entfernt. Dieser Fels sollte mein Platz werden, den ich in Ehren hielt. Hier saß ich jeden Tag von Sonnenaufgang bis Sonnenuntergang, umgeben vom kraftvollen

Strom des Ganges. Beim Anblick dieses unglaublichen Panoramas fühlte ich mich winzig. In der Abenddämmerung, auf dem Weg zurück zur Höhle, kam ich an einem alten Mann vorbei, der auf dem Boden saß und winzige Karotten verkaufte, die auf einem Stück altem Sackleinen auslagen. Als ich vorbeikam, gab er mir eine. Ich entschied mich, dreißig Tage nur von Ganges-Wasser und einer Karotte am Tag zu leben.

In dieser Abgeschiedenheit wurde der Felsen zu meiner Zuflucht. Dort saß ich, flussaufwärts schauend, vom Morgengrauen bis zur Abenddämmerung. Zu meiner Linken konnte ich am gegenüberliegenden Ufer in der Ferne einen Yogi sehen, der dort gelegentlich meditierte. Zu meiner Rechten erstreckte sich das wunderschöne Vorgebirge des Himalaja. Die Spitze des nächstgelegenen Berges hatte die Form eines Herzes. Stundenlang starrte ich es an und dachte mir, dass es für mich das Herz Gottes symbolisierte, das unbegrenzt ist und allen Lebewesen den höchsten Schutz gewährt. Ein Herz, das majestätisch ist und wunderschön. Wenn wir einen Berg erklimmen wollen, müssen wir den Fleck Erde zurücklassen, der uns Halt gab. Genauso müssen wir, wenn wir in das Herz Gottes vordringen wollen, unvorteilhafte weltliche Anhaftungen zurücklassen. Ernsthafte spirituelle Praxis bedeutet aufwärts zu klettern. Ganz egal, wie viele Schwierigkeiten wir dabei auch haben mögen, so müssen wir immer voller Hoffnung nach vorn schauen. Der Berg bietet denen vollkommenen Halt, die entschlossen sind, seine Spitze zu erreichen. In ähnlicher Weise wird uns der Herr, wenn wir ernsthaft sind, alles Notwendige bereitstellen, damit wir sein äußerst barmherziges Herz erreichen können.

Mutter Ganges umgab mich von allen Seiten mit ihrem Winterkleid aus schäumendem, wogendem Wasser. Ihre Wellen kräuselten sich und wirbelten herum, als sei sie berauscht von ihrer eigenen Schönheit. Kein menschlicher Künstler wäre imstande, auch nur einen Augenblick dieses endlosen Schauspiels einzufangen. Ebenso schnell wie ihre Kunst entstand, verschwand sie auch gleich wieder. Hieraus zog ich eine Lehre. Alle schönen Formen dieser Welt befinden sich im Prozess der Wandlung. Nichts ist beständig. Mit jedem Moment verändert sich unsere Realität. Mutter Ganges ist konstant wie die Natur, dennoch bleibt keine ihrer Erscheinungsformen erhalten. Ebenso vergeht unmerklich alles, was uns in dieser Welt lieb ist. Wir können an nichts festhalten. Aber wenn wir die Schönheit der zugrunde liegenden Strömung der Wahrheit wertschätzen, können wir eine tiefere Realität erfahren als nur die wechselhaften Wellen von Freude und Leid. Ich saß da wie ein gehorsamer Schüler, der versucht, von seiner Lehrerin zu lernen. Sie beginnt ihren Lauf hoch oben im Himalaja und fließt ohne Unterlass bis zum Meer. Unzählige Hindernisse – riesige Felsbrocken, umgestürzte Bäume oder gar ganze Berge – blockieren ihren Weg, aber nichts kann sie von ihrer Reise zum Meer abbringen. Anmutig fließt sie über, unter oder um all die Hindernisse herum. Wenn wir unser angestrebtes Ziel erreichen wollen, so lehrt uns Mutter Ganges, müssen wir beharrlich an ihm festhalten und uns niemals von den unvermeidlichen Hindernissen entmutigen lassen, die uns auf unserem Weg begegnen werden. All diese Hindernisse sind wie Felsbrocken im Fluss des Lebens. Wir sollten um sie herum fließen und niemals aufgeben. Mit der Hilfe des Herrn gibt es immer einen Weg.

Ich saß auf diesem Felsen und schaute, wie der Fluss vorbeiströmte. Ich stellte mir vor, dass ich dabei genauso beobachten konnte, wie das Leben vorüberging. Wenn man sich mitten im Fluss befindet, wird man stark von ihm beeinflusst, aber wenn man am Ufer sitzt, kann man ihn mit einem gewissen Abstand betrachten. Wenn wir lernen, uns von unserem Ego und unserem unruhigen Geist, den Sinnen und der Welt um uns herum loszulösen und das Leben mit Abstand zu betrachten, können wir Weisheit erlangen – eine weitere Lektion von Mutter Ganges. Jeden Abend nach Sonnenuntergang kehrte ich zu meiner Höhle im Wald zurück und sann über die Geschenke nach, die ich an diesem Tag erhalten hatte.

An einem dieser Tage machte ich mir bewusst, dass schon viele Millionen von Jahren ihre Spuren an diesen Ufern hinterlassen hatten. Im Zeitalter der Arier erlebte Spiritualität eine wahre Blütezeit. Alexander der Große kam und ging. Dann eroberten die Mogulen Nordindien und herrschten dort jahrhundertelang, bis sie vom britischen Empire besiegt wurden. Die Herrschaft der Briten wurde erst viel später durch Mahatma Gandhi, Subash Chandra Bose und die Indische Freiheitsbewegung beendet. Sklaverei und Freiheit, Krieg und Frieden, politische Eroberung und Niederlage – wie die Jahreszeiten waren sie gekommen und wieder gegangen. Durch all diese Phasen hindurch floss die zeitlose Mutter Ganges geduldig in Richtung Meer. Die Wahrheit ist unveränderlich.

Was auch immer in dieser Welt passieren mag, sei es auch noch so dramatisch, es kann nicht den Fluss der Wahrheit unterbrechen.

Im Strom von Mutter Ganges trieben viele Sachen vorbei, ich sah Blätter, Blumen, entwurzelte Bäume, einen toten Büffel und sogar Leichen. Die Gegenstände, die mit dem Lauf des Flusses dahinströmten, würden letztendlich bis zum Meer gelangen. Aber die meisten Dinge wurden im Laufe der Zeit ans Ufer gespült und ihr Vorwärtskommen verhindert. Der spirituelle Pfad und der spirituelle Lehrer sind wie die Strömung der Mutter Ganges und die Schüler sind wie die Gegenstände, die auf dem Fluss vorangetrieben werden. Wenn der Schüler voller Vertrauen im Strom der heiligen Lehren verbleibt, wird er oder sie zum Meer der spirituellen Wahrheit getragen. Aber entlang des Ufers gibt es viele Versuchungen und Ablenkungen, die Annehmlichkeiten und Glück versprechen und den Schüler dazu verleiten, den Strom zu verlassen, der ihn ans Ziel seiner Sehnsucht führen würde. Nicht alle Suchenden sind in der Lage, ihren Glauben aufrechtzuerhalten, aber diejenigen, denen es gelingt, können den Ozean der Erleuchtung erreichen. Ich fragte mich, *wer wohl meine Lehrer sein werden? Und werde ich fest in meinem Glauben verankert bleiben können?*

Eines Tages schaute ich kurz vor Sonnenaufgang flussabwärts in den niemals schlafenden Strom und dachte an seine weite Reise, die sich über zweieinhalbtausend Kilometer erstreckte. Das Meer schien zu rufen und jeder einzelne Tropfen Wasser floss geduldig im Strom in Richtung des weit entfernten, höchsten Ziels. *Mutter Ganges lehrt mich, dass Geduld und Standhaftigkeit notwendig sind, um meinem Ruf zu folgen.*

Ich hatte noch nie darüber nachgedacht, warum ich die Versprechungen der Welt hinter mir gelassen hatte, um allein auf einem Fels im Ganges zu sitzen und ein striktes, selbst auferlegtes Fastengebot einzuhalten. Warum handelte ich auf eine solch extreme Art und Weise, fast wie ein Besessener? Damals hatte ich nicht den Eindruck, als seien dies wirklich *meine* Entscheidungen. Ich spürte vielmehr, wie mich die unergründliche Hand des Schicksals leitete.

An einem kalten Wintertag saß ich in die Meditation vertieft auf meinem Felsen, als süße Mundharmonika-Melodien in meinem Geist zu spielen begannen, sodass ich meine Aufmerksamkeit auf nichts anderes mehr richten konnte. Mein Bewusstsein ging auf unwiderstehliche Weise immer wieder zurück zu dieser imaginären Melodie. Im Theater meines Geistes wurde ein Konzert nach dem anderen aufgeführt. Ich verspürte ein starkes Verlangen, wieder einmal auf meiner geliebten Mundharmonika zu spielen, was ich seit meiner Ankunft in Indien nicht mehr getan hatte. Jeden Tag, schon vor Sonnenaufgang bis nach Sonnenuntergang, saß ich getreulich auf meinem geliebten Felsen. Aber dieser Tag sollte anders sein. Etwas zog mich weg und ich ließ Fels und Fluss zurück und kehrte in meine Höhle zurück, um auf meiner Mundharmonika zu spielen.

Als ich sie an meine Lippen legte, überkam mich ein seltsames Gefühl. Eine unsichtbare Kraft veranlasste mich, zum Fluss zurückzukehren. Mit jedem Schritt verlangten meine ungeduldigen Sinne mehr danach, mein Instrument zu spielen. Ich watete durch die Strömung von Mutter Ganges und kroch auf meinen Felsen. Da saß ich nun, wie an allen anderen Tagen auch, auf der kalten, rauen Oberfläche des Felsens. Aber heute hielt ich meine Mundharmonika in den Händen und mein Herz wurde von einer Welle der Zuneigung überflutet, die meinen ganzen Körper erzittern ließ. Wie konnten ein Stück Metall und Holz einen solch emotionalen Zustand in mir erzeugen? Diese Mundharmonika war mein geliebter Freund gewesen, durch den ich meine innigsten Gefühle zum Ausdruck gebracht hatte. Unsere Beziehung war so vertraulich, dass ich ihm Geheimnisse erzählte, die niemand außer Gott und mir jemals erfahren würde. Ich hatte meine inneren Freuden, Leiden und Sehnsüchte in süße Melodien übersetzt. Im Laufe der Zeit war zwischen uns, dem Spieler und dem Instrument, ein natürlicher Dialog entstanden. In vielerlei Hinsicht waren wir wie Liebende.

Meine Mundharmonika schien jetzt meine volle Aufmerksamkeit zu fordern, so als sei sie eifersüchtig. Ich fragte mich, was es war, wonach ich mich in meinem Leben wirklich sehnte. Ich starrte auf die entfernt gelegenen Berge und eine stille Traurigkeit berührte mein Herz. Ich verstand, dass mein getreuer Freund mich jetzt nur von meinem Pfad ablenkte. Ich stand auf dem Felsen und starrte in das tiefe, blaue Wasser des Ganges. Dann schaute ich auf meine Mundharmonika und ich wusste, es gab weit und breit keine andere wie sie. Tief berührt, offenbarte ich meinem Gefährten mein Herz und diesmal nicht in Form eines Liedes, sondern mit einfachen Worten: „Mein lieber Freund, ich danke dir, dass du während all dieser Zeit mein treuer Begleiter gewesen bist. In Zeiten des Schmerzes und der Einsamkeit, warst du immer da, um mir Erleichterung und Freude zu bringen. Wie geduldig hörtest du meinen innersten Gedanken zu und verwandeltest die Worte, die ich unfähig war zu sagen, in Lieder, die die Herzen von anderen Menschen berührten." Ich weinte.

Ich richtete meinen Blick auf den heiligen Fluss und betete. „Mutter Ganges, indem ich dir gebe, was mir so lieb ist, möchte ich Gott mein unwürdiges Herz geben. Bitte nimm es an."

Mit beiden Händen drückte ich die Mundharmonika an mein Herz und warf sie dann in die Brise, die vom Berg herüberwehte. Das Instrument kam kurz wie in Zeitlupe an die Wasseroberfläche und ging schließlich unter. Mein Herz erschauderte, als ich das „Plopp"-Geräusch hörte und mein lieber Gefährte für immer im Strom des Ganges verschwand.

Oft kommen die wertvollsten Geschenke des Lebens auf Wegen, die wir weder planen, noch erwarten. Manche sagen, es passiere aus Zufall, manche schreiben es dem Karma zu und wieder andere glauben, dass Gott in jedem Moment unseres Lebens eingreifen kann. Eines Nachmittags, als mein Bewusstsein von meiner Meditation über die Hymne von Mutter Ganges dahinbrausendem Stromes abwich, schienen ihre kraftvollen, behände fließenden Wellen einen Lobgesang der Weisheit und Liebe zu singen. Ganz gebannt lauschte ich diesem süßen Lied. Dies wurde meine Meditation. Von morgens bis abends meditierte ich über dieses Lied.

Einige Tage später saß ich in der frischen Winterbrise und blickte hoch in den Himmel. Kleine milchig weiße Wölkchen schwebten aus der unendlichen Saphir-Kuppel des Himmels herab. Unter mir wirbelte, wogte und schäumte der Fluss. Der Klang des Flusses war eine Symphonie, die mich von den Fesseln meiner Gedanken befreite. Mit dem Lied des Flusses kamen Tausende himmlischer Stimmen hervor, die gemeinsam die heilige Silbe *Om* sangen. Dieser Klang eroberte mein Bewusstsein.

An einem anderen Winterabend beobachtete ich beim Sonnenuntergang, wie goldene Winterwolken am sich verdunkelnden blauen Himmel schwebten. Die Berge waren in ein violettes Kleid gehüllt und erschienen so lebendig, dass ich das Gefühl hatte, sie atmeten. Scharen von weißen Kranichen, schwarzen Nachtigallen, grünen Papageien und leuchtend blauen, roten und orangenen Vögeln stiegen in den Himmel auf und pfiffen, trillerten und zwitscherten – jeder seine ganz eigene Melodie. Abgesehen von dem Vogelgesang erfüllte das Ganges-Tal an jenem Abend eine geradezu wundersame Stille. Mein Geist wurde in eine andere Richtung getrieben. Ich dachte daran, wie Gott so wenig von mir verlangt und mir so viel gegeben hatte. Einen Moment lang kam mir der Gedanke, dass man in dem Maß, in dem man sich der Gnade unwürdig fühlt, später dankbar sein wird, wenn sie einem zuteilwird. Durch Dankbarkeit wird unser Herz dafür empfänglich, die Segnungen des Herrn anzunehmen. Ich schloss meine Augen und sank erneut ein in den endlosen Gesang des *Om*, das Lied des Flusses. Es war so schön. Ich spürte, dass ich kurz davor war, etwas Außergewöhnliches zu erleben. Dann hörte ich etwas, das aus den Tiefen von Mutter Ganges Herz aufzusteigen schien. Ein Chor mit Tausenden von himmlischen Stimmen sang ein langsames, bezauberndes Lied, das durch das gesamte Flusstal zu hallen schien:

„*Hare Krishna, Hare Krishna*
Krishna Krishna, Hare Hare
Hare Rama, Hare Rama
Rama Rama, Hare Hare.“

Es schien, als hätte Gott mir durch das Lied des Flusses dieses schöne Mantra ins Ohr geflüstert. Es war ein mystisches Übergangsritual, das mich wie auf einer Welle trug, die mich meinem Ziel näher brachte. Mein Herz war ganz beschwingt vor Dankbarkeit. Plötzlich ertappte ich mich dabei, wie ich diese Worte laut in Einklang mit dem Fluss sang und damit mein langes Schweigen brach. Keine Berauschung dieser Welt konnte dieser Erfahrung auch nur nahekommen. Ich wusste nicht, was dieses Lied bedeutete, aber es eroberte mein Herz. Welche *Bedeutung* hatte es? Ich glaubte, dass sich dieses Mysterium, genauso wie das Mysterium mit der Abbildung des blauen Jungen mit der Zeit offenbaren würde. Ich hatte das Lied meiner Harmonika geopfert und stattdessen das Lied von Mutter Ganges erhalten.

4

Am Ende des Monats war ich nur allzu bereit, meine Fastenzeit zu beenden. Ich erinnerte mich daran, dass es in der Nähe des Choti Walla-Restaurants beim *Swarg Ashram* einen Erdnussverkäufer gab. Mit einer Rupie, die mir ein Pilger gespendet hatte – damals entsprach das ungefähr einem Wert von zwölf amerikanischen Cents – wagte ich mich in den Laden, um eine Handvoll Erdnüsse zu kaufen. Als der Ladenbesitzer die eine Rupie sah, leuchteten seine Augen und er nahm schnell ein Stück alte Zeitung, um daraus eine große Tüte zu formen, die er mit Erdnüssen füllte. „Das wird ein richtiges Festessen!", jubelte ich, als ich den Dschungel-Pfad zurück zu meiner Höhle ging.

Als ich tiefer in den Wald hineinkam, stand plötzlich ein riesiger brauner Affe vor mir, der mir wie ein Zollbeamter den Weg versperrte. Mit einem gereizten Gebrumm entblößte er seine spitzen Zähne und musterte sein Opfer von Kopf bis Fuß mit seinen kleinen stechend grünen Augen. Ein dickes braunes Fell bedeckte seinen muskulösen Körper. Er hatte ein leuchtend rosafarbenes Gesicht mit Narben aus früheren Kämpfen, knorrige, rosa Finger und ein glänzendes Hinterteil. Plötzlich sprang er auf mich zu. Mit einer Bewegung packte er die Tüte mit den Erdnüssen und gab mir gleichzeitig einen Tritt in die Brust, sodass ich nach hinten geschleudert wurde. Ich schnappte nach Luft und taumelte ein paar Schritte zurück. Als ich wieder aufrecht stehen konnte, lächelte ich, als ich sah, dass er schnurstracks mit der ganzen Tüte im Dschungel verschwunden war. Ein paar Erdnüsse waren jedoch bei dem Gerangel auf den Boden gefallen. *Naja,* dachte ich, *die müssen dann eben zum Fastenbrechen reichen.* Als ich mich daran machte, sie aufzuheben, sprang ein anderer Affe vom Baum und grabschte sich alle Erdnüsse und verschwand. Es blieb nicht eine einzige für mich übrig.

Als ich weiter in Richtung Höhle ging, wo ich ja die Nacht verbringen wollte, knurrte mir der Magen.

Wenn man den Schatz spiritueller Erfahrung mit weltlichen Errungenschaften vergleicht, erscheinen sie einem wie diese Erdnüsse, dachte ich bei mir.
Die Leute lügen, weinen und sterben sogar wegen einer Handvoll Erdnüsse. Sie streiten sich und kämpfen gegeneinander – und sei es auch nur um ein paar Nüsschen. Sogar Kriege werden deshalb geführt. Aber zu jeder Zeit kann uns diese heiß begehrte Erdnuss wieder weggenommen werden – entweder durch einen Affen, die Gier eines anderen Lebewesens oder einfach nur durch den unvermeidlichen Lauf der Zeit.

Am nächsten Morgen lief ich zu Fuß zum entfernt liegenden Ganges-Ufer am Ortsausgang von Rishikesh. Ich wanderte den Berg hinauf und erreichte Shankaracharya Nagar, den Ashram von Maharishi Mahesh Yogi. Staubige Wege, gesäumt von alten Bäumen, duftenden Büschen und blühenden Reben, führten zu malerisch gelegenen Meditations-Hütten in dieser Einsiedelei. Dann stand ich auf einmal am Rand einer steilen Klippe, die einen atemberaubenden Blick auf den Ganges bot. In der Nähe der Klippe befand sich ein einfaches Haus, in dem Maharishi wohnte, wenn er in Rishikesh war. Ich trat ein und befand mich in einem Raum mit einem blumengeschmückten Altar. Darauf stand ein Bild des Gurus von Maharishi, Brahmananda Saraswati, mit weißem Bart. Sein langes, weißes Haar hatte er aus seiner klaren Stirn nach hinten gekämmt und er saß auf einem Tigerfell. Er war ein allseits geschätzter Yogi und nach 150 Jahren der erste, dem das Amt des *Shankaracharya* in der Region Jyotirmath im Himalaja zugesprochen worden war. Ein Shankaracharya hat eine ähnliche Funktion wie der Papst im Christentum.

Morgens und abends versammelten sich die Bewohner des Aschrams in Maharishis *Puja*-Raum, chanteten Hymnen, brachten verschiedene Dinge zur Verehrung dar und schlossen die Zeremonie mit einer Gruppen-Meditation ab. Jemand erzählte mir, dass Maharishi es vorzog, im Untergeschoss zu meditieren, einem dunklen, höhlenartigen Keller, in den nur wenige hinabstiegen. Es stellte sich heraus, dass dieser kühle, stille Keller auch mein Lieblingsort zum Meditieren werden sollte. Hier nahm ich ganz besonders die Präsenz von Maharishi wahr und ein Gefühl tiefen Friedens und unendlicher Gelassenheit durchdrang meinen Körper und Geist.

Maharishi wurde 1917 in Zentral-Indien geboren. Nach einem Studium der Physik an der Universität von Allahabad, das er mit einem Diplom abschloss, diente er dreizehn Jahre lang seinem Guru Brahmananda Saraswati als Sekretär. Bevor sein Guru diese Welt verließ, gab er ihm folgende Anweisung: „Was ich dich gelehrt habe, beinhaltet auch Wissen über diese Technik für Menschen, die verheiratet sind; dieses Wissen wurde seit Jahrhunderten falsch ausgelegt oder ist zum Teil gänzlich in Vergessenheit geraten. Denke nicht an das Geld, das du bräuchtest, um hier- und dahin zu reisen. Mach dir keine Sorgen und hab keine Angst davor, allein zu sein. Sorge dich um gar nichts. Fang einfach an zu arbeiten und alles wird wie von selbst gehen." Um sich auf seine Mission vorzubereiten, verbrachte er zwei Jahre in den Höhlen von Uttar Kashi in einsamer Meditation. 1955 fing er an, Transzendentale Meditation (TM) zu lehren und baute seinen Aschram auf, der wunderschön am Hang über Rishikesh lag. Seit 1957 reiste er um die ganze Welt.

Maharishi Mahesh Yogi lehrte, dass unser Bewusstsein durch die Praxis von TM feinere und feinstofflichere Zustände erreicht. Das Ziel besteht darin, einen Zustand zu erreichen, in dem unser Bewusstsein feinstofflicher ist als in unserem normalen Wachzustand, im Schlaf oder Tiefschlaf. Meditieren heißt somit, einen Bewusstseinszustand zu erfahren, der jenseits der feinstofflichen Existenz des Geistes und Egos ist, denn erst in diesem befreiten Zustand des reinen Seins können wir unser ewiges Selbst erfahren. Maharishi hatte die besondere Gabe, die moderne wissenschaftliche Technik mit den uralten Wissenschaften des Yoga in Einklang zu bringen. Obwohl Maharishi Mahesh Yogi im Ausland war, als ich seinen Aschram besuchte, las ich seine Bücher *The Science of Being, Art of Living* und sechs Kapitel der Bhagavad Gita.

Jeden Abend verbrachte ich in Shankaracharya Nagar ein paar Stunden mit einem australischen Sadhu namens Bevin, der der Leiter des Aschrams und einer von Maharishis engsten Schülern war. Wir trafen uns in seiner Hütte, wo wir uns Tonbandaufnahmen von Maharishi anhörten und seine Lehren diskutierten. Ich erinnere mich, wie ich Maharishi in seiner hohen und oft kichernden Stimme sagen hörte: „Wir machen hier keine leeren Versprechen von einem Himmel nach dem Tode, sondern eine positive Erfahrung von ‚Himmlischer Glückseligkeit' in diesem Leben. Jeder kann kommen, der sich das wünscht."

Seine Technik war einfach: fünfzehn bis zwanzig Minuten „mühelose" Meditation am Morgen und Abend und ansonsten keine Änderung des Lebensstils oder der religiösen oder philosophischen Einstellungen. Er lehrte, dass das Leben im Wesentlichen Glückseligkeit ist, dass wir im Wesentlichen Wesen der Glückseligkeit sind und dass TM uns in Kontakt bringen kann mit diesem glückseligen Zustand. Dazu sollten wir behutsam die natürliche Tendenz unseres Geistes, nach Glück zu streben, nutzen und ihn in Richtung unseres wesenseigenen inneren Glücks lenken. Er bezeichnete es manchmal als „die Wurzel wässern und die Frucht genießen".

Es war Winter und ruhig. Außer Bevin und mir waren zu dieser Zeit kaum andere Ausländer im Aschram. Bevin erzählte mir, wie vor ein paar Jahren die Beatles, Donovan und Mia Farrow mit ihrer Schwester Prudence zu Besuch gekommen waren und bei Maharishi gewohnt hatten. Seither hatten Yoga und Meditation auf der ganzen Welt immer mehr Zulauf bekommen.

In diesem geheiligten Wald zu meditieren und auf diesem Berggipfel zu schlafen waren unbezahlbare Geschenke. Dreimal erschien mir Maharishi Mahesh Yogi im Traum. Er saß im Schneidersitz, hielt eine Blume und sein langes ergrautes Haar und sein Bart verschmolzen mit seinen wallenden, weißen Gewändern. Ein sanftes Licht ging von seinem rundlichen Gesicht aus. Obwohl er ein kleiner Mann war, hatte er eine enorme Präsenz. Sein weicher, aber durchdringender Blick schien mich in ein Reich immerwährenden Friedens zu rufen. Er sprach nicht, sondern lächelte mich nur an, schloss seine Augen und verschwand schließlich.

Nach einiger Zeit kehrte ich in meine abgelegene Waldhöhle zurück. Dort fragte ich mich natürlich, warum ich Maharishis Aschram verlassen hatte. Denn schließlich hatte ich dort nur inspirierende Erfahrungen gemacht. Offensichtlich war der Maharishi eine starke, liebevolle Persönlichkeit und jeder dort war so freundlich gewesen. *Warum wanderte ich also herum?* In den kommenden Monaten stellte ich mir immer wieder diese Frage und jedes Mal kam ich zu dem Schluss, dass ich den Wunsch hatte, von vielen verschiedenen Pfaden und Lehrern zu lernen, bevor ich mich selbst auf einen festlegte. Ich dachte, *ich werde so lange als wandernder Pilger leben, bis ich ein unerschütterliches Vertrauen habe und dann mein Leben einem Pfad oder Meister widmen kann.*

Eines Morgens lief ich den Waldweg entlang, als sich auf einmal ein Sadhu mit einem breiten, vorwitzigen Lächeln vor mich hinstellte und mir den Durchgang verwehrte. Er kniff seine mandelförmigen Augen zusammen und schaute mich neugierig an. Er hatte ein kleine Nase, ein flaches Gesicht, geschorenes Haar und einen kupferfarbenen Teint. Wer war dieser Mann? Was wollte er von mir?

„Ich wurde zu dir geschickt", sagte er, „aber du erkennst mich nicht."

Überrascht, aber schweigend, fragte ich mich, was jetzt wohl kommen würde. Er packte meine Hand. „Der größte Heilige lebt in einer Höhle hier ganz in der Nähe. Meine Mission ist es, dich zu ihm zu bringen."

„Woher kennst du mich?", fragte ich.

„Das brauchst du nicht zu wissen. Folge mir."

Neugierig folgte ich diesem Sadhu in die Tiefen des Waldes. Er erzählte mir, dass er ursprünglich aus Nepal stamme. Wir liefen zunächst an einem Bach entlang. Da der kleine Pfad vollkommen zugewuchert war, mussten wir uns den Weg durchs Gebüsch bahnen, Zweige abbrechen und Blattwerk niedertreten. Zu unserer Linken rannte ein Wildschwein durchs Unterholz. Wir näherten uns einer Lichtung und mein Begleiter zeigte nach oben auf einen Berggipfel. Dort konnte ich die rauchgeschwärzten Eingänge zu drei Höhlen sehen. Der Sadhu führte mich eine Reihe von Steinstufen hinauf, die wie eine zehn Meter lange Leiter in den steilen Fels gehauen war. Als wir den Gipfel erreicht hatten, gingen wir in eine der Höhlen, aus der eine Rauchwolke austrat. Unsere Augen tränten.

Dort saß ein erstaunliches Wesen mit aufrechtem Rücken im Lotossitz. Sein dicht verfilztes Haar fiel ihm über den Rücken und lag mehrere Meter hinter ihm auf dem Boden. Er war etwa zwei Meter groß und hatte eine kräftige Statur. Um die Taille trug er nur eine Kordel und einen Lendenschurz, der seine Leiste bedeckte. Seine Augen waren in der Meditation geschlossen. Er schien in eine andere Welt eingetreten zu sein, eine Welt weit jenseits von Raum und Zeit. Eine Aura von unbeschreiblicher Ruhe ging von seiner regungslosen Gestalt aus. Es war Mahavirdas Tat Walla Baba.

Wir saßen neben ihm und warteten geduldig. Der Duft von glimmendem Holz aus seinem heiligen Feuer vermischte sich mit dem erdigen Geruch der alten Höhle. Heilige Sanskrit-Schriften lagen auf einem Regal aus Stein. Seine Kleidung bestand aus einem Umhang aus altem Sackleinen, der zusammengefaltet neben ihm lag. Der nepalesische Sadhu erzählte mir, dass er oft die ganze Nacht hindurch meditierte. „Lass uns geduldig warten", sagte er, „bis er aus seiner spirituellen Trance herauskommt." Schließlich öffnete der Yogi seine dunklen, leuchtenden Augen und starrte mit der Intensität eines Laserstrahls in meine. Mein Begleiter übersetzte. Der Baba sprach in einer sonoren, sympathischen Stimme:

„Gott ist das eine ursprüngliche Wesen. Alles geht von ihm aus." Er hob seine Handfläche und führte Zeigefinger und Daumen zusammen. „Die Ursache allen Leidens besteht darin, dass wir unseren göttlichen Ursprung vergessen haben. Das nennt sich *Maya* oder Illusion. Gott ist überall. Du musst nicht suchen, um ihn zu finden. Wenn du aufrichtig nach ihm rufst, wird er sich dir offenbaren. Gott sieht in dein Herz, er schaut nicht auf Äußerlichkeiten. Du darfst kein doppeltes Spiel spielen. Du kannst dein ganzes Leben durch den Dschungel laufen, dabei ist Gott doch in deinem Herzen. Wenn du ihn dort triffst, wirst du erkennen, dass er überall ist."

Ich war beeindruckt, denn er schien ja meine tiefsten Bedenken anzusprechen. Ich schweifte umher, um nach Gott in meinem Herzen zu suchen.

Die Hände des Baba ruhten nun auf seinen Knien. Seine dunklen Augen strahlten Kraft und Vitalität aus und es schien mir, als könne er meine Gedanken lesen. „Die Leute jagen zeitweiligen Dingen hinterher. Siehst du nicht, dass diese Straße zum Tod führt?" Jedes seiner Worte traf mein Ego wie ein Schwert. „Du hast dem weltlichen Leben entsagt. Das ist gut. Geh nicht zurück. Meditation wird dir den höchsten Frieden bringen." Wir hörten ihm ungefähr eine Stunde lang zu. Ich verabschiedete mich mit dem Versprechen, am nächsten Tag wieder zu kommen.

Nachdem wir die Steinleiter hinuntergeklettert waren, wurden der Sadhu und ich von einer asketischen Frau mit einem einfachen weißen Sari und einem langen, schwarzen Zopf begrüßt. Mirabhai und ihr Mann lebten im Wald und kochten Mahlzeiten für alle Anhänger von Tat Walla Baba. Sie lud uns prompt zu sich nach Hause ein. „Würdet ihr gern etwas über Baba hören?", fragte sie, als wir ihr folgten.

„Ja, gern", antwortete ich. Der nepalesische Sadhu nickte.

„Nun", begann sie, „Baba stammt aus dem Punjab. Seit frühester Kindheit hatte er viele brennende Fragen. Als er die Unterdrückung der Inder unter der britischen Herrschaft verfolgte, fragte er sich, warum ein Land mit so vielen Heiligen und so vielen Schriften keine Lösung für diesen leidvollen Zustand hatte. Sein Drang nach Erleuchtung war so groß, dass er schon als Kind seine Heimat verließ, um sich auf die Suche nach einem Guru zu machen. Zuerst ging er nach Ayodhya, dem Geburtsort von Rama, und dann kam er in die Wälder des Himalaja, wo er seinen Guru traf. Zu Füßen seines Meisters lernte er den Pfad der Erleuchtung." Wir näherten uns einer Hütte aus Lehm und Stroh. Mirabhai öffnete bedacht die hölzerne Tür und bat uns hinein. Sie brachte uns eine Matte zum Sitzen und einen Tonbecher mit Wasser und fragte: „Soll ich weiter erzählen?"

„Bitte", drängte ich und kostete das kühle Wasser, das sie vom Bach geholt hatte.

„Ungefähr seit seinem sechzehnten Lebensjahr lebt er in diesen Höhlen. Er ernährt sich nur von Wildkräutern und Früchten und bedeckt seinen Körper nur mit einem einfachen Sackleinen-Tuch, das wir *Tat* nennen. Daher hat er den Namen *Tat Walla Baba* erhalten, was so viel bedeutet wie: ein Baba oder heiliger Mann, der mit einem Sackleinentuch bekleidet ist." Sie fuhr fort und erzählte, dass er fünfzehn Jahre in völliger Abgeschiedenheit gelebt hatte, um die Praxis des *Asthanga-Yoga* zu perfektionieren. Allmählich erkannten die Leute seinen erleuchteten Zustand und begannen zu ihm zu kommen. Er hat keinem je erlaubt, seinen Körper zu berühren oder für ihn zu kochen. Sie atmete tief ein und öffnete voller Ehrfurcht die Augen. „Ich kann selbst bezeugen, dass er die Fähigkeit hat, die Gedanken anderer Menschen zu lesen und in die Zukunft zu sehen. Ich habe auch mit eigenen Augen gesehen, wie er Kranke heilte. Als ein Yogi einmal unerträgliche Migräne hatte, erschien ihm

Baba im Traum und entfernte mit einem Mantra eine weiße Flüssigkeit aus seinem Kopf und danach war er für immer geheilt."

Für mich war es ein echtes Privileg hier zu sein. Wir folgten ihrem Blick und schauten auf ein Foto von Baba auf ihrem kleinen Altar. Sie fragte mit gefalteten Händen: „Würdet ihr gern noch mehr hören?" Wir nickten eifrig. „Baba meditiert mehrere Stunden am Stück, manchmal sogar tagelang ohne Unterbrechung. Er lässt das heilige Feuer immer brennen und widmet sich täglich den Schriften." Dann wandte sie sich mir zu. „Du bist den ganzen weiten Weg von Amerika hierhergekommen, um ein Sadhu zu werden. Ich bewundere deinen Mut. Ich werde für dich beten, dass du dein Ziel erreichst."

Bevor wir uns verabschiedeten, gab sie mir eine Süßigkeit aus durchsichtigem, grünen Kürbis, der mit kristallisiertem Zucker gekocht war. Das Stückchen zerschmolz sofort in meinem Mund und war unglaublich geschmacksintensiv. Noch nie zuvor hatte ich etwas so Köstliches gekostet. Als sie meine Reaktion sah, sagte sie leise: „Diese Süßigkeit heißt *Peda*. Schmeckt sie dir?"

„Das ist meine erste Süßigkeit in Indien", entgegnete ich, „sie schmeckt fantastisch. Aber essen denn asketische Yogis solche Süßigkeiten?"

Sie lächelte mich an wie eine Mutter ihr neugieriges Kind. „Du wirst überrascht sein, was Yogis alles essen können."

Am nächsten Tag ging ich noch einmal zu Babas Höhle. Nach einiger Zeit ließ mich mein nepalesischer Freund allein mit Tat Walla Baba, der ganz in seine Meditation vertieft war. Die ganze Nacht verging und er rührte sich immer noch nicht. Ich genoss die Ruhe, die er ausstrahlte, und begann, selbst in seiner Nähe zu meditieren. Die Sonne ging auf und tauchte den grünen Dschungel am Fuße des Himalaja in ein sanftes, goldenes Licht. Sie beschien auch schon die höheren Berge in der Ferne, die von vielen als „Wohnstätte Gottes" bezeichnet wurden. Weiter unten konnte man sehen, wie sich Mutter Ganges ihren Weg von den Höhen bis in die Ebene, durch Wälder und Täler bahnte, in denen sich Heilige mal hier mal da an ihrem Ufer niederließen, um ihre Verehrung darzubringen. Ich saß auf einer Strohmatte und blickte hinunter in das üppige Grün. Und als die Zeit so verstrich, bemerkte ich, wie große, schillernde Schlangen durch den Dschungel glitten und nach Beute Ausschau hielten. Ich sah wilde Elefanten, die das Laub der Bäume abgrasten, und hier und da sogar einen Leoparden, der durchs Unterholz pirschte.

Mir schoss das Bild meines Wohnviertels in Highland Park, einem Vorort von Chicago, durch den Kopf. Dort war das Terrain flach und gepflegt und die Kinder stiegen in den Schulbus und ihre Eltern machten sich auf den Weg zur Arbeit. Ich konnte nicht glauben, wo ich war. In der Nähe von Babas Höhle gab es noch andere Höhlen, in denen mehrere asketische Schüler wohnten. Auch ich konnte dort für ein paar Tage bleiben.

Als ich in Babas Höhle den beißenden Rauch des heiligen Feuers einatmete, das Tag und Nacht brannte, fühlte ich mich geläutert. Baba saß mit kerzengeradem Rücken da und las ungefähr drei bis fünf Stunden lang in den Schriften. Den Rest der Zeit war er in Meditation vertieft. Wenn er sich in der Nacht hinlegte, stand er schon mehrere Stunden vor Sonnenaufgang auf, um zu meditieren, zu studieren und yogische *Asanas* zu üben. Am Vormittag drehte er seine verfilzten Haare auf dem Kopf zu einem riesigen Wulst zusammen. Dann gingen wir gemeinsam zum Fluss, um ein Bad zu nehmen und Wasser zu holen. Auf dem Rückweg sammelte er Kräuter und Früchte, die ihm als Nahrung dienten, und Holz für das Feuer. Einmal sah ich, wie er mühelos einen riesigen Baumstamm aufhob und ihn zur Höhle hochtrug.

Eines Abends – das Zwitschern der Vögel erfüllte bereits den Wald – sagte Baba durch unseren nepalesischen Übersetzer etwas, das mich gewaltig aufrüttelte: „Ich heiße dich willkommen, den Rest deines Lebens in diesen Höhlen zu verbringen. Das ist meine Einladung an dich." Dann schloss er seine Augen und fiel in eine Trance.

Seine Worte hallten immer wieder in meinem Kopf wider, als ich über die Tragweite der Entscheidung nachdachte, die ich zu treffen hatte. Eines Morgens kam ich aus meiner Meditation und dachte:

Es wäre ein Segen, nach den Unterweisungen eines solch heiligen Mannes in diesem geheiligten Wald zu leben. Wenn ich mich aber ganz für einen Guru entscheide, sollte ich ihn niemals dadurch verunglimpfen, dass ich später im Leben vielleicht meine Meinung ändere. Ich wünsche mir, dass ich einen Meister und einen Pfad finde, dem ich mein Leben ganz widmen kann.

Ich fragte mich, ob ich sicher sei, dass er mein Guru war und dieser Vorgang mein Pfad. Ich überlegte eine Weile, dann kam die Antwort. Ich hatte große innere Bewusstheit und tiefe Freude erfahren, als ich mit Tat Walla Baba meditiert hatte. Dennoch war ich mir unsicher. Ich hatte ein Verlangen in meinem Herzen, heilige Menschen Indiens zu treffen, heilige Orte zu besuchen und die Vielfalt spiritueller Pfade kennenzulernen. Erst dann, und nur dann wäre ich in der Lage, die wichtigste Entscheidung meines Lebens zu treffen.

Mein Geist war ruhig und ich fühlte, dass diese Herangehensweise ehrlich war. Aber ich musste vorsichtig sein, wie ich Tat Walla Baba meine Entscheidung offenbaren würde, da ich es ja nicht mit einem normalen Menschen zu tun hatte, sondern mit einem Mann, der über übernatürliche Kräfte verfügte. So vergingen mehrere Tage. In seiner Gemeinschaft brachte meine Meditation unbeschreibliche Erfahrungen mit sich. Als ich ihm schließlich meine Überlegungen offenbaren wollte, wusste er bereits alles. Bevor ich meinen Mund öffnen konnte, sagte er das, was ich ihm sagen wollte. Nüchtern blickte er in meine Augen und streckte mir seine Handfläche zum Segen entgegen. „Lebe wohl. Möge Gott mit dir sein. *Om tat sat*."

5

Ich verließ die Höhlen von Mahavirdas Tat Walla Baba und lebte wieder als umherwandernder Bettelmönch. Der Winter ging allmählich zu Ende. Die Sonnenstrahlen wurden wärmer, die Tage länger und an den Büschen und Bäumen kamen die ersten Knospen zum Vorschein. Als ich eines Tages einen Dschungel-Pfad in nördlicher Richtung entlanglief, stieß ich auf die Laxman Jhulan-Brücke, eine lange Hängebrücke, die weit oben über den Ganges führte. Ich stand auf der leicht schwankenden Brücke und betrachtete den Ganges, der von den Bergen herabfloss und dessen Ufer auf beiden Seiten von Tempeln und Aschrams gesäumt waren. Auch Rishis, die ihre Rituale ausführten, waren zu sehen. Ich überquerte die Brücke und nahm einen unbefestigten Weg in den Wald hinein. Plötzlich erstarrte ich, denn ich war unfähig, den erschütternden Anblick zu ertragen.

Sterbende, manche nackt, andere in schmutzigen Lumpen, stöhnten vor Schmerz. Ihre Gesichter waren runzelig und verformt, ihre Nasen nicht mehr zu erkennen; anstelle von Fingern und Zehen waren nur blutig verstümmelte Hände und Füße zu erkennen. Völlig ausgemergelt lagen die Menschen in Löchern in der Erde, die ihnen als Betten dienten, und schützten ihren Körper gegen die Kälte mit verdreckten Decken. Alle flehten mich mit verzweifelten Augen an. Ich war entsetzt. Ich war in eine Leprakranken-Kolonie gestolpert.

Dutzende von Leprakranken umringten mich und riefen: „Bakschisch! Bakschisch! Bakschisch!" Sie drückten sich dicht an mich, berührten mein Gesicht mit ihren blutverschmierten Fingerstummeln und verlangten Almosen. Aber ich hatte ja nichts zu geben. Ich kam mir wie eingesperrt vor – wie hinter einer Mauer aus fauligem Fleisch konnte ich weder vorwärts noch rückwärts. Sie wollten mich einfach nicht in Ruhe lassen. „Bakschisch! Bakschisch! Bakschisch!" Der Mob drängelte sich so dicht um mich herum, dass ich fast von diesen Menschen erdrückt wurde. Ich konnte dem Gestank ihres Atems und ihrem blutenden, verwesenden Fleisch nicht entkommen. „Bakschisch“, schrien sie. Mein Geist war völlig verwirrt und ich wusste nicht mehr, was ich tun oder lassen sollte. Auf der einen Seite war ich schockiert, weil ich so bedrängt wurde, auf der anderen Seite hatte ich Mitgefühl mit ihnen und gestand ihnen zu, dass ihr Verhalten angesichts ihres Elends gerechtfertigt war.

Endlose zwanzig Minuten vergingen. Ich zerbrach mir den Kopf und versuchte zu verstehen, was gerade vor sich ging. *Lepra ist ansteckend*, dachte ich.

> *Wird mich das gleiche Schicksal ereilen, werde ich mit ihnen sterben müssen? Werden mich diese Menschen jemals wieder gehen lassen?*

Die Leprakranken schrien „Bakschisch“ und zerrten und schubsten sich gegenseitig in einem verzweifelten Gefecht. Mit Blicken voller Qual schienen ihre Augen die meinen geradezu zu versengen. Schließlich tasteten sie mich nach Wertgegenständen ab. Sie waren fest entschlossen, mir das, was ich ihnen nicht gab, mit Gewalt abzunehmen. Als sie feststellten, dass ich nichts hatte, gingen sie ihrer Wege.

Ich holte tief Luft und ging ein paar Schritte, bis ich eine alte Frau sah, die in Lumpen gehüllt auf dem Boden lag. Ihre Nase zersetzte sich in dem bereits deformierten Gesicht. Unsere Blicke trafen sich. In ihren verweinten Augen fühlte ich die zarte Liebe einer Mutter, deren Zuneigung echt und sehr selten ist. Sie wollte von mir nur, dass ich mein Herz öffnete, um die Liebe zu empfangen, die sie so sehnlichst jemandem geben wollte. Sie war wunderschön. Ihre fingerlosen Hände in einer Geste des Respekts erhoben, streckte sie ihre von Krankheit befallene Hand aus, um mich zu segnen. Meine ganze Angst vor einer Ansteckung war durch ihre Zuneigung wie weggewischt. Ich eilte an ihre Seite und hielt meinen Kopf unter ihre Handfläche, um ihre Segnung zu empfangen. „Möge Gott dich segnen, mein Kind“, betete sie. „Möge Gott dich segnen.“ Ich blickte auf und sah, dass ihr Gesicht jetzt in einer übernatürlichen Freude leuchtete, der Freude des Gebens. Mir kamen die Tränen. Die ganze Tortur schien klein und nichtig zu sein neben dieser unvergesslichen Segnung.

Ich ging weiter, bis ich eine Stelle am Fluss fand, von der ich einen guten Blick auf den rauschenden Strom werfen konnte. Ich versuchte, etwas unter den wirbelnden Wellen zu erkennen. Es gelang mir jedoch nicht, unter die Oberfläche in ihre geheimnisvollen Tiefen zu schauen. Obwohl diese Frau von einer abscheulichen Krankheit geplagt wurde, war sie unter der Oberfläche eine wunderschöne Seele, die einfach lieben und geliebt werden wollte. Ich dachte darüber nach und erweiterte die Analogie.

Heute offenbart der Fluss unsere Neigung, andere nach ihrer äußeren Erscheinung zu beurteilen und allein ihre negativen Eigenschaften zu sehen. Aber wenn wir jenseits des Oberflächlichen suchen, entdecken wir, dass sich eine Vielzahl von Veranlagungen mischen, die letztendlich die Natur einer bestimmten Person ausmachen. Die Fehler, die wir wahrnehmen, scheinen die Auswirkung von Umständen zu sein, die psychologische Antwort auf ein Trauma, Ablehnung, ein gebrochenes Herz, Unsicherheit, Schmerz, Verwirrung oder Krankheit.

Ich dachte an die Leute in Istanbul, die mich fast umgebracht hätten, an die Rassisten, die die Schwarzen in der Bürgerrechtsbewegung hassten, an die Menschen, die mich wegen meiner langen Haare schlecht behandelt hatten. Und ich hatte ja selbst die Generation verurteilt, gegen die ich rebellierte; ich war der Auffassung, dass ältere Amerikaner sich zu Unrecht so um ihr Geld und ihre Sicherheit sorgten, obwohl sie ja die Weltwirtschaftskrise durchlebt hatten – eine Not, die ich nicht nachempfinden konnte.

Wenn wir die zugrunde liegende Ursache verstehen, warum wir schlecht über andere denken, werden wir, anstatt Hass für jemanden zu empfinden, Mitgefühl entwickeln. Denn ist nicht jede Seele grundsätzlich gut? Ein frommer Mensch wird die Krankheit hassen, jedoch nicht den Kranken.

Ich entschloss mich, Rishikesh zu verlassen, und wanderte weiter Richtung Norden den Himalaja hoch. In Dev Prayag stieß ich auf einen Mann, dessen starke Persönlichkeit mich so beeindruckte, dass ich ihn nie vergessen werde. An einem kühlen Morgen, es war kurz vor Sonnenaufgang und die Sterne waren gerade verblasst, kletterte ich einen Berg hinunter zu der Stelle, an der die Flüsse Bhagirathi und Alaknanda zusammenfließen. Ab dieser Einmündung heißt der Fluss „Ganges“. Das Tosen des Flusses an dieser Stelle war ohrenbetäubend. Ich tauchte einfach ins Wasser, da ich keine Ahnung hatte, wie stark die Strömung war.

Als ich einen Schritt vorwärts ging, riss mir die rauschende Strömung die Füße weg und spülte mich zu den tückischen Stromschnellen. In diesem Moment packte ein kräftig gebauter Mann, der zufällig neben mir sein Bad nahm, mit eisernem Griff meinen Arm und zog mich zu sich heran und schließlich ans Flussufer. Dann legte mein Retter seine rechte Hand auf meinen Kopf und chantete mit viel Gefühl eine Reihe von Mantras zu meinem Schutz. So begegnete ich zum ersten Mal Kailash Baba.

Er war ein Heiliger, der wohl schon in seinen Sechzigern war, sein Haar war kräftig, verfilzt und leicht ergraut und er trug es um den Kopf gewickelt. Offen reichte es bis zum Boden, wie ich später herausfand. Seit Jahrzehnten hatte er sich kein einziges Haar abschneiden lassen. Sein Gesicht wirkte eckig, er hatte große braune Augen, hohe Wangenknochen und außerdem fehlte ihm kein einziger Zahn, was bei alten Sadhus relativ selten der Fall war. Alles, was er trug, war ein deckenartiges Gewand, das von den Schultern bis zu den Füßen hinabreichte. In seiner Hand trug er einen eisernen Dreizack, an dessen Spitze eine riesige *Damaru*-Trommel befestigt war. Diese Trommel hatte zwei Schlagflächen von jeweils etwa dreißig Zentimetern Durchmesser an beiden Enden des hohlen, sanduhrförmigen, hölzernen Trommelkörpers. An der schmalsten Stelle zwischen den Schlagflächen hing eine Kugel, die an einer Schnur befestigt war. Wenn der Baba das Instrument schüttelte, sprang der Ball hin und her und schlug laut auf die Trommelfelle. Eine Bettelschale aus Metall und eine alte Decke waren seine einzigen weiteren Besitztümer.

Kailash Baba war der erste, der mir beibrachte, wie man als wandernder Asket überlebt. In kalten Nächten schliefen wir oft an Hängen mit Blick auf einen Fluss. Eines Nachts bot er mir seine Decke an. Obwohl ich zunächst ablehnte, sie zu nehmen, bestand er darauf. Mehrere Nächte schliefen wir zusammen unter einer Decke. Er brachte mir bei, wie man sich Nahrung und Medizin beschafft, und zeigte mir, wie man essbare Wurzeln, Früchte und Blätter im Wald erkennt.

Er nahm mich mit in ein Dorf und unterwies mich, wie man sich als

Sadhu respektvoll verhält, wenn man um Almosen bittet. Anders als im Westen gilt Betteln in den ländlichen Gegenden Indiens als eine ehrbare Art zu leben, weil die Menschen so viel von diesen Bettelmönchen zurückbekommen, denen sie mit ihren Almosen dienen. Und da Kailash Baba eine solch erhabene Person war, empfand ich es ebenfalls als eine erhabene Tätigkeit. Er brachte mir bei, wie ich allein von getrocknetem Bruchreis überleben konnte. Weil es das billigste Nahrungsmittel ist, gibt jeder Getreidehändler gern etwas davon ab, und da er nicht verdirbt, kann man damit im Dschungel mehrere Wochen lang auskommen. Für eine Mahlzeit fügt man dem Reis lediglich etwas Flusswasser hinzu. Er zeigte mir auch, wie man sich die Zähne mit einem Zweig des Neem-Baumes putzt und den Körper mit Schlamm aus einem Flussbett reinigt. Darüber hinaus lehrte er mich, nicht nur heilige Flüsse, Tempel, Bäume, die Sonne, den Mond und das heilige Feuer zu respektieren, sondern auch Schlangen, Skorpione und wilde Tiere. Er sprach kein Englisch, schien aber die mystische Fähigkeit zu besitzen, Gedanken auf mich zu übertragen, vor allem die Vorstellung, dass sich Gott im Herzen aller Geschöpfe befindet. Zum Beispiel lehrte er mich, die Seele im Herzen einer giftigen Schlange zu sehen und auch diesem Geschöpf meine Ehre zu erweisen und meinen Respekt zu zeigen, indem ich ihm seinen Raum gab. Außerdem schulte er mich darin, wie man sich in der Gemeinschaft von anderen Sadhus richtig verhält oder wie man mit Sadhus anderer Glaubensüberzeugungen umgeht und wie man mit ihnen gemeinsam isst.

Als wir weiterhin allein unterwegs waren, wurde er immer mehr wie ein Vater für mich und er zeigte mir so viel Zuneigung, als sei ich sein eigener Sohn. Obwohl wir nie sprachen, wurde mir klar, dass durch eine Zuneigung des Herzens alle Sprachbarrieren überwunden werden können. Durch eine einfache Geste, einen Fingerzeig, ein Lächeln oder Stirnrunzeln lehrte er mich, was immer ich zu lernen hatte. Einem Außenstehenden mochte er als furchterregender, ungepflegter Hüne von einem Mann erscheinen, der durch große Entsagung verhärtet zu sein schien und außerdem einen eisernen Dreizack trug. Aber ich fand, dass er einer der liebevollsten und sanftmütigsten Männer war, die ich jemals kennengelernt hatte. Was immer wir auch an Nahrung sammelten, er ließ mich immer zuerst essen, bis ich vollkommen satt war; erst dann nahm er selbst etwas davon. Wenn ich es ablehnte zuerst zu essen, gelang es ihm, mich einfach mit seinem unschuldigen Blick umzustimmen. Und jedes Mal, wenn er mich anschaute, füllten sich seine Augen mit Tränen der Zuneigung. Dieser Mensch war ein solch überbordender Quell der Zuneigung und ich empfand eine Liebe für ihn, die etwa vergleichbar war mit der Liebe, die ich einem Freund fürs Leben entgegenbringen würde.

Von ihm und den anderen, die ich traf, begann ich mehr über die verschiedenen Manifestationen von Gott, oder *Deitys**, zu lernen, die das Pantheon der hinduistischen Religionen bildeten. Ich war mir nicht sicher, was ich von all diesen Gottheiten halten sollte; die vielen Formen, die sie annahmen, waren mir alle ziemlich fremd. Aber ich konnte die tiefe Liebe und Hingabe sehen, die diese Manifestationen in den Menschen hervorriefen. Ich war offen und sehr daran interessiert, das zu verstehen.

Kailash Baba war ein Verehrer Shivas und sang unaufhörlich das Mantra „*Om Namah Shivaja*". *Shiva* ist der Aspekt Gottes, der über die materielle Existenz und ihre Zerstörung waltet. Wenn wir die Waldwege entlang gingen, rief er die Namen von Shiva „Jai Sankar", „Hey Vishwanath", „Hey Kedarnathji" und „Hey Uma Mata". Immer wenn wir auf andere Shiva-Anhänger oder Shivaiten stießen, sangen wir gemeinsam. Wenn der Gesang dann seinen Höhepunkt erreichte, versank Kailash Baba in eine Trance und spielte dabei so wild auf seiner *Damaru*-Trommel, dass es schon fast ohrenbetäubend laut war. Diese Trommel machte die Sadhus ganz wild vor Freude. Sie bewegten ihre Köpfe frenetisch hin und her, wobei ihr verfilztes Haar von einer Seite auf die andere schwang. Manche klatschten, andere sprangen auf und vollführten einen mystischen Tanz.

Kailash Baba besaß ein hohes Ansehen unter diesen heimatlosen Sadhus. Ein älterer Asket im Wald vertraute mir an, dass Kailash Baba wohl mehrere Hundert Jahre alt sein könnte. Keiner wusste genau, wie alt er wirklich war. Er besaß übernatürliche yogische Kräfte und war imstande, Kranke zu heilen und außergewöhnliche Taten zu vollbringen. „Vor ungefähr dreißig Jahren habe ich miterlebt, wie er solche Wunder vollbrachte", sagte dieser Mann. „Menschenmassen strömten zu ihm und

---

* *deity* ist eine Repräsentation Gottes auf dem Altar, die mit *Pujas*, mit Ritualen und Zeremonien verehrt wird (Anm. d. Übers.)

verehrten ihn wie Gott. Aber“, erzählte er mir, „Baba wurde klar, dass es bei einem Gott zugewandten Leben nicht darum geht, mystische Kräfte oder Ruhm zu erlangen. Er schwor, nie wieder von seinen Kräften zu sprechen oder sie zur Schau zu stellen. Er hatte weder Schüler noch einen Aschram, sondern zog allein in den Wäldern des Himalaja herum.“ Es überraschte mich nicht, als ich erfuhr, dass Kailash Baba große yogische Kräfte besaß. Das faszinierte mich. Doch was mich am allermeisten beeindruckte, waren sein Charakter und seine Hingabe, mit der er seinem spirituellen Pfad folgte.

Die Tage vergingen und ich bekam das Gefühl, dass Kailash Baba sich gern zurückziehen wollte. Ich wollte mich ihm nicht aufdrängen und wusste, dass es an der Zeit war, weiterzuziehen. Ich verbeugte mich zu seinen Füßen und bat ihn um seine Segnungen. Baba lachte herzlich und mit Tränen in den Augen umarmte er mich mit einer Bärenkraft und gab mir seinen Segen, indem er ein Mantra rezitierte. Ich war berührt von seiner vollkommenen Losgelöstheit und der Sanftheit seines Herzens, als er mich verabschiedete. Wir liebten uns wie Vater und Sohn, aber als umherziehende Sadhus spürten wir, dass wir uns nie wieder sehen würden.

Diese bittersüße Erfahrung, liebevolle Beziehungen aufzubauen, dann weiterzuziehen und diese Menschen nie wieder zu sehen, gehörte zu dem von mir erwählten Lebensstil. Es war schwer für mich, aber der Trennungsschmerz hielt die Freude an unserer Beziehung in meinem Herzen lebendig. Als ich mich umdrehte und von Kailash Baba fortging, betete ich, ihn niemals zu vergessen. Das ist mir gelungen.

Ungefähr zu dieser Zeit schrieb ich einen Brief an meine Familie, um sie an meinen Erfahrungen und Erkenntnissen teilhaben zu lassen.

Liebe Familie,
besser in Armut leben, als seine Seele für einen leeren Palast aus Gold zu verkaufen. Besser als völlig Unbekannter leben, als seine Seele zu verkaufen, um die leeren und nutzlosen Versprechungen von Ruhm und Ehre zu genießen. Wenn es keine innere Freiheit gibt, existiert auch kein Leben. Besser sofort sterben, als der Suche nach dem Ideal des eigenen Lebens beraubt zu werden.

Hier in Osten habe ich von großen Persönlichkeiten vieles gelernt, das für mich von unschätzbarem Wert ist. Solch ein Studium, bitte versteht mich, braucht viel Zeit. Ich habe eigentlich gerade erst damit angefangen, mich an dieses gewaltige Studium zu machen. Ich bin selbstsüchtig und egoistisch. Ich bin unwissend und der Wahrheit gegenüber blind. Ich bin vielleicht derjenige, der am weitesten entfernt ist, Gott zu kennen. Und so benötigt ein Narr, wie ich es bin, viel Zeit, um das herrliche Licht der höchsten Wahrheit zu sehen, das in Euch und mir scheint.
In Liebe,
Richard

Der Funke spiritueller Sehnsucht, der sich in meiner Kindheit entzündet hatte, war beim Beten in einer Kathedrale in Florenz zu einer Flamme entfacht worden. Diese Flamme loderte noch stärker, als ich auf der Insel Kreta meditierte und wurde schließlich noch höher und heißer geschürt durch meine Herausforderungen im Mittleren Osten. Seitdem ich im Himalaja in der Gesellschaft Heiliger umherwanderte, loderte dieses heilige Feuer in mir noch heftiger. Ich entschied mich, mein Leben allein diesem Zweck zu widmen und betete zum Herrn, mir zu helfen.

Ich war jetzt zwanzig Jahre alt. Durch meinen beschwerlichen Lebensstil hatte sich mein Gewicht auf fünfzig Kilo reduziert. Die einzige Kleidung, die ich trug war durch den Schlamm der Flüsse, Teiche und Bäche, in denen ich sie wusch, schon ganz grau verfärbt. Das Wetter hatte meine Haut rau und hart werden lassen, meine Lippen waren rissig und mein Haar verfilzt. Ich trug billige Gummisandalen; meine Füße waren durch das Laufen auf dem Waldboden braun gefärbt und die Ränder meiner Fersen waren von Rissen übersät. Das Leben, das ich gewählt hatte, verlangte meiner Gesundheit einiges ab, aber ich kümmerte mich nicht darum – meine Sehnsucht nach Erleuchtung brannte jetzt mehr denn je. Ich liebte das Leben als heimatloser Sadhu. Ich freute mich schon auf das nächste Abenteuer und genoss es, in der Gegenwart großer Seelen, die auf ihrem spirituellen Pfad schon weit fortgeschritten waren, etwas zu lernen. Während ich so durch den Wald streifte, stellte ich mir häufig die Frage, *ob ich wohl jemals meinen eigenen Pfad finden würde und auch den Lehrer, dem ich folgen sollte?*

Einmal war ich in Dev Prayag und wurde in einem nahegelegenen Aschram zu einer Mahlzeit unter Sadhus eingeladen, als ein Yogi auftauchte, der aus dem Dschungel gekommen war. Keiner kannte ihn. Er lud die Ärzte der Stadt zu einem Treffen an diesem Abend ein. Nachdem bereits einige Ärzte eingetroffen waren, erschien er und provozierte sie mit donnernder Stimme: „Ihr seid so vom Materialismus infiziert, dass ihr der modernen Wissenschaft mehr Glauben schenkt als unserem eigenen Erbe. Gott hat mich aus dem Wald herausgebracht, um euren törichten Stolz zu brechen. Dank yogischer Kräfte werde ich meine ganzen Körperfunktionen herunterfahren und sterben. Ihr könnt mich dann mit euren medizinischen Geräten untersuchen. In genau dreißig Minuten werde ich von den Toten auferstehen."

Er setzte sich mit aufrechtem Rücken in den Lotossitz und atmete ungefähr zwanzigmal heftig ein und aus. Dann atmete er ganz ein, hielt den Atem an und saß regungslos da. Alle Ärzte untersuchten ihn mit Stethoskopen und anderen Geräten, aber es waren weder Herzschlag, Atem noch Puls festzustellen. Sie waren erstaunt. „Er ist klinisch tot!", rief ein Arzt. Skeptisch trat ich hervor und lieh mir ein Stethoskop aus, um seinen Puls und Herzschlag zu überprüfen, aber es gab keinen.

In Neu-Delhi hatte mir Swami Rama eine faszinierende Vorausschau auf die Kräfte des Yoga gegeben. Während meiner Zeit im Himalaja hatte ich *Pranayam* (Atemübungen), *Asanas* (Körperhaltungen) und stille Meditation praktiziert, um meinen Geist und Körper mit der göttlichen Kraft in Einklang zu bringen. Ich hatte gesehen, was für unglaubliche Auswirkungen diese Praktiken haben und erkannte ihre großen Vorteile für die Gesundheit. Ich sah auch, wie die Praktizierenden fähig waren, ungewöhnliche physische Zustände herbeizuführen. Aber diese Szene war wirklich erstaunlich.

Genau dreißig Minuten später atmete der Yogi aus, öffnete seine Augen, stand auf und ging zurück in den Dschungel. Er verlangte von niemandem etwas dafür. Er wollte diesen Skeptikern einfach zeigen, welche Kraft Yoga hat. Die Ärzte und ich standen da und schauten ihm erstaunt hinterher, als er sich entfernte, um in die Wildnis zurückzukehren.

Wo immer ich auch hinkam, sprachen die Leute ehrfurchtsvoll von einer Heiligen namens Anandamayi Ma. Ich selbst hatte in dem Klassiker *Autobiographie eines Yogi* von Paramahansa Yogananda etwas über sie in dem Kapitel „Die glückselige Mutter von Bengalen" gelesen. Am Ufer des Ganges in Dev Prayag erzählte mir ein Sadhu, dass sie in der Stadt Dehradun im Himalaja lebte. „Ich nehme heute den Bus und besuche die heilige Mutter", sagte er. „Du kannst gern mitzukommen."

Gleich nach unserer Ankunft im Dorf betraten wir einen idyllischen Innenhof, in dem sich viele Anhänger der Mutter versammelt hatten. Alle wollten sie unbedingt sehen. Mein Begleiter verschwand. Eine kleine Menschenmenge versammelte sich um mich und einige ihrer Anhänger erzählten mir Geschichten aus dem Leben ihrer spirituellen Meisterin.

Ich erfuhr, dass Anandamayi Ma, die auch die spirituelle Meisterin der Premierministerin Indira Ghandi war, Ende des 19. Jahrhunderts in einem kleinen Dorf in Ost-Bengalen geboren worden war. Bereits in ihrer Kindheit waren ihr weltliche Verlockungen gleichgültig und sie versetzte ihre Familie immer wieder mit ihren spirituellen Trancezuständen in Staunen. Als ihre Anhänger mir von ihren Trancezuständen, ihren Wundern und ihrem Mitgefühl erzählten, konnte ich es kaum erwarten, sie zu treffen. In diesem Moment standen alle auf, denn eine zierliche Frau in einem weißen Sari erschien im Hof. Sie begrüßte uns mit zum Gebet zusammengeführten Händen und setzte sich auf einen Stuhl. Ihre Augen glänzten vor Freude. Sie war zwar schmal und zart, aber dennoch ging eine überirdische Kraft von ihr aus. Obwohl die Zeit ihre Spuren in ihrem Gesicht hinterlassen hatte, strahlte es dennoch wie das Gesicht eines verspielten Kindes. Sie schien weise und bescheiden wie eine universelle Mutter und versprühte gleichzeitig auch die überbordende Freude eines unschuldigen kleinen Mädchens. Ihr Auftreten war so zart wie die Blume, die sie in der Hand hielt, und dennoch merkte man, dass sie eine unerschütterliche Willenskraft besaß.

Lächelnd leitete sie uns an, die heiligen Namen Gottes zu chanten, dazu klatschte sie in die Hände. Nach einigen Momenten der Stille sprach sie über Liebe, Weisheit und Selbstlosigkeit. „Liebe ist immerwährende Vergebung", begann sie. „Weisheit bedeutet, alles in Verbindung mit dem Ganzen zu sehen. Wenn man versteht, dass alles ihm gehört, wird man frei von allen Sorgen." Anmutig legte sie ihre Hand aufs Herz und schloss die Augen. „Alles Leid entsteht aus dem egoistischen Verständnis von Ich und Mein. Alles Leid entsteht dadurch, dass wir uns von Gott abwenden. Wenn wir mit ihm zusammen sind, verschwindet all unser Kummer. Durch Leid vertreibt der Herr Leid und durch Unglück vernichtet er Unglück. Wenn das vollbracht ist, schickt er kein Leid und kein Unglück mehr. Daran sollten wir immer denken."

Mein Herz war tief berührt von dem liebevollen Austausch zwischen der Mutter und ihren Kindern. Ein leichter Wind ließ die Blätter der Bäume sanft rascheln. Anandamayi Ma schaute auf, hielt kurz inne und betrachtete einen zwitschernden Spatzen. Am Gesichtsausdruck ihrer Anhänger konnte man deutlich erkennen, wie sehr jeder an ihrer sanften Art Gefallen fand. „In dieser Welt sind wir einem ständigen Auf und Ab von Freude und Leid ausgeliefert", fuhr sie fort. „Es kann hier keine Sicherheit und keine Stabilität geben. Die kann man allein in Gott finden. Das Leiden kommt zu uns, um uns daran zu erinnern, unsere Gedanken auf Gott zu richten, der uns Trost gibt. Wann immer es euch möglich ist, singt die heiligen Namen. Seinen Namen zu wiederholen bedeutet in seiner Gegenwart zu sein. Wenn ihr mit Gott, dem größten Freund, verbunden seid, wird er euch sein wahres Wesen offenbaren."

Ihr sanfter Blick erweckte Glauben und Hoffnung und ihre einfache, bescheidene Art brachte Frieden in mein Herz. Obwohl sie sich selbst einfach für ein Kind hielt, akzeptierten alle Anwesenden sie als Mutter. In der Zeit, die ich bei ihr verbrachte, sah ich, wie entsagte Sadhus, Yogis und Swamis – die normalerweise von Frauen Abstand halten – ihr zu Füßen saßen und sie um ihre Segnungen baten.

Eines Tages saß ich allein im Innenhof, als Anandamayi Ma freundlich näher kam. Um meine Ehrfurcht zu zeigen, kniete ich nieder und berührte ihre Füße. Sie hüpfte etwas zurück und ihr Gesichtsausdruck spiegelte ihre Demut wider. Es schien, als habe ich sie in Verlegenheit gebracht. Augenblicklich überkam mich ein Schuldgefühl. In ihrer sanften Gegenwart hatte ich versucht, ihr meine Ehrfurcht und meinen Respekt zu zeigen und fühlte mich dennoch, als hätte ich auf barbarische Weise gehandelt. Was hatte ich getan? Ich verstand, dass sie – obwohl sie ein erhabenes Wesen war – aus Demut lieber nicht wollte, dass ihre Anhänger ihre Füße berührten.

Ich fühlte mich gedemütigt, allerdings schien sie mir meine Tat nicht übelzunehmen, denn sie nahm einfach auf einem Stuhl in der Nähe Platz. Mit einem kindlichen Lächeln verdrehte sie ihre Augen nach oben und ihre Augenlider begannen zu zucken, bis sich ihre Augen schließlich ganz schlossen. In der Stille dieses Augenblicks trat sie in einen Zustand der Trance ein. Ich spürte, wie eine Aura mütterlicher Zuneigung von ihrer regungslosen Gestalt ausging. Geheimnisvoll strahlte ihr Gesicht wie das eines engelsgleichen Kindes. Es herrschte eine vertrauliche Stille, als sie aus ihrer Trance kam. Sie lächelte und gab mir ein Zeichen, näher zu kommen. Ihre Augen sprühten voller Zuneigung und dennoch schienen sie gänzlich frei zu sein von jeglichen Wünschen. Schweigend berührte sie ihre Nase und ihre Lippen mit einer Lotosblüte. Diese legte sie in meine Hand, stand auf und entfernte sich.

Tief in meinem Herzen verwahrte ich diese Erfahrung und setzte meine Pilgerreise fort. Als Sadhu zu leben, war eine ernste Angelegenheit, aber ich wusste das auch immer mehr zu schätzen. Man musste einiges aushalten: den kalten Winter ohne warme Kleidung und ohne einen Schutz außer der bloßen Erde am Flussufer, im Dschungel oder in einer Höhle; man war Tag und Nacht Insekten und Tieren ausgeliefert; bei Krankheit hatte man keine Hilfe und vor allem war man ganz allein. Dennoch gab ich nicht auf. Von Dehradun wanderte ich Richtung Nordwesten höher hinauf in den Himalaja nach Uttar Kashi, das vielen als das „Tal der Heiligen" bekannt ist. Seit Urzeiten hatten Yogis in diesem Wald Zuflucht gefunden, um in Einsamkeit zu leben und zu meditieren. Ich wanderte umher und entdeckte eine Höhle hoch oben auf einem Berg. Von dort aus blickte ich hinunter in den Wald.

An manchen Tagen tauchte immer wieder ein Leopard auf. Ich beobachtete, wie er auf der Jagd durchs Unterholz streifte. Einmal sah ich, wie er sich zum Angriff bereit machte und auf ein nichtsahnendes Reh sprang und seine Reißzähne tief in das Tier bohrte, das augenblicklich zu Boden sank. Es gab auch umherziehende Rudel von braunen und weißen Affen, die miteinander kämpften, von Ast zu Ast sprangen und nach

Früchten und Beeren suchten. Gescheckte Rehe kauten grüne Blätter, Gras und Sträucher, während sie – aus Angst vor Raubtieren – nervös von einer Seite zur anderen blickten. Vögel mit farbenprächtigem Gefieder flogen umher auf der Suche nach Knospen, Insekten oder Beeren. Eine Königskobra glitt auf dem Boden entlang und auf Bäume hinauf, um ihre Beute zu verschlingen, ohne zu ahnen, dass sich von hinten ein Mungo anschlich, der bereit war, sie in Stücke zu reißen. Das waren meine Nachbarn und ich war Gast in ihrer Heimat. Ich erinnerte mich, wie mir Kailash Baba beigebracht hatte, die richtige Einstellung gegenüber solchen Kreaturen zu entwickeln, und ich betete darum, furchtlos zu sein. Jedes einzelne Lebewesen befand sich in einem Kampf ums Überleben, weil die Starken die Schwachen ausbeuten. Aber in der menschlichen Lebensform, dachte ich, gilt es etwas viel Bedeutenderes anzustreben.

Hier in meiner Wohnstätte im Wald holte ich oft das Bild des blauen Jungen aus meiner Tasche, der mich in Neu-Delhi gefunden hatte und meditierte über ihn. Ich fühlte mich immer mehr zu dieser wunderschönen Person, die auf einer Flöte spielte, hingezogen und fragte mich, wer er wohl sein mochte. Dennoch fragte ich niemanden. Ich hatte das Gefühl, dass mir seine Identität nach Gottes Plan offenbart werden würde.

An einem Tag im Frühling saß ich allein im Innenhof eines Tempels im Himalaja und lauschte der Stille des Morgens. Gelegentlich hörte ich das leise Summen einer schwarzen Biene, die von Blume zu Blume flog, um nach Nektar zu suchen. Ich beobachtete sie und merkte, dass ich einen ähnlichen Lebensstil angenommen hatte wie sie. Ich zog von Ort zu Ort, um den Nektar des spirituellen Wissens und der Inspiration zu sammeln, wobei ich mir einfach noch nicht im Klaren darüber war, welchen Ort, Pfad oder Lehrer ich wählen sollte.

Plötzlich hörte ich in der Ferne ein Kind nach seiner Mutter schreien. Ich fühlte mich spirituell gesehen wie ein Baby, obwohl mir die spontane Fähigkeit fehlte, genauso aufrichtig zu weinen. *Wann,* fragte ich mich, *wird der Tag kommen, an dem ich nach meinem geliebten Herrn so rufen werde wie dieses Baby nach seiner Mutter?*

Später, als ein leichter Wind vom Himalaja herab durch den Innenhof pfiff und die sprießenden Blätter zum Rascheln brachte, dachte ich darüber nach, was die Voraussetzung dafür war, die Essenz des Lebens zu erkennen, und schrieb meine Gedanken in einem Brief an meine Familie nieder.

Wie sieht's bei Euch auf der anderen Seite von Mutter Erde aus? Mir scheint, je freundlicher wir sind, desto mehr Freundlichkeit erkennen wir überall um uns, und je gütiger wir sind, desto mehr Güte erkennen wir überall um uns.
Richard

Plötzlich ertönten Gongs und ein paar Dorfbewohner versammelten sich im Innenhof des Tempels, der nicht mehr als eine kleine Lichtung war in einem dichten Wald aus riesigen Banyan-, Neem- und Tamarinden-Bäumen und wilden Tieren, die in der frischen Bergluft umherschlichen. Die Dorfbewohner verehrten einen *Deity*, der in der Form einer Steinstatue in einem kleinen, aus Ziegeln gebauten Tempel stand. Nachdem sich die Dorfbewohner verbeugt hatten, blickten sie innig auf den Deity und brachten ihm Gebete, Kerzen und Blumen dar. Aufgrund meines jüdischen Hintergrundes und meines Studiums des Christentums und Islams fühlte ich bei dieser Art, Gott zu verehren, ein gewisses Unbehagen und nahm nicht teil. War das Götzenanbetung? Ich wusste es wirklich nicht. Ich versuchte, mich mit meiner Neigung, Dinge zu bewerten, zurückzuhalten und hoffte, in Zukunft besser zu verstehen, was es mit dieser Art der Verehrung auf sich hatte.

An diesem Tag kam eine faszinierende Seele auf mich zu; ein wandernder Sadhu namens Balashiva Yogi. Er mochte vielleicht Anfang vierzig sein und war klein und rundlich. Sein Haar war schwarz und gewellt, seine Augen leuchteten und seine kleine Nase und seine Augenbrauen zuckten unentwegt im gleichen Takt. Er benahm sich wie ein rastloser Jugendlicher, war etwas leichtsinnig und gesprächig, erzählte sogar Witze und bewegte sich ständig hin und her. Wenn er um Almosen bat, bestand er darauf, dass man ihm Süßigkeiten gab, ein Charakterzug, der mir bis zu diesem Zeitpunkt bei einem Bettelmönch des Himalaja noch nicht begegnet war. Aber sobald es an der Zeit war, seine Yoga-Praxis auszuführen, wurde er zum Inbegriff stoischer Intensität. Dank seiner vielschichtigen Persönlichkeit war er ein willkommener Begleiter. Wir verbrachten also einige Tage gemeinsam in enger Freundschaft, bis ich eine Stimme vernahm, die mich aufforderte, höher in den Himalaja hinaufzugehen.

Als ich mich verabschiedete, ergriff Balashiva meinen Arm. „Nein", sagte er, „ich bestehe darauf, dass du heute Abend zu meinem Vortrag kommst. Bitte!?" Je mehr ich es ablehnte, desto inständiger bat er mich. Ich gab schließlich nach. Ich kam in den Vortragssaal und blickte auf mehrere Hundert Menschen, die sich vor einem Podest versammelt hatten, auf dem Balashiva stand. Ich saß auf einem Stuhl links von der Bühne. Er eröffnete den Abend damit, dass er dem Publikum die flache Hand zeigte, sodass jeder sehen konnte, dass sie leer war. Dann schloss er die Hand, versank in einen meditativen Zustand und öffnete, zum Erstaunen der Menge, seine Hand, in der nun ein langer schwarzer Stein lag. Es war ein *Shiva-Lingam*, ein Deity von Shiva. Es schien so, als sei der Stein einfach aus seiner Hand herausgewachsen. Die Menge stand da wie gelähmt. Soweit ich das beurteilen konnte, handelte es sich nicht um einen magischen Trick, sondern um wahre Magie. Er stellte den Shiva-Lingam auf das Podium. Dann chantete er Mantras und ließ dabei Asche in seiner Hand entstehen. Diese mystische Asche kam ununterbrochen aus seiner nackten Handfläche und berieselte den Lingam. Innerhalb von ungefähr einer Minute war der Stein unter einem Berg von Asche begraben. Das Publikum, ich selbst mit einbegriffen, war gebannt.

Ein älterer Herr stand auf und lobte den Yogi, während ihn eine alte Frau anguckte, als sei er Gott. Als die Vorführung beendet war, drängte die Menge nach vorn, um ihn zu verehren. Ich ging ein Stück zurück und wunderte mich, wie ein solch einfacher, ruheloser Mann solche Kräfte besitzen konnte. Balashiva Yogi erhob seine offenen Handflächen und wendete sich mit donnernder Stimme an die Versammlung. „Meine Damen und Herren, was Sie gerade gesehen haben, nennt sich *Prapti Siddhi* und ist eine yogische Kunst. Sie erscheint einem nur dann übernatürlich, wenn man die Wissenschaft dahinter nicht versteht. Durch yogische Disziplin kann man lernen, die grobstofflichen Elemente der Natur zu manipulieren, indem man die feinstofflichen Elemente mit dem Geist kontrolliert." Er zog die Augenbrauen zusammen und warnte: „Aber lassen Sie sich nicht täuschen. Was Sie gesehen haben, ist nicht spirituell, sondern es ist eine materielle Fähigkeit, die durch Meditation und Entsagung erreicht wurde. Ich bin nicht Gott, noch ist es irgendjemand anderes, der solche übernatürlichen Taten vollbringt. Ich bin nur ein gewöhnlicher Mensch mit ein paar yogischen Kräften." Mit beiden Händen warf er etwas von der Asche in die Luft und erklärte: „Ich kann Asche erschaffen. Gott kann Universen erschaffen." Er hielt einen Augenblick inne und feuerte dann seine letzte Botschaft ab: „Wahres spirituelles Leben bedeutet zu verstehen, dass wir jenseits von Körper, Geist und Ego sind, die Seele im Inneren und Gott zu erkennen und selbst göttliche Eigenschaften zu entwickeln. Das allein wird uns Frieden bringen."

Als die Menschen sich anstellten, um Segnungen von Balashiva Yogi zu erhalten, kam er dorthin, wo ich stand. „Bist du froh, dass du geblieben bist?", fragte er.

„Ja, danke", sagte ich. Natürlich war ich tief beeindruckt von seinen Kräften, aber mehr als das wusste ich seine Aufrichtigkeit zu schätzen, mit der er über die Dinge sprach, die wirklich wichtig waren. Mir wurde klar, dass ich auch früher oder später dazu imstande sein würde, derartige Taten zu vollbringen, wenn ich bei einem dieser Yogis bleiben und von ihm lernen würde. Aber ich verstand auch, dass das ganz und gar nicht das Ziel spirituellen Lebens war. „Bitte segne mich, damit ich deine Worte wirklich umsetzen kann", sagte ich.

Er lachte laut und umarmte mich dabei wie einen alten Freund. Dann hielt er mir seine geöffnete Hand entgegen, um mich zu segnen, schloss sie, öffnete sie wieder und brachte eine heilige *Rudraksa*-Perle, einen rohen, rötlichen mit Asche bedeckten Samen, zum Vorschein. Er legte sie in meine Hand als Zeichen seiner *Vibhuti* oder Segnung.

Auf dem Weg zurück in den Wald dachte ich darüber nach, was ich gerade gesehen hatte. Es war unglaublich, aber nach all dem, was ich bereits im Himalaja erlebt hatte, war das nicht mehr schockierend für mich. Das Unglaublichste, das Balashiva Yogi erreicht hatte, bestand darin, dass er diese Leute, die im Begriff waren, ihn als Gott zu verehren, eben davon abhielt. In Amerika werden Athleten wegen ihrer Schnelligkeit und Kraft verehrt, Entertainer wegen ihrer Schönheit und Talente, Wissenschaftler wegen ihrer Theorien und Erfindungen, Politiker wegen ihrer Reden und ihres Einflusses, Gelehrte wegen ihrer intellektuellen Fähigkeiten und Business-Männer und -Frauen wegen ihres Reichtums. In Indien werden Yogis dafür verehrt, dass sie die feinstofflichen Energien kontrollieren können. Balashiva Yogis Aufrichtigkeit beeindruckte mich. Wahre Spiritualität heißt Gott zu erkennen und göttlich zu sein und nicht, seine Kräfte zur Schau zu stellen. Da die Menschen keine Wertschätzung mehr für die Macht Gottes haben, lassen sie sich schnell von dieser Art von Taten faszinieren. Ich setzte mich unter einen ausladenden Banyan-Baum und dachte darüber nach, warum die Menschen so begierig danach sind, solche Dinge zu sehen. Überall, wo wir hinschauen, sind wir Zeuge von Gottes unübertroffenen Wundern, aber weil wir sie jederzeit sehen können, halten wir sie für selbstverständlich. Ich hob einen Samen auf und schaute ihn mir genau an. Gott hat einen gigantischen Banyan-Baum in diesen kleinen Samen gesteckt und jeder Baum produziert weitere tausend solcher Samen. Das ist ein Wunder. Und eine einzige Wolke, so leicht sie auch in der Luft schweben mag, speichert genug Wasser, um eine ganze Stadt zu überfluten. Wenn Mann und Frau zusammenkommen, um ein Kind zu zeugen, haben sie keinen technischen Bauplan, aus dem hervorginge, wie sich das Kind in jedem Stadium entwickeln wird. Es passiert einfach. Was für ein Wunder! Jede Lebensform ist mit erstaunlichen Talenten ausgestattet, manche können fliegen, schwimmen, laufen, auf Bäume klettern, Wände emporlaufen oder ganze Zivilisationen erschaffen. Passiert all das nur aus Zufall? Die Schöpfung ist einfach eine endlose Reihe staunenswerter Wunder. Es war schwer, von einem Menschen, der die materielle Welt derart beeinflussen konnte, nicht von Ehrfurcht erfüllt zu werden. Aber Balashiva Yogi hatte ja zu Recht sein gebanntes Publikum provoziert: „Ich kann Asche erschaffen. Gott kann Universen erschaffen."

6

Als ich einmal allein am Rande eines einsamen Fußweges im Himalaja saß, kam eine Furcht einflößende Gruppe von vielleicht zwanzig Mann auf mich zu. Sie trugen eiserne Dreizacke, auf deren Spitzen menschliche Schädel aufgespießt waren und jeder einzelne schwang seinen Dreizack wie eine Prozessionsfahne. Ihre schweren, verfilzten Haare waren auf dem Kopf zusammengebunden und ihre zerzausten Bärte schwangen im Rhythmus des Marsches. Von den Rastalocken bis zu den nackten Füßen waren sie von einer dicken Ascheschicht bedeckt. Sie trugen große *Rudraksa*-Ketten um den Hals und hatten sich das dreilinige Symbol Shivas auf die Stirn gemalt. Um die Hüfte hingen eiserne Ketten, um die sie einen leuchtend roten Lendenschurz geschlungen hatten, um die Leistengegend zu bedecken. Der Lendenschurz war ihre einzige Bekleidung, sogar in der beißenden Kälte. Manche waren auch ganz nackt.

Das waren die *Naga Babas*. Sie hatten sich dem Zölibat verschrieben und wandten häufig tantrische Methoden an, um sexuelles Verlangen auszulöschen oder es auf mystische Art und Weise in psychische Kräfte zu transformieren. Viele von ihnen gaben nichts auf gesellschaftliche Konventionen und wanderten daher nackt umher, was als eine besondere Disziplin galt. Ihr ungeschorenes Haar war einfach eine Methode von vielen, die Aufmerksamkeit vollkommen vom Körper abzulenken, also eine Art der Entsagung. Die Gruppe der Naga Babas existiert seit prähistorischen Zeiten und einige Naga Babas kämpften in Armeen gegen mogulische und britische Eroberer, Buddhisten und sogar gegen andere hinduistische Gruppierungen.

Ich brannte darauf zu verstehen, wie man ein solch hartes Leben führen konnte. Ich nahm all meinen Mut zusammen und fragte, ob ich mit ihnen kommen könne. Einer von ihnen sprach Englisch und fragte die anderen. Sie signalisierten ihre Zustimmung, indem sie ihre Dreizacke hoch über den Kopf hoben und dabei „Jai Shankar!" riefen und zogen mich in ihre Mitte. Schnell wurde ich wie ein Bruder akzeptiert. Nachdem wir eine ziemlich lange Strecke zurückgelegt hatten, hielten wir am Ufer eines Flusses an, um an der Stelle ein Lager zu errichten, wo der Priester namens Dhooni Baba Holz für ein heiliges Feuer gesammelt hatte. Alle Babas saßen um das Feuer herum. Ich näherte mich ebenfalls, um mich zu ihnen zu setzen.

Ein gellender Schrei versetzte mich in Angst und Schrecken. Ich drehte mich um und sah Dhooni Baba vor Wut schreien. Mit seinem Dreizack hoch über dem Kopf stürzte er auf mich zu. Seine Augen waren die reinsten Flammen, seine Lippen zitterten und seine Gliedmaßen erbebten, als er den Dreizack über meinen Kopf schwang. Die versammelten *Nagas* verfluchten mich und warfen mir erzürnte Blicke zu. Ich war vollkommen verwirrt. Was hatte ich getan? Würde mein Leben durch den Dreizack eines Naga Babas sein Ende finden? Ich betete. Einer der Babas, dessen Gesicht vor lauter Entrüstung schon ganz verzerrt war, zeigte auf meine Gummisandalen. Ich riss sie mir von den Füßen und schleuderte sie weit in den Dschungel hinein. Die Nagas starrten mich an. Ich hielt den Atem an und alles war still.

Dann brachen die Nagas in schallendes Gelächter aus und forderten mich auf, bei ihnen zu sitzen. Der Schreck ließ nach, und ich atmete wieder aus und sog einen tiefen Zug kühler Bergluft ein, setzte mich auf den kalten Boden und war immer noch ziemlich verwirrt. Der Baba, der ein wenig Englisch sprach, erklärte: „Das heilige Feuer ist unser Tempel. Schuhe sind nicht erlaubt. Eigentlich waren wir nicht wirklich böse auf dich. Das ist unsere Methode, dir eine Lektion zu erteilen, die du niemals vergessen wirst. Dhooni Baba ist heute sehr gütig zu dir gewesen."

Ich versprach ihm feierlich, dass ich diese Lektion nie vergessen würde. Dhooni Baba grinste.

In die Mitte des Opferfeuers steckten sie einen aufrecht zeigenden Dreizack, der Shiva repräsentierte. Dann sangen sie Mantras und brachten dabei geklärte Butter als Opfergabe dar. Zu einem bestimmten Zeitpunkt in der Zeremonie legten sie eine Tonpfeife, die *Chillum* genannt wird, vor ihren Altar. Als sie immer noch ihre Mantras chanteten, füllten sie das Chillum feierlich mit einer Art Marihuana, das man *Ganja* nennt, und gaben einem höherrangigen Baba die Ehre, als erster zu rauchen. Er hielt das Chillum ehrfurchtsvoll an seine Stirn und chantete Beschwörungen, bevor er rauchte. Dann reichten sie die Pfeife herum und jeder Naga chantete zuerst Mantras, bevor er einen Zug nahm. Als das Chillum mir überreicht wurde, zögerte ich. Ich erinnerte mich plötzlich an diesen verrauchten Keller in Kandahar in Afghanistan, wo ich ein Versprechen vor dem Herrn gemacht hatte. So respektvoll wie ich nur konnte, lehnte ich ab. Ein Schweigen kam über die Nagas. Sie starrten mich unzufrieden an und riefen: „Mahaprasad, Mahaprasad, Shankar Mahaprasad!" Der Englisch sprechende Naga übersetzte: „Das ist Shivas Barmherzigkeit. Du musst sie annehmen und zusammen mit uns rauchen. Das wird dir helfen, über das Unendliche zu meditieren. Wenn du das ablehnst, ist das ein sträfliches Vergehen." Die anderen starrten mich wie ein rachsüchtiger Mob an.

„Ich habe geschworen, nie wieder Rauschmittel zu nehmen", sagte ich leise.

Er übersetzte den Nagas, was ich gesagt hatte. Daraufhin machte sich eine unheimliche Stille breit. Dann stand einer von ihnen auf, sammelte etwas Holz zusammen und legte es in das heilige Feuer. Er hielt kurz inne, blickte mich an und schüttelte missbilligend seinen Kopf. Mir drehte sich alles. *Wird dieses Feuer mein Scheiterhaufen sein?*

Plötzlich lächelten mich alle Nagas an. Dhooni Baba strich mir liebevoll über den Kopf und lachte. Sie akzeptierten mein Gelübde, auf Ganja verzichten zu wollen.

Zu meiner Erleichterung setzten sie einen eisernen Topf aufs Feuer, um Abendessen zu kochen. Als Reis und Dhal fertig waren, brachte Dhooni Baba einen Teil davon dem Feuer dar, indem er Mantras rezitierte. Der Rest davon war geheiligtes Essen, das man *Prasad* nannte, und wurde an die versammelten Nagas verteilt. In dieser Nacht schliefen wir alle dicht am Feuer. Nachdem wir am Morgen in dem kühlen Fluss gebadet hatten, sah ich zu, wie die Nagas ihre Körper mit der Asche des heiligen Feuers einschmierten. Das taten sie immer dann, wenn in der Nähe keine Asche aus einer Verbrennungsstätte zu finden war. Wegen der bitteren Kälte war der beliebteste Aufenthaltsort in der Nähe des

Feuers. Einige Nagas rauchten Ganja, während andere meditierten oder auf ihren *Rudraksa*-Perlen Mantras rezitierten.

Dann sah ich, wie ein älterer Naga vor meinen Augen bewegungslos im Lotossitz saß und ungefähr dreißig Zentimeter über dem Boden schwebte. Ein anderer Baba in der Nähe des Feuers machte das Gleiche. Ich kniff mich, um sicherzugehen, dass ich nicht träumte. Nein, ich war wach, nur in einer anderen Welt, einer Welt rauer, wilder Bettler, die abseits von allem anderen in ihrer ganz eigenen Realität lebten.

Es gibt überall Menschen, die die Gesetze brechen und hier, zurückgezogen in ihrem Waldversteck, sind es diese Naga Babas, die mühelos das Gesetz der Schwerkraft überwinden. Sie sind so sehr in Einklang mit den Gesetzen der Natur, dass es ihnen freisteht, mit ihnen zu spielen, wie es ihnen beliebt.

Während die beiden Nagas in der Luft schwebten, sah ich die anderen an, um zu sehen, wie sie darauf reagierten. Der Rest der Nagas schenkte ihnen keinerlei Beachtung. Schweben war wohl eine gängige Praxis für sie.

Am nächsten Morgen erhielten wir die Anweisung des Gurus dieses Naga-Stammes, zu ihm zu kommen. Wie gingen also zu dem Wald, in dem – wie man mir gesagt hatte – ihr Guru eine strenge yogische Meditation ausführte, bei der er tagelang bewegungslos ganz ohne Nahrung oder Wasser im Lotossitz verharrte. Als wir so durchs Unterholz streiften, erzählte mir der Englisch sprechende Naga, der mein Übersetzer geworden war, von ihrem Anführer. „Er verließ mit zwölf Jahren seine Heimat, um ein Naga Baba zu werden. Er war immer strikt in seiner yogischen Disziplin und rauchte nie Ganja oder sonst irgendein anderes Rauschmittel, wie viele von uns es tun, noch ging er je anderen sinnlichen Freuden nach. Er meditiert fast ununterbrochen und hat übernatürliche Kräfte erlangt, die unbegreiflich sind. Er spricht selten, aber wenn er spricht, hören alle zu."

Es dauerte sechs Stunden, bis wir schließlich zu einer Lichtung im Wald kamen, in dem der Guru der Nagas lebte. Er hatte einen riesigen Körper und saß im Lotossitz. Seine Gestalt pulsierte regelrecht vor Energie. Er musste wohl so um die siebzig Jahre alt sein. Sein graues, verfilztes Haar hing ihm über Rücken und breitete sich auf dem Boden hinter ihm noch mehr als einen Meter weit aus. Nackt und von einer dicken Schicht Asche bedeckt saß er mit geschlossenen Augen da, ganz in Meditation vertieft. Ein Naga Baba schlug mit einem Ast eine primitive Art Pauke, während ein anderer in ein Büffelhorn blies, um den Guru zu wecken und unsere Ankunft anzukündigen. Der Guru öffnete langsam die Augen.

Ohne zu blinzeln, starrte er mich an. Ich zitterte. Alle Babas versammelten sich nun um uns herum, um dem Ereignis beizuwohnen; es war so still, dass man sogar eine Stecknadel hätte fallen hören können. Mit tiefer, brummender Stimme brüllte der Guru: „Warum dein Leben verschwenden? Du wirst jetzt ein Naga!" Er schlug seine Faust gegen seine starke, nackte Brust und rief: „Naga besiegt Illusion. Naga ist MANN." Er zeigte mit seinem Finger direkt in mein Gesicht, schüttelte langsam den Kopf und donnerte: „Du wirst ein Naga Baba. Und zwar jetzt. Nicht morgen. Jetzt!"

Der Blick des Gurus durchbohrte mich. Ich fühlte mich wie eine winzige Maus in der Gegenwart eines brüllenden Löwen und fragte mich, ob schon der bloße Blick des Gurus genügte, um mich in Asche zu verwandeln. Er wartete auf meine Reaktion, genauso wie alle anderen auch. Was sollte ich sagen? Was würde passieren? Ich musste meinem Herzen folgen und schwieg. Einige Sekunden vergingen, die mir vorkamen wie eine Ewigkeit. Der Naga-Guru schien meine Gedanken lesen zu können. In dieser Stille vertraute ich plötzlich darauf, dass er mich verstehen würde – ich hatte durchaus eine Wertschätzung für seinen Pfad, aber es war nicht meiner.

Mit einem anerkennenden Blick hob er seine starke, mächtige Hand, schloss seine Augen in Meditation und gab mir seine Segnungen. „Ja, Gott wird dir helfen", sagte er. Die Naga-Babas priesen das Glück, das mir widerfahren war, und wandten sich wieder ihren Aufgaben zu.

Durch seine yogische Disziplin strahlte dieser Naga-Guru eine überirdische Kraft aus, die sowohl Ehrfurcht als auch Angst einflößte, und seine Entschlossenheit schien so unerschütterlich zu sein wie der Himalaja. Ich fühlte mich geehrt, ihn getroffen zu haben, spürte aber, dass ich besser weiterziehen sollte.

Am nächsten Tag verbeugte ich mich vor dem Anführer und bat ihn um die Segnung, meine Pilgerreise fortführen zu können. Alle Nagas erhoben ihre Dreizacke und segneten mich, indem sie ausriefen: „Jai Shankar!“ Ich drehte mich um und ging allein den Waldweg entlang, barfuß. Diese bestimmte Gruppe der Naga Babas pflegte eine selten anzutreffende Kameradschaft untereinander. Ihre Loyalität zur Gruppe und ihre gegenseitige Loyalität war echt und währte das ganze Leben lang. Wo immer sie hinkamen, reagierten die Menschen meist mit Angst und Furcht auf sie, denn sie waren wild und derb und führten ein strenges Leben. Jedoch war das auch ihre ganz eigene Art und Weise, mit der sie danach trachteten, Gott näher zu kommen.

Ich machte mich auf den Weg nach Badrinath, einer Stadt hoch oben im Himalaja. Nach alter Tradition wanderten Männer in der letzten Phase ihres Lebens dorthin, um nicht mehr zurückzukehren. Aber für mich erwies sich diese Reise als unmöglich, da die Wege aufgrund von Schnee und Lawinen unpassierbar waren. Ich kehrte nach Rishikesh zurück und kam zum *Swarg Ashram*, einem der bekanntesten Aschrams der Stadt, wo ich zu meiner Freude zu einem besonderen Festessen für Sadhus eingeladen wurde. Alle Sadhus saßen gemeinsam auf dem Boden in Reihen einander gegenüber und nahmen das spirituelle Essen, oder *Prasad*, zu sich, das für uns vorbereitet worden war. Ich beobachtete diese alten Sadhus und war erstaunt, wie viel sie bei solchen Anlässen essen konnten und machte es ihnen augenblicklich nach. Als wir fertig waren, wuschen wir uns die Hände und viele von uns legten sich mit der linken Seite auf den Boden, eine traditionelle Methode zur Anregung der Verdauung.

Nachdem ich mich ausgeruht hatte, machte ich mich daran, die Umgebung zu erkunden. Nach kurzer Zeit begegnete ich ein paar wohlhabenden Pilgern, die davon fasziniert waren, einen westlichen Jungen zu sehen, der unter den Sadhus lebte. Wir verbrachten den Rest des Nachmittags auf einer Veranda und unterhielten uns. Am frühen Abend kam ein etwa dreißigjähriger Yogi auf uns zu und bat uns um Almosen, aber meine Gastgeber ignorierten ihn. Er war wütend über diese Zurückweisung und beschloss, ihnen eine ordentliche Lektion zu erteilen. Zuerst stellte er sich auf einen Stuhl und streckte sich nach oben, um eine brennende Glühbirne aus ihrer Halterung zu drehen. Dann zerdrückte er vor den Augen der Pilger die heiße Glühbirne mit der bloßen Hand. Als er seine Faust öffnete, sahen wir, dass er sie in ein feines Pulver zermahlen hatte. Erstaunlicherweise hatte er sich nicht geschnitten, denn es war nicht die geringste Spur von Blut an seiner Hand zu sehen. Und das war erst der Anfang seiner Darbietung. Als Nächstes ließ er das feine, jetzt pulverige Glas in seinen Mund rieseln, schüttete einen Becher Ganges-Wasser hinterher und schluckte alles zusammen hinunter. Die Pilger waren äußerst erstaunt. Sie alle gaben ihm nun eine großzügige Spende und fragten ihn, ob er noch mehr seiner Fähigkeiten vorführen könne.

Für das nächste Kunststück ging der Yogi zu einer Baustelle in der Nähe und kam mit einem langen Stab aus Stahl zurück. Eines seiner Augen bedeckte er mit einem dünnen Stofffetzen, hielt den Metallstab zwischen diesem Auge und einer Wand fest und bewegte sich langsam vorwärts in Richtung Wand. Die Metallstange bog sich mit jedem Schritt mehr, bis der Yogi schließlich an der Wand angekommen war und die beiden Enden der Stange einfach nur mit seinem bloßen Auge umgebogen hatte. Er warf die jetzt u-förmige Stange zur Seite und nahm den Stofffetzen von seinem Auge, das jetzt zwar stark gerötet, aber völlig unversehrt war.

Ich hatte schon so viele Yogis mit solchen Fähigkeiten gesehen, dass es für mich fast nichts Außergewöhnliches mehr war. Aber die Pilger überhäuften ihn jetzt mit Geld und fragten ihn, wie er diese Fähigkeiten erworben habe. Er massierte sein Auge mit der Hand und erklärte: „Ich habe zwanzig Jahre mit meinem Guru in einer Höhle im Himalaja gelebt. Guruji merkte, dass ich die Fähigkeiten, die er mich lehrte, ausnutzte, um Ansehen und Geld dafür zu bekommen. Er lehnte mich ab, verbannte mich aus dem Aschram und verdammte mich dazu, zurück in die Gesellschaft zu gehen." Er warf seine Spenden in seinen Stoffbeutel und fuhr fort: „Jetzt verdiene ich Geld, um eine Familie zu gründen. Und da ich zum Yogi ausgebildet wurde, weiß ich nichts anderes, als meinen Lebensunterhalt auf diese Weise zu verdienen."

Ich hatte von vielen gelernt – angefangen von Swami Rama, der seinen Herzschlag verändern und Objekte mit der Kraft seines Geistes bewegen konnte, bis hin zu meinem energischen Freund, der eine *Rudraksa*-Perle materialisiert hatte – und wusste, dass solche Taten nicht höher anzusehen waren als einfache Hingabe zu Gott. Dennoch war mir erst in diesem Moment klar geworden, dass mystische Kräfte vielleicht überhaupt nicht spirituell waren. Diejenigen, die imstande waren, den scheinbaren Gesetzen der Natur entgegenzuwirken, hatten mich natürlich beeindruckt und so vieles von dem, was ich gesehen hatte, schien übernatürlich. Doch jetzt erkannte ich, dass solche Kräfte wirklich unwesentlich waren, wenn sie nicht zu einer sinnvollen Suche nach Gott beitrugen. Was ich suchte, war mehr als das.

In der Zeit im Himalaja hatte ich zwar so viele wertvolle Erfahrungen gesammelt, aber ich wusste immer noch nicht, welche Form der Verehrung ich selbst praktizieren wollte, und daher hatte ich immer noch den Wunsch, mir einen Überblick über die reiche Vielfalt der Verehrung auf dem ganzen indischen Subkontinent zu verschaffen. Die Aussicht, Varanasi zu besuchen, eine hoch spirituelle, in der indischen Literatur immer wieder gepriesene Stadt, und mein Interesse, mehr über Buddhismus und seine Anhänger in Bodh Gaya zu erfahren, lockten mich in südöstlicher Richtung in die Ebene.

Ich war im Begriff, den Himalaja hinabzusteigen, aber ich wusste, dass ich wieder hierher zurückkommen würde. Diese vier Monate kamen mir vor wie ein ganzes Leben und hatten mir so viele neue Eindrücke ermöglicht, die ich noch nicht einmal verdaut hatte. Ich kehrte zu meinem geliebten Felsen im Ganges zurück und hörte dem Lied des Flusses zu. Hier ließ ich mir noch einmal alles, was ich im Himalaja erlebt hatte, durch den Kopf gehen. Ich sah den Sadhu, der mich angewiesen hatte, meine westliche Kleidung in den Fluss zu werfen und stattdessen die Kleider eines Sadhu anzunehmen. Ich vergegenwärtigte mir die Juwelen der Weisheit, die ich gesammelt hatte, als ich einfach dem Fluss zugeschaut hatte, ich erinnerte mich an meine Mundharmonika, die ich dem Ganges geopfert hatte und sein süßes Lied, das ich stattdessen erhalten hatte. Ich dachte an Swami Cidanandas Einfachheit und Weisheit und an Maharishis Segnungen in Träumen. Ich sah, wie Tat Walla Baba in seine Meditation vertieft war und wie die leprakranke Frau mich gesegnet hatte. Ich dachte an Kailash Babas väterliche Güte und an Anandamayi Mas mütterliches Mitgefühl, an Balashiva Yogis yogische Kräfte, die einzigartigen Belehrungstechniken der Naga Babas und die Lektionen, die ich von den Flüssen, Bergen, Bäumen, dem Himmel und den wilden Tieren erhalten hatte. Als ich mich von den Bergen des Himalaja und von all den Menschen, die dort lebten, verabschiedete, kam es mir vor, als hätte ich den Großteil meines Lebens dort verbracht.

7

Um nach Varanasi zu gelangen, fuhr ich mit dem Zug nach Delhi. Ich schaute aus dem Fenster und sah, wie sich die wunderschönen Ebenen Nordindiens vor mir ausbreiteten. Weite Felder, einige unfruchtbar, andere üppig bewachsen, wurden von Ochsen- oder Büffelgespannen gepflügt. Männer gingen barfuß hinter ihnen her und hielten die Pflüge fest. Allmählich wandelte sich die Landschaft und wir fuhren an Dörfern vorbei, dann durch Städte und schließlich erreichten wir Neu-Delhi, das sich untrüglich an dem intensiven Dieselgestank erkennen ließ. Ständiges Hupen, das Dröhnen der Lastwagenmotoren und überall Menschen, die versuchten, sich durch das Gewimmel zu lavieren. Straßenhändler priesen lauthals ihre Ware an, Kinder schrien und Geldwechsler feilschten um den besten Preis. Die Wälder des Himalaja lagen nun in weiter Ferne und stattdessen fand ich mich in einer verschmutzten Millionenstadt wieder.

Am Connaught Circus schlenderte ich am Brunnen entlang, als ich plötzlich hörte, wie jemand nach mir rief: „Monk! Ich kann's nicht fassen!“ Einen Augenblick später rannte ein blonder Tourist auf mich zu und ergriff meine Hand. Es war Sean, ein Freund mit einer kleinen kanadischen Flagge auf seinem Rucksack, den ich am Piccadilly Circus in London getroffen hatte. Ich freute mich ihn zu sehen, kam jedoch gerade aus einer völlig anderen Welt und war denkbar schlecht auf die nun folgende Unterhaltung vorbereitet. Wir sprachen also miteinander, aber Seans Ausdrucksweise, sein Gehabe und seine Interessen erschienen mir so vulgär und uninteressant. Was war los? Ich hörte ihm höflich zu, wie er über Leute herzog, die wir beide kannten, hörte mir seine Ansichten zur Weltpolitik an und seine Schilderung von seinem Kampf gegen den Durchfall, bei der er mir kein Detail ersparte und sogar die Konsistenz seines Stuhls ausführlich beschrieb. Ich wollte einfach nur wegrennen. Vor weniger als einem Jahr hatte ich mich noch gefreut, mich mit ihm zu treffen. Warum war es jetzt so anders? Hatte er sich verändert? Ich atmete tief ein und realisierte plötzlich, dass ich es war, der sich verändert hatte. Bis zu dem Treffen mit diesem alten Freund konnte ich gar nicht ermessen, wie sehr ich mich verändert hatte. In Seans Gemeinschaft fühlte es sich so an, als hätte ich mich in eine völlig andere Person verwandelt. Einen Moment lang beunruhigte mich diese Erkenntnis, mir war schwindelig und ich zitterte am ganzen Körper. Ich stellte fest, dass ich im Umgang mit einer Welt, die mir so vertraut gewesen war und mir jetzt aber so fremd schien, erst noch mein Gleichgewicht wiederfinden musste.

Sean redete immer noch, aber ich schweifte in Gedanken ab und überlegte, wie das Umfeld und die Gemeinschaft, die wir uns aussuchen, unseren Charakter bis hin zu den grundlegendsten Ansichten über das Lebens formt. In der Nähe schoss ein konstanter Wasserstrahl aus dem riesigen Brunnen hoch in die Luft. Ich beobachtete, wie die Tropfen vom höchsten Punkt der Fontäne herunterfielen und im Becken aufprallten. Ich betete, nicht in die teuflische Falle zu treten, über andere zu urteilen. Da ich einen unkonventionellen Lebensstil pflegte, war ich immer wieder zur Zielscheibe für Leute geworden, die ihre abwertende Haltung keineswegs verbargen. Es wäre unerträglich für mich, wenn ich mich anderen gegenüber genauso verhielt – und dennoch war die Tendenz, alles zu beurteilen so stark. Ich hatte vielleicht nicht mehr die gleichen Vorstellungen oder Gewohnheiten wie Sean. Aber warum sollte ich ihn also nicht respektieren als die Seele, die von derselben göttlichen Quelle entsprungen war, und einfach mein Leben auf die Art und Weise führen, die mir inzwischen so viel bedeutete? All diese Gedanken gingen mir während der Unterhaltung mit Sean durch den Kopf. Später lud er mich ein, mit ihm Mittagessen zu gehen. Ich entschuldigte mich höflich.

„Wie toll, dass wir uns getroffen haben, Monk“, sagte er und schüttelte mir enthusiastisch die Hand.

„Es war höchst aufschlussreich, dich zu treffen, Sean.“

Von diesem Tag an hielt ich mich immer, wenn ich durch Neu-Delhi reiste, im *Hanuman*-Tempel in der Nähe des Connaught Place in der Gemeinschaft von Sadhus auf.

Mein Zug nach Varanasi hielt in Agra, der Stadt mit dem berühmten

Taj Mahal. Einer der großen Vorteile von Zugreisen in der dritten Klasse bestand darin, dass man spontan überall vom Zug herunterhüpfen und dann später einfach wieder auf einen anderen Zug aufspringen konnte, um weiterzufahren. Wie konnte man in Agra halten und nicht aussteigen, um dieses berühmte Mausoleum aus dem 17. Jahrhundert zu besuchen, das als eines der Sieben Weltwunder verherrlicht wird? Als ich den beeindruckenden Torbogen durchschritten hatte, erblickte ich ein langes Wasserbecken, das von Zypressen gesäumt war. An beiden Seiten befanden sich blumenübersäte persische Gärten. Am entfernten Ende des Wasserbeckens lag der Taj Mahal vor dem Hintergrund eines wolkenlosen, blauen Himmels, gesäumt vom Fluss Yamuna. Ich kam näher und bewunderte den handgeschnitzten, weißen Marmor, in dessen Innen- und Außenwände Halbedelsteine eingearbeitet waren.

Ich ruhte mich in einem der Gärten aus und las in einer Broschüre etwas über die Geschichte des Taj Mahal. Darin erfuhr ich, dass ein Mogul-König nach dem Tod seiner Lieblingsfrau dieses Bauwerk als Grabmal für sie errichten ließ. Die Fertigstellung des Gebäudes hatte 22 Jahre gedauert, 20.000 Arbeiter und Handwerker in Anspruch genommen und wurde erst im Jahre 1648 vollendet. Nach einer Legende soll den begabten Handwerkern nach Beendigung des Bauwerks die Hand abgeschlagen worden sein, um zu verhindern, dass es jemals wieder ein so prächtiges Bauwerk geben konnte. Ich las außerdem, dass sich später einer der Söhne des Königs des Königreichs bemächtigte, seine Brüder ins Exil schickte oder tötete und seinen eigenen Vater gefangen nahm. Ich schaute auf und versuchte, das Ganze zu verstehen. Nachdem dieser König prächtige Paläste, Festungen, Moscheen und den Taj Mahal hatte erbauen lassen, wurde er von seinem eigenen Sohn gefangen genommen und litt erbärmlich, während andere Familienmitglieder sich bekämpften und gegenseitig ermordeten.

Das ist das klägliche Resultat von Machtgier. In einem Herzen, in dem das Unkraut eigensüchtiger Gier wächst, kann die Blume der Liebe nicht überleben. Neid, Lust und Gier sind Dinge, die unglaublich schwer zu bezwingen sind.

Ich setzte meine Reise nach Varanasi fort. Die Briten hatten dieser historischen Stadt den Namen „Benares" gegeben hatten. In den heiligen Schriften Indiens wird sie mit dem Namen „Kashi" glorifiziert und von Millionen von Hindus als die heiligste aller Städte angesehen. Sie ist besonders für diejenigen von Bedeutung, die Gott als Shiva verehren. Ich ging hinüber zum Ganges. Die Sonne ging gerade auf. Uralte Steinstufen, auch *Ghats* genannt, führten zum Fluss hinunter und erstreckten sich in beide Richtungen, soweit das Auge reichte. Zehntausende von Einwohnern und Pilgern versammelten sich hier, um ihr rituelles Bad zu nehmen. Wolken von Weihrauch stiegen zum Himmel hinauf, Zimbeln schellten, Glocken läuteten, Hörner ertönten, Trommeln schlugen in rhythmischem Takt, es erklangen süße Flötenmelodien und heilige *Ragas*, die auf Saiteninstrumenten intoniert wurden. Unzählige Blumen und Girlanden wurden dem Fluss dargebracht und in seiner Strömung davongetragen. Aus allen Richtungen hörte man, wie die Leute Lieder, Hymnen und Mantras sangen, die zusammen zu einer einzigen Verherrlichung Gottes zu verschmelzen schienen. Zu Ehren von Mutter Ganges trugen die Gläubigen ihre farbenreichsten Saris, Turbane und Gewänder. Entlang der Stufen saßen Verkäufer unter großen Sonnenschirmen und bereiteten Häufchen mit leuchtend rotem, gelbem, grünem, orangefarbenem und blauem Pulver vor. Einige Gottgeweihte brachten dem Fluss Räucherstäbchen, brennende Lampen, Muschelhörner, Tücher, Schmuck und Fächer dar. Ganze Scharen von Gläubigen standen im Fluss, um ihre Gebete, Opfergaben und Rituale darzubringen, während gleichzeitig Männer, Frauen, Kinder, Kühe, Büffel, Ziegen, Affen und Elefanten ihr Bad nahmen. Geheiligtes Essen wurde kostenlos ausgegeben. Überall standen Verkäufer mit ihren Wagen, die Snacks und religiöse Artikel verkauften. Es war ein einziges großes Festival religiöser Hingabe. Ich ließ mich von der Begeisterung der Menge anstecken und nahm mein morgendliches Bad.

Danach besuchte ich den Tempel von Kashi Vishwanath, einen alten Tempel im Herzen von Varanasi. In den Schriften stand geschrieben, dass Shiva und seine Gefährtin Parvati einmal an diesem Ort gelebt hatten. Im Laufe der Geschichte waren Heilige und Könige, aber auch ganz gewöhnliche Menschen zu diesem Tempel gepilgert. Das empörte einen

Mogul-Eroberer so sehr, dass er ihn zerstören und an derselben Stelle eine riesige Moschee erbauen ließ. Zu dieser Zeit hatten die Hindus den Deity von Shiva aber bereits versteckt und brachten ihn viele Jahre später in einen neuen Tempel. Heutzutage kommen wieder täglich Zehntausende, um den Deity in diesem Tempel zu verehren.

Einmal lief ich in Varanasi umher, um die Stadt zu erkunden, als ich in der Nähe Klagerufe von Frauen vernahm. Ein Trauerzug bahnte sich seinen Weg durch die engen Gassen in Richtung Fluss. Die Leiche lag auf einer mit Blumen geschmückten Bambus-Bahre, die von Angehörigen auf den Schultern getragen wurde. Hinter der Bahre gingen Männer, die sich bemühten, ihre Gefühlsregungen im Zaum zu halten, und weiter hinten folgten haltlos schluchzende Frauen. Es berührte mich sehr, sie so leiden zu sehen. Ich folgte der Prozession und näherte mich dem Scheiterhaufen, um zu beobachten, wie sie dem Toten die letzte Ehre erwiesen. Es war alles so anders als das, was ich bisher im Westen erlebt hatte. Hier an den Verbrennungs-Ghats von Varanasi dachte ich über das Geheimnis des Todes nach, ein Geheimnis, das Philosophen seit Jahrtausenden zu ergründen suchten. Ich betete darum, ein tieferes Verständnis dafür zu bekommen und beschloss, von Sonnenaufgang bis Sonnenuntergang am Ufer des Manikarnika-Verbrennungs-Ghats zu sitzen und über die unvermeidliche Realität des Todes zu meditieren.

Viele Hindus halten es für sehr glückverheißend, in Varanasi in der Nähe des Ganges zu sterben, denn es wird gesagt, dass Shiva zu den Sterbenden kommt. Er flüstert ihnen den Namen Ramas ins Ohr, der als der höchste Herr und Quelle ewiger Freude angesehen wird. Durch diesen Vorgang sollen sie vom Kreislauf von Geburt und Tod befreit werden. Aus diesem Grund kommen viele Pilger am Ende ihres Lebens nach Varanasi. Ich setzte mich an eine Stelle mit Blick auf die brennenden Leichen und beobachtete Verwandte und Freunde, die gezwungen waren, der Realität des Todes ins Auge zu blicken. Nach einer von Gesängen und Wehklagen begleiteten Prozession wurde der Körper auf einen Scheiterhaufen aus Holzscheiten gelegt und mit heiligen Gegenständen geschmückt, dabei wurden ununterbrochen Gebete, Mantras und heilige Texte rezitiert. Zum Abschluss der Bestattungsriten umkreiste der älteste Sohn oder nächste Verwandte den Leichnam und besprengte ihn mit

Gangeswasser und berührte schließlich den Scheiterhaufen mit einer brennenden Fackel. Die Verbrennung eines toten Körpers bedeutet die Erlösung der Seele und die Flamme repräsentiert Brahma, den Schöpfer. Der Scheiterhaufen ging jetzt in Flammen auf, die weit in die Höhe reichten, und schwarzer Rauch zog in den Himmel. Zu diesem Zeitpunkt brachten viele der Trauernden ihr letztes Gebet dar, badeten im Fluss und gingen weg. Aber ich blieb sitzen und beobachtete genau, wie die letzten Reste des Leichnams verbrannten. Das Haar zischte nur und löste sich in Nichts auf. Das Fleisch schrumpfte zusammen, Organe lösten sich auf und Knochen zerfielen und allmählich verschlangen die Flammen den ganzen Körper. Am Ende blieb nichts übrig außer einem Häufchen Asche, das schließlich sorgsam dem Strom von Mutter Ganges, der letzten Ruhestätte, anvertraut wurde.

Das war also der krönende Abschluss eines Menschenlebens. Im Hintergrund erklang das süße Lied von Mutter Ganges, das uns in eine ewige Realität abberief. Hin und wieder tauchte in ihrem Gesang des *Hare Krishna*-Mantras auf, den ich chantete, als ich über den Tod nachdachte. Im Laufe der Zeit würde der Körper in die Erde oder ins Feuer gelegt werden. Wenn es wirklich der Körper ist, den die Freunde und die Familie lieben, warum zerstören sie ihn dann?

Es ist nicht der Körper, den man liebt, sondern die Seele. Der Körper ist lediglich ein zeitweiliges Gefährt. Ohne die Seele ist der Körper wie ein Auto ohne Fahrer. Ich sehe durch meine Augen, rieche durch meine Nase, schmecke mit meiner Zunge, höre mit meinen Ohren, fühle mit meiner Haut, denke mit meinem Gehirn und liebe mit meinem Herzen. Aber wer bin ich? Wer ist der Zeuge, der Genießer und Leidende, der meinen Körper aktiviert?

Über diese Frage dachte ich nach, als ich zusah, wie ein Körper nach dem anderen darauf vorbereitet wurde, in den heiligen Fluss einzugehen. Im Laufe der Zeit werden alle Körper unabhängig von Rasse, Nationalität, Bildung, Vermögen oder Religion vom Fluss der Zeit, vor dem wir alle unweigerlich gleich werden, hinweg getragen.

Ich schlief an Flussufern oder unter Bäumen und die einzige Mahlzeit am Tag bestand oft nur aus ein paar Getreidekörnern, die ich mir erbettelt hatte. Das war der Lebensstil, den ich gewählt hatte. Gesundheitlich ging es mir gut, nur ab und zu litt ich an Durchfall. Die Kleider, die ich in Rishikesh erhalten hatte und immer noch trug, waren mittlerweile verblasst und zerschlissen. Meine Haare waren lang geworden und meine Füße durch das Barfußlaufen im Dschungel, über Felder, durch Dörfer und Städte schwielig und vernarbt. Alles, was ich bei mir trug, war eine hölzerne Bettelschale, ein Wanderstab, ein Stoffbeutel mit Büchern und das religiöse Bild, das ich von meinem letzten Geld gekauft hatte. Aber mein Herz bebte vor Freude, weil ich so stark an das Ziel glaubte, das ich verfolgte. Das Leben war meine Schule und ich ein eifriger Schüler, und irgendetwas in mir trieb mich immer weiter vorwärts, ich wollte mehr sehen und mehr erfahren. Irgendetwas in mir brachte mich dazu, von Ort zu Ort und von Lehrer zu Lehrer zu ziehen, ohne mich irgendwo niederzulassen. Wer oder was war dieses etwas?

Ich glaubte, dass es Gott war, der mich während meines gesamten Lebens begleitet hatte. Er war es, zu dem ich als Kind gebetet hatte und der manchmal so weit entfernt zu sein schien und dann doch wieder so nah. Er war es, den ich als Jugendlicher schändlicherweise immer wieder vernachlässigt hatte und auch derjenige, den ich jetzt kennenlernen und lieben wollte.

In Varanasi hatte ich von einem anderen heiligen Ort Shivas gehört: Pashupatinath – von diesem Ort wurde gesagt, dass in einer bestimmten Nacht Gebete mit Sicherheit erfüllt würden. Diese Verheißung lockte mich, aber auch die Abenteuerlust packte mich. So reiste ich mit dem Zug und auf Lastwagen ungefähr vierhundert Kilometer weiter in nordöstlicher Richtung in das Kathmandu-Tal in Nepal, wo Tausende von Pilgern zum Tempel von Pashupatinath strömten. Da ich ein Ausländer war, wurde mir der Einlass verwehrt. Aber ich war von so weit her gekommen und war entschlossen, noch in dieser Nacht den Deity zu verehren und um seine Segnungen zu bitten, damit ich meinen Weg zu Gottes Liebe finden würde. Ich bedeckte mich mit Opferasche und betrat unter großer Gefahr den Tempel. Dort erlebte ich eine tiefgreifende innere Veränderung, die mich dazu brachte, die Grundfesten meines Glaubens zu hinterfragen und die Richtung, in die mein Leben gehen sollte, neu zu überdenken.

Am nächsten Morgen machte ich mich auf den Weg zurück nach Indien. Von Pashupatinath fuhr ich ungefähr 320 Kilometer nach Süden in den Bundesstaat Bihar nach Bodh Gaya – Buddhisten erachten diesen Ort als einen der heiligsten auf der ganzen Erde. Vor 2500 Jahren war Prinz Siddhartha Gautama dem Luxusleben des königlichen Palastes entflohen, um nach einer Lösung für die Leiden von Geburt, Alter, Krankheit und Tod zu suchen. In seinem Streben nach Befreiung lebte er sechs Jahre lang als Asket, erduldete selbstauferlegtes Leid, hungerte und war vollkommen den Kräften der Natur ausgesetzt. Als ihm jedoch bewusst wurde, wie begrenzt dieser Pfad war, ging er schließlich nach Gaya, wo er im Lotossitz unter einem Peepal-Baum meditierte und das Gelübde ablegte, sich nicht von der Stelle zu rühren, bis er Erleuchtung erlangt hatte. So wie der Teufel es wagte, Jesus in der Wüste in Versuchung zu führen, versuchte auch *Maya*, die Kraft der Illusion, Siddhartha mit jeder nur denkbaren Art von irdischen Freuden zu verführen. Doch Siddhartha blieb fest entschlossen und ließ sich nicht von seinem Ziel abbringen. Unter diesem heiligen Peepal-Baum in Bodh Gaya wurde er zum Buddha, dem Erleuchteten. Seit dieser Zeit wird der Baum als Bodhi-Baum oder der Baum der Erleuchtung verehrt.

Unter diesem Bodhi-Baum saß ich nun und studierte Bücher über Buddhas Lehren und meditierte dankbar von Sonnenaufgang bis Sonnenuntergang. Wenn ich unter dem Bodhi-Baum meditierte, spürte ich, wie mich ein Fluss dynamischer Energie aus meinem Körper und Geist heraustrug und im Raum schweben ließ.

In den sechziger Jahren des 20. Jahrhunderts hatten Autoren wie D. T. Suzuki und Alan Watts Zen-Buddhismus im Westen populär gemacht. Ich hatte einige ihrer Bücher gelesen und mir gefiel ihre Einfachheit und Direktheit. Als ich erfuhr, dass ein Zen-Meister aus Japan in Bodh Gaya den Weg des Zen lehrte, freute ich mich sehr, dass ich die Gelegenheit wahrnehmen konnte, an seinen Vorlesungen teilzunehmen. Wir waren ungefähr fünfzehn Studenten, die eine Hälfte davon Inder, die andere stammte aus dem Westen. Wir versammelten uns in einem Meditationsraum, wo wir gespannt darauf warteten, den Meister zum ersten Mal zu

Gesicht zu bekommen. Dann erklang ein Glöckchen und der verehrte japanische Lehrer trat ein. Sein Kopf war kahl geschoren und er trug ein langes, fließendes, schwarzes Gewand. Er hielt einen Bambusstab in der Hand und setzte sich langsam mit aufrechtem Rücken auf den Boden. Ein Sonnenstrahl hob seine markanten Gesichtszüge hervor, als er das Wort an uns richtete: „Ich werde euer Meister sein. Euer Meister wird euch den ursprünglichen Pfad des Zen lehren, wie er schon seit vielen Generationen weitergegeben wurde." Seine rhythmische Art zu sprechen hatte eine hypnotisierende Wirkung. „Die Quelle allen Leidens ist Begierde", begann er. „Und Begierde entsteht durch die Anhaftungen des Geistes an die Sinne. Freiheit bedeutet, einen leeren Geist zu haben, frei von Gedanken. Wenn weder Geist noch Gedanken aktiv sind, nennt man diesen Zustand *Satori,* den befreiten Zustand." Er konzentrierte sich, schloss die Augen und erklärte, dass Zen heißt, direkt die Bedeutung des Lebens zu verstehen, ohne von logischen Gedanken oder Worten abgelenkt zu werden. „Ihr seid Buddha", sagte er, „aber ihr müsst es selbst herausfinden. Alle Lebewesen sind Buddha, so wie Eis seiner Essenz nach Wasser ist." Er sagte: „Der große D.T. Suzuki schrieb, dass Zen-Praxis Folgendes bedeutet: ein Leben in Demut; ein Leben der Arbeit, ein Leben des Dienens, ein Leben des Gebets und der Dankbarkeit und ein Leben der Meditation."

Dann beschrieb er seine Methode der Disziplin. „Eurer Meister wird streng sein und ihr müsst genau das machen, was er sagt und die ganze Zeit schweigen. Ja?" Alle nickten. Er begann, uns Vorschriften zu machen. „Ihr dürft den Sinnen keine Aufmerksamkeit schenken. Keinen Sex, keine Drogen, keine Spiele und keine Musik. Ihr werdet nur dann essen, wenn euch euer Meister etwas gibt." Als die neuen Studenten anfingen zu stöhnen, bemühten sich die bereits Fortgeschrittenen, sie zu besänftigen. Er fuhr fort: „Euer Meister wird euch *Koans* lehren. Das sind paradoxe Rätsel, die euch vom rationalen Denken befreien. Euer Meister wird euch *Kinhin*, Geh-Meditation, lehren und *Zazen*, Meditation im Sitzen. Es wird drei Sitzungen der Gruppenmeditation oder *Zazen* pro Tag geben, die jeweils eine oder zwei Stunden dauern. Ihr müsst die ganze Zeit still sein und dürft euch nicht rühren. Jegliche Bewegung wird mit dem Stab des Meisters korrigiert."

Er legte die Hände in den Schoß und brachte uns eine Technik bei, wie wir den Geist leeren konnten. Dazu sollten wir uns hinsetzen und uns auf nichts anderes konzentrieren als auf die Schnittstelle von Boden und Wand. „Wenn euer Meister die Glocke läutet, fangt ihr an und hört erst dann wieder auf, wenn euer Meister die Glocke noch einmal erklingen lässt."

In der ersten Abend-Sitzung schmerzte mir die Schulter und deshalb bewegte ich sie leicht. *Zack!* Einen Moment später schlug der Stab auf meine Schulter. Danach habe ich mich nie wieder bewegt. Jeder, der sich bewegte, wurde mit dem Bambusstab zur Disziplin gerufen. Da unsere Glieder schmerzten und sich die Mücken auf uns gestürzt hatten, häuften sich die Schläge. Endlich wurden wir durch die Glocke des Meisters erlöst.

Alle Studenten hatten sich soweit dem Meister hingegeben, dass sie sich das Haupthaar abrasieren ließen, nur ich nicht. Ich konnte es einfach nicht übers Herz bringen, mich zu diesem Weg zu bekennen. Ich war einfach nicht so überzeugt davon wie die anderen und wollte es daher nicht. Als der zweiwöchige Kurs zu Ende ging, dankte ich dem Meister und verabschiedete mich von ihm. Ich fand, dass der reglementierte Lebensstil, den er forderte, und die fast konstante Meditation eine gute Erfahrung gewesen waren, aber irgendetwas machte mich misstrauisch, obwohl ich nicht genau sagen konnte, was es war.

Einige Tage später, als ich gerade aus meiner Meditation unter dem Bodhi-Baum kam, lief ein junges amerikanisches Pärchen, beide treue Anhänger des Meisters, auf mich zu. Als ich sie fragte, wie es ihnen erging, fing die Frau an zu weinen. „Du wirst nicht glauben, was passiert ist, nachdem du weggegangen bist", sagte sie.

„Ich habe keine Ahnung." Ich richtete mich auf und machte mich auf alles gefasst.

Mit einem langen, schweren Seufzer setzte sie sich neben mich und begann zu erzählen. „Jonathan ist spät nachts nach draußen gegangen, um auf die Toilette zu gehen. Zufällig sah er etwas sehr, sehr Seltsames." Sie rieb sich die Augen und hielt kurz inne, um sich zu sammeln. „Erinnerst du dich an Pam, eine von seinen amerikanischen Schülerinnen?" Ich nickte. „Nun, sie ging in das Zimmer des Meisters und kam völlig nervös Stunden später wieder heraus. Die nächsten paar Nächte versteckte sich Jonathan im Bananenhain, um zu beobachten, was vor sich ging. Zu seinem Entsetzen beobachtete er jedes Mal wieder das Gleiche. Als er uns diese Nachricht überbrachte, hielten wir es für das Beste, Pam darauf anzusprechen und sie gab alles zu. Der Meister hatte sie jede Nacht verführt." Die junge Frau schluchzte in ihr Taschentuch und sah mich wieder an. „Wir sind betrogen worden."

Ein flaues Gefühl überkam mich.

Sie fuhr fort und erzählte, wie sie den Meister getestet hatten, indem sie ihm heimlich LSD in seinen Tee getan hatten. Unter dem Einfluss der Droge offenbarte er sich als der, der er war. „Du hättest ihn hören müssen. Er wurde rasend vor Wut und war auf einem totalen Ego-Trip." Sie imitierte den Meister, indem sie mit tiefer Stimme weitersprach und mit ihrem Zeigefinger vor meinem Gesicht herumfuchtelte. „Ihr dürft nur mir gehorchen. Ich bin der Erleuchtete, alle anderen sind Betrüger. Wenn ihr es wagt, meine Worte oder Handlungen infrage zu stellen, seid ihr verloren."

Zum Abschluss erwähnte sie noch, dass alle Schüler ihn verlassen hatten.

Es tat mir im Herzen weh, denn es war beklagenswert, so etwas über einen meiner Lehrer zu hören. Nachdem sich meine amerikanischen Freunde verabschiedet hatten, versuchte ich zu verstehen, was ich soeben gehört hatte. Der Zen-Meister war sehr streng mit seinen Schülern gewesen, aber nicht mit sich selbst. Er war nicht in der Lage, das, was er von einer langen Reihe aufrichtiger Lehrer in seiner Tradition gelernt hatte, korrekt zu repräsentieren. Leider sind alle großen Glaubensgemeinschaften der Welt mit solchen Heucheleien befleckt.

Ein unverantwortlich handelnder Führer kann seinen Anhängern das Herz brechen und ihren Glauben erschüttern. Er mag der Grund dafür sein, dass diese in der Zukunft auch an anderen Führern zweifeln, obwohl diese aufrichtig sind. Welchen Schmerz seine Heuchelei bei denen verursacht haben muss, die ihm vertraut haben! Ganz abgesehen davon, wie sehr er sich selbst geschadet hat. Es ist so wichtig, das zu leben, was wir glauben, und essenziell, das zu praktizieren, was wir predigen.

In der malerischen Gegend von Bodh Gaya gab es vereinzelt Tempel, die die verschiedenen buddhistischen Nationen Asiens repräsentierten. Ich machte mich also auf, diese Heiligtümer zu besuchen und traf in der ruhigen Umgebung des burmesischen *Vihars* oder Tempels Satya Narayana Goenka. Ungefähr ein Jahr zuvor war dieser Lehrer aus Burma gekommen, um eine uralte Methode der Meditation zu lehren. Er lud mich ein, an einem zehntägigen Kurs teilzunehmen, der am nächsten Tag beginnen sollte. Seine Ernsthaftigkeit bewegte mich und ich wurde sein Schüler zusammen mit einem Dutzend weiterer Teilnehmer. Goenkaji, wie wir ihn nannten, wurde für uns alle wie ein liebevoller Vater. Sein silbergraues Haar trug er ordentlich zur Seite gekämmt und sein glatt rasiertes Gesicht strahlte Frieden aus. Er hatte ein blau-kariertes Tuch, *Lunghi* genannt, um seine Taille gewickelt, das bis zu den Knöcheln reichte, und darüber trug er ein weißes Hemd.

Goenkaji setzte sich im Schneidersitz hin und erzählte uns seine Lebensgeschichte. Seine Eltern waren Inder, die sich aus geschäftlichen Gründen in Burma niedergelassen hatten, wo er 1924 zur Welt kam. Obwohl er großen Reichtum und Ansehen erlangt hatte, ging es ihm nicht gut, denn er litt unter Migräne und psychisch bedingten Ängsten. Er erzählte uns: „1955 kam ich in Kontakt mit meinem verehrten Lehrer Sayagu U Ba Khin. Diese Erfahrung veränderte mein Leben und ich verbrachte die nächsten 14 Jahre bei ihm, um von ihm zu lernen. Seine Lehren repräsentieren eine Tradition, die auf den Buddha zurückgeht", erklärte er, „Buddha hat nie eine sektiererische Religion gelehrt, sondern *Dhamma* oder *Dharma*, den Weg zur Befreiung." Er erzählte uns, dass *Vipassana* zu den ältesten Meditationstechniken Indiens zählte und soviel bedeutete wie, die Dinge so zu sehen, wie sie wirklich sind. „Vipassana wurde vor mehr als 2500 Jahren von Gautama Buddha wiederentdeckt und von ihm als ein Allheilmittel gegen alle Krankheiten empfohlen." Goenkaji sprach von seinem Lehrer mit einer unglaublichen Dankbarkeit. „Obwohl U Ba Khin ein Familienvater und kein Mönch war, wurde er ein Meister darin, Vipassana zu praktizieren und zu lehren. Um einen seiner großen Träume zu verwirklichen, gab er mir die Segnung, die Vipassana-Meditation zurück nach Indien, den Ort ihres Ursprungs, zu bringen."

In Goenkaji sah ich einen Mann, dessen Aufrichtigkeit und Integrität mich sehr beeindruckten. Es fiel mir leicht ihm zu vertrauen. Seine Lehren waren einfach und direkt. Dreimal am Tag hatten wir Gruppen-Meditation und jeden Abend gab er eine Vorlesung. „Durch diese Meditation“, sagte er, „werdet ihr lernen, das Leben von innen und außen zu betrachten, es von einem neutralen Standpunkt aus zu erleben, losgelöst von den Auffassungen von Freude und Leid, Erfolg und Misserfolg, Glück und Unglück. Auf diese Weise erfährt der Geist allmählich immer mehr feinstoffliche Zustände des inneren Friedens, und durch Frieden wird Mitgefühl erweckt.“

Jeden Vormittag konnte ich mit Goenkaji allein sprechen und so entstand ein enges Verhältnis zwischen uns. Er sorgte sich um jeden seiner Schüler mit ernsthaftem Interesse und verlangte nichts dafür. Seine starke Präsenz und Überzeugung stellte einen Schutz für seine kleine Anhängerschaft dar. Am Ende des zehntägigen Kurses lud er mich ein, an seinen kommenden Kursen in Bombay teilzunehmen. Ich willigte ein, ihn dort zu treffen. Einige Tage lang praktizierte ich von Sonnenaufgang bis Sonnenuntergang Vipassana unter dem heiligen Bodhi-Baum und betete zu dem goldenen Buddha des Tempels und bat um Segnungen.

Ich reiste von Bodh Gaya in nordwestlicher Richtung nach Sarnath, dem Ort, an dem Buddha seine Predigermission begann. Im Deer Park studierte ich das *Bodhisattva*-Gelübde. Dieses Gelübde sieht vor, dass man in die Fußstapfen Buddhas tritt und sein Leben aus Mitgefühl denjenigen widmet, die an den Illusionen dieser Welt leiden. Als ich über diese Tugend nachsann, beschloss ich, nach Kalkutta zu reisen, um Segnungen von einer selbstlosen Seele zu erbitten, von der ich so viel gehört hatte – Mutter Theresa.

Ich fuhr mit dem Zug Richtung Osten bis zur Howrah Station in Kalkutta. Ich kämpfte mich durch die Menschenmassen und ging zu Fuß zum *Kali Ghat* am Ufer des Ganges. Am frühen Morgen ging ich zum Tempel der Göttin Kali, einer Form der mitfühlenden Energie Shivas, die insbesondere das Böse zerstört. Unzählige Menschen drängten sich in der Warteschlange am Eingang. Überall sah man in den Läden Bilder der Göttin mit ihrem Schwert in der Hand und ihrer langen, aus dem Mund hängenden Zunge. Ladenbesitzer schrien: „Jaba

Mala“ und hielten blutrote Girlanden aus Hibiskusblüten zum Verkauf in die Höhe. Diese trompetenförmige rote Blume war der Göttin besonders lieb. Sie hat fünf Blütenblätter und lange herabhängende, rote Staubgefäße, die aus der Mitte herausragen und den Bildern von Kalis Zunge gleichen. Menschenmengen drängten sich um die Verkaufsstände, deren Besitzer eifrig Räucherstäbchen und Schmuck, Berge von Süßigkeiten aus Milch, Blumen, Kokosnüsse und rotes Puder als Opfergaben für die Göttin verkauften. Ohrenbetäubende Musik dröhnte aus den Lautsprechern und Pilger, Ladenbesitzer und Bettler prallten im Gedränge aufeinander. Leprakranke, Witwen und Lahme hockten am Straßenrand und starrten auf die Passanten, denen sie ihre Hände entgegenstreckten, um Almosen zu erbitten. Ich wollte ihnen so gern etwas geben, um ihr Elend zu lindern, doch ich hatte einfach nichts außer einem traurigen Lächeln und meinen Gebeten. Am Eingangstor des Kali-Tempels herrschte ein reges Gedränge und lautes Stimmengewirr, als Hunderte Menschen ein- und ausströmten. Ich war nicht darauf vorbereitet, was mich im nächsten Augenblick erwartete.

Gegenüber dem Altar der Göttin waren blutverschmierte Opferaltäre. Eine schwarze Ziege kreischte verzweifelt, als sie an den Beinen hochgezogen wurde und ihr Kopf zwischen die blutigen Stützen geführt wurde. Ein Priester mit nacktem Oberkörper chantete Mantras und schwang dabei ein großes, breites, gebogenes Messer und schlug mit einem Hieb den Kopf der Ziege ab. Blut spritzte aus ihrem Hals. Der leblose Kopf, dessen Augen ins Nichts starrten, fiel mit einem dumpfen Schlag zu Boden, während der Körper sofort weggebracht wurde, um daraus etwas zu essen für die Armen zuzubereiten.

Angewidert rannte ich nach draußen ans Ufer des Ganges und versuchte zu verstehen, was das Ganze wohl bedeutete. *Welch erstaunlicher Kontrast zwischen dem Blutvergießen, das ich hier sehe, und den friedvollen Weisen, mit denen ich gelebt hatte, die ebenfalls dem Hinduismus folgten,* dachte ich. Ich rang darum, die scheinbaren Widersprüche zu verstehen. Ich sprach einen alten Sadhu an, der an einen Jackfrucht-Baum gelehnt, ein Buch las, und offenbarte ihm mein Dilemma. „Vor Jahren“, begann er, „war ich Priester in einem solchen Tempel. Mit dem Opferschwert hieb ich die Köpfe vieler Tiere ab. Dann aber wurde ich nachts immer wieder von Albträumen heimgesucht."

„Kannst du mir mehr davon erzählen?", fragte ich.

„Ja, die Ziegen, die ich getötet hatte, erschienen mir im Traum. Zuerst hörte ich, wie sie elendig schrien. Dann schauten sie mich mit rachsüchtigen Augen an und spießten mich mit ihren Hörnern auf und zerfleischten mich mit ihren Zähnen. Danach kam ein abscheulicher Priester, der den Körper eines Menschen und den Kopf einer Ziege hatte, und warf mich auf den Altar und hackte mir mit meinem eigenen Messer den Kopf ab." Der Mann schlug sein Buch zu und lehnte sich nach hinten an den Baum. „Ich konnte einfach nicht mehr weitermachen und gab meine Verpflichtungen als Priester auf, um das Leben eines Sadhus zu führen." Mit weit geöffneten Augen hörte ich ihm zu. „In jeder Religion", sagte er, „interpretieren die Menschen die Schriften und folgen bestimmten Praktiken je nach dem Grad ihrer Erkenntnis. Für diejenigen, die nach der Essenz suchen, besteht der Weg aus selbstlosem Dienst und Meditation über Gott. Um höheren materiellen Genuss zu erlangen und die eigenen Sünden zu verringern, wird empfohlen, fromm zu handeln. Aber für diejenigen, die nur auf materielle Vorteile aus sind, gibt es eine Vielzahl von Praktiken, so wie das Opfer, das du gerade mit angesehen hast. Es wird gesagt, dass die Veden wie ein Wunschbaum sind, auf dem wir einen Weg finden können, der uns all das gibt, was wir begehren. Kali ist die barmherzige Göttin der Natur und wird von verschiedenen Menschen auf unterschiedliche Art und Weise verehrt. Aber trotz allem, was sie in ihrem Tempel tun, ist die Göttin Kali Vegetarierin."

Ich starrte in die Strömung des Flusses. Ich dachte darüber nach, wie im Westen Millionen von Tieren hinter den Kulissen geschlachtet werden, unsichtbar für das Auge der Gesellschaft. Hier dagegen sahen wenigstens diejenigen, die Fleisch aßen, die unverhüllte Wahrheit über die Herkunft ihrer Nahrung.

Bis zu diesem Tag hatte ich gedacht, dass es mein Verständnis von Spiritualität erweitern würde, wenn ich viele Pfade kennenlernen würde. Aber durch diesen Vorfall wurde mir klar, dass mich solch scheinbare Widersprüche, die wohl in jeder Tradition zu finden sind, ohne die Erklärungen eines reifen Lehrers ernsthaft verwirren könnten.

Als ich die geschäftigen Straßen von Kalkutta entlangging, schlug mein Herz höher vor lauter Vorfreude auf mein nächstes Ziel. Autofahrer rangen um jeden Zentimeter Straße und ließen ständig ihre Motoren aufheulen. Auch das dauernde Hupen der Lastwagen machte einen ohrenbetäubenden Lärm. Auf der Straße drängelten sich außerdem noch Hunderte von Fahrrädern und Motorrädern vorbei, während barfüßige Rikscha-Fahrer schwitzend ganze Familien umherkutschierten. Außerdem sah man Ochsen, die schnaubend überladene Wagen hinter sich herzogen. Hunde, Kühe, Büffel und Schafe liefen umher, ohne vor etwas haltzumachen. Ganze Trauben von Fußgängern versuchten drückend und schiebend, sich einen Weg durch das Gewühl zu bahnen.

Ich erreichte schließlich das Kloster von Mutter Theresa, ein einfaches, einstöckiges Gebäude, wo mich eine katholische Schwester mit einem zurückhaltenden Lächeln empfing und sagte: „Willkommen bei den Missionarinnen der Nächstenliebe. Wie kann ich Ihnen dienen?"

Aus Respekt faltete ich meine Hände und bat sie: „Besteht die Möglichkeit, dass mir die Ehre zuteilwird, Mutter Theresa zu treffen?"

„Folgen Sie mir. Mal sehen, ob es gerade geht." Sie führte mich in eine einfache Kapelle. „Das ist unser Gebetsraum. Mutter Theresa und die Nonnen kommen zur Andacht hierher." Ich kniete nieder und betete ein wenig. Als ich aufstand, führte sie mich aus der Kapelle hinaus und einen Flur entlang. Als wir an einem schwach erleuchteten Raum vorbeikamen, rief sie: „Da ist die Mutter, sie ist gerade mit Haushaltsarbeiten beschäftigt." Ich schaute hinein und sah Mutter Theresa, wie sie eigenhändig einen großen angekohlten Topf scheuerte. Mein Herz schmolz dahin.

„Mutter", sagte die Schwester, „hier ist Richard, ein amerikanischer Sadhu. Er würde dich gern treffen."

Mutter Theresa begrüßte mich mit gefalteten Händen. „Ich bitte um Verzeihung, dass ich dich warten lassen muss, aber könnte ich zuerst meinen Dienst zu Ende bringen?"

„Natürlich, Mutter", antwortete ich.

Die Schwester führte mich in einen kleinen Raum, bot mir einen Sitzplatz an und sagte mir, dass die Mutter kommen würde, sobald sie mit dem Töpfewaschen fertig sei. Wenige Minuten später betrat Mutter Theresa den Raum und setze sich auf einen Stuhl etwa einen Meter von mir entfernt. Obwohl ihr Körper schon gebrechlich und vom Alter gebeugt war, konnte ich ihre unerschütterliche Präsenz spüren. Ein entbehrungsreiches Leben hatte tiefe Falten in ihrem Gesicht hinterlassen, aber dennoch funkelten ihre Augen mit kindlicher Unschuld. Obwohl sie so beschäftigt war, nahm sie sich Zeit für eine so unbedeutende Seele wie mich. Mit zarter Stimme sprach sie einfach, was ihr am Herzen lag. „Das größte Problem in dieser Welt ist der Hunger. Nicht der Hunger des Magens, sondern der Hunger des Herzens. Auf der ganzen Welt leiden alle: arme und reiche Menschen. Sie sind allein und hungern nach Liebe." Ihr Blick öffnete mein Herz für alles, was sie sagte. „Allein Gottes Liebe kann den Hunger des Herzens stillen. Es gibt keine andere Lösung." Mit einer abschätzigen Geste deutete sie an, dass sie ihre eigene Arbeit nur als recht unbedeutend ansah. „Die Mägen der Armen zu füllen ist nicht besonders schwierig. Aber die hungernden Herzen der Menschheit mit Gottes Liebe zu erfüllen – das ist die große Herausforderung. Sehen Sie, unsere Herzen müssen rein sein, um diese Liebe geben zu können." Ihre Hingabe zur Mission von Jesus Christus war wie ein Ozean und jedes Wort wie eine Welle in diesem Ozean. Sie fuhr fort: „Armut ist nicht nur ein Mangel an Kleidungsstücken, sondern ein Mangel an Menschenwürde und der schönen Tugend der Reinheit. Armut ist der Mangel an Respekt füreinander." Sie drückte ihre Hand aufs Herz und seufzte: „Wenn die verarmten Menschen von Kalkutta in meinen Armen sterben, sehe ich einen Hoffnungsschimmer in ihren Augen. Dieses Licht sehe ich nicht in den Augen von reichen, einflussreichen Menschen des Westens. Wahrer Reichtum liegt in den Herzen derer, die an die Liebe Gottes glauben. Die Welt braucht dringend Menschen, die den im Herzen Armen diese Hoffnung geben."

In diesem Augenblick kamen andere Besucher zur Tür herein. Eine Britin fragte die Mutter: „Warum putzen Sie die Töpfe? Gibt es keinen anderen, der das machen kann?"

Mutter Theresa blickte die Frau herzlich an. „Gott und der Menschheit zu dienen ist eine Ehre und keine lästige Pflicht. Jede Art von Gottes-Dienst ist eine Segnung. Da gibt es kein hoch oder niedrig."

„Aber Mutter", fragte der Ehemann der Frau, „woher nehmen Sie Ihre Kraft?"

Mutter Theresa hielt ihren Rosenkranz hoch. Dann sagte sie etwas, was ich viele Heilige aus den verschiedensten Traditionen hatte sagen hören. „All meine Kraft kommt von den heiligen Namen des Herrn."

Sie drehte sich zu mir und sagte: „Wenn du demütig bist, wird dich nichts berühren, weder Lob noch Schande, weil du weißt, wer du bist. Gott ist unser Zeuge. Lass dich nicht entmutigen von irgendwelchen Misserfolgen, solange du dein Bestes gegeben hast." Ihre Worte berührten mich zutiefst.

Bevor die Britin ging, bedankte sie sich bei Mutter Theresa für ihre großartige Arbeit. „Es ist Gottes Arbeit", antwortete Mutter Theresa. „Ich bin nur ein winziges Instrument." Dann entschuldigte sie sich, um mit dem Putzen der Töpfe fortzufahren.

Mutter Theresa war 1910 in Mazedonien in einer albanischen Familie geboren worden. Mit siebzehn entschied sie sich, Nonne zu werden. Kurz darauf schickte man sie nach Kalkutta, damit sie dort als Lehrerin und später als Schuldirektorin der *St. Mary's Highschool* dienen konnte. Aber 1948 hatte sie ein einschneidendes Erlebnis, als sie eine Stimme vernahm, die ihr sagte, sie solle in die Slums von Kalkutta gehen, um dort den Armen zu dienen. 1950 gründete Mutter Theresa mithilfe von nur zwölf Helferinnen die *Missionarinnen der Barmherzigkeit.* Im Laufe der Jahre hat ihr selbstloser Dienst Tausende dazu inspiriert, ihren „Gottes Dienst" zu unterstützen.

Auf meine Bitte hin brachte mich die Schwester zu der Unterkunft für die Kranken und Sterbenden. Ich fühlte mich nutzlos, denn was konnte ich schon für diese Leidenden tun? Aber ich brachte ein paar einfache Dienste dar und half beim Fegen und Tragen einiger Utensilien. Kurz darauf erschien Mutter Theresa. Ihre Gegenwart erfüllte den düsteren Raum, der eher von Elend und Tod geprägt war, mit Hoffnung und Freude. Sie lächelte sanft, als sie die Hand einer von Krankheit gezeichneten Frau hielt. Diese Frau war wie verwandelt. Ihre Augen leuchteten mit einem freudigen Glanz auf, als sie Mutter Theresas Lächeln erwiderte.

Die Mutter ging schließlich zu jedem einzelnen Bett, nicht etwa aus Pflichtgefühl, sondern aus aufrichtiger Zuneigung. Ein abgemagerter Mann, der schon Blut spuckte und dessen Zustand sich rasch verschlechterte, spürte ihre Hand auf seinem Kopf. Er schaute hoch und sah sie an, als sei sie ein Engel, der im Augenblick der größten Not gekommen war. Er neigte seinen Kopf und lächelte. „Gottes Liebe ist mit dir“, sagte sie sanft. „Erinnere dich an ihn in Dankbarkeit.“ Als Nächstes sprach Theresa tröstende Worte zu einer im Sterben liegenden Frau, die einsam und von ihrer Familie ausgestoßen worden war. „Wenn du Gott aufrichtig lieben willst, musst du lernen zu vergeben.“ Die Last auf dem Herzen der Frau schien von ihr genommen zu sein. Mutter Theresas Liebe zu Gott schloss auch alle Menschen mit ein. In ihrer demütigen, bescheidenen Art, gab sie jedem, den sie berührte, das Wunder der Hoffnung und Freude. Ob Hindu, Moslem, Jude oder Christ – jedem brachte sie dieselbe Zuneigung entgegen. Plötzlich drehte sich die Mutter zu mir um und sagte: „Ich sehe meinen geliebten Jesus in jeder dieser armen Seelen. Aus seiner Barmherzigkeit heraus nimmt mein Herr durch sie meine Liebe an.“

Ich war etwas schüchtern in ihrer Gegenwart, sagte aber trotzdem: „Mutter, sie sehen Jesu Liebe in dir.“

Mutter Theresa strahlte mich an: „Ist das nicht das Wunder von Gottes Liebe?“

8

Ich verließ Kalkutta und reiste quer über den indischen Subkontinent Richtung Westen nach Bombay, wo Goenkaji einen weiteren Kurs gab. Auf der zweieinhalbtägigen Zugfahrt meditierte ich immer wieder über das Bild mit dem Flöte spielenden, blauen Jungen. Jeden Tag fand ich ihn anziehender und fragte mich wieder, wann ich wohl erfahren würde, wer er war.

Als ich in Bombay in einem von Goenkas Kursen saß, war ich einfach wieder sehr beeindruckt davon, wie engagiert er sich mit seiner ganzen Persönlichkeit und seinem Erfahrungshintergrund in den Unterricht einbrachte, um uns etwas beizubringen. Wenn ein Lehrer sich derart engagiert, können seine Schüler gar nicht anders, als sich ebenfalls völlig dem Lernen zu widmen.

Nach dem zehntägigen Kurs hatte ich den überwältigenden Drang, meine Beine zu bewegen und machte daher einen langen Spaziergang durch die Stadt. Mehrere Stunden lief ich einfach ziellos umher. Plötzlich stand ich an der roten Ampel einer Kreuzung mit lebhaftem Verkehr und kam nicht weiter. Die Hupen dröhnten und Menschenmassen bahnten sich ihren Weg um mich herum. Ich sah Männer in Anzug und Krawatte mit Aktentasche, direkt daneben schäbig gekleidete Straßenkinder und Bettler, dann wieder Damen in leuchtenden Saris, Straßenhändler, die ihre Ware anpriesen, und ältere Männer in traditionellen langen Stehkragenhemden, die bis zu den Knien reichten wie bei Ghandi. Manche waren dunkelhäutig, andere hellhäutig, bei anderen war die Haut aufgrund von weißer Lepra gebleicht oder gefleckt. Sie alle drängten vorwärts, unter ihnen entdeckte ich auch ein paar europäische Touristen in Jeans und Miniröcken. Hinter uns lagen moderne Hochhäuser und direkt daneben viktorianische Bungalows und Wellblechhütten. Die Sonne schien warm, der Himmel war klar. Als ich nach oben schaute, entdeckte ich ein riesiges Plakat, auf dem in fetten, roten Lettern für ein spirituelles Festival im *Cross Maidan* geworben wurde.

Cross Maidan ist ein weitläufiger Park in der Innenstadt von Bombay, in dem ein gigantisches Pandal-Zelt errichtet worden war. Ich ging in das Zelt hinein und betrat eine farbenprächtige Welt. An den rot, grün und gelb gestreiften Wänden des Zelts hingen Poster mit indischer Kunst. Schwaden von Räucherwerk hingen in der Luft. Meine Augen überflogen gerade einen langen Tisch mit Büchern, als ich mich ein Umschlag ganz besonders in den Bann zog. Mein Herz machte einen Freudensprung, denn auf dem Umschlag war ein wunderschöner blauer Junge mit einer Flöte abgebildet. Fasziniert flüsterte ich: „Das ist er." *Ja, das ist er*, dachte ich. Ohne zu wissen, wer er war, hatte ich das Bild von ihm die ganze Zeit bei mir getragen. Jetzt erschien dieselbe Person erneut vor meinen Augen. Auf dem Buch stand in fetten, roten Buchstaben der Titel: *Krishna: die Höchste Persönlichkeit Gottes.* Leise rief ich: „Krishna! Sein Name ist Krishna!" Das lang gehegte Geheimnis war nun gelüftet. Ich war so begierig, mehr über ihn zu erfahren, und fragte, ob ich das Buch anschauen könne. Hinter dem Tisch stand ein westlicher Mönch mit rasiertem Kopf und weißem Gewand. Erstaunt fragte er: „Du sprichst Englisch?"

„Ja, ich komme aus Amerika." Gespannt griff ich nach dem Buch.

„Wirklich? Du bist kein Inder? Bist du ein Verehrer Shivas?" Er gab mir das Buch in die Hand.

„Ich weiß nicht wirklich, wer ich bin, aber ich habe mit Shivaiten zusammengelebt."

„Ich heiße Tusta", sagte er. „Hier ist ein Kapitel, das du bestimmt interessant finden wirst. Es geht um die Beziehung zwischen Shiva und Krishna." Ich fragte mich, warum er so überrascht war, zu erfahren, dass ich aus Amerika kam. Ich hatte mich schon lange nicht mehr im Spiegel gesehen und mir war bis jetzt nicht bewusst gewesen, dass ich mit meinen braunen Augen und relativ dunkler Hauttönung, meinen langen verfilzten Haaren und meinem vom Fluss verfärbten Gewand vielleicht mittlerweile aussah wie ein indischer Bettelmönch.

Ich lief mit dem Buch an mein Herz gedrückt zu einem ruhigen Ort und sog das Krishna-Buch in mich auf wie ein Mann, der halbverdurstet in einer Oase kühles Wasser trinkt. Es begann folgendermaßen:

„Wenn jemand aus den westlichen Ländern den Umschlag eines Buches wie ‚Krishna' sieht, wird er sofort fragen: ‚Wer ist Krishna?'"

Es wurde weiter erklärt, dass Krishna der höchste Herr sei und der Name Krishna ‚der All-Anziehende' bedeute.

„Weil Gott allen Reichtum, alle Macht, allen Ruhm, alle Schönheit, Weisheit und Entsagung in unbegrenztem Maße besitzt, ist er all-anziehend."

Während ich las, sang eine junge Amerikanerin in gelbem Sari auf einer Bühne wunderschöne spirituelle Lieder. Ihr Name war Yamuna Devi, wie ich später erfahren sollte. Ich konzentrierte mich auf meine Lektüre und auf ihren herzergreifenden Gesang, als ich völlig von Gefühlen überwältigt wurde.

Gegen Abend füllte sich das Pandal mit über 25.000 Menschen. Ich wollte unbedingt den Sprecher hören. Daher brachte ich das Buch zurück und setzte mich ganz hinten in die riesige Menschenmenge. Auf der Bühne sangen und tanzten etwa zwanzig westliche *Devotees** – die Männer hatten den Kopf kahl rasiert und trugen die traditionellen Gewänder der Sadhus, die Frauen waren in bunte Saris gekleidet. Die Menge wartete gespannt auf das Eintreffen des Gurus.

Er war ein würdevoller Mann mit glatt rasiertem Kopf und in safranfarbene Gewänder gehüllt. Sein Körper strahlte. Er bewegte sich mit der Anmut eines Schwans; seine Gestik erinnerte an die Souveränität eines Königs. Dennoch war sein Verhalten demütig und duldsam, als ob er überall Gott erblicken würde, wohin er auch schaute.

Nachdem er das Publikum mit zusammengeführten Händen begrüßt hatte, nahm er auf einem erhöhten Sitz Platz. Vom hinteren Teil des Publikums aus konnte ich ihn kaum erkennen. Ich wollte eigentlich gern weiter nach vorn, aber ich schämte mich zu sehr, mich vor jemanden hinzusetzten. Auf der Bühne sah ich, wie ein Devotee von einer Seite der Bühne zu anderen hin- und herging, um zu fotografieren. Der Guru rief ihn zu sich und flüsterte ihm etwas ins Ohr. Dann schaute der Devotee in die überwältigende Menschenmenge und schaute von einer Seite zur anderen, bis er die Person, die er offenbar suchte, entdeckt hatte. Immer

---

* Ein „Devotee" ist ein hingebungsvoll Praktizierender einer spirituellen Schule.

wieder signalisierte er dieser Person in der Menge, auf die Bühne zu kommen. Als keiner nach vorn kam, stieg er von der Bühne herunter und arbeitete sich behutsam durch die Menge von Zehntausenden Menschen, die am Boden Platz genommen hatten. Zu meiner Überraschung kam er bis ganz nach hinten und direkt auf mich zu. Mit einem ruhigen Lächeln kündigte er an: „Srila Prabhupada möchte, dass du dich zu ihm auf die Bühne setzt."

Perplex murmelte ich: „Woher kennt er mich denn?"

Er gab mir keine Antwort, sondern nahm mich einfach bei der Hand und zog mich durch die Menschenmenge auf die Bühne. Dort stellte er mich dem Guru vor, dessen unermessliches Lächeln mich mit grenzenloser Freude erfüllte. Srila Prabhupada kam mir so bekannt vor, aber ich wusste nicht aus welchem Grund. Er saß gerade aufgerichtet im Schneidersitz und war in die ordentlich gefalteten, safranfarbenen Gewänder eines Swamis gekleidet. Er bedeutete mir mit einem gütigen Wink seiner Hand, in seiner Nähe Platz zu nehmen, und so setzte ich mich auf den Teppich. Ehrfürchtig sah ich zu ihm auf. Er blickte mit seinen großen, sanften Augen für einen kurzen Augenblick tief in meine – ein Blick, der mich in der Seele berührte. Er hatte eine bronzefarbene Hautfarbe, eine breite, runde Nase und seine Ohren waren lang wie die des Buddha. Sein Haupthaar war kürzlich rasiert worden, aber zu beiden Seiten sah man kleine weiße Stoppelhaare. Seine Stirn zierten zwei senkrecht verlaufende Linien aus Tonerde, die den yogischen Pfad der Hingabe symbolisierten. Zwei tiefe Furchen verliefen von seinen Nasenflügeln hinunter zu seinen vollen, weit geschwungenen Lippen.

Als die Devotees enthusiastisch tanzten und sangen und dabei ganz ordentliche und saubere Kleidung trugen, wurde mir schlagartig bewusst, wie meine Tücher aussahen – ziemlich zerschlissen und voller Schlammflecken. Als ich die frisch rasierten Köpfe und Gesichter der männlichen Devotees sah, überlegte ich, wann ich mich wohl das letzte Mal rasiert hatte, ganz zu schweigen vom Haarekämmen oder gar Haareschneiden. Ich konnte mich nicht einmal mehr daran erinnern. Ich hatte jeden Tag in Flüssen oder schlammigen Tümpeln gebadet und musste im Vergleich zu den Devotees schmutzig erscheinen. Während sie begeistert sangen und tanzten, saß ich nur still da. Ich war es gewohnt, in einsamen Wäldern zu leben, und nun saß ich hier vor Zehntausenden von Menschen und fühlte mich befangen und äußerst fehl am Platz. Ich war drauf und dran wegzulaufen. Aber dann warf mir Srila Prabhupada ein solch aufmunterndes, liebevolles Lächeln zu, dass ich mich sofort wohlfühlte. Warum hatte mich dieser Mann aufgefordert, bei ihm zu sitzen? Und warum ausgerechnet mich?

Als ich über diese rätselhafte Begebenheit nachdachte, nahm Srila Prabhupada ein Paar Zimbeln in die Hand und begann, sie leicht gegeneinander zu schlagen. Jeder Finger war exakt platziert, als er voller Anmut in stetem Rhythmus zu spielen begann. Mit tiefer, klangvoller Stimme und sanft wogendem Körper, fing er an zu chanten: „Hare Krishna, Hare Krishna, Krishna Krishna, Hare Hare, Hare Rama, Hare Rama, Rama Rama, Hare Hare."

Mir blieb die Luft weg. Es kam mir vor wie im Traum, als ich ihn dasselbe Mantra singen hörte, das aus dem Lied von Mutter Ganges zu mir gekommen war. Wie oft hatte ich dieses Mantra seit dem Tag in Rishikesh gesungen, als es mir der Fluss offenbart hatte! Es lief mir eiskalt den Rücken hinunter, meine Glieder zuckten und mein Herz pochte wie wild. Mit tränenerfüllten Augen sah ich zu Srila Prabhupada auf. Seine Augen waren geschlossen, seine Augenbrauen angespannt. Seinem etwas nach unten gezogenen Mund entströmte das Mantra. Das riesige Publikum wiederholte den Gesang. Das Zelt war ganz vom Klang des Mantras erfüllt, der von den Gottgeweihten auf der Bühne mit traditionellen Trommeln, Zimbeln und Gongs begleitet wurde.

Nach dem Singen räusperte sich Srila Prabhupada und sprach mit einer tiefen, sonoren Stimme ins Mikrofon und erklärte die Bedeutung des Mantras.

„Wir singen das *Maha-Mantra* oder den großen Gesang der Befreiung."

Dann erklärte er, dass der Name *Hare* eine Anrufung von *Radha*, der göttlichen Energie oder der weiblichen Entsprechung des Herrn, sei. „Sie ist der Ursprung von Gottesliebe und gewährt sie auch anderen. *Krishna* ist ein Name Gottes, der aussagt, dass er all-anziehend ist. Und der Name *Rama* bedeutet, dass der Herr der höchste Genießer ist, der denen unendlich große Glückseligkeit schenkt, die ihm ihre Liebe zeigen." Er erklärte auch, dass transzendentale Klangschwingung das Herz von selbstsüchtigen Wünschen läutert und unsere ursprüngliche, natürliche Liebe zu Gott erweckt und uns spirituelles Glück erfahren lässt.

„Während wir das Maha-Mantra singen", fuhr Srila Prabhupada fort, „beten wir zum Herrn: ‚Bitte beschäftige mich in deinem liebevollen Dienst, für alle Ewigkeit.'"

Meine Gedanken trugen mich zurück in den Himalaja zu dem Felsen im Ganges. Endlich verstand ich. Das waren die Namen dieses wunderschönen blauen, Flöte spielenden Jungen, der auf dem Bild zu sehen war, das ich schon so lange bei mir trug. Er ist eine Form von Gott. Ich hatte die ganze Zeit das Mantra gesungen und über das Bild meditiert, ohne zu wissen, dass zwischen beiden eine Verbindung bestand. Jetzt offenbarte Srila Prabhupada auf ganz einfache Weise die heiligen Geheimnisse, auf die ich so lange keine Antwort bekommen hatte. Tausend Gedanken schossen mir durch den Kopf und ich stellte höchst erstaunt fest, wie sich plötzlich ein Teil zum anderen fügte und meine abenteuerliche Reise allmählich einen Sinn ergab.

Lächelnd richtete ich meine Aufmerksamkeit wieder auf die Worte Srila Prabhupadas. Er beschrieb, dass keine Konfession, Kaste oder Sekte einen Anspruch auf wahre Religion erheben könne, da die Verbindung zu Gott vielmehr ein natürliches Bedürfnis eines jeden Lebewesens sei. Es sei unsere Natur, sagte er, Gott zu lieben, aber diese Liebe sei seit undenklichen Zeiten in Vergessenheit geraten. Liebe zu Gott müsse bedingungslos sein, um das Selbst vollkommen zufriedenzustellen. „Wir sind spirituelle Seelen", sagte er, „aber weil wir nicht über das richtige Wissen verfügen, halten wir unseren zeitweiligen Körper für das Selbst." Er erklärte weiter, dass die Ursache allen Leidens darin liege, dass wir unsere Beziehung zu Gott vergessen hätten und dass dieses Bewusstsein ganz einfach durch das Chanten von Gottes Namen wieder erweckt werden könne. Mit nachdrücklicher Stimme voller Mitgefühl bat er das Publikum eindringlich, diese Aussage ernst zu nehmen.

„Diesen Prozess", sagte er, „der unsere schlummernde Liebe zu Gott wiedererweckt, nennt man *Bhakti Yoga*."

Als ich Srila Prabhupada so sprechen hörte, nahm ich eine Stimme in meinem Herzen wahr, die verkündete: *Das ist dein Guru.*

Aber mein Verstand konnte das nicht akzeptieren. Es entfachte sich ein regelrechter Kampf zwischen meinem Verstand und meinem Herzen:

> *Ich habe in der Vergangenheit viele Heilige und Gurus getroffen und ich werde in Zukunft noch mehr treffen. Ich sollte nicht voreilig sein, denn dies ist die wichtigste Entscheidung meines Lebens. Ich muss mir ganz sicher sein, bevor ich mich einem bestimmten Pfad widme.*

Mein Verstand gewann den Kampf und noch reichlich verwirrt verwarf ich den Gedanken, dass ich bereit sei, mich für einen Guru zu entscheiden.

Nach seinem Vortrag stand Srila Prabhupada auf und ging los, um die Bühne zu verlassen, aber plötzlich blieb er direkt vor mir stehen. Hastende Menschenmengen versammelten sich um uns herum, und mein Kopf schien vor Aufregung zu platzen. Ganz spontan ging ich auf die Knie und streckte meine Hand aus, um seine Füße zu berühren. Ich hörte jemanden mit donnernder Stimme schreien: „Keiner berührt Srila Prabhupadas Füße." Ich war sprachlos vor Scham und zog meine Hand zurück, aber Srila Prabhupada schaute mir tief in die Augen. Ich spürte, dass er den Schmerz meiner Scham wahrnahm und sich für die schneidenden Worte seines Schülers verantwortlich fühlte. Dann ging eine regelrechte Welle der Zuneigung von ihm aus und mit strahlendem Lächeln sagte er leise zu mir: „Du darfst meine Füße berühren." Ich fühlte mich gleichzeitig erleichtert und geehrt und führte die Hand mit dem Staub seiner Füße an meinen Kopf. Er strich mir liebevoll über den Kopf und lud mich ein, jeden Morgen und jeden Abend bei ihm auf der Bühne zu sitzen. Seine Güte verschlug mir die Sprache.

Am nächsten Morgen nach dem Vortrag wartete ich in einer Schlange mit Hunderten von Leuten, da *Halava*, eine beliebte indische Süßspeise, zum Frühstück verteilt wurde. Ich war hungrig, da ich am Vortag überhaupt nichts gegessen hatte. Nach ungefähr einer Stunde kam ich endlich an die Reihe und erhielt eine Blätter-Schale randvoll mit frischem *Halava*. Welch ein Segen! Ich konnte es kaum erwarten, davon zu kosten, als mir die Schale aus heiterem Himmel aus der Hand gerissen wurde. *Was war denn jetzt passiert?* Mein Adrenalinspiegel schnellte in die Höhe und der Magen brannte, als ich mich bestürzt umdrehte. Da sah ich denselben Devotee, der mich in der vorherigen Nacht auf die Bühne gebracht hatte, mit dem Halava in der Hand. Sein Name war Gurudas.

„Du hattest nicht vor, das zu essen, oder?“, fragte er.

„Eigentlich schon“, sagte ich ein wenig entrüstet, als er mein lang ersehntes Frühstück bereits jemand anderem in die Hand drückte. Dann ergriff er meine Hand und zog mich mit ihm. Kurz darauf saß ich hinter der Bühne, wo mir eine ruhige Amerikanerin namens Malati Devi einen Teller mit zwölf verschiedenen Zubereitungen von heiligen, vegetarischen Speisen servierte. Das war ein Festessen! Gurudas lächelte und sagte: „Das ist besser für deine Gesundheit. Wir wollen dich einfach glücklich machen.“ Er musterte mich und sagte gerade heraus: „Du bist ein Devotee. Eines Tages wirst du es verstehen.“

Neben mir saß ein amerikanischer Devotee namens Shyamasundar, der auf freundliche Art und Weise ein Gespräch mit mir begann. Man konnte sich gut mit ihm unterhalten, und ich hatte das Gefühl, dass ich diesen Mann kannte. Plötzlich dämmerte es mir, dass er der Mönch war, den ich am *Cosmos Club* in Amsterdam getroffen hatte. Er hatte mich gefragt, ob ich eine spirituelle Speise probieren wolle, und hatte mir Joghurt mit Früchten in die Hand gegossen. Als ich ihn daran erinnerte, lachte er laut und sagte: „Oh, du warst das. Alle anderen hatten eine Schale. Tut mir leid.“ Während wir uns unterhielten, brachte seine Frau Malati immer mehr heilige Speisen, bis ich sie bat, nicht noch mehr zu servieren. In der Zwischenzeit tollte ihre vierjährige Tochter Saraswati hinter der Bühne herum. Ihr auffallend blondes Haar, ihre funkelnden blauen Augen und ihr sprühender Enthusiasmus versetzte die Inder in Staunen. Ich nahm diese Szene einfach so in mir auf und freute mich nun, meine Fastenzeit zu beenden.

Man sagt, dass eine heilige Person so rein ist, dass er oder sie wie ein makelloser Spiegel wirkt. Wenn wir einer solchen Person begegnen, die uns spiegelt, können wir sowohl die schönen als auch hässlichen Seiten unseres Innenlebens erkennen. Unserer Glaube und unsere Zweifel, unsere Tugenden und Sünden, unsere Stärken und Schwächen – sie alle werden aufgedeckt. Es ist sowohl eine freudige als auch ein schmerzliche Erfahrung, und genau so erging es mir in der Gegenwart von Srila Prabhupada.

Bei einem seiner Abendvorträge veranlasste mich der Ernst in seinem Auftreten, über meine eigene Ernsthaftigkeit nachzudenken.

Wie aufrichtig ist meine Motivation? Übernehme ich Verantwortung für mein eigenes Leben und das von anderen? Warum habe ich mich noch nicht für einen bestimmten Pfad entschieden? Ist es die Angst davor, mich für etwas zu verpflichten oder Leichtsinn? In welch ungewisse Zukunft wird mich dieses Leben führen?

In dem Moment, als mir diese Gedanken durch den Kopf schossen, schaute mir Srila Prabhupada von seinem erhöhten Sitz vor Tausenden von Zuschauern tief in die Augen. Von seinem Blick ganz gefangen genommen spürte ich, wie die Menschenmassen verschwanden und alles andere um mich wie ausgeblendet war. Nur er und ich schienen zu existieren. Es fühlte sich so an, als würde sein Blick bis zu den Tiefen meiner Seele vordringen und leise durch mein Herz sprechen: *Vergeude nicht deine wertvolle Zeit. Krishna wartet auf dich.* Ich zitterte vor Dankbarkeit, aber ich wusste, dass ich bald aufbrechen würde. Ich war so verwirrt, aber ich hatte das Gefühl, dass es das Ehrlichste war, was ich tun konnte.

Meine Erfahrung mit ihm in diesen Tagen war unglaublich, aber mein Glaube war immer noch wie ein ankerloses Boot mitten auf dem stürmischen Ozean. Meine Angst, mich festzulegen und eine Regung in meinem Herzen, die mich drängte, mehr Orte zu sehen und mehr erleuchtete Menschen zu treffen, trieb mich dazu an weiterzuziehen. *Ja*, dachte ich, *ich muss wirklich überzeugt sein, sowohl von meinem Intellekt her als auch in meinem Herzen, bevor ich wahrhaftig einen bestimmten Pfad oder Guru annehmen kann.* Ich glaubte, dass Gott mir letztlich mein Schicksal offenbaren würde.

Ich war überwältigt von Srila Prabhupadas Weisheit und Mitgefühl und wollte mir sein Krishna-Buch kaufen, bevor ich Bombay verließ. Da ich aber kein Geld dafür hatte, zog ich durch die Straßen von Bombay und bettelte, aber ich war zu schüchtern, um ein guter Bettler zu sein. Gequält und eingeschüchtert versuchte ich genug zusammenzubekommen – ohne Erfolg. Am letzten Tag des Festivals brachte mich einer von Srila Prabhupadas Schülern zu ihm. Er stand vor dem Zelt in der Sonne. Sein Kopf war leicht nach oben geneigt, sein Rücken gerade und er umfasste mit beiden Händen den Griff seines Spazierstocks, der zwischen seinen Füßen den Boden berührte. Seine großen Augen blickten in meine und seine nach unten zeigenden Lippen unterstrichen sein ernstes Auftreten. „Ja?", fragte er.

Der Schüler sagte: „Dieser Junge möchte unbedingt dein neues Buch und ist sogar in die Stadt betteln gegangen, in der Hoffnung etwas Geld zusammenzubekommen, um es kaufen zu können."

Srila Prabhupada war so gerührt, dass er mir mit eigenen Händen ein Exemplar überreichte. Seine Augen drückten so viel Güte aus. Dann tätschelte er mir den Kopf und sagte leise: „Vielen Dank."

Vielen Dank, klang es in meinem Herzen nach. Voller Ehrfurcht senkte ich den Kopf.

III

Pilgerreise im Himalaja

1

Der Himalaja rief und ich sehnte mich danach, diesem Ruf nachzukommen. Am folgenden Tag saß ich auf dem schmutzigen Betonboden eines Bahnsteiges und wartete auf den nächsten Dritte-Klasse-Zug in Richtung Norden. Ich machte es mir zur Gewohnheit, in dem Buch zu lesen, das mir Srila Prabhupada gegeben hatte, und ich war überrascht, dass George Harrison von den Beatles die Einleitung geschrieben hatte, die mit folgenden Worten begann:

„Jeder sucht nach Krishna.
Manche wissen gar nichts davon, aber sie tun es trotzdem.
Krishna ist Gott. Die Quelle alles Existierenden, die Ursache all dessen, was ist, war und zukünftig sein wird.
Da Gott unbegrenzt ist, hat er viele Namen.
Allah-Buddha-Jehova-Rama: Alle sind Krishna, alle sind ein und derselbe …“

Ich hatte ja schon vieles über die Weltreligionen gelesen, aber ich bekam den Eindruck, dass es noch so viel mehr zu lernen gab. Dieser ökumenische Gedanke erfreute und überraschte mich zugleich und ich steckte das Buch in meine Tasche, um später weiterzulesen.

Am Bahnhof traf ich einen gut gekleideten Mann, der wohl in seinen Vierzigern sein mochte. Er trug ein Hemd aus weißer Baumwolle, eine Hose und eine weiße *Nehru*-Kappe. Seine Hautfarbe war dunkel, er hatte kleine Pocken, aber auch helle Narben auf den Wangen, die vielleicht von einer Auseinandersetzung im Kindesalter herrühren mochten. Er hieß Madhava und arbeitete beim Aufsichtspersonal der Bahn. Er überredete mich, ihn auf der Reise zu seinem Guru zu begleiten. Also reisten wir von Bombay ein paar Stunden in östliche Richtung mit dem Bus an einen heiligen Ort namens Ganesh Puri. Als wir ankamen, wies er mich an:

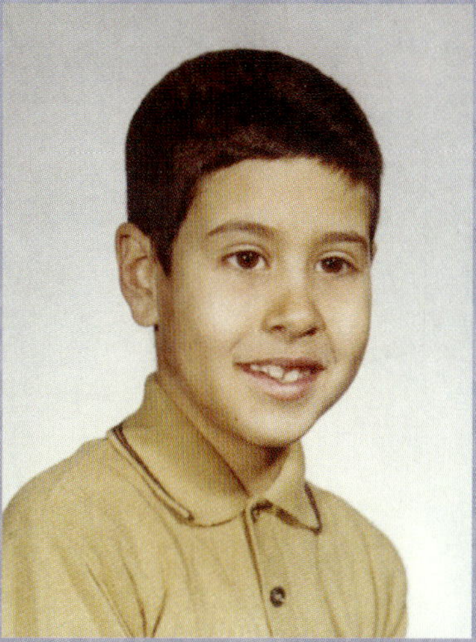

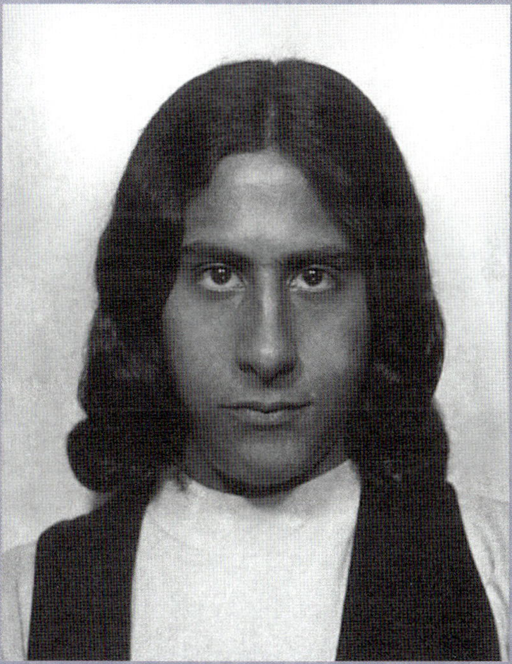

Oben links: Idelle und Jerry Slavin, die Eltern des Autors
Oben rechts: Der kleine Richard, später bekannt als Radhanath Swami, im Alter von acht Jahren
Unten: Im Jahr 1970, im Alter von 19 Jahren, bricht der Autor zu einer Selbstfindungsreise auf.

Oben: Römische Katakomben, in denen Mönche sich zum Gebet versammelten
Unten: Unterwegs in Griechenland als Mundharmonikaspieler in einer Straßenband. Ganz rechts Gary, mit dem der Autor schon ein ganzes Leben lang befreundet ist
Rechte Seite: Ein ebenso geheimnisvolles wie prophetisches Poster, das der Autor in Neu-Delhi entdeckte

Mohan Sharma

Oben links: Der Autor im Jahr 1970 als Einsiedler im Himalaja
Oben rechts: Die Tempelstätte Pashupatinath in Nepal
Unten: Ein Felsen im Ganges, der dem Autor während einer einmonatigen Meditation in völliger Zurückgezogenheit als Sitzplatz diente

Heilige und Yogis, die den Autor auf seiner Reise inspirierten
Oben links: Swami Rama, der Gründer des *Himalayan Institute of Yoga*
Oben rechts: Swami Satchidananda, der Gründer des *Integral Yoga Institute*
Unten links: Der berühmte Autor und Philosoph Jiddu Krishnamurti
Unten rechts: Swami Chidananda Saraswati, Nachfolger von Swami Sivananda, dem Gründer der *Divine Life Mission*

Oben links: Maharishi Mahesh Yogi, der Begründer der Transzendentalen Meditation
Oben rechts: Anandamayi Ma, eine berühmte Mystikerin und spirituelle Lehrerin
Unten: Yogi Tat Walla Baba, der als Einsiedler in einer Höhle im Himalaja lebt

Oben links: Begegnung mit Mutter Teresa
Oben rechts: Swami Muktananda, Begründer von *Siddha Yoga Path*
Unten links: S. N. Goenka, buddhistischer Vipassana-Meditationsmeister
Unten rechts: Begegnung mit dem Dalai–Lama

Oben: Hier, in Devprayag, begegnete der Autor Kailash Baba, der ihn in das Leben als Einsiedler im Dschungel einführte.
Unten: Eine der Berghöhlen im Himalaja, in die sich der Autor zurückzog

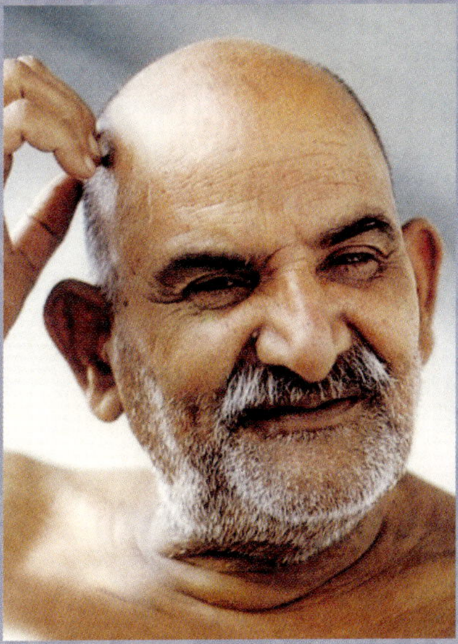

Oben links: George Harrison mit seinem Freund und Wegbegleiter Shyamsundar
Oben rechts: Gary, der langjährige Freund des Autors, und ihr gemeinsamer Reisegefährte Hackett
Unten links: Baba Ram Dass, Begründer der *Seva Foundation* und der *Hanuman Foundation*, Autor von *Sei jetzt hier*
Unten rechts: Neem Karoli Baba, ein bekannter mystischer Yogi und Guru

Oben: Madan Mohan-Tempel in Vrindavan
Unten: Asim Krishna Das (rechts) und der Autor (links) kurz nach dem „schicksalhaften" Haarschnitt

Oben links: Swami Bon Maharaja, Begründer des *Institute of Oriental Philosophy*
Oben rechts: Krishnadas Babaji, ein Devotee in Vrindavan
Unten links: Sripad Baba, Begründer der *Vajra-Akademie*
Unten rechts: Visakha Sharan, ein Devotee und Gelehrter aus Vrindavan

Oben: Ghanashyam in seinem kleinen Tempel in Vrindavan
Unten links: Ramesh Baba, ein asketischer Devotee Sri Radhas vor dem Radha-Tempel in Barsana
Unten rechts: Der Fluss Yamuna am *Keshi Ghat* in Vrindavan

Oben: Sri Radhas Bergtempel in Barsana
Unten: Samadhi (ein heiliges Grab) von Rupa Goswami, einem Heiligen aus dem 16. Jahrhundert, Vrindavan

Oben: Gemälde, auf dem Radha und Krishna mit den Gopis (Kuhhirtinnen) von Vrindavan zu sehen sind
Unten links: Die hoch verwirklichten Bhakti-Praktizierenden Rupa Goswami und Sanatana Goswami
Unten rechts: Chaitanya Mahaprabhu (1486-1533), der Höchste Herr, der die vollkommene Liebe verkörpert
Rechte Seite: Bhaktisiddhanta Saraswati Thakur, Begründer und Acharya der *Gaudiya-Mission*
Folgende Seite: A. C. Bhaktivedanta Swami Prabhupada, Begründer und Acharya der *International Society for Krishna Consciousness* und spiritueller Lehrer des Autors

Oben: Der Autor mit B. K. S. Iyengar
Unten: Leichenverbrennung in Varanasi

Oben: Der Autor mit Präsident Barack Obama
Unten: Der Autor mit der indischen Präsidentin Srimathi Pratibha Devisingh Patil

Man verwehrte dem Autor zunächst die Einreise nach Indien. Doch er versprach dem Grenzbeamten, etwas für das indische Volk zu tun, wenn man sie bewilligen würde. Der Beamte ließ sich überzeugen. Heute hat Radhanath Swami sein Versprechen gehalten: Er rief das *Midday Meal Program* (*www.radhanathswami.com/activities/middaymeal*) ins Leben, das Tausende von Schulkindern aus den Slums von Mumbai Tag für Tag verköstigt (*oben*). Und er gründete das *Bhaktivedanta Hospital* (*www.radhanathswami.com/activities/bhaktivedanta-hospital*; *unten*).

NORTH SEA
DENMARK
RELAND
ENGLAND
Hook of Holland
Amsterdam
London
Dover
Abcoude
GERMA
Brussels
Calais
Isle of Wight
Luxembourg
FRANCE
SWITZERLAND
Geneva
ITA
Genoa
CORSICA
SARDINIA
SPAIN
PORTUGAL
ALGERIA
MOROCCO
TUNISIA

BALTIC SEA
LATVIA
LITHUANIA
KALININGRAD
BELARUS
POLAND
CZECHOSLOVAKIA
UKRAINE
MOLDOVA
HUNGARY
ROMANIA
YUGOSLAVIA
ADRIATIC SEA
BULGARIA
ALBANIA
Istanbul
Brindisi
Thessaloniki
Naples
Pompei
GREECE
Isle of Corfu
TURKEY
AEGEAN SEA
Athens
IONIAN SEA
Isle of Crete

USSR
BLACK SEA
CASPIAN
GEORGIA
ARMENIA
AZERBAIJAN
Istanbul
Ankara
Erzerum
Tabriz
TURKEY
CYPRUS
LEBANON
SYRIA
IRAQ
ISRAEL
JORDAN
KUW
EGYPT
SAUDI ARABI
RED SEA
SUDAN
ERITREA

KAZAKHSTAN
UZBEKISTAN
KYRGYZSTAN
TURKMENISTAN
TAJIKISTAN
CHI
Mashhad
Herat
Kabul
Khyber Pass
Peshawar
AFGHANISTAN
RAN
Kandahar
Lahore
Firozpur
PAKISTAN
IND
QATAR
U.A.E
OMAN
ARABIAN
SEA

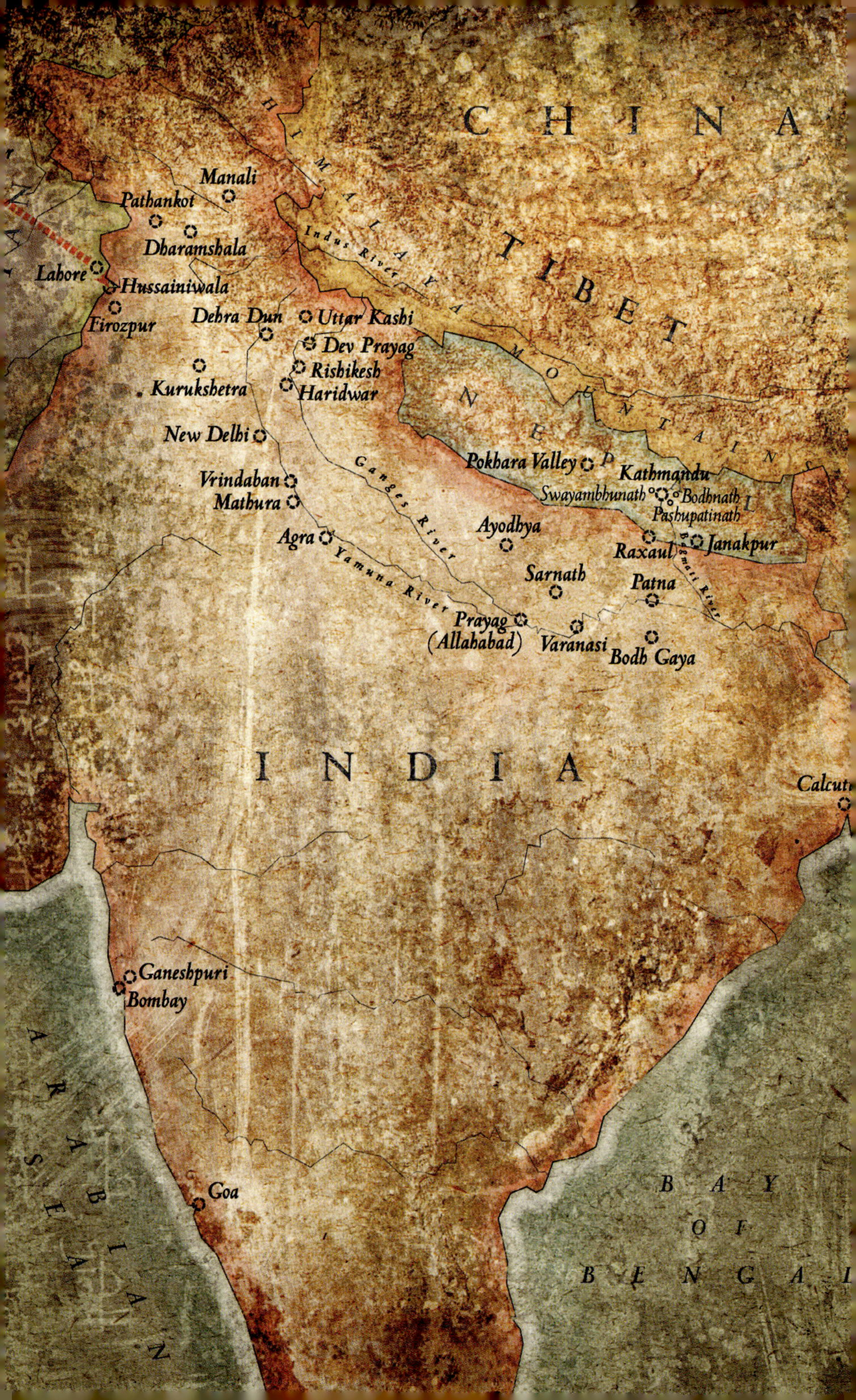

CHINA
TIBET
HIMALAYA MOUNTAINS
Indus River
NEPAL
INDIA
Manali
Pathankot
Dharamshala
Lahore
Hussainiwala
Firozpur
Debra Dun
Uttar Kashi
Dev Prayag
Rishikesh
Haridwar
Kurukshetra
New Delhi
Vrindaban
Mathura
Agra
Yamuna River
Ganges River
Pokhara Valley
Kathmandu
Swayambhunath
Bodhnath
Pashupatinath
Ayodhya
Raxaul
Janakpur
Bagmati River
Sarnath
Patna
Prayag
(Allahabad)
Varanasi
Bodh Gaya
Ganeshpuri
Bombay
Goa
ARABIAN SEA
BAY OF BENGAL

„Bevor man Guruji trifft, muss man sich erst reinigen, indem man in den nahe gelegenen Schwefelquellen badet." Wir näherten uns drei kleinen Tümpeln mit blubberndem, dunklen und trüben Wasser. Dutzende von Einheimischen drängten sich vorbei und beschimpften sich gegenseitig, während ein weiteres Dutzend ihr tägliches Bad nahm. Langsam tauchte ich in das dampfende, graue Wasser ein, das wie Öl an meiner Haut haften blieb, und versuchte mich an die stechende Hitze und den säuerlichen Geruch zu gewöhnen. Ich tauchte bis zum Hals ein und die Hitze durchdrang und belebte meinen Körper und Geist. Plötzlich rief Madhava, dass ich nun bereit sei, seinen Guru zu besuchen.

Nachdem ich mich angezogen hatte, führte er mich zu einem kleinen, aus Ziegelsteinen gemauerten Tempel. Als ich durch den gewölbten Eingang trat, befand ich mich vor einer großen Schwarz-Weiß-Fotografie eines stattlichen Mannes mit rasiertem Kopf, der nur mit einem Lendenschurz bekleidet war. Er hatte ein rundes Gesicht, hervorstehende Wangenknochen, durchdringende Augen und ein Kinn, das mit weißen Bartstoppeln bedeckt war. Madhava erklärte mir, dass dies sein Guru, Nityananda Baba, sei, der seinen sterblichen Körper bereits vor zehn Jahren aufgegeben habe. Hier in seiner heiligen Grabstätte, seinem *Samadhi*, konnte man die Essenz seines Wesens als starke Schwingung wahrnehmen – vielleicht noch deutlicher, als wenn er lebendig vor uns gestanden hätte.

Der Samadhi wurde von Öllampen beleuchtet und war mit gelben und orangefarbenen Ringelblumen geschmückt. Duftende Schwaden von *Mogra*-Räucherstäbchen durchzogen die Luft. Nityananda Babas Anhänger saßen am Boden und sangen gemeinsam. Zu meiner Überraschung sangen sie das *Hare Krishna*-Mantra – dasselbe Mantra, das mir der Ganges im Himalaja offenbart und das auch Srila Prabhupada in Bombay gesungen hatte. Ich bekam Gänsehaut.

Nityananda Baba wird von Millionen von Anhängern aus den Bundesstaaten Maharastra und Karnataka verehrt. Madhava erzählte mir etwas aus dem Leben seines Gurus, von seinen Lehren und den Wundern, die er vollbracht hatte. So hatte in der zweiten Hälfte des 19. Jahrhunderts eine ärmliche Frau beim Holzsammeln in einem dicht bewaldeten Gebiet im Dschungel gehört, wie Krähen an einer bestimmten Stelle ungewöhnlich laut krächzten. Sie ging dorthin und fand einen kleinen Jungen allein im Laub liegen. Sie übergab das Kind einer unfruchtbaren Frau, die als Dienstmädchen eines wohlhabenden *Brahmanen* beschäftigt war. Schon als kleiner Junge war er von weltlichen Dingen ziemlich losgelöst und verließ im Alter von zehn Jahren seine Adoptivfamilie, um sich einem spirituellen, entsagten Leben zuzuwenden. Nityananda Baba reiste weite Strecken zu Fuß und war immer darum bemüht, den Bedürftigen zu dienen und jeden, den er traf, im Herzen zu erleuchten. Die letzten Jahre seines Lebens hatte er hier in Ganesh Puri verbracht.

Ich meditierte bei Nityananda Babas Samadhi mit dem Gesang im Hintergrund und spürte seine überwältigende Gegenwart. Es war, als würde er mir versichern wollen, dass er mir seinen Segen gab.

Einige Tage später wurde ich zu einem Schüler Nityananda Babas gebracht, der in der Nähe gerade einen Aschram baute. Der Aschram war zwar noch klein, aber der Bau ging rasch voran. Der Tempelraum befand sich in unmittelbarer Nähe der Straße. Als die Tür aufging, ertönte das Shiva-Mantra, *Om Namah Shivaja*, in einer langsamen, hypnotischen Melodie. Im Innern saßen ein paar Dutzend Schüler sowohl aus Indien als auch aus dem Westen und sangen gemeinsam. Spezielle Saiteninstrumente, sogenannte *Tanpuras*, deren Resonanzkörper aus einem hohlen Kürbis gefertigt wird, vibrierten lautstark. Als der Gesang verklang, strömten alle in den Hof hinaus. Ich sah zu und wartete. Dann verbeugten sich die Schüler vor dem Guru und er trat ein. Er war 63, seine Hautfarbe war dunkel, er hatte dunkelbraune Augen, kurze Haare und einen kurzen Bart und trug ein safranfarbenes Gewand. Seine Anwesenheit erfüllte seine Anhänger mit unbändiger Freude. Ich fragte, wer er sei, und man sagte mir, er heiße „Swami Muktananda".

Während er mir durch seine Brille einen prüfenden Blick zuwarf, wandte er sich mithilfe eines Übersetzers an uns. „Als ich fünfzehn war", begann er, „verließ ich mein reiches Elternhaus, um als Sadhu zu leben. Ich zog umher und besuchte jeden heiligen Ort und traf schließlich Gurudeva, Nityananda Baba." Er schlug seine rechte Faust in seine linke Handfläche und rief: „Baba brach meinen Stolz auf eine Weise, wie es kein anderer hätte tun können." Er beschrieb genau das, was ich mich die ganze Zeit gefragt hatte und was mich so beunruhigte – nämlich welchen Pfad oder welchen Guru ich wählen sollte und auf welcher Grundlage ich diese Entscheidung treffen sollte. Alle Zuhörer, mich selbst inbegriffen, lauschten gebannt seinen Worten. „*Shakti pat*-Einweihung erweckt eine kosmische Energie an der Basis der Wirbelsäule, die man „Kundalini" nennt. Die Kundalini-Energie steigt die Wirbelsäule durch die sieben Chakren hoch bis zum Scheitel, wo sie sich mit dem Höchsten verbindet. Das sicherste Mittel, die Kundalini zu erwecken", sagte Swami Muktananda, „besteht darin, einen *Siddha Guru* oder einen vollkommenen Lehrer anzunehmen, der dem Schüler ein Mantra gibt und seine *Shakti* direkt auf ihn überträgt." Abschließend sagte er: „Ihr müsst süchtig nach dem Mantra werden, mehr noch als ein Alkoholiker nach seinem Schnaps. Vergesst das nie."

Einmal stand ich mit Swami Muktananda am Straßenrand, als ein bissiger Hund wie wahnsinnig jaulte und mit aufgerissenem Maul auf uns zugestürmt kam. Die Leute schrien und rannten davon. Mit bloßem Blick zähmte er den Hund, der daraufhin widerstandslos seinen Kopf neigte. Er segnete den Hund, drehte sich zu mir und sprach durch einen Übersetzer: „Mir ist aufgefallen, dass du ein sehr aufrichtiger Sadhu bist. Wenn du möchtest, gebe ich dir Einweihung in den *Shakti Pat*."

Mir schossen Bilder von Tat Walla Baba, dem Naga Guru und anderen, die mir ähnliche Angebote gemacht hatten, durch den Kopf. „Danke, Swamiji", antwortete ich, verwundert und geehrt zugleich, „aber ich habe mir geschworen, keine förmliche Einweihung von einem Guru anzunehmen, bis ich nicht vollkommen davon überzeugt bin, dass ich ihm immer treu sein würde." Nervös streichelte ich den Hund. Ich merkte, wie sehr sich ein Teil von mir wünschte, dieses großzügige Angebot einfach annehmen zu können. „Ich verdiene deine Güte nicht, aber ich habe diese Entscheidung einfach noch nicht getroffen." „Ich schätze deine Ehrlichkeit", sagte er und schaute mir in die Augen, „Gott wird dich führen." Dann, wie eine Bestätigung seiner Segnung, schleckte der zuvor bösartige Hund nun unablässig an meiner Hand.

Madhava bestand darauf, dass ich nach Goa reiste, weil das Klima dort, wie er sagte, meiner Gesundheit sehr zuträglich wäre. Er erbot sich sogar, mir eine Karte für eine Schiffsreise zu kaufen. Es schien, als hätte es das Schicksal so vorgesehen, und so entschied ich, mit ihm in

Bombay zum Hafen zu gehen. Dort ging ich an Bord eines überfüllten Schiffes, das an der Küste des Arabischen Meeres entlangfuhr und vierhundert Kilometer weiter südlich wieder an der Küste anlegte. Nachdem ich fast einen ganzen Tag auf dem Schiff verbracht hatte, erreichte ich mein Ziel, ein tropisches Paradies mit endlosen Stränden aus weichem Sand und milder, salziger Meeresluft. Seit dem 16. Jahrhundert war Goa der Hauptsitz von Portugals Herrschaftsgebieten in Asien. Zu dieser Zeit bekehrte ein Jesuitenpater, der heilige Franz Xaver, Zehntausende von Einheimischen zum christlichen Glauben. 1961 marschierten dann indische Truppen in Goa ein und besiegten die portugiesischen Streitkräfte.

Ich kam zum Strand. Vor mir sah ich einen kilometerlangen weißen Sandstrand, das kristallklare Meer und endlos viele Kokospalmen. Um mir die Zeit zu vertreiben, ging ich nach Calangute Beach, einem Paradies für Leute aus dem Westen, die sich dort preiswerte Häuschen mieteten. Ich lief am Strand entlang und kam an Männern und Frauen vorbei, die sich umarmten und küssten, hörte laute Rock'n' Roll-Musik aus den Lautsprechern dröhnen und sah, wie in aller Öffentlichkeit Drogen konsumiert wurden. Hier war wieder die gleiche Szene, die ich auch in Europa erlebt hatte, aber jetzt erschien mir alles so fremd, wie aus einem anderen Leben. Ohne Interesse lief ich den Sandstrand entlang. Ich ertappte mich dabei, wie ich anfing, die anderen in Gedanken zu kritisieren – als sei ich ihnen überlegen. Ich wollte diese Gedanken nicht haben und sie zeigten mir, wie arrogant ich war. Ich betete, dass ich von meiner eigenen Schwäche, in anderen Fehler zu suchen, geläutert werden mochte. Aber es war so schwierig. Es war viel einfacher, mit den Tieren im Dschungel zu leben, da diese nicht so deutlich meine eigenen Unzulänglichkeiten aufdeckten.

Ungefähr einen Kilometer weiter stieß ich auf einen Strandabschnitt, an dem sich Drogenabhängige, alle aus dem Westen, Spritzen in den Arm rammten. Sie waren von so weit hergekommen, an einen der schönsten Plätze der Erde, nur um das Elend der Sucht zu erleiden. Ich lief schneller und kam an einen kleinen Berg am Ende des Strandes. Ich kletterte über die Felsbrocken und keuchte vor Anstrengung, bis ich schließlich die andere Seite erreichte. Dort breitete sich ein tropisches Paradies vor mir aus. Endloser Strand aus feinem, hellen Sand, soweit das Auge reichte. Kokospalmen wiegten sich im Wind und kein einziger

Mensch war zu sehen. Dieser Ort sollte mein Zuhause für die kommende Woche werden.

Sieben Tage lang saß ich unter einer Kokospalme vertieft ins Lesen, Meditieren und Beten. Mit Ausnahme von ein paar armen Fischern, die jeden Morgen mit ihren Booten ins Meer hinaus ruderten, war dieser Platz vollkommen menschenleer.

Um etwas zu essen zu bekommen, kletterte ich jeden Tag eine Kokospalme hinauf, schüttelte ein paar Kokosnüsse hinunter und schlug sie gegen einen Felsen, bis sie aufbrachen. Zur täglichen Hygiene badete ich im Meer und der Sand unter dem klaren Sternenhimmel war meine Schlafstätte.

An einem dieser Tage ging ich landeinwärts. Dort entdeckte ich, eingebettet in unzählige Kokospalmen, ein paar vereinzelte Hütten aus Lehm und trockenen Kokosnussblättern, die alle auf Sand gebaut waren. Die Bewohner, von denen die meisten zum Christentum übergetreten waren, folgten der Tradition ihrer Vorfahren und wurden Fischer, die kein Vermögen hatten, außer einem Ruderboot, zwei Rudern und einem Netz. Von Sonnenaufgang bis Sonnenuntergang arbeiteten die Männer draußen auf dem Meer unter der brennenden Sonne, die bei vielen von ihnen fleckige Haut hinterließ. Es sah so aus, als würden sie an Hautkrebs leiden, jedoch blieb ihnen wegen der harten Arbeit gar keine Zeit, sich um solche Phänomene Gedanken zu machen. Ich dachte daran, dass die ersten Jünger von Jesus auch Fischer waren, die er dann entsandte, um Menschenfischer zu werden.

An einem anderen Tag lief ich an der Küste entlang und entdeckte einen kleinen Fisch, der verzweifelt im Sand zappelte. Eine Welle hatte ihn an Land gespült. Die Angst des Fisches und seine Verzweiflung erregten mein Mitleid. Er und ich waren im Grunde genommen gar nicht so verschieden und ich beschloss, ihn zurück in seine Heimat, das Meer, zu bringen. Aber jedes Mal, wenn ich ihn aufhob, zappelte er so wild hin und her, dass er mir sogleich wieder aus der Hand glitt. Seine Angst war so groß, dass er nicht erkannte, dass ich sein Freund war. Schließlich fing ich ihn mit der hohlen Hand und schleuderte ihn zurück ins Wasser. Jedoch war mein Gefühl der Zufriedenheit nur von kurzer Dauer, denn die nächste Welle kam, ebbte wieder zurück ins Meer und hatte wieder denselben kleinen Fisch an den Strand gespült. Ich warf ihn noch einmal zurück ins Wasser, aber die nächste Welle trug ihn wieder an das sandige Ufer. Beim nächsten Mal hielt ich ihn mit großer Mühe in meiner hohlen Hand, ging bis zum Hals ins Meer hinein und schleuderte ihn, so weit ich konnte, ins Meer. Als ich wieder aus dem Wasser kam, schaute ich so lange, wie ein Welle nach der anderen an den Strand gespült wurde, bis ich davon überzeugt war, dass der kleine Fisch in Sicherheit war.

Ich ging weiter den Strand entlang und stieß auf eine Gruppe von Fischern, die gerade ein Netz von ihrem Boot auf den Sand herunterzogen. Das Netz war voll von Hunderten solch kleiner Fische, die um ihr Leben zappelten und dazu verurteilt waren, in der Pfanne zu schmoren. Was konnte ich tun? Nüchtern starrte ich aufs Meer hinaus und ging gedankenversunken weiter.

Wir sind alle wie Fische, die sich vom Meer des göttlichen Bewusstseins getrennt haben. Wenn wir als Mensch versuchen, ohne unsere natürliche Beziehung zu Gott glücklich zu werden, lässt sich das mit einem Fisch vergleichen, der versucht, das Leben außerhalb des Wassers, auf dem trockenen Sand, zu genießen. Heilige Menschen nehmen große Anstrengungen auf sich, um nur einer einzigen Person helfen zu können, zu ihrem natürlichen spirituellen Bewusstsein zurückzugelangen, dem Meer der wahren Freude. Aber die meisten Menschen lassen sich nur allzu gern von Mayas zauberhaften Fäden umgarnen und werden so von ihrem wahren Selbst-Interesse abgelenkt.

Zu Beginn meiner spirituellen Reise hatte ich den Plan, so viel wie möglich von unterschiedlichen Richtungen und Lehrern zu lernen und dann von jedem Pfad das zu praktizieren, was am effektivsten für mich war. Eine solche Vorgehensweise war in den 1960er-Jahren sehr weit verbreitet, aber in Indien erkannte ich allmählich, wie oberflächlich das war. Ich hatte viele Spiritualisten getroffen, die diese Vorstellung teilten, aber mir erschienen ihre Erkenntnisse zu vage und nicht greifbar. Die, die ich für fortgeschritten hielt, hatten sich einem bestimmten Pfad verpflichtet. Ich verstand, dass das Herumreisen von Ort zu Ort und

Lehrer zu Lehrer seine Grenzen hatte. Mir war auch klar, dass ein Grund für mein Zögern, eine Einweihung in einer bestimmten Religion anzunehmen, mit meiner Angst zu tun hatte, durch diesen Schritt von anderen getrennt zu sein. Dennoch wusste ich, dass ich mich entscheiden musste, um wirklich voranzukommen. Dies nicht zu tun wurde immer schmerzhafter. Aber welcher Pfad und welcher Lehrer war der richtige für mich? Wie konnte ich mir da jemals sicher sein?

> *Es haben mich bereits viele über das Wissen verschiedener Pfade und Erfahrungen aufgeklärt, was ich nicht verdiente. Ich sehe in allen spirituelle Schönheit. Welche Richtung sollte ich an dieser Kreuzung des Lebens einschlagen?*

In dieser Nacht betete ich um Führung und versank im Schlaf. Mitten in der Nacht wachte ich auf und sah die Mondsichel am dunklen Nachthimmel scheinen. In der Umarmung dieser Sichel funkelte ein einzelner Stern auf. Das war das Symbol des Islam, ein Zeichen der Ergebung vor Gott. Voller Staunen starrte ich in den Himmel. Mein Herz beruhigte sich. Ich sah dies als ein Zeichen an, dass das rätselhafte Geheimnis, über das ich schon so lange nachdachte, mir zu gegebener Zeit offenbart werden würde.

2

Von Goa aus fuhr ich mit dem Schiff zurück nach Bombay und begann meine Rückreise in den Himalaja. Ich nahm einen Zug nach Delhi und dann ging es weiter in nordwestlicher Richtung nach Pathankote, einer Stadt in der Nähe der Grenze zu Kashmir. Von dort aus fuhr ich auf der Ladefläche eines Lastwagens in Richtung Osten in die Himalaja-Stadt Dharamsala in Himachal Pradesh. Der Sommer nahte und der Wald war übersät von orangefarbenen, gelben, violetten und weißen Blumenblüten. Die riesigen, uralten Bäume hatten sich in ein frisches, leuchtend grünes Blätterkleid gehüllt und die vielen kleinen Lebewesen summten und brummten unablässig und schwirrten rastlos umher. Hoch oben auf einem Gebirgskamm über Dharamsala lag McLoed Ganja, ein tibetisches Flüchtlingslager und das Zuhause des Dalai-Lama von Tibet.

Zur Vorbereitung auf meine Pilgerreise zu dem Kloster, das auf dieser Bergspitze lag, hatte ich ein Buch des Dalai-Lamas mit dem Titel *Mein Land und meine Leute* gelesen. Ich erfuhr, dass Lhamo Dhondrub 1935 in einem einfachen tibetischen Haus aus Stein und Lehm in einer Familie armer Bauern geboren worden war. Ein Suchtrupp von ehrwürdigen, alten Mönchen wurde von dem Regenten Tibets zu diesem Haus geschickt. Dieser hatte nämlich eine Vision, nach der dies der Ort sei, wo der nächste Dalai-Lama geboren worden war. Als das Kind zwei Jahre alt war, kamen sie als Reisende verkleidet, die auf der Suche nach einer Unterkunft waren, zu diesem Haus. Einer der Mönche legte sich die Meditationskette des vorherigen Dalai-Lama um den Hals und der Junge schnappte nach ihr, als wolle er sie davon überzeugen, dass sie ihm gehörte. Nach mehreren Besuchen und nachfolgenden Untersuchungen kam die Kommission zu dem Schluss, dass sie die vierzehnte Inkarnation Chenrezigs, den *Bodhisattva* des Mitgefühls, gefunden hatte. Man glaubt, dass er das tibetische Volk spirituell und politisch führt, indem er sich in jeder Generation als der Dalai-Lama reinkarniert.

Der Junge wurde in das Kloster in Lhasa gebracht, wo er auf seine Position als Staatsoberhaupt und geistiger Führer einer Nation vorbereitet wurde. In den Kindheitsjahren seiner Regentschaft erlebte Tibet eine wahre Blütezeit. Aber 1950 marschierte das chinesische Militär ein und 1959 war die Nation durch Gewalt und Aufruhr vollkommen zerrissen. Auf Drängen seines Volkes, das um sein Leben bangte, musste er aus seiner geliebten Heimat flüchten. Der Dalai-Lama betete im Buddha-Tempel und brachte ihm am Altar einen weißen Seidenschal dar, als Zeichen des Abschieds, mit der Absicht zurückzukehren. Schweren Herzens legte er seine Mönchsgewänder ab und schlich sich eines Nachts als Soldat verkleidet aus dem Palast.

Er und sein Trupp zogen wie Flüchtlinge über die zerklüfteten Berge Tibets. Die Reise wurde durch starken Schneefall, sintflutartige Regenfälle und bittere Kälte erschwert. Bei den ständigen Gedanken an sein notleidendes Volk war es ihm schwer ums Herz. Von Krankheit, Erschöpfung und, wie er es nannte, „einem Gefühl des tiefen Unglücks, das sich jeglicher Beschreibung entzieht" gezeichnet, überquerte er schließlich die Grenze nach Indien.

Ich war ergriffen von der erstaunlichen Geschichte über sein Leben im Exil und der Art und Weise, wie er mit Schicksalsschlägen umging oder Schwierigkeiten überwand. Daher wollte ich unbedingt den Ort sehen, den der geistige Führer des tibetischen Buddhismus sich als seine neue Heimat ausgewählt hatte. Als ich 1971 dorthin kam, sah McLeod Ganja, eingebettet in die hohen, bewaldeten Berge und steil abfallenden Täler des Himalaja, aus wie ein kleines Tibet. Die Flüchtlinge trugen traditionelle Kleidung und errichteten Holz- oder Backsteinbauten im tibetischen Architekturstil mit Drachen und anderen Fabelwesen, die in kräftigen Farben auf Säulen und Torbögen gemalt waren. Yaks grasten an den Hängen und hier und da traf man westliche Pilger an, die auf der Suche nach abgelegenen Plätzen zum Meditieren waren. Wie in Tibet waren auch hier viele der Bewohner buddhistische Mönche. Im Zentrum des Dorfes umrundeten die Gläubigen einen großen rechteckigen Bereich, der von Gebetsmühlen umgeben war. Ihre Räder drehten sich mit dem Mantra „*Om Mani Padme Hum*". Ich wusste aus meiner Lektüre, dass die tibetischen Buddhisten glauben, dass dieses Mantra die Segnungen Chenrezigs anziehe und alle Lehren des Buddha enthalte.

Die Menschen in McLeod Ganja waren unglaublich freundlich. Wo immer ich hinging, begrüßten sie mich mit einem strahlenden Lächeln. Obwohl sie Flüchtlinge in einem fremden Land waren und viele Härten erdulden mussten, schienen sie dennoch in Frieden mit sich selbst. Ich sah keine Bettler oder Betrüger unter ihnen. Jeder sah zufrieden aus. Eine Familie lud mich in ihr kleines Haus ein und servierte mir eine tibetische Nudelsuppe, die man *Thupka* nennt und traditionellen Tee, der mit Yak-Butter und Salz zubereitet wird. Dieser Tee eignet sich in besonderem Maße dazu, sich in den kalten Himalaja-Nächten zu wärmen. Diese Menschen hier hatten es mir so angetan, dass ich oft Stunden damit verbrachte, ihnen einfach dabei zuzusehen, wie sie ihre alltäglichen Arbeiten verrichteten. Darauf reagierten sie einfach mit einem Grinsen bis über beide Ohren.

Nicht weit entfernt vom Haus des Dalai-Lama befand sich der Tempel mit einer prachtvollen Statue des Buddha im Lotossitz. Sowohl die Mönche als auch die ganz gewöhnlichen Leute verehrten diese goldene Form des Buddha, indem sie ihm Räucherstäbchen, Glöckchen, kleine Lämpchen und Geschenke darbrachten. Die Verehrungszeremonie, auch *Puja* genannt, faszinierte mich. Dabei saßen die Mönche sich in zwei Reihen gegenüber mit dem Buddha in der Mitte. Sie lasen aus den Schriften, die auf verblichene Pergamentblätter geschrieben waren. Gemeinsam rezitierten sie uralte Gebete. Dabei legten sie ein Blatt nach dem anderen auf das jeweils vorherige. Zu glückverheißenden Zeitpunkten bliesen ein paar Mönche in lange, trompetenartige Hörner, andere läuteten rituelle Glocken und wieder andere schlugen große Gongs mit hölzernen Schlägeln und ließen mithilfe von Stöcken riesige Trommeln erklingen. Als die Schwingung ihren Höhepunkt erreichte, hob ein hoher Priester feierlich ein Zepter, der aus kunstvoll gearbeitetem Messing gefertigt war. Dieser *Dorje* war ein Übermittler spiritueller Energie. Die Wände waren mit vielen komplexen Kunstwerken geschmückt, die man *Tantras* nennt. Diese Abbildungen waren in leuchtenden Farben gemalt und stellten Begebenheiten aus der Geschichte des Buddhismus dar oder zeigten Symbole, die den Meditierenden darin unterstützen sollten, Erleuchtung zu erlangen. Als ich mit den Mönchen zusammensaß, meditierte und Mantras rezitierte, beflügelte der Duft von brennenden Öllampen und süßem Räucherwerk meinen Geist noch mehr.

Ich war besonders von der Liebe und der Achtung berührt, die die Menschen ihrem Dalai-Lama entgegenbrachten. Für die Tibeter hatte er die spirituelle Kraft eines Papstes und die politische Autorität eines Königs. In jedem Laden und jedem Haus hing an prominenter Stelle eine Fotografie von ihm.

Als ich einmal am frühen Morgen im Tempel meditierte, setzte sich ein großer, älterer Lama mit rasiertem Kopf, rotbraunem Gewand und einer Holzperlenkette um den Hals neben mich. Er sagte, dass er mich mehrere Tage beobachtet hatte, und fragte, ob ich irgendwelche Fragen stellen wolle. Wir verbrachten nun jeden Tag ein paar Stunden zusammen. Es war ein ganz besonderer Nachmittag, als er mich einlud, mit ihm zu einer persönlichen Audienz beim Dalai-Lama zu kommen. Das Haus des Dalai-Lama lag auf einem bewaldeten Hügel, der vom indischen Militär ringsum bewacht wurde. Das Militär war hier stationiert, um den Dalai-Lama, der unter ständigen Todesdrohungen lebte, zu beschützen. Ich ging durch die Sicherheitskontrolle und wurde in einen Raum geführt, der mit farbenfrohen Bildern von Buddha und den großen Bodhisattvas geschmückt war. Auf einem Altar stand ein wunderschöner Buddha-Deity aus Metall, der mit Blumen, Messinglampen, Glocken und anderen Gegenständen zur Verehrung geschmückt war. Nach Zedernholz duftende Räucherstäbchen erfüllten die Luft.

Ein paar Minuten später öffnete sich die Tür und der Dalai-Lama blickte mich mit freudestrahlenden Augen durch seine braungeränderte Brille an. Sein großer Kopf war glatt rasiert und er hatte ein quadratisches Gesicht, eine kleine, runde Nase und trug ein rotbraunes Gewand, das er über ein goldgelbes Mönchshemd geschlungen hatte. Mit einem ansteckenden Lächeln kam er von der anderen Seite des Raumes auf mich zu, um mich zu begrüßen. Er lachte laut, ergriff dabei meine Hände und schüttelte sie immer wieder. Er sprach mit herzlicher Stimme und seine Augen funkelten freudig. „Du bist von so weit hergekommen. Ich heiße dich willkommen."

Wir setzten uns auf zwei gegenüberstehende Stühle. Mit einer kindlichen Neugier fragte er mich nach meinem Leben in Amerika und dem Grund für meine Entscheidung, als Sadhu zu leben. Als ich meine Geschichte erzählte, hörte er mir mit gespannter Aufmerksamkeit und großem Interesse zu. Wann immer auch nur eine Spur von Humor in meiner Schilderung aufkam, schüttelte sich sein ganzer Körper vor Lachen und er schlug die Hände zusammen. Wir hatten uns vielleicht eine halbe Stunde lang unterhalten, als ich ihn auf die Lage seines Volkes in Tibet ansprach. Seine Gesichtszüge veränderten sich schlagartig. Er wurde ernst und Tränen traten ihm in die Augen. In der Stille, die uns nun umgab, flüsterte er: „Als ich ein kleiner Junge war, erfreute sich meine Nation der Freiheit. Wir waren ein glückliches und geeintes Volk und unsere Spiritualität stand in der Blüte." Er hielt für einige Zeit inne. Schweigend nahm er eine Teekanne, um mir eine Tasse tibetischen Tee einzuschenken. Ich beobachtete, wie der dampfende Tee aus der Tülle in meine Tasse floss. Der Dalai-Lama stellte die Teekanne zurück auf ihren Platz und senkte in Gedanken vertieft seinen Kopf, als würde er mit den Augen seines Geistes sehen können und in seinem Herzen den Konflikt seiner Leute in Tibet über die Gipfel des Himalaja hinweg spüren. Er fügte liebevoll hinzu: „Wir stehen tief in der Schuld Indiens dafür, dass dieses Land hier Tausenden Tibetern Zuflucht gewährt hat."

„Die universale Eigenschaft von Religion", fuhr er fort, „ist Mitgefühl mit anderen Lebewesen. Zum Wohle anderer Opfer zu bringen ist wahres Dharma." Als ich ihn so sprechen hörte, verstand ich, wie sehr er sich für sein Volk aufopferte, und mein Herz war zutiefst gerührt. „Meditation, das Studium der Schriften und die Verehrung Buddhas", sagte er, „geben uns die innere Kraft, als freundliche und erleuchtete Wesen zu leben." Seine Botschaft regte mich zum Nachdenken an und seine Persönlichkeit flößte mir Respekt ein, aber die Zuneigung, die er mir entgegenbrachte, gab mir das Gefühl, als sei er ein vertrauter Freund. Der Dalai-Lama lächelte und legte mir wohlwollend einen weißen, mit tibetischen Mantras bestickten Seidenschal um den Hals. „Bei uns ist es Tradition, dass jeder besondere Gast dieses Geschenk bekommt", sagte er. Ich fühlte mich nicht würdig, seine Zeit und Güte beansprucht zu haben und senkte den Kopf in Dankbarkeit. In seiner Gegenwart wurde die Tugend des selbstlosen Dienens für mich greifbarer. Er war eine Person, die sich nicht nur seinen spirituellen Prinzipien widmete, sondern auch die schwere Bürde auf sich nahm, den Bedürfnissen seines Volkes gerecht zu werden, das sich entweder im Exil befand oder sich den Chinesen unterwerfen musste. In dem schier aussichtslosen Kampf hatte er unglaubliche Herausforderungen gemeistert und riesige Hindernisse bewältigt. Er tolerierte ein Leben im Exil, Anfeindungen und Todesdrohungen und hörte nie auf, seinem Volk zu dienen. Und genau das, dachte ich mir, repräsentierte der Schal. Er war ein besonderes Geschenk.

An einem bewaldeten Berghang ließ ich mich in einer Höhle nieder, von der man in ein steil abfallendes Tal hinabblickte. Dort lebte ich von *Tsampa*, einem trockenen Mehl, das aus gerösteter Gerste gemacht wird. Wenn man Wasser hinzufügt, wird es wie Haferbrei. Tibetische Mönche brachten mir bei, wie man allein von Tsampa leben konnte, da es nicht verdirbt. Nachdem ich so ganz einfach für meine körperlichen Bedürfnisse gesorgt hatte, konnte ich jeden Tag hinunter nach McLeod Ganja gehen, um von den Menschen dort zu lernen. Abends kehrte ich in meine Höhle zurück. Als ich eines Nachts auf dem Steinboden lag, krabbelte eine riesige Spinne nur ein paar Zentimeter von meinem Gesicht entfernt die Wand entlang. Sie bewegte ganz langsam ihren haarigen, schwarzen Körper und hob bedächtig ein Bein nach dem anderen, bis sie schließlich in einem Loch ungefähr 15 Zentimeter von meinem Gesicht entfernt verschwand. Als kleines Kind hatte ich furchtbare Angst vor Spinnen gehabt. Immer wenn sich irgendwo eine Spinne in unser Haus verirrt hatte, floh ich vor ihr und flehte meine Mutter an, sie hinauszuwerfen. Die Spinne, die diese Höhle bewohnte, war die grässlichste, die ich je gesehen hatte. Das ist ein Test von Gott. Ich muss diese Angst überwinden, dachte ich. Von dieser Nacht an teilten wir diese Höhle in gegenseitigem Respekt. Von meinem Meditationsplatz aus sah ich gelegentlich Kobras, die sich durch das Unterholz schlängelten. Hin und wieder hatte ich auch andere Mitbewohner: Einmal fiel nachts ein riesiger Skorpion von der Decke. Nur wenige Zentimeter von mir entfernt, reckte er seinen tödlichen Stachel in die Höhe. In diesem Moment ging meine einzige Kerze aus und es wurde stockfinster in der Höhle. Ich dachte, es sei unklug sich zu bewegen und so saß ich lange Zeit völlig regungslos im Dunkeln. In diesem Zustand erinnerte ich mich an den väterlichen Kailash Baba und seine Ratschläge über das richtige Bewusstsein in der Gegenwart von Schlangen und Skorpionen. Ich atmete langsam und betete zu Gott, mir zu helfen, Werturteile, Hass und Angst zu überwinden.

Eines Morgens saß ich in meiner Höhle und meine Gedanken schweiften über Kontinente und Meere hinweg zu meinem Vater nach Highland Park, einem Vorort von Chicago. Ich war mir selbst zwar noch unsicher über die Richtung, die ich selbst einschlagen wollte, hatte aber dennoch das Gefühl, dass der größte Akt der Liebe meinerseits darin bestand, ihm einen Brief zu schreiben und ihn zu ermutigen, näher zu Gott zu kommen, und zwar auf die Art und Weise, die für ihn am natürlichsten war. Da ich mir über meinen eigenen Pfad noch im Unklaren war, schrieb ich voller Überzeugung folgenden Brief:

Geliebter Vater,
ich möchte Dich um etwas bitten, was dir sehr am Herzen liegt. Ein Großteil des Mitgefühls, das Du hast, stammt von meinem geliebten Opa Bill. Ich glaube, dass die Wurzel seines Mitgefühls ihren Ursprung in seinem allumfassenden Glauben, in der hebräischen Religion, hat. Opa hat in Dir den Samen der Liebe zum Judentum gepflanzt. Bitte nähre diesen Samen mit aller Aufrichtigkeit, um die Inspiration Deines Glaubens zu spüren und Liebe für Gott zu empfinden. Ich denke, dass Dir das heilige Geschenk der Meditation große Einsichten ermöglichen wird, um die Tiefen des Judentums auszuloten. Die hebräische Religion kann uns alle, wie andere große Religionen auch, näher zum Herrn bringen.
Bitte trete in die Fußstapfen Deines Vaters und Deiner Vorväter und finde Inspiration im Judentum. Ich glaube, das ist es, was Du letztendlich wirklich willst.
Richard
McLeod Ganja, Dharamsala, Himachal Pradesh, Indien
Mai 1971

Die meiste Zeit über hatte ich auf meiner Reise keine Begleiter, denen ich mein Herz hätte offenbaren können. Meine Gefährten sprachen entweder kein Englisch oder waren große, mächtige Weise, die viel älter waren als ich. Manchmal fühlte ich mich einsam, aber schon bald fand ich Gefallen an der Einsamkeit als eine Möglichkeit, meine Verbindung zu Gott zu pflegen. Das stille Gebet wurde zu einem Medium, durch das ich meine Gedanken und Gefühle zum Ausdruck bringen konnte. Die Ruhe der Meditation war eine Zuflucht vor meinem unruhigen Geist und der Welt um mich herum. In meinen Briefen sicherte ich meiner Familie zu, dass es mir gut ging, war jedoch oft auch gezwungen, Briefe dafür zu nutzen, mein Herz zu öffnen, auch wenn das, was ich schrieb, für die Empfänger vielleicht nur schwer nachvollziehbar war. Manchmal schrieb ich auch auf einen kleinen Notizblock, um das festzuhalten, was ich auf dem Herzen hatte. An einem sonnigen Tag, als ich allein in der Einsamkeit meiner Berghöhle saß, schrieb ich Folgendes ohne einen Adressaten:

In den Gedanken eines Eremiten: Wenn ein Mensch in unruhigen Zeiten müde und erschöpft ist und keine Klarheit darüber hat, wo er hingehen soll und was er zurücklassen soll, weiß er nicht, ob er an diesen Dingen, die immer noch mit ihm sind, festhalten oder sie für immer loslassen soll. Wo soll jemand, der seine Freunde und Heimat verlassen hat, hingehen? Was soll jemand, der allein in der Wüste seiner eigenen Einsamkeit herumwandert, tun? Sollte er die Mauern durchbrechen, die er um sich herum aufgebaut hat, oder sollte er sie noch stärker und höher bauen? Er bittet inständig: „Oh Herr, gibt es einen Führer, der mir den Weg zu dir zeigen kann? Wo sollte solch ein heimatloser Mensch wohnen, der glaubt, dass seine Heimat nicht in dieser vergänglichen Welt liegt?“

Ein Mystiker aus Ägypten lebte recht zurückgezogen in der Nähe meiner Höhle. Ab und zu führten wir tiefe Gespräche. Seine Hautfarbe war dunkel und ebenmäßig, er hatte eine große Nase, dünne Lippen und einen kurzen Spitzbart. Seine schwarzen Augen mit ihrem nach innen gerichteten Blick waren so intensiv, dass sie wie glasiert wirkten und aussahen, als schauten sie in eine andere Welt. Obwohl er äußerlich ruhig war, arbeitete sein Geist ununterbrochen daran, Stück für Stück zu den tiefen Weisheiten des Lebens vorzudringen. Er war ein ägyptischer Meister des Orakels, einer Tarot-ähnlichen Wissenschaft, die man *Metu Neter* nennt. Eines Nachts bot er mir an, die Karten für mich zu legen.

Ich willigte ein. Er mischte den Kartenstapel und legte die Karten in geraden Reihen auf einem taubenblauen Tuch vor sich aus und vollführte einige okkulte Rituale aus dem alten Ägypten. Dann führte er mich durch eine ausführliche Meditation, an deren Ende ich eine Karte auswählen sollte. Jede der bunten Karten war etwa fünfzehn Zentimeter hoch, acht Zentimeter breit und enthielt eine Abbildung mit mystischen Symbolen und Figuren. Eine gute halbe Stunde lang konzentrierte er sich auf die Anordnung der Karten, bevor er schließlich sein Schweigen brach. Er erhob sich langsam von seinem Stuhl, legte beide Hände auf den Tisch und verkündete seine Weissagung: „Weder dein Geist noch deine Intelligenz haben die Macht, den spirituellen Pfad, nach dem du suchst, zu finden. Allerdings wird dich schon sehr bald die göttliche Macht führen. Wie ein Blatt im Wind wirst du zu dem Pfad geführt werden, dem du folgen musst." Es war, als wüssten die Karten alles über mich, und er war ihr Sprachrohr. Er zeigte mit seinem Finger auf eine bestimmte Karte und verstummte. Er schloss seine Augen und flüsterte: „Du musst geduldig ausharren. Durch eine von außen kommende Kraft wirst du den erkennen, den du suchst. Glaube daran. Es ist dein Schicksal. Dein Meister wird zu dir kommen."

3

Ich nahm Abschied von McLeod Ganja, einem echten Hafen des Friedens. Die Freude und Freundlichkeit, die ich dort erlebt hatte, sollte ich nie vergessen, aber ich spürte einen inneren Drang, mehr Erfahrungen an anderen heiligen Orten Indiens zu sammeln, um weitere Methoden und Glaubenslehren kennenzulernen, in der Hoffnung, dass mein eigenes Schicksal mir tatsächlich offenbart werden würde.

Von Pathankot aus nahm ich einen Zug Richtung Süden in den Bundesstaat Haryana und stieg in Kuruksetra aus, einem der heiligsten Orte Indiens. Kuruksetra ist der Ort, an dem die Bhagavad Gita das erste Mal verkündet wurde. Als ich mit meiner Tasche voller spiritueller Bücher den Bahnhof verließ, hörte ich über einen knisternden Lautsprecher Sanskritverse aus der Bhagavat Gita, die in einem nahe gelegenen Tempel rezitiert wurden.

Hier vertiefte ich mich in die Lektüre des Kapitels, in dem Krishna zu seinem Schüler Arjuna sprach. Angesichts unüberwindlicher Hindernisse war Arjuna hin und her gerissen, was er tun sollte und wollte sich seiner bevorstehenden Aufgabe am liebsten entziehen. Die Gita war auf dem Schlachtfeld gesprochen worden, weil das Leben selbst auch ein Kampf ist, bei dem das Gute ewiglich vom Bösen herausgefordert wird und unsere hohen Ideale auf die Probe gestellt werden. Früher oder später sehen wir uns alle großen Gefahren ausgesetzt oder mit furchterregenden Dämonen konfrontiert, die uns sowohl von innen, als auch von außen bedrohen. Wenn wir diesen Angreifern mit Integrität und tiefem Vertrauen begegnen, könnten wir viel daraus lernen. Krishnas zeitlose Wahrheit zeigt, dass man durch die Praxis selbstloser Hingabe, Entschlossenheit und spiritueller Vertiefung den Zugang zu einer Kraft erhält, die jenseits unserer eigenen liegt und mit der wir jegliche Art von Angst überwinden können – der Kraft der Liebe Gottes.

An diesem geheiligten Ort durchdrang mich die Botschaft der Bhagavat Gita so tief, dass es sich so anfühlte, als würde Krishna auf jeder Seite, die ich las, persönlich zu mir sprechen. Ich las jeden Tag mehrere Kapitel und brütete über meinem kleinen Taschenbuchexemplar der Bhagavat Gita. Das Buch war auf billigem Papier gedruckt, hatte einen einfachen weißen kartonierten Umschlag und war von *Gita Press* herausgebracht worden. Ich hatte auf meiner Reise ja schon viele spirituelle Texte gelesen, aber keiner erschien mir so leicht in der Praxis anwendbar wie dieser.

Ich las die Bhagavat Gita unter demselben Banyan-Baum, unter dem Krishna ursprünglich zu Arjuna gesprochen hatte, und war beeindruckt, auf welch kraftvolle Art und Weise dieses Buch die Wissenschaft der Selbstverwirklichung offenbarte, ganz ohne sich auf eine der verschiedenen Strömungen religiöser Gruppierungen oder historischer Deutungen festzulegen. Darin wurden Feinheiten wie die Beziehung der Seele zu Gott erklärt, oder wie diese unveränderliche Seele von der materiellen Natur beeinträchtigt wird, wie *Karma* (das natürliche Gesetz der Aktion und Reaktion) uns alle beeinträchtigt und wie sich der unmerkliche Einfluss der Zeit auf die Schöpfung auswirkt. Als einsamer Wanderer, der auf der Suche nach der Wahrheit war und dem jeden Augenblick Gefahr, Versuchung und Angst drohen konnten, fand ich Trost und Führung in diesen unvergänglichen Worten. In Kuruksetra wurde die Bhagavat Gita zu meinem Handbuch für das tägliche Leben.

Nach ein paar Tagen verließ ich Haryana und reiste mit dem Zug durch die nordindischen Ebenen. Als wir an einem Bahnhof etwas länger hielten, beobachtete ich einen schrecklichen Vorfall. Ich sah, wie ein Jugendlicher auf dem Bahnsteig von seinem Arbeitgeber beschimpft und geschlagen wurde. Der Jugendliche rührte nicht einen Finger, sagte nichts und wurde schnell weggeschafft. Ich fragte einen Studenten neben mir, was da los sei. Kopfschüttelnd antwortete er: „Weil er in einer niedrigeren Kaste geboren ist, lebt er wie ein Sklave. Wahrscheinlich wird er nicht die Möglichkeit haben, eine ordentliche Ausbildung zu bekommen oder jemanden außerhalb seiner unterdrückten Kaste zu heiraten. Und er wird sein Leben lang Sklavenarbeit verrichten müssen. Ich weiß das, denn ich selbst habe einen ähnlichen Hintergrund, aber ich hatte Glück. Die Regierung kämpft gegen diese Ungerechtigkeit an und auch die meisten gebildeten, kultivierten oder sozial engagierten Menschen sind dagegen. Aber bei vielen Menschen ist dieses Konzept noch tief verwurzelt." Er erklärte mir, dass das Kastensystem eigentlich eine grobe Pervertierung einer ursprünglichen, auf den Schriften basierenden Lehre sei, dem *vedischen Varnashrama*. Wie der menschliche Körper Kopf, Arme, Bauch und Beine hat und jedes Glied dazu gedacht ist, seine Funktion zum Nutzen des gesamten Körpers zu erfüllen, so sei nach dem Varnashrama, jeder im „sozialen Körper" der Gesellschaft dazu angehalten, Verantwortung für sich selbst und jeden einzelnen in der Gesellschaft zu übernehmen – sowohl in sozialer als auch spiritueller Hinsicht, indem er seinen natürlichen Neigungen nachgeht und seine Fähigkeiten einbringt. Das vedische Varnashrama war dafür gedacht, die Menschen zu unterstützen, zu befähigen und zu einen. „Allerdings", schloss er, „hat die Erfindung des Kastensystems, bei dem die Zugehörigkeit zu einer Kaste durch die Geburt bestimmt wird, und das die Ausbeutung der niederen Kasten duldet, dieses harmonische System völlig korrumpiert."

In Gedanken schweifte ich zurück nach Amerika und Europa, wo ja auch verschiedene Rassen und religiöse Minderheiten unterdrückt wurden, und ich dachte betrübt darüber nach, wie die Tendenz, sich anderen überlegen zu fühlen und sie auszubeuten, so vielerlei Gestalt annehmen konnte und in Gesellschaft, Politik, Philosophie und sogar in der Religion ihren Niederschlag fand.

Es wurde mir immer klarer, dass ich einem bestimmten Pfad folgen musste, wenn ich Gott wirklich kennenlernen wollte, aber ich befürchtete, dass eine solche Entscheidung zu engstirnigem Verhalten führen könnte. Ich fühlte mich ja bereits zu einer der wichtigsten Religionen Indiens hingezogen; daher war ich nun ermutigt, da die echte Hindu-Philosophie keineswegs die Unterdrückung von Menschen auf der Grundlage von Rasse, Kaste, Geschlecht oder Geburt guthieß und ich unter den heiligen Yogis auch keines dieser Vorurteile je beobachtet hatte.

Im wunderschönen Kullu-Tal im Bundesstaat Himachal Pradesh wanderte ich meilenweit in völlig unberührter Natur. In der Natur fühlte ich mich Gott so nah. Zwei Tage zuvor hatte ich an einem Bahnhof an einer Wand ein Poster mit Fotos von Kullu gesehen, daraufhin nutze ich die nächste Gelegenheit, mich von einem Lastwagen dorthin mitnehmen zu lassen. Als ich gerade den frischen Pinienduft mit der köstlichen Himalaja-Luft einatmete, traf ich auf einen Reisenden aus Colorado, den ich zuvor bereits im Iran getroffen hatte. Damals war er auf dem Weg nach Indien gewesen, um Tibetischen Buddhismus zu studieren. „Wie ist deine Suche verlaufen?“, erkundigte ich mich.

Er fiel in einen tranceartigen Zustand und rollte seine Augen nach oben. „Gott hat sich inkarniert.“ Seine Augenlider flatterten und seine Stimme zitterte: „Ich bin erblindet durch das göttliche Licht, durch die bloße Berührung seines Fingers. Ein Rausch von Ekstase fuhr durch meine Glieder. Göttliche Musik erfüllte meine Ohren. Ich roch Ambrosia und kostete Nektar. Du musst jetzt sofort dorthin gehen. Der Herr des Universums ist auf die Erde herabgestiegen.“

Wie ein Arzt, der seinem sterbenden Patienten Medizin gibt, bestand er darauf: „Der Höhepunkt deiner langen Reise nach Indien wartet auf dich in Hardwar. Geh jetzt Bruder, zögere nicht. Der Höchste Herr wird bald ins Ausland reisen.“

Ich war neugierig und reiste in den Süden zum Aschram in Hardwar. Ich betrat den Tempel und war verwirrt von dem großen Foto, das auf dem Altar stand. Es war eine Abbildung des jungen Gurus. Er trug eine Krone und eine Pfauenfeder, spielte Flöte und stand in der gleichen Pose wie Krishna. Aber er sah anders aus als der Krishna auf dem Bild, das ich in Delhi gekauft hatte. Genau wie mein Freund aus Colorado kamen seine Schüler zu mir und waren wie verzückt. „Der barmherzige Gott ist in der Vergangenheit als Rama und Krishna gekommen und er ist jetzt wieder erschienen. Wenn Guru Maharaji einem ‚das Wissen‘ zuteilwerden lässt, öffnet er dein göttliches Auge und du wirst ihn als den Herrn des Universums erkennen.“ Da Guru Maharaji bald abreisen würde, um seine erste Reise ins Ausland anzutreten, bewegten mich seine Schüler dazu, mit ihnen im Bus nach Neu-Delhi zu kommen.

In Neu-Delhi versammelten sich Hunderte von Guru Maharajis Schülern in den Außenanlagen des Aschrams und warteten darauf, ihren Guru zu Gesicht zu bekommen. Ich saß in einer Ecke und schaute zu. Ein älterer Schüler kam mit mir ins Gespräch und machte mich dann mit einer Gruppe von *Mahatmas* bekannt, ein Titel für diejenigen, die ermächtigt waren, Guru Maharajis „Wissen" weiterzugeben. Die Mahatmas entschieden, dass ich Sri Mataji treffen müsse, die heilige Mutter des Herrn. Sie saß auf einem Kissen, umgeben von ihren Bewunderern, die ihr mit einem Wedel aus den Schweifhaaren eines Yaks Luft zufächelten und ihr aufmerksam zuhörten. Zu meiner Überraschung entschied sie, dass ich eine private Audienz bei ihrem Sohn haben müsse, bevor er abreise, und so geleitete mich ein Mahatma in sein Zimmer. Guru Maharaji war ein Junge von etwa dreizehn Jahren, leicht dicklich mit ordentlich gescheiteltem Haar. Er stellte sich als Prem Rawat vor und erklärte, dass er der Nachfolger seines Vaters Sri Hansji Maharaja sei. Ungeachtet des geschäftigen Treibens seiner Schüler führte mich Guru Maharaji für ein privates Treffen auf ein Hausdach. Dort, abseits von der Menschenmenge, gingen wir gemeinsam auf und ab. Er stellte mir viele Fragen über mein Leben und erzählte von seiner bevorstehenden Reise, seiner ersten Reise ins Ausland. Als er mich fragte, ob er mich in das „Wissen" einweihen solle, erklärte ich ihm, so wie ich es auch schon anderen Lehrern zuvor erklärt hatte, dass ich sehr zurückhaltend sei, eine solche Verpflichtung einzugehen. Während wir uns auf dem Dach unterhielten, wartete unten sehnsüchtig eine ganze Schar von Menschen auf ihn. In diesem Moment tauchte ein Mahatma auf und kündigte an, dass es Zeit sei, zum Flughafen aufzubrechen. Guru Maharaji beschleunigte seinen Schritt. „Ich muss gehen. Wenn du dich irgendwann einmal dafür entscheiden solltest, das Wissen zu erhalten", sagte er, „kannst du persönlich zu mir nach Indien, Amerika oder London kommen." Als wir die Treppe hinunter kamen, standen uns Tausende von Menschen gegenüber. Ich trat zur Seite, als Maharaji ausführlich seine Anhängerschaft segnete und in einem Auto davonfuhr. Ich sah aus dem Hintergrund zu und war dankbar für die Aufmerksamkeit, die er mir entgegengebracht hatte, und glaubte, dass er ein vollkommener Yogi sein könnte, vielleicht aus einem vergangenen Leben. Aber wenn ich in mich hinein hörte, verspürte ich keine Neigung, ihn als Krishna, den Höchsten Herrn des Universums, anzunehmen. „Wer Gott ist", dachte ich, „ist ein ernstes Thema, das man nicht auf die leichte Schulter nehmen sollte."

Im Laufe meiner Reise waren mir die spirituellen Bücher, die ich in einer Stofftasche bei mir trug, immer mehr ans Herz gewachsen. Ich hatte allmählich eine richtige kleine Bibliothek angesammelt. Außer dieser schweren Büchertasche besaß ich nur noch eine Bettelschale und einen Ast, der mir als Spazierstock diente. Ich hatte mir schon oft überlegt, das Gewicht dieses Gepäcks zu reduzieren, aber jedes Mal, wenn ich mir die Bücher durchsah und zu entscheiden versuchte, welche ich wohl weggeben könnte, schaffte ich es nicht, mich auch nur von einem einzigen Band trennen. Unter ihnen war die Bhagavat Gita, die Bibel, die Upanischaden, die *Autobiographie eines Yogi*, Bücher über den Buddhismus, ein Buch von Shankaracarya und das Krishna-Buch, das mir Srila Prabhupada eigenhändig überreicht hatte. Da jedes einzelne Buch etwas Besonderes für mich war und ich nicht wusste, ob ich sie jemals wieder finden würde, schleppte ich diesen Beutel voller Bücher überall mit mir herum und war vom Tragen dieser Last oft erschöpft. Jetzt, in der Nähe des Connaught Circus in Neu-Delhi, stellte ich die Büchertasche an einer Straßenecke ab. Motor-Rikschas sausten vorbei und stießen schwarze Abgaswolken aus. Autos stauten sich auf der Straße, wobei jeder Fahrer versuchte, sich vor andere Fahrzeuge zu drängen. Fahrrad-Rikschas, Handkarren und von Ochsen gezogene Wagen bewegten sich in gemächlichem Tempo vorwärts, während die Fahrer von alten, verbeulten Lastwagen pausenlos auf die Hupe drückten und ganze Wolken von Kohlenmonoxid hinterließen. Mitten in diesem Verkehrschaos wartete ich darauf, dass die Ampel grün wurde.

Plötzlich stürmte ein Mann auf mich zu und packte mich von hinten am Hals und hielt mich in einem eisernen Griff fest. Dann steckte er mir ein Metallstäbchen ins Ohr. Er bohrte tief hinein und kratzte und schabte, was sehr schmerzhaft war. Ich zitterte. Wer ist dieser Mann? Was machte er da? Würde er mein Trommelfell durchstechen? Er bohrte weiter und ich stand völlig unter seiner Kontrolle und hatte Angst, mich zu bewegen. Dann ließ er mich los, zog das Metallteil aus meinem Ohr heraus und zeigte es mir. An seinem Stäbchen klebte ein großer Klumpen Ohrenschmalz. Ich war begeistert, da ich so gut hören konnte wie seit Jahren nicht mehr – zumindest auf einem Ohr. Dann verlangte er eine Rupie als Preis für das Reinigen des anderen Ohres. Aber ich hatte nichts.

Er verhandelte jedoch vergebens und ließ mich mit einem schmutzigen Ohr zurück. Ich konnte es nicht glauben. Ich hatte keine Ahnung, wie dreckig mein Ohr gewesen war, bis ich spürte, wie es war, wieder ein sauberes Ohr zu haben – vor allem im Vergleich zum anderen. Mit einem betrübten Lächeln zog ich eine Parallele zur spirituellen Reise. *Vielleicht,* dachte ich,

> *hält uns das dreckige Schmalz des Egoismus, das sich im Herzen angesammelt hat, davon ab, deutlich die Stimme des Herrn in unserem Innern zu hören. Ein Guru reinigt mit dem Stab des Wissens unsere Herzen. Es ist wirklich nicht schön, sich all das ansehen zu müssen, was da herauskommen mag, aber indem wir geduldig folgen, reinigen wir es immer weiter.*

Eine andere Lektion, die ich diesem Erlebnis entnahm, war Folgendes:

> *Manchmal gibt uns der Herr eine kleine Kostprobe an religiösen Erfahrungen, aber wenn wir mehr wollen, müssen wir einen Preis zahlen, und zwar in der Währung der aufrichtigen Hingabe zum Vorgang der Läuterung.*

Mein Gehör war jetzt wie ein nicht ausbalanciertes Stereo-System. Ich wusste, dass es bei mir noch viel zu reinigen gab, und zwar auf vielen Ebenen. Ich wartete an der Straßenecke, bis die Ampel grün wurde, aber als ich nach unten griff, um nach meinem Bücherbeutel zu greifen, war er weg. Ich war verzweifelt. Ich suchte in allen vier Himmelsrichtungen, rannte herum und fragte jeden in der näheren Umgebung, aber ohne Erfolg. Ich musste mich mit der Tatsache abfinden, dass meine Bücher gestohlen worden waren. Ich stand an dieser Ecke und beklagte meinen Verlust.

> *Diese kostbaren Bücher erfüllten mich mit Wissen und Inspiration. Sie waren unersetzlich. Ich hatte sie aus den gütigen Händen meiner Lehrer entgegengenommen. Mein wertvollster Schatz war mir entrissen worden.*

Unendlich traurig und ohne Hoffnung, die Bücher je wieder zu bekommen, ging ich weiter.

Nach ein paar Schritten wurde mir bewusst, wie einfach es geworden war, zu gehen. Die schwere Last, mit der ich mich schon so lange abgemüht hatte, der Bücher-Beutel, war weg. Genauso plötzlich, wie ich mich verzweifelt gefühlt hatte, fühlte ich mich befreit. Ich sprang beinahe in die Luft und dachte:

> *Es entspricht der Natur des Geistes, Unwesentliches für wesentlich zu halten. Der Geist kreiert künstliche Bedürfnisse und glaubt, er kann ohne sie nicht leben. Auf diese Weise tragen wir eine große Last von Anhaftungen durch unser Leben. Anhaftung an sich ist eine große Last für den Geist. Wir mögen vielleicht nie das Ausmaß der Last verstehen, bis wir davon befreit sind, wie ich von meinen Büchern und dem Ohrenschmalz. Aber wenn wir Freude im Innern finden, können wir ein einfaches Leben führen, frei von endlosen Komplikationen.*

Ich hatte aus freiem Willen eine Anhaftung dafür entwickelt, den richtigen Pfad und Lehrer zu finden. Paradoxerweise verstand ich jetzt, dass ich losgelöst und aufrichtig sein musste, um wirklich das zu finden, wonach ich suchte. Ganz gleich, welche Hindernisse ich auf meinem Weg zu überwinden hatte, diese würden mir, wie ich hoffte, dazu dienen, die letztendliche Freiheit zu erlangen.

4

Ayodhya, der Geburtsort Ramas, war schon seit Jahrtausenden für unzählige Millionen von Devotees ein Pilgerort, und auch ich verspürte den Wunsch, mich ihnen anzuschließen. Vor langer Zeit war hier der höchste Herr, dem niemand an Schönheit gleichkommt, in der Form eines Menschen erschienen, um der Welt durch sein eigenes Vorbild etwas zu lehren. Als Sohn nahm er widerspruchslos seine Verbannung an und opferte dadurch seinen Anspruch auf den Thron, alles nur um die Ehre seines Vaters zu bewahren. Als Ehemann liebte und beschützte er seine Frau Sita so sehr, dass er bereit war, zu ihrem Schutz einen Feldzug zu führen. Als Schüler war er sich auch für niedere Dienste nicht zu schade und lernte eifrig von seinen Lehrern. Als Freund zeigte er all jenen, die in Not waren, seine ganze Liebe. Selbst angesichts unüberwindbar erscheinender Verlockungen strahlte seine Loyalität und Liebe in der Rolle als Bruder. Und später, als König behandelte Rama jeden Bürger, ganz gleich welcher Herkunft, ausnahmslos wie seinen eigenen Sohn oder seine eigene Tochter. Dieses beispielhafte Verhalten sollte uns zeigen, welche Verantwortung wir in unseren eigenen Beziehungen haben. Es sollte unsere Herzen für die Liebe des Herrn öffnen.

Als ich nach Ayodhya kam, ging ich wie Tausende von Pilgern eine breite Straße entlang, die rechts und links von großen Tempeln und palastartigen Gebäuden gesäumt war. Mein erster Eindruck war, dass ich ein wahres Königreich betreten hatte.

Jede Nacht schlief ich am erdigen Ufer des Flusses Sarayu. Nach meinem Bad ging ich eines Morgens in großer Vorfreude zu dem Platz, an dem Rama geboren war. Ich hatte keine Ahnung, dass ich hier geradewegs in einen der größten Krisenherde der Welt stolperte.

Ich traute meinen Augen kaum: An diesem Pilgerort, der von Hunderten Millionen von Menschen verehrt wird, am heiligen Geburtsort von Rama, stand eine verlassene Moschee, die von einem Stacheldrahtzaun umgeben war. Zudem wurde sie von Soldaten bewacht, die mit Gewehren, Bajonetten und Handgranaten bewaffnet waren. Vor dem Zaun saß etwa ein Dutzend Sadhus auf einer hölzernen Plattform und chanteten die Namen Ramas. Verwirrt erkundigte ich mich danach, was hier denn vor sich gehe, aber keiner der Sadhus sprach Englisch. Schließlich gab mir jemand eine Broschüre auf Englisch, der ich entnahm, dass Janma Bumi Ramas Geburtsort war und dass hier vor langer Zeit ein prachtvoller Rama-Tempel gestanden hatte. Aber ein Mogul-Eroberer hatte an dieser Stelle eine Moschee erbauen lassen und so stritten sich Hindus und Moslems seit Jahren darüber, wem das Land gehöre. Schließlich brachte die Regierung das Land unter staatliche Kontrolle, um den blutigen Hindu-Moslem-Konflikt einzudämmen. „Heute wird das Gelände von schwer bewaffnetem Militär bewacht und der Zutritt ist verboten", fasste die Broschüre zusammen. „Deshalb haben die Sadhus sich geschworen, laut und ununterbrochen die heiligen Namen Ramas zu chanten, bis den Hindus wieder der Zugang zu dem Gelände gestattet wird."

Ich erinnerte mich daran, dass es auch am umstrittenen Felsendom in Jerusalem vergleichbare Auseinandersetzungen gab. So stand ich also vor dem riesigen Stahlschloss am Tor und dachte über Weltpolitik und Blutvergießen nach. Auf der Suche nach der Liebe Gottes hatte ich auf meiner Reise in allen Weltreligionen so viel Schönes entdeckt. Aber auch gewalttätige Auseinandersetzungen im Namen Gottes sind eine traurige Tatsache in dieser Welt. Das ist der Weg derer, die sich an die äußere Form klammern, ohne die Essenz zu verstehen. Die Essenz ist dieselbe: bedingungslose Liebe zu Gott. Die Zeichen eines jeden wahren Schülers sind Glaube, Selbstkontrolle, Liebe und Mitgefühl.

Ich schaute durch den Stacheldraht und sah einen Holztisch am Eingang der verlassenen Moschee. Auf diesem Tisch stand ein Bild von Rama. Ein Soldat in voller militärischer Ausrüstung marschierte auf den Tisch zu und stampfte dabei mit seinen Lederstiefeln über den staubigen Boden. Er hatte ein Gewehr mit einem aufgesteckten Bajonett über die Schulter geworfen und einen Munitionsgurt um die Brust geschnallt. Er verbeugte sich im Gebet und legte bedächtig eine Girlande aus Ringelblumen um das Bild. Unter diesen Umständen war er wohl der Tempelpriester. Ich schaute verwundert zu.

In Ayodhya gab mir jemand eine englische Übersetzung des Ramajana, das ich täglich am Ufer des Flusses Sarayu las. Diese alte Schrift schildert das Leben und die Lehren von Rama. Während ich immer noch die Tendenz hatte, über die alles durchdringende, unpersönliche Wahrheit zu meditieren, spürte ich langsam, wie ich mich auf unwiderstehliche Weise zu den persönlichen Eigenschaften des Herrn hingezogen fühlte. Indem ich über den liebevollen Austausch zwischen Rama und seinen Devotees las, wurde ich innerlich mehr auf den Pfad der Hingabe ausgerichtet. Er war ein so wunderbares Vorbild, da er uns lehrte, wie man ein spiritueller Mensch und dabei gleichzeitig in dieser Welt in der Familie und Gesellschaft verankert sein konnte. Bevor ich abreiste, dankte ich dem heiligen Ort Ayodhya und betete, dass ich die wertvollen Geschenke nie vergessen würde, die ich hier erhalten hatte.

Meine Pilgerreise führte mich als Nächstes in südöstlicher Richtung nach Prayaga. Dieser Ort wird als der König unter den heiligen Orten verehrt. In Prayaga findet die Kumbh Mela statt, die weltweit größte Zusammenkunft von Pilgern, bei der sich alle zwölf Jahre bis zu zwanzig Millionen Menschen zusammenfinden, um Heilige zu treffen und ein religiöses Bad zur Läuterung zu nehmen. Prayaga liegt am Zusammenfluss dreier Flüsse: dem Ganges, der Yamuna und der Saraswati. Sechs Monate zuvor hatte ich Einladungen, auf die Kumbh Mela zu kommen, abgelehnt, um allein am Ganges im Himalaja zu bleiben, aber dennoch hatte ich davon geträumt, diesen Ort einmal zu besuchen. Ich kam an einem drückend heißen Sommermorgen an und fragte einen Ortsansässigen nach dem Weg zum Ort des Zusammenflusses. Er wies mit dem Finger in die Richtung und zeigte mir den Weg.

Als ich zum Ganges kam, setzte ich mich an das sandige Ufer und dachte zurück an die ersten Tage, die ich in Indien verbracht hatte. Ich erinnerte mich an den Felsen in Rishikesh, wo mir Mutter Ganges Lektionen erteilte, die mein Leben prägen sollten. Ich erinnerte mich daran, wie ich in ihrem ewigen Gesang das *Hare Krishna*-Mantra hörte, das sich tief in meiner Seele verankerte. Jetzt saß ich an diesem sandigen Ufer in Prayaga und wusste, dass ich zu der Einmündung der Yamuna und Saraswati kommen würde, wenn ich einfach ihrem Strom folgte. Dieser

Zusammenfluss wird in den Veden als der König aller heiligen Plätze bezeichnet. Ich ging in diese Richtung. Es war zwölf Uhr mittags und der feine weiße Sand brannte wie Feuer und versengte mir beinahe die Füße. Seit dem Tag, an dem ich die Naga Babas dadurch beleidigt hatte, dass ich an ihrem heiligen Feuer Schuhe trug, verzichtete ich auf Schuhwerk und ging barfuß. Aber an diesem Tag war der Sand so unerträglich heiß, dass es mir schier unmöglich war weiterzugehen. Der Weg schien nicht enden zu wollen. Endlich, nach mehr als einer Stunde, bot sich meinen Augen ein wunderschöner Anblick: die Yamuna hatte bereits den Weg durch den Himalaja und quer über die Ebenen Nordindiens hinter sich, als sie an dieser Stelle nun Mutter Ganges umarmte. Das Wasser der Yamuna hatte eine tiefblaue Tönung, und es vermischte sich mit dem weißen Ganges und dem Wasser der Saraswati, die für das Auge nicht sichtbar unterirdisch zu den Flüssen dazustieß.

Ich saß am sandigen Ufer und schaute in den wolkenlosen, blauen Himmel. Ich sah einen Habicht mit ausgestreckten Flügeln den Himmel hinaufsteigen. Doch dann schwebte er immer tiefer, bis er nur wenige Meter über meinem Kopf war. Seine rötlich-braunen Federn leuchteten in der Sonne und mit seinen schillernden, gelben Augen suchte er aufmerksam den Fluss ab. Plötzlich tauchte er kopfüber in den Ganges. Es folgte ein hektisches Unterwassergefecht, bis er schließlich mit einem etwa dreißig Zentimeter langen, zappelnden Fisch auftauchte, den er fest mit seinen Krallen umschlossen hatte. So flog er mit dem Fisch in die Höhe und in den nahe gelegenen Wald hinein. Ich schaute ihm hinterher und dachte:

> *Der ahnungslose Fisch, der nichts als das Leben im Fluss kannte und einfach seinem Alltagstrott nachging, wurde nun mit einem Mal aus seiner Realität gerissen, um dem Tod zu begegnen. Wie dieser Fisch leben auch wir in unserem Trott und sind uns kaum dessen bewusst, dass der gelb-äugige Habicht in dem Moment zuschlagen kann, wenn wir es am wenigsten erwarten, und unser Schicksal völlig auf den Kopf stellt, indem er uns mit Krisen, Tragödien oder dem Tod konfrontiert. Wir hören regelmäßig davon in den Nachrichten und sehen, wie es um uns herum geschieht, aber ziehen es selten ernsthaft in Erwägung, dass*

es auch uns treffen könnte. Vielleicht besteht die Lektion aus diesem Vorfall darin, sich vor Selbstgefälligkeit in Acht zu nehmen und dafür unseren spirituellen Bedürfnissen höhere Priorität einzuräumen. Wenn der Fisch tiefer geschwommen wäre, hätte der Habicht ihn nicht fangen können. Wenn wir unsere Verbindung mit Gott vertiefen, können wir eine innere Realität finden, die so tiefgründig und zufriedenstellend ist, dass sie das Bewusstsein an einen Ort erhebt, an dem wir den Auswirkungen des unvorhersehbaren Schicksals mit einem gefestigten, losgelösten Geist begegnen können.

In der prallen Sommerhitze am Ufer dieser drei Flüsse war keine Menschenseele zu sehen und so ließ ich meine wenigen Habseligkeiten einfach am Flussufer liegen und ging ins Wasser. Nach dem Baden wurde ich etwas übermütig, denn ich wollte so lange wie möglich im Wasser bleiben. Ich wusste ja nicht, ob ich jemals wieder an diesen magischen Ort zurückkehren würde. Ich wagte es, auf die andere Seite zu schwimmen. Bis dahin waren es etwa hundert Meter. Die Strömung des Ganges war kraftvoll, die der Yamuna sanft. Als ich so schwamm, erfasste mich die Kraft des Ganges und trieb mich an ein Ufer, an dem weit und breit keine Menschenseele zu sehen war. Ich schaffte es, aus dem Wasser herauszukommen und war dabei, mich an dem sandigen Ufer aufzurichten, als ich zu meinem Entsetzen von einer Kraft erfasst wurde, die mich nach unten zog.

Treibsand! Hier hatte es genauso ausgesehen, wie der weiche Sand, auf dem ich so oft geschlafen hatte. Aber der Schein trog. Verzweifelt kämpfte ich um mein Leben, aber trotz größter Bemühung sank ich immer tiefer. Mein Körper war bereits bis über die Knie in den Sand hineingezogen worden und ich sank weiter. Ich brachte all meine Kräfte zusammen und versuchte verbissen, mich aus dem Sand herauszuwinden. Vergebens. Mutter Erde verschlang mich regelrecht.

Ich suchte alle Richtungen nach irgendetwas ab, das mir helfen könnte herauszukommen, aber es war nichts zu finden. Dann erblickte ich zu meiner Linken einen kahlen Strauch. Verzweifelt klammerte ich mich an ihn als meine einzige Hoffnung. Es war ein Dornbusch. Ich griff fest zu und zog mit aller Kraft. Mit blutenden Händen zerrte ich an diesem dornigen Zweig und versuchte, irgendwie meine Beine aus dem Sand herauszuziehen. Unter der prallen Sonne kämpfte ich um mein Leben. Die messerscharfen Dornen durchbohrten meine Hände. Blut floss aus den brennenden Wunden. Aber ich hatte keine andere Wahl. Ich konnte den quälenden Schmerz akzeptieren oder mich dem Sand und einem unwürdigen und schrecklichen Tod ergeben. Keuchend vor Erschöpfung und schweißgebadet, gelang es mir irgendwie, ein Bein freizubekommen, nur um kurz darauf wieder vom Sand eingesogen zu werden. Bei meinem nächsten Zug löste sich der Dornbusch mit seinen verrotteten Wurzeln aus dem Sand. Ich gab einen lautlosen Schrei von mir. Ich ließ den nutzlosen Zweig los, atmete tief ein und entspannte mich, erschöpft von meinem Kampf ums Überleben. Ich stellte fest, dass der Treibsand erstaunlicherweise weniger aggressiv war, wenn ich mich ruhig verhielt. Ich legte meinen Oberkörper flach auf den Sand und merkte, wie ich in dieser Position beinah zu schweben begann. Es war keine Lösung, aber es gab mir ein bisschen Zeit. Zentimeter für Zentimeter hob ich in Zeitlupe meine Beine. Schließlich konnte ich mich im Schneckentempo zurück in den Fluss schlängeln.

Ich war frei, das dachte ich zumindest. Ich musste eigentlich nur durch die sanfte Strömung der Yamuna schwimmen. Aber das bedeutete zunächst, die mächtige Strömung des Ganges zu bezwingen. Aber wie sehr ich mich auch bemühte, ans andere Ufer zu schwimmen, Mutter Ganges zwang mich immer wieder zurück Richtung Treibsand. Ich war kurz davor, vor Erschöpfung aufzugeben. Ich konnte nicht länger gegen die Strömung ankämpfen. Fieberhaft mühte ich mich ab, aber ich bewegte mich immer noch rückwärts. Meine Arme waren so erschöpft, dass sie wie gelähmt waren und trotzdem gab ich nicht auf, Körper und Seele in einem Kampf zu beschäftigen, den ich nicht gewann. Mein Ziel war so weit entfernt, dass ich es kaum sehen konnte. Als ich so ums Überleben kämpfte, betete ich.

Plötzlich kam Hoffnung in mir auf. In etwa fünfzig Metern Entfernung zog ein kleines Fischerboot vorbei. Auf dem Deck stand ein alter Mann mit weißem Bart und einem roten Turban. Ich kämpfte noch immer gegen die Strömung an und schrie ohne Unterlass nach Hilfe. *Wird er mich hören?* Ich rief weiter, als mir schließlich die Kraft ausging.

Endlich sah er mich. Er lächelte und wies mit seiner Hand nach vorn. Dann, immer noch lächelnd, glitt er direkt an mir vorbei und ließ mich zurück.

Als ich unfreiwilligerweise immer mehr Wasser schluckte, verlor ich jegliche Hoffnung. Und sogar als meine Hoffnung gestorben war, dachte ich: *Es ist besser in einem heiligen Fluss zu ertrinken, als in diesem Treibsand zu ersticken.* Derselbe Ganges, der mir in Rishikesh so viele wertvolle Lektionen erteilt hatte und mich wie eine Mutter nährte, zu dem ich meine Selbstbezogenheit in Form meiner Mundharmonika geopfert hatte, und dessen Lied meine Seele erweckt hatte – ihm opferte ich nun mein Leben. Beten war das einzige, was mir blieb.

Dann geschah etwas Wunderbares. Unter Wasser getaucht, dem Tode nahe, erwachte ein wunderschönes Lied in meinem Herzen:

Hare Krishna Hare Krishna Krishna Krishna Hare Hare Hare Rama
Hare Rama Rama Rama Hare Hare.

So wie mir der Ganges als Erster dieses Mantra offenbart hatte, offenbarte er es mir wieder in der Stunde der größten Not. Während ich leise dieses Mantra rezitierte, fand ich mich damit ab, an einem heiligen Ort zu sterben. Das Mantra brachte mich in einen Zustand des Friedens jenseits aller Angst. Dann, wie die aufgehende Sonne, kam mir ein Gedanke. *Warum hat dieser Fischer mit seiner Hand in diese Richtung gezeigt? Was hatte das zu bedeuten?* Plötzlich verstand ich. Er sagte: „Kämpfe nicht gegen Mutter Ganges. Überquere den Fluss, indem du mit der Strömung der Yamuna schwimmst." In meinem leidenschaftlichen Überlebenskampf hatte ich nicht daran gedacht. Dieser Wink des Fischers rettete mir das Leben.

Als ich so über den Ganges getragen wurde, überkam mich noch einmal die Angst. Ich hatte meinen Pass und was immer ich bei mir trug auf der anderen Seite des Flussufers zurückgelassen. Nun schwamm ich in die entgegengesetzte Richtung. Würden meine Sachen noch da sein, wenn ich zurückkam? Dann kam mir auf einmal Folgendes in den Sinn: *Warum machte ich mir jetzt Gedanken wegen einer solchen Belanglosigkeit? Kurz zuvor war ich noch in Lebensgefahr gewesen und war einfach mit den*

Namen Gottes über den Fluss gekommen und gerettet worden. Stunden später, als ich das andere Ufer erreichte, an dem ich meine Sachen gelassen hatte, brach schon die Dämmerung herein und Hunderte von Menschen drängten sich ans Ufer, um ein Bad zu nehmen. Meine Habseligkeiten lagen mitten unter ihnen – völlig unberührt.

Umgeben von einer lärmenden Menschenmenge saß ich am sandigen Ufer. *Am Morgen,* dachte ich,

> *hatte mich der Sand noch wie loderndes Feuer versengt und später gierte er danach, mich zu verschlingen. Aber jetzt ist der gleiche Sand kühl und weich und gibt mir Schutz. Genauso wie Sand, kann ein Mensch, der von bestimmten Umständen beeinflusst wird, bösartig, neidisch oder zuvorkommend und liebenswürdig sein. Unsere Gemeinschaft und unser Umfeld haben eine entscheidende Wirkung auf unser Bewusstsein. Es ist so wichtig, dass wir uns gegenseitig dabei helfen, das inhärent Gute in uns zu Tage zu fördern und nicht das Schlechte. Jedes Sandkorn flüstert mir so viel Weisheit zu, wenn ich nur die Ohren dazu hätte, sie auch zu hören.*

Während ich den weichen Sand durch meine Finger gleiten ließ, reflektierte ich über meinen Kampf ums Überleben in der Strömung von Mutter Ganges. Eine liebevolle Mutter kann manchmal hart mit ihrem Kind umgehen, um ihm eine Lektion zu erteilen, die es nicht so schnell wieder vergisst. Was hatte ich aus der heutigen Tortur zu lernen? Vielleicht können wir nicht immer erfolgreich sein, wenn wir direkt gegen eine mächtige Kraft vorgehen. Ich dachte an die vielen Tests, die ich auf meinem Weg zu bestehen hatte. Wenn wir dennoch gegen das Schicksal aufbegehren, werden unsere Bemühungen zum Scheitern verurteilt sein. Es ist wie das Schwimmen gegen die Strömung im Ganges.

Unter solchen Umständen mag es effektiver sein, einen Pfad zu finden, auf dem man mit geringerem Widerstand das gewünschte Ziel indirekt erreichen kann. Die Sommersonne verschwand hinter dem Horizont, und ich erinnerte mich daran, wie ich am Vormittag einen Habicht dabei beobachtet hatte, wie er einen ahnungslosen Fisch aus seinem Zuhause, dem Fluss, herausgerissen hatte. Wenig später zappelte ich im selben

Fluss ohne jede Vorwarnung in den Fängen des Schicksals und rang ums Überleben. *Heute,* dachte ich, *hat mir der Herr einen alarmierenden Einblick in mein Leben gegeben und mir gezeigt, wie weit ich noch von meinem Ziel entfernt bin. Das war keine einfache Lektion. Und hoffentlich werde ich sie nicht so schnell wieder vergessen.* Ich holte tief Luft und schaute auf in den Himmel. Dort, weit über all den kleineren Vögeln, sah ich einen Habicht, der mit königlichem Selbstvertrauen mühelos der Dämmerung entgegenschwebte.

5

Die Regenzeit hatte begonnen. In den wogenden violetten, indigofarbenen und mitternachtsblauen Wolken zuckten immer wieder Blitze auf. Das dunkle Grollen des Donners verhallte am Himmel. Das Reisen während der Regenzeit war zwar beschwerlich, doch ich sog die feuchte, warme Luft tief ein und war begeistert. Der Monat Juli kam mit raschen Schritten und ich fragte mich, wohin ich gehen sollte, um mein Visum zu verlängern. Ich hatte gehört, dass man in Nepal relativ leicht ein indisches Visum bekommen könne. In Anbetracht dessen, dass Nepal nicht sehr weit entfernt war, beschloss ich, es zu versuchen.

Auf meiner Reise in den Nordosten Richtung Nepal kam ich nach Patna, einer geschäftigen Stadt im Bundesstaat Bihar mit riesigen Kornspeichern, Hochschulen und Verwaltungsgebäuden. Ich schlenderte zum Ganges und übernachtete am Flussufer am *Collectory Ghat*, wo Mutter Ganges so breit wie ein Meer aussah. Ich wurde von den ersten Strahlen der aufgehenden Sonne und dem Gesang von Hunderten von Menschen geweckt, die sich auf ihr Bad im Ganges vorbereiteten. Ich lag da und nahm diese farbenfrohe Szene in mir auf, als ich plötzlich eine überwältigende Präsenz wahrnahm.

Ein Mann mit weißem Haar und weißem Bart ragte vor mir empor – er sah wunderbar aus – als sei ein Heiliger aus den klassischen indischen Erzählungen lebendig geworden. Auf seine Stirn waren drei vertikalen Linien gemalt, die man *Tilak* nennt, die mittlere war rot und die anderen beiden weiß. Er mochte wohl Ende siebzig sein und sprach kein Wort Englisch, aber er führte seine Hände zu einer Grußgeste zusammen und verbeugte sich. Dann gab er mir mit einem Wink zu verstehen, dass ich ihm in seinen Tempel folgen sollte, der direkt am Flussufer lag. Es war ein grauer Steintempel, der nicht größer war als eine große Hütte und sehr alt aussah. Die Frontseite war zum Fluss hin offen. Als wir hineinkamen, sah ich einen Mann, der etwa Mitte achtzig war, vor einem Altar sitzen und Gebete rezitieren.

Er begrüßte mich in fließendem Englisch: „Mein Name ist Narayan Prasad, ich komme aus Patna." Er begann, mir seine Geschichte zu erzählen. „Jetzt, wo meine Kinder erwachsen sind, habe ich mich aus dem Staatsdienst zurückgezogen und komme jeden Tag hierher, um meinem Guru zu dienen." Er nahm meine Hand und führte mich zurück zu demselben heiligen Mann, der mich am Ufer liegend gefunden hatte. „Das ist mein Guru, Rama Sevaka Swami, er ist ein großer Bhakti Yogi." Ich wusste inzwischen, dass *Bhakti* „Hingabe" bedeutete, aber ich hatte noch keine Ahnung von der Tiefe oder wahren Bedeutung dieser Tradition.

Der Swami lud mich ein, in seinem Tempel zu bleiben, solange ich wollte. Er war der erste Sadhu, bei dem ich wohnte, der dem Pfad des Bhakti Yoga folgte. Wie ein liebevoller Vater achtete er stets auf mein Wohlergehen. Jedes Mal wenn er mich ansah, strahlte ein sanftes Lächeln über sein vom Alter gezeichnetes Gesicht. Und obwohl er viermal so alt war wie ich, versorgte er mich persönlich. Später, als ich einmal krank war, bereitete er Kräutermedizin für mich zu. Er war ein allseits geehrter Swami und ich eine verlorene, kleine Seele – ein Kind des Westens, das darum rang, seinen Weg zu finden.

Ich war gerührt von der Hingabe Rama Sevaka Swamis. Von ihm lernte ich so viel darüber, wie sich ein aufrichtiger und authentischer Sadhu verhält. Was er auch tat, es war immer geprägt von Einfachheit und einer Hingabe, die von Herzen kam. Jeden Morgen verbrachte er mehrere Stunden allein und rezitierte die Namen von Rama auf seinen Holzperlen und verrichtete täglich mit so viel Hingabe seine Verehrungszeremonien auf dem Altar. Einmal erklärte er mir die Bedeutung seines Namens. „*Rama Sevaka* bedeutet ‚jemand, der Rama dient' und der größte Dienst für Rama besteht darin, anderen dabei zu helfen, ihn kennenzulernen und zu lieben." Er strich sich über seinen weißen Bart und wurde ganz gerührt. „Ich bin dir zum Dank verpflichtet, dass du mir erlaubst, dir zu helfen." Als Narayan Prasad das hörte, wurde sogar er von Emotionen überwältigt und hatte bei der Übersetzung mit den Tränen zu kämpfen. Ich dagegen verstand erst ganz allmählich, worin die Bedeutung wahrer Hingabe besteht.

In der Nacht schliefen wir alle auf dem steinharten Tempelboden und Schwärme blutrünstiger Moskitos peinigten mich. Es fühlte sich an, als würde ich bei lebendigem Leibe verspeist. Ihr lautes Summen war die reinste Qual für mein Ohr. Sie zielten, stachen zu und saugten mir das Blut aus dem Leib. Es war unmöglich zu schlafen. In meiner Not schaute ich hinüber zu Rama Sevaka Swami und einem anderen Sadhu, der gerade zu Gast war. Obwohl es um sie herum von Moskitos nur so wimmelte, die sich mit ihrem Blut vollgesaugt hatten, lagen sie friedlich auf dem Steinboden und schliefen tief und fest. Diese zwei Sadhus waren gegenüber körperlichem Leiden völlig unempfindlich. Ich betete zu Gott, dass auch ich eines Tages einmal so losgelöst sein würde.

Eines Abends erbot sich ein Sadhu, der zu Gast war, für uns zu kochen. Nachdem er in der Stadt Almosen gesammelt hatte, kam er zurück und machte Feuer und nutzte getrockneten Kuhdung als Brennmaterial. Dann kochte er in einem Tontopf *Kitcheri*, eine Speise, die aus Reis, Mung-Dhal und ein paar Kartoffeln zubereitet wird. Er hatte eine recht dunkle Hautfarbe, sein Haar und Bart waren verfilzt und er trug nur ein verwaschenes weißes Lendentuch. Als er mit dem Kochen fertig war, brachte er das Essen zuerst auf dem Altar dar und danach erst servierte er es uns. Ich saß auf dem Boden in einer Reihe mit Rama Sevaka Swami und drei anderen Sadhus. Während unser Koch eine Kelle voll *Kitcheri* auf jeden Teller gab, sangen wir Lieder zur Lobpreisung von Rama und bereiteten uns aufs Essen vor. Wir aßen mit den Fingern von Bananenblättertellern. Schon beim ersten Bissen brannte mein Mund wie ein loderndes Feuer. Es war, als hätte der Koch die Chilis mit ein bisschen Reis gewürzt. Ich bekam einen regelrechten Schweißausbruch, mir lief die Nase pausenlos und Tränen schossen mir in die Augen. Es fühlte sich so an, als würde das restliche Ohrenschmalz in meinen Ohren zerschmelzen. Ich verzweifelte, denn gemäß den Bräuchen unter Sadhus muss man alles aufessen, was auf dem Teller ist. In diesem Moment war mein einziges Ziel im Leben, irgendwie diesen Teller zu leeren. Der Schmerz war unerträglich und ich hatte einen unkontrollierbaren Schluckauf. Ich aß Bissen für Bissen dieses glühenden Gerichtes – es war die reinste Qual. Die anderen genossen es so sehr, dass sie sich gar nicht hätten vorstellen konnten, wie sehr ich litt. Als ich mir gerade das letzte Bisschen meiner

Portion hinunter gezwungen hatte, kam unser großzügiger Koch herum, um einen Nachschlag zu servieren.

Ich hielt meine Hände über meinen Teller. „*Puran, puran.*" Ich bin satt, ich möchte nichts mehr.

Er lächelte mit der überlaufenden Kelle in der Hand, bereit meinen Teller erneut füllen. „*Tora, tora.*" Ein bisschen, nur noch ein bisschen mehr.

Ich fühlte mich, als stünde ich vor dem Tod in Person und flehte um mein Leben. „*Puran, puran.*" Meine Hände deckten schützend den Teller ab.

„*Tora, tora.*"

Mit einem freundlichen Lächeln vollzog er die verhängnisvolle Tat: Er schüttete den Inhalt der Kelle auf meinen Teller. Mir schwindelte, aber irgendwie schaffte ich es, dieses feurige Gericht aufzuessen und stieß dann einen Seufzer der Erleichterung aus. In diesem Augenblick sah ich, wie er zum dritten Mal herumkam. Ich wusste, dass ich einen weiteren Teller nicht überleben würde und wollte wegrennen, aber ich konnte nicht. Die Etikette unter Sadhus verlangt es, dass niemand aufsteht, bis alle anderen fertig sind. Er tauchte die Kelle in den Topf und füllte sie mit etwas, das aussah wie eine Kelle voll Chilis.

Seit meiner Kindheit hatte ich mich immer schlecht gefühlt, wenn ich die Ursache davon war, dass andere Menschen litten. Der Koch war so fest entschlossen, uns zu erfreuen, dass ich es nicht übers Herz brachte, ihm das Leid zu offenbaren, das er verursachte. Mein Puls raste. Was konnte ich tun?

Ich hob schnell meinen Teller an und zerknüllte ihn in meinen Händen.

Er lächelte und ging weiter zum nächsten Sadhu. Erstaunt schaute ich allen anderen dabei zu, wie sie jeden Nachschlag voll und ganz genossen. Der Koch zeigte auf mich und prahlte: „Er mag mein Essen so sehr, dass er aus Dankbarkeit weint." Ich zwang mir ein Lächeln ab und nickte zustimmend, während ich über die Philosophie des selbstlosen Dienens nachdachte, die einen so fundamentalen Teil des Lebens dieser Männer bildete.

Ja, ich weine, und es mag auch aus Dankbarkeit sein, wie er es annimmt. Andere zu erfreuen ist nicht immer einfach, aber ein Teil meiner innersten Natur. Den brennenden Schmerz dieses Essens zu ertragen war ein geringer Preis im Vergleich zur Freude dieses Sadhus.

In dieser Nacht störten mich die Moskitos kaum – vielleicht war mein Blut zu scharf.

Während meines Aufenthalts in Patna wurde Narayan Prasad mir ein guter Freund. Wie es mit Freunden so ist, wollte er, dass ich unbedingt einen guten Freund von ihm traf, einen Arzt, der eine Röntgen-Klinik leitete. Eines Tages hieß uns dieser Arzt in seinem Büro willkommen und bat uns, an einem Tisch Platz zu nehmen. Obwohl er in einer hinduistischen Familie geboren war, hatte er sich enttäuscht von diesem Glauben abgewendet, vor allem wegen der Vorurteile gegenüber Menschen aus niedrigen Kasten, und war deshalb zum Islam konvertiert. Jetzt war er ein Gelehrter des Heiligen Koran und hatte den Namen *Mohammad* angenommen. Er stand immer noch hinter den Lehren der Bhagavad Gita, wollte jedoch nicht einer Religion angehören, die Menschen aufgrund ihrer Geburt diskriminierte. Ich stellte dies infrage: „Aber die Gita diskriminiert nicht auf der Grundlage von Geburt. Viele der größten Heiligen der Hindus wurden in niederen Kasten geboren. Die Bhagavad Gita lehrt, dass wir nicht materielle Körper sind, sondern unsterbliche Seelen."

Wir diskutierten gemeinsam über die wahre Grundlage von Religion und betrachteten die Parallelen zwischen der Bhagavad Gita, der Bibel und dem Koran. Wir trafen uns danach weiterhin völlig vorurteilsfrei und bereicherten uns gegenseitig im Dialog. Er versuchte nicht, mich zum Islam zu bekehren, und ich versuchte auch nicht, ihn zu bekehren. Vielmehr tauschten wir in gegenseitigem Respekt unsere Erkenntnisse aus. In unserem Dialog konnte ich die Barmherzigkeit Gottes spüren, die auf besondere Weise durch alle großen Schriften, Heiligen und Religionen fließt. Mir wurde immer mehr bewusst, dass der einzige Weg zur Überwindung von Streit und Zwietracht auf der Welt darin besteht, im weitesten Sinne aufrichtige Hingabe zu Gott zu entwickeln – ganz gleich, auf welchem Weg man sich auch befand oder wie eng dieser Weg vielleicht sein mochte.

Einen Tag nach einem solchen Gespräch mit Mohammad saß ich am Ufer des Ganges und fragte Narayan Prasad: „Wie kommt es, dass du so viel Zuneigung für jemanden von einer anderen Religion hast, in einem Land, in dem es so viele Konflikte zwischen den beiden Religionen gibt?"

Mit einem warmherzigen Lächeln sagte er etwas, das ich niemals vergessen habe. „Ein Hund erkennt sein Herrchen, egal wie er gekleidet ist. Das Herrchen trägt vielleicht ein Mönchskutte, Anzug und Krawatte oder steht nackt da, aber der Hund wird sein Herrchen immer erkennen. Wenn wir Gott, unseren geliebten Herrn, nicht erkennen können, wenn er in einer anderen Religion in anderer Kleidung erscheint, dann sind wir noch nicht einmal auf der Ebene dieses Hundes."

Da ich länger bei Rama Sevaka Swami geblieben war als geplant, wanderte ich zur Einwanderungsbehörde in Patna, um zu versuchen, dort eine Verlängerung zu bekommen. Das Büro bestand lediglich aus einem kleinen Backsteinhaus mit einem alten Mann hinter einem Schreibtisch. Es gab so gut wie keine Aktenschränke. Die meisten Papiere und Akten türmten sich auf dem Schreibtisch des Beamten und auf dem Boden. Er suchte fünfzehn Minuten lang in diesen Stapeln, bis er das richtige Antragsformular gefunden hatte. Nachdem ich den Antrag ausgefüllt hatte, reichte ich ihm meinen Pass. Er schaute ihn einen Augenblick genau an und sagte dann unmissverständlich in bürokratischem Ton: „Ihr Visum kann nicht über das vorliegende Ablaufdatum hinaus verlängert werden."

Ich war sprachlos. Meine Wahlheimat zu verlassen wäre unerträglich. Ich bekniete ihn immer wieder, aber er hielt an seiner offiziellen Antwort fest. Es schien aussichtslos. Ich betete.

In diesem Moment sah ich ein Bild von Rama an der Wand hinter ihm. Kleinlaut sprach ich den Mann an. „Sir, in dem Land, aus dem ich komme, isst jeder Kühe."

Sein Kiefer fiel herunter und seine Augen öffneten sich weit. „Was? Sie töten unsere heilige Kuh? Wie schrecklich."

„Sir, in dem Land, aus dem ich komme, leben Jungen und Mädchen oft zusammen, ohne dass sie verheiratet sind."

Er schüttelte missbilligend den Kopf. „Unzivilisiert."

„Es graut mir ja, Ihnen das zu sagen, Sir, aber in meinem Land hat noch nie jemand den Namen von Rama gehört."

Er konnte gar nicht fassen, was er da hörte. Er streckte die Arme über den Schreibtisch und packte meine Hände. „Du darfst nie wieder an diesen schrecklichen Ort zurückkehren."

„Aber wenn Sie mein Visum nicht verlängern, werde ich an diesen Ort zurückgehen müssen. Ich bin nach Indien gekommen, um Zuflucht bei Ihrem geliebten Rama zu suchen."

Er schob seinen Stuhl zurück, sprang auf und verkündete: „Ich bin ein Devotee von Rama. Es ist meine Pflicht, dich zu beschützen." Und mit diesen Worten stempelte er ein neues Visum in meinen Pass.

Im Aschram von Rama Sevaka Swami trafen sich jeden Morgen fünf Sadhus im Tempel, um aus dem Ramajana, der Geschichte von Rama, zu lesen. Da sie in Hindi lasen, konnte ich nur hier und da ein paar Wörter verstehen, aber Narayan Prasad versprach mir, dass er mir nach dem Vorlesen alles übersetzen würde. Drei Stunden lang saßen die Sadhus in gespannter Aufmerksamkeit da, lauschten der Geschichte und waren tief bewegt von dem Gehörten. Manchmal schüttelten sie sich vor Lachen, dann wieder weinten sie vor Freude oder Trauer. Dann gab es Momente, in denen sie regungslos und gespannt, besorgt oder staunend da saßen. Ich wartete sehnlichst darauf, endlich die Geschichte zu hören, die sie so sehr berührte.

Nachdem sie die Lesung und ihr Gespräch über den Text beendet hatten, bat ich Narayan Prasad: „Bitte erzähl mir alles."

Wir gingen aus dem Tempel hinaus und setzten uns ans Ufer des Ganges, wo er begann mir die Erzählung wiederzugeben. „Eines Morgens, als Krishna noch ein kleines Baby war, gab ihm seine Mutter Yashoda Milch von ihrer Brust. Als sie ihn gerade säugte, bemerkte sie, wie ein Topf Milch auf dem Herd überkochte. Sie legte ihr Baby Krishna an einen sicheren Ort und rannte los, um die Milch zu retten. Krishna mochte es aber nicht, auf diese Art und Weise beiseitegelegt zu werden. Um zu zeigen, dass nichts vor dem Dienst zu Gott Vorrang haben sollte, manifestierte Krishna seine Ungezogenheit, die das Herz mit so viel Süße erfüllt, indem er einen Tontopf mit Butter zerbrach und die Butter aß. Um noch mehr Unsinn anzustellen, ging er dann in ein anderes Zimmer und kletterte dort auf einen hölzernen Mörser. Von dieser Höhe erreichte Krishna die ganz oben hängenden Töpfe und konnte so noch mehr Butter aus einem anderen Tontopf stehlen, der an Seilen von der Decke herabhing. Als er so naschte, verfütterte er nebenbei die Butter auch an die Affen und aß weiter, bis er ganz satt war. Währenddessen suchte Yashoda nach ihrem Kind.

Sie folgte seinen buttrigen Fußspuren und erwischte ihn dabei, wie er gerade wieder die Affen fütterte und dabei ängstlich um sich schaute. Sie lächelte. Als sie sich an ihn heranschlich, sah Krishna sie im Augenwinkel und flüchtete sofort. Yashoda, von mütterlicher Liebe überwältigt, jagte hinter ihm her und Krishna, erfreut von der Liebe seines Devotees erobert zu werden, ließ sich von ihr fangen. Sein kleiner Körper zitterte, da er schon ahnte, dass er bestraft werden sollte. Tränen strömten aus seinen Augen und er bat um Gnade. Er versprach ihr, keine Butter mehr zu stehlen. Da Mutter Yashoda im Haushalt zu tun hatte und ihr Baby beschützen wollte, versuchte sie, ihn mit einem seidenen Seil um die Taille herum an einem Mörser festzubinden. Aber das Seil war zwei Zentimeter zu kurz und so band sie ein weiteres Seil mit dem ursprünglichen zusammen. Aber es war immer noch zwei Zentimeter zu kurz. Ihre Freundinnen, die *Gopis* oder Kuhhirten-Frauen, brachten mehr und mehr Seil. Aber was sie auch versuchten, das Seil war immer zwei Zentimeter zu kurz. Als Krishna seine Mutter so sah, wie sie mit unkontrollierbarer Zuneigung lächelte, wie sie von der harten Arbeit mit dem Seil bereits schwitzte und ihr die Blumen aus dem Haar fielen, ließ er sich schließlich von ihrer Liebe binden. In dieser Geschichte zeigt uns Krishna, dass er sich von der Liebe seiner Devotees binden lässt, obwohl er der höchste Kontrollierende aller Universen ist."

Zu meiner Überraschung war ich von Freude überwältigt und bat Narayan Prasad: „Bitte erzähl mir mehr."

„Das ist alles, worüber wir heute gesprochen haben", antwortete er.

„Aber das Gespräch hat über drei Stunden gedauert. Bitte sag noch mehr."

„Das ist alles, worüber heute gesprochen wurde."

Am nächsten Tag, begeistert von der Geschichte über Krishna als Kind und der gebannten Aufmerksamkeit der Devotees während der Vorlesung, war ich noch begieriger etwas zu hören. Nachdem das Treffen zu

Ende war, setzten Narayan Prasad und ich uns wieder ans Ufer des Ganges, und er erzählte mir noch einmal die gleiche Geschichte von Krishna, dem Butterdieb. Er erzählte mir nur das, ganz egal wie sehr ich ihn auch bat. Mit einem schelmischen Lächeln antwortete er: „Das ist alles, worüber heute gesprochen wurde."

Während des Gesprächs am dritten Tag spürte ich, dass die Gefühlsregungen der Sadhus voller Hingabe waren. Wir saßen am Ufer von Mutter Ganges und ich schaute Narayan Prasad, meinen Übersetzer, lange auf Augenhöhe an. „Ich muss unbedingt hören, worüber heute gesprochen wurde." Er erzählte genau die gleiche Geschichte von Krishna, dem Butterdieb, die er zuvor erzählt hatte.

Verärgert forderte ich ihn heraus: „Warum tust du mir das an? Das Gespräch geht jeden Tag drei Stunden lang, aber deine Geschichte dauert gerade mal zehn Minuten. Warum beschwindelst du mich?"

„Aber das ist alles, worüber gesprochen wurde."

Ich platzte fast vor Wut. „Heute habe ich genau zugehört. Es wurde nicht einmal der Name Krishna oder Yashoda erwähnt. Bitte, bitte sag es mir jetzt."

Er lächelte und blieb still. „Wir haben heute nur über Krishna gesprochen, wie er als Baby Butter stiehlt."

Meine Augen füllten sich mit Tränen. „Bin ich so unwürdig, dass es mir verboten ist, es zu hören?"

Als Narayan Prasad sah, wie betrübt ich war, wurde er ernst. Er schaute mir tief in die Augen. „Weil ich sehe, wie aufrichtig deine Tränen sind, werde ich dir den Grund verraten." Er sagte einige Minuten nichts und brach dann das Schweigen. „In der ersten Nacht nach deiner Ankunft hatte Rama Sevaka Swami einen Traum. Rama erschien ihm und sprach die folgenden Worte: ‚Dieser Junge ist ein Devotee Krishnas, aber er weiß es noch nicht. Du darfst ihm nichts erzählen außer etwas über die Herrlichkeit Krishnas. Vrindavan wird der Ort sein, den er verehren wird. Er wird dir nicht glauben, wenn du es ihm erzählst. Eines Tages jedoch wird er es verstehen.'"

Der Ganges floss voller Kraft. Narayan Prasad legte mir seine Hand auf die Schulter. Tränen traten in seine Augen, als er versuchte, mich zu beruhigen. „Mein Guru, Rama Sevaka Swami hat mir eine Anweisung gegeben. Ich solle mit dir über nichts anderes als über Krishna sprechen. Aber obwohl ich schon mein ganzes Leben ein Devotee von Rama bin und auch wenn Rama und Krishna die gleiche eine höchste Person sind, die in verschiedenen Formen zu verschiedenen Zeiten erschienen, ist die Geschichte von Krishna als Butterdieb die einzige Geschichte von Krishna, die ich richtig kenne.“ Er fasste in seine Tasche und holte ein Bild von Krishna als Baby beim Butterstehlen heraus und schenkte es mir. Ich war zutiefst berührt. Und trotzdem war ich außerstande, zu begreifen, was er gesagt hatte. Würde ich Krishna verehren an einem Ort, der Vrindavan heißt? Da ich es nicht verstehen konnte, tat ich den Gedanken kurzerhand ab. Zu diesem Zeitpunkt wusste ich nur, dass ich wieder in die Höhlen des Himalaja zurückkehren wollte.

Ich hatte mehrere Wochen in Rama Sevaka Swamis Aschram gewohnt und war von der liebenswürdigen Art, mit der er und seine Anhänger mich behandelten, noch ganz verzaubert. Am Tag meiner Abreise verbeugte ich mich, um die Segnungen des Swamis zu erhalten. Er wollte mir ein Geschenk geben, aber was konnte er mir anbieten? Er schaute sich um und entdeckte seinen eigenen Spazierstock. Mit Tränen in den Augen lächelte er mich an und schenkte ihn mir. Ich war von Dankbarkeit überwältigt. Obwohl es sich um nichts weiter als einen von einem Baum abgebrochenen ungeschliffenen Ast handelte, war es ein Geschenk der Liebe, das mir mehr bedeutete als aller Reichtum dieser Welt. Ich nahm sein heiliges Geschenk mit großem Eifer entgegen, was ihn sehr erfreute. Vor lauter Zuneigung überschlug sich seine Stimme und Narayan Prasad übersetzte. „Die Schriften sagen uns, dass der Stock der Barmherzigkeit eines Devotees einen Menschen vor den größten Gefahren beschützen kann.“ Der Stock sollte mein ständiger Begleiter werden.

6

Ich versuchte, meine gelegentlich aufkommende Angst vor der Zukunft zu ignorieren, und machte einfach weiter. Ich spürte, dass mich in Nepal etwas Besonderes erwartete. Daher reiste ich von Patna mit dem Zug nach Raxaul, einer Stadt in der Nähe der indisch-nepalesischen Grenze.

Ein LKW-Fahrer hielt an. Sein Lachen entblößte seine Zähne, die vom Kauen bestimmter Gewürze ganz rot gefärbt waren. Seine Haare und Kleidung waren wegen der Fahrt über die staubigen Straßen schon verschmutzt. Mit einer Handbewegung gab er mir zu verstehen, dass ich auf seine Ladefläche klettern könne. Ich fand einen Platz unter den anderen Passagieren: Bergfrauen, die lange, verblichene Kleider trugen und einen Schal um ihr graues Haar gebunden hatten, und Bauern in zerschlissener Kleidung, die samt ihren meckernden Ziegen und gackernden Hühnern aufgestiegen waren. Ich setzte mich auf einen der vielen Getreidesäcke aus Sackleinen, die unter uns aufgestapelt waren. So rumpelten wir über die holprige Straße immer höher hinauf ins Gebirge.

Die Ladefläche hatte kein Dach und war so dermaßen überladen, dass wir hinten sogar oberhalb der Fahrerkabine zu sitzen kamen. Obwohl der Transport weder bequem noch sicher war, hätte es keinen besseren Panoramablick auf den Himalaja geben können. In den höheren Lagen erstreckten sich grüne Berge und Täler in alle Richtungen. Am Horizont waren schneebedeckte Gipfel zu sehen, von denen einige schon bald dicht vor uns in die Höhe ragten. Meine Lungen labten sich an der frischen Bergluft und ich genoss es, die kühle Brise auf meiner Haut zu spüren. Es schien niemanden zu stören, dass in regelmäßigen Abständen Monsun-Regengüsse auf uns niederpeitschten. Stunden später, mitten in der Nacht, setzte uns der Fahrer etwas außerhalb von Kathmandu ab.

Erschöpft und hungrig lief ich allein durch die feuchte, schwarze Nacht weiter. Heruntergekommene Holzhäuser waren undeutlich auf beiden Seiten der menschenleeren Straße zu erkennen. Aber etwas anderes erregte meine Aufmerksamkeit. In der Ferne hörte ich das wilde Heulen von Hunden. Mit wachsender Besorgnis erinnerte ich mich an die Warnungen der wandernden Sadhus. Sie hatten mir erzählt, dass Hunde nachts in wild gewordenen Rudeln umherzogen. Ein solches Rudel fange seine Beute in einem immer enger werdenden Kreis ein, greife schließlich blutdürstig an und reiße das Opfer in Stücke, um anschließend die Leiche auf der Stelle zu verschlingen. Als ich den Gedanken gerade zu Ende gedacht hatte, erblickte mich ein verstoßener Hund mit Schaum vorm Mund allein auf der verlassenen Straße. Er warf sein Kopf zurück und stieß einen durchdringenden Schrei aus.

Sekunden später stürmte ein Rudel knurrender Hunde auf mich zu. Waren es sechs oder acht? Ich war zu aufgewühlt, um zu zählen. Aber ich wusste, was das schäumende, weiße Gift zu bedeuten hatte, das von ihren schnappenden Mäulern heruntertropfte. Diese Biester hatten Tollwut. Ihre Augen waren aus der Höhle hervorgetreten, sie umzingelten mich und heulten ununterbrochen mit der Absicht, mich zu zerfleischen. Ihre dürren Körper waren ausgemergelt und fast haarlos. Der ohrenbetäubende Lärm ließ mich vor Angst erstarren. Aus ihren schäumenden Mäulern und von ihren gefletschten Reißzähnen tropfte das Gift herab. Sie kamen immer näher auf mich zu. Um einen Angriff von hinten zu verhindern, drückte ich meinen Rücken gegen eine Hauswand hinter mir und in der Dunkelheit betete ich. *Was soll ich tun?*

Wie aus einer Trance wachgerüttelt erinnerte ich mich plötzlich an den Spazierstock, den mir Rama Sevaka Swami geschenkt hatte. Ich schwang ihn wild hin und her. Die Horde wich ein wenig zurück und bildete einen Halbkreis um mich herum, war aber nur etwa einen Meter von mir entfernt. Als die rasenden Hunde aufgebracht nach vorn gestürzt kamen, schlug ich ihnen mit dem Stock des Swamis auf die Schnauze. Ich schlug mit der ganzen Kraft meiner dünnen Arme. Daraufhin fing ein Tier heftig an zu knurren und stürzte sich wieder auf mich. Ich prügelte so heftig auf den Hund ein, wie ich nur konnte. Nach den Schlägen von meinem Stock fiel der Angreifer aber nur kurz zurück, um mich sogleich unbeeindruckt erneut zu attackieren. Gejaule und bedrohliches Knurren erfüllte die Nacht. Immer wieder stürzte das Rudel auf mich zu und immer wieder gelang es mir, die Tiere niederzuschlagen. Aber je länger ich kämpfte, desto mehr eskalierte die Belagerung. Sie rochen mein Fleisch und Blut. Sie spürten meine Erschöpfung. Ich hatte keine Zeit zum Denken. In jeder Sekunde musste ich den Stock mit all meiner Kraft hin und her schwenken. Wenn auch nur ein einziger Hund zu mir durchgekommen wäre, hätte mich die Horde auf der Stelle verschlungen. *Sollte das mein Schicksal sein? Als Hundefutter zu enden?*

Meine Kraft ließ langsam nach. Sie spürten den bevorstehenden Sieg und knurrten noch heftiger und ohrenbetäubender. Sie waren bereit, mich zu töten und kamen so dicht an mich heran, dass ich fast von dem Gestank ihres Atems ohnmächtig wurde. Fiebrig und verzweifelt, betete ich hilflos um Gnade. Ich fühlte mich völlig verlassen, und dachte, ich stehe kurz davor, getötet zu werden. In diesem Augenblick schaute ich über meine Schulter und bemerkte eine geschlossene Tür hinter mir. War sie abgeschlossen? Ein kleiner Lichtblick drang in meinen Albtraum. Schnell kehrte ich der Straße den Rücken zu, drehte den Türknopf und drückte. Die Tür ging auf. Ich hechtete hinein und knallte die Tür hinter mir zu. Draußen sprangen die wütenden Hunde gegen die Tür und ließen ihrem Zorn freien Lauf.

Drinnen war es stockfinster. Plötzlich leuchtete eine Laterne auf. In ihrem Schein sah ich eine Familie, die auf dem Boden lag und soeben aus dem Schlaf gerissen worden war. Die Männer des Hauses dachten, ich sei ein Einbrecher, sprangen auf und wollten wissen, wer ich sei. Aber ich sprach ihre Sprache nicht. Einer der Männer zog ein Schwert und stürmte auf mich zu. Was konnte ich anderes tun, als auf die Knie zu sinken und mit gefalteten Händen um Gnade zu bitten?

Als der Hausherr sah, wie sehr ich ihn anflehte, hatte er Erbarmen und zeigte mit ausgestrecktem Arm in Richtung Tür. Damit wollte er mich dazu auffordern, sofort wieder zu verschwinden. Aber als er die bösartigen Schreie der Hunde hörte, hielt er inne und verstand, dass es der sichere Tod für mich wäre, wenn ich jetzt vor die Tür ginge. Er hatte immer noch Bedenken, weil ich ja mitten in der Nacht in sein Haus eingedrungen war. Er starrte mir tief in die Augen, als wolle er meinen Charakter und meine Absichten ergründen. Mir blieb nichts weiter übrig, als ihn wortlos inständig zu bitten, mir Obdach zu gewähren. Irgendwie erreichte ihn meine stumme Bitte. Er legte sein Schwert beiseite und bot mir einen Sitzplatz an. Von diesem Moment an begann er mich in einem neuen

Licht zu sehen und akzeptierte mich als einen Sadhu, der unter außergewöhnlichen Umständen gekommen war, um sein Haus zu segnen. Die anderen Bewohner folgten seinem Beispiel und richteten Früchte und warme gesüßte Milch für mich an, die ich dankbar annahm. Ich verbrachte den Rest der Nacht als ihr Gast und hörte dem Rudel hungriger Hunde zu, wie sie vor der Tür bis zur Morgendämmerung mit unverminderter Rage weiter bellten.

Ich hatte einmal eine alte indianische Analogie gehört, die mir jetzt wieder einfiel. In jedem Herzen wohnen zwei Hunde, ein böser Hund und ein guter Hund, die ständig miteinander im Kampf liegen. Der böse Hund steht für unsere niedrigen Neigungen wie Neid, Lust, Gier, Arroganz und Illusion. Der gute Hund, unsere göttliche Natur, wird repräsentiert von Vergebung, Mitgefühl, Selbstbeherrschung, Großzügigkeit, Demut und Weisheit. Je nachdem, welchen Hund wir am meisten füttern, indem wir gute oder schlechte Entscheidungen treffen und unsere Zeit sinnvoll nutzen oder vergeuden, wird dieser Hund dazu ermächtigt, am lautesten zu bellen und letztendlich den anderen zu besiegen. Tugend bedeutet, dem bösen Hund keine Nahrung zu geben und den guten Hund zu füttern. Das Rudel böser Hunde, das mich in dieser Nacht mit schäumenden Mäulern angegriffen hatte und danach trachtete, mich ganz zu verschlingen, war eine lebhafte Visualisierung dessen, was mir auf meiner inneren Reise noch bevorstand.

Erleichtert lag ich da und musste dankbar an Rama Sevaka Swami denken. *Wenn er mir diesen Stock nicht gegeben hätte, wäre ich mit Sicherheit heute Nacht gestorben.* Ich erinnerte mich an seine Worte, die so prophetisch wie wahr waren: *„Der Stock der Barmherzigkeit eines Devotees kann einen Menschen vor den größten Gefahren beschützen."*

Am nächsten Morgen, als wieder Ruhe herrschte und die Hunde sich zerstreut hatten, bedankte ich mich ausgiebig bei meinen Gastgebern und ging weiter, um einen Vishnu-Tempel zu besuchen. Dort hörte ich, wie eine Gruppe von Sadhus Janakpur in den höchsten Tönen priesen, einen heiligen Ort in der nepalesischen Tiefebene, an dem Sita, die Gefährtin von Rama, auf der Erde erschienen war. Was sie sagten, erweckte eine so große Abenteuerlust in mir, dass ich mich entschied, umgehend dorthin zu reisen. Von Kathmandu aus bekam ich einen Platz in einem klapprigen Bus, der nach Janakpur fahren sollte. Es dauerte Stunden, bis der Bus das Gebirge hinunter gefahren war und sich im dichten Dschungel durch die Ebene schlängelte, wo ich sogar ein wildes Rhinozeros weiden sah. Als ich in Janakpur ankam, besuchte ich zuerst den Vihar Kund, einen kleinen See in einer weitläufigen, ruhigen Gegend, der von alten Bäumen und uralten Tempeln umgeben war. Es gab auch einen Aschram, in dem ich zu Guru Sri Vedji gebracht wurde. Er war ein älterer Sadhu mit weißen Bartstoppeln, die sein Kinn und seinen Kopf bedeckten. Er war unglaublich freundlich und bat mich, doch in seinem Aschram zu wohnen, wo ich jeden Tag kostenlos Reis und Dhal bekommen würde.

Sri Vedji erklärte mir, warum Janakpur ein heiliger Ort sei, der in den heiligen Schriften unter dem Namen Mithila bekannt war. Er berichtete von der Besonderheit dieses Ortes, wie sie in dem Epos Ramajana beschrieben wird: Als einst König Janak eine religiösen Zeremonie vorbereitete und dafür einen Acker pflügte, erschien aus der Erde, direkt unter seinem Pflug, die Göttin Sita. Sie wurde als Janaki, die Tochter König Janaks, bekannt. Mithila war der Ort, an dem sich Sita und Rama zum ersten Mal begegneten und auch der Ort, an dem Rama den mächtigen Bogen Shivas zerbrach und somit in einem Wettstreit um Sitas Hand als glorreicher Sieger hervorging und sie heiratete.

Im Laufe meiner Reisen waren die Geschichten von Gottes Inkarnationen auf der Erde vollkommen real für mich geworden. Als Sri Vedji sah, wie begeistert ich war, schenkte er mir die englischen Übersetzungen zweier indischer Klassiker, das Ramajana von Valmiki und das Ramacharitamanas von Tulsidas. Es waren dicke Bände, und so stand ich jeden Morgen auf, nahm ein Bad in einem nahe gelegenen See, meditierte, begann zu studieren und legte das Buch von Sonnenaufgang bis Sonnenuntergang nicht aus den Händen.

Das Ramajana war voller Abenteuer, Romantik, Tragödie, Heldentum, Angst und Schrecken, Humor und Krieg. Aber es war mehr als nur das. All diese Elemente fügten sich in einer einzigartigen Stimmung der Hingabe zusammen, die die Macht hatte, im Leser Liebe zu Gott aufkeimen zu lassen. Als ich mich erbot, kleine Arbeiten zu verrichten, lächelte Sri

Vedji nur. „Wenn du liest und unser Essen annimmst, läutert das mein Herz. Um welch größeren Dienst könnte ich dich denn bitten?"

Einmal saß ich früh am Nachmittag an der Hauptstraße, einem staubigen Pfad, und sah die ganze Zeit lang weder Autos noch Lastwagen vorbeifahren. Das überraschte mich kaum, denn in Janakpur waren riesige nepalesische Elefanten das gängigste Transportmittel. Auf dem Rücken eines jeden Elefanten war eine große Kiste aufgeladen, die mit einem Seil um den Bauch herum befestigt wurde. Der Treiber, in der Regel ein kleiner Junge, saß im Nacken des Elefanten direkt hinter dem Kopf und hielt einen Stock in der Hand. Am Hals des Elefanten hing eine schwere Glocke aus Messing, die bimmelte, wenn das Tier sich hin und her bewegte. Jeder Elefant schritt in königlichem, selbstbewussten Gang. Jeder einzelne Elefant zog auf diese Weise vorbei, gefolgt von Ochsen und Wasserbüffeln, die überladene Karren hinter sich her zogen. Frauen mit Körben oder Tontöpfen auf dem Kopf, die sie häufig ohne die Hilfe ihrer Hände balancierten, schritten vorbei. Sogar kleine Mädchen trugen auf diese Weise mühelos und in vollkommener Körperhaltung schwere Lasten. Beim Lasten-Balancieren sangen diese Mädchen selig zusammen Lieder zum Ruhm von Sita und Rama. Dieses friedliche Leben, das diese Menschen hier führten, hatte eine ungemein beruhigende Wirkung auf mein Herz. Ich betete, dass sich Janakpur niemals verändern würde.

In der Nähe eines heiligen Sees im Herzen Janakpurs gab es viele Tempel. Zwei dieser Tempel zählten zu den bedeutenderen Stätten: der Janaki Mandir und der Rama Mandir. Eines Tages begegnete ich im Innenhof des Rama Mandirs einem Sadhu, der wohl um die fünfzig Jahre sein mochte und auf einem erhöhten Podest neben dem Tempel saß. Mit seinem langen, verfilzten Haar, Bart und den Kleidern eines Bettelmönchs schien er friedlich und heilig. Hunderte von Menschen standen an, um seine Segnungen zu erhalten. Wenn sie vorn ankamen, segnete er sie gnädig mit seiner offenen Handfläche. Auch ich wollte mir seine heiligen Segnungen nicht entgehen lassen und stellte mich daher an, kam langsam näher und verbeugte mich schließlich vor ihm, so wie alle anderen. Er war wohl überrascht, mich zu sehen und bedeutete mir mit einer Geste, neben ihm auf dem Podest Platz zu nehmen. Ich fühlte mich besonders privilegiert.

Während er einen Bewunderer nach dem anderen segnete, fragte er mich: „Woher kommst du?“

„Amerika.“

„Warum bist du von einem so reichen Land in ein armes Land wie Indien gekommen?“

„Auf der Suche nach Gott.“

Er lächelte eine alte Frau an, die ihren Kopf beugte, um den Segen aus seiner gütigen Hand entgegenzunehmen. „Warum bist du ein Sadhu geworden?“, fragte er lächelnd.

„Um nach Erleuchtung zu streben.“

Als er meine Worte hörte, verfinsterte sich seine Miene. Sein Lächeln war verflogen, und er runzelte die Stirn. Auch sein Tonfall veränderte sich. Ich war schockiert von diesem Wandel und wusste nicht, was mich erwartete. „Du bist ein Dummkopf“, zischte er, „Du bist einfach ein Dummkopf. Hörst du mich? Ein Dummkopf. Ein Dummkopf. Ein ignoranter Dummkopf.“

Ich wusste, dass ich ein Dummkopf war. Vielleicht wollte er mir ja helfen und so fragte ich unterwürfig: „Seine Heiligkeit, bitte lehren Sie mich, wie ich mich bessern kann.“

Er bekam einen Wutanfall und schrie: „Ich lebe seit dreißig Jahren als Sadhu. Weißt du, was ich erreicht habe? Nichts. In all den Jahren als Sadhu habe ich nichts weiter als faulen Reis und Dhal bekommen.“ Eine Frau hielt ihr Kind nach vorn, um es segnen zu lassen. „Amerika ist ein reiches Land!“, schrie er, während er das Kind mit seiner Hand segnete. „Amerika hat die schönsten Frauen. Amerika hat große, komfortable Häuser und Autos. Amerika hat schöne Kleidung und gutes Essen und Trinken. Amerika hat die besten Filme und das beste Fernsehen.“ Er schloss seine Augen und seufzte. „Oh, wie ich mich nach dem genussreichen Leben in Amerika sehne.“ Seine Augen blitzten und er schaute mich an. „Aber du hast all das aufgegeben, und für was? Reis und Dhal. Ich kann keinen Reis und Dhal mehr sehen. Du bist an diesen elenden Ort gekommen, um nach Gott zu suchen. Was bist du nur für ein Dummkopf! Es gibt keinen Gott. Hörst du mich? Es gibt keinen Gott. Geh zurück in dein großartiges Land und genieße das Leben. Wenn du mir nicht gehorchst, wirst du ein erbärmliches Leben führen und verflucht sein.“

Als er diese harschen Worte von sich gab, verehrten ihn Hunderte seiner Bewunderer eifrig weiter. Sie verstanden ja kein Wort Englisch. Während er mich so züchtigte, segnete er die ganze Zeit mit seiner geöffneten Handfläche diese unschuldigen, gottesfürchtigen Menschen. Sie baten ihn um Gottes Segen, während er Gottes Existenz leugnete. Sie ehrten ihn als erleuchtetes Wesen, während er von der elenden Sinnlosigkeit seines Lebens sprach. Benommen verließ ich diesen Ort. Mein Geist versuchte zu verstehen, was der Herr mir gerade offenbart hatte.

Der Mann hatte recht. Amerika war ein reiches Land, in dem es sich komfortabel leben ließ. Aber ich hatte das Interesse an einem Leben, das einfach nur komfortabel war, verloren. Stattdessen reiste ich auf einer Straße, die manchmal einfach und schön war, manchmal aber auch hart sein konnte. Jedoch befand ich mich dabei immer auf der Suche nach einem Schatz, der größer war als alles, was die materielle Welt zu bieten hatte. Wenn dieser Mann das materielle Leben genießen wollte, warum suchte er sich dann nicht einen Job und war ehrlich? Stattdessen gab er sich als Heiliger aus und betrog die Unschuldigen.

Es gibt immer das Echte und die Fälschung. Im Laufe der Geschichte hat Scheinheiligkeit im Bereich der Religion den Glauben der Menschen immer wieder geschwächt. Einen Heiligen kann man nicht immer an seiner äußeren Erscheinung erkennen.
Die Bhagavad Gita lehrt, dass Entsagung nichts für einen faulen Menschen ist, der nicht arbeitet, sondern für denjenigen gedacht ist, der seine Arbeit in Hingabe verrichtet.

Ich dachte an all die Menschen, die ich bis jetzt getroffen hatte, die ihr Leben lebten, indem sie es im Geiste der Hingabe an Gott gestalteten, und ich betete, dass auch ich so wie sie werden könnte. Ich erinnerte mich an das, was Srila Prabhupada in Bombay gesagt hatte: „Es ist besser, ein ehrlicher Straßenkehrer zu sein, als ein Meditierender, der andere anschwindelt.“ Dann dachte ich über diesen armen Mann nach, der vorgab, ein Sadhu zu sein. *Sein böser Hund bellt lautstark, und er füttert ihn täglich mit riesenhaften Portionen Reis und Dhal.*

7

Als ich eines Tages in den frühen Morgenstunden in Janakpur allein am Ufer eines stillen Sees saß, setzte sich ein etwas eigentümlich aussehender Sadhu neben mich. Seine ersten Worte waren seltsam. „Nimm dich in Acht. Es gibt Skorpione in der Gestalt von Schmetterlingen." Erschüttert fragte ich ihn, warum er das sagte. Er schaute mich genau an und sprach weiter. „Hüte dich vor Dämonen, die sich als Heilige verkleiden, oder es könnte passieren, dass du dein Leben ruinierst und es erst dann merkst, wenn es bereits zu spät ist."

„Wovon sprichst du?", fragte ich beunruhigt.

„Vielleicht erzähle ich es dir ein anderes Mal." Unvermittelt wechselte er das Thema und stellte sich als Vasudeva vor. Vasudeva war ein gut aussehender Mann Mitte dreißig mit den Manieren eines Aristokraten, der in gewähltem Queen's English sprach. Er trug weiße Kleider, die merkwürdigerweise makellos sauber waren. Sein langes, pechschwarzes Haar war ordentlich gekämmt. Auf meiner ganzen Reise hatte ich noch nie einen so gepflegten Bettelmönch getroffen. Er war gebildet, kannte sich sowohl mit spirituellen als auch materiellen Themen bestens aus, und wie viele, die ich in dieser Gegend getroffen hatte, war er ein Devotee Ramas. Als mich mein neuer Freund einlud, mit ihm drei Tage zu Fuß an einen unbekannten heiligen Ort zu reisen, stimmte ich zu. Wir reisten den ganzen Weg über Land und erhielten jeden Tag durchs Betteln eine meiner Lieblingsspeisen, Reis und Dhal. Egal wen wir trafen, jeder war von Vasudevas sanfter Natur ganz angetan.

Vasudeva bestand darauf, auf offenem Feld oder im Wald zu kochen. Dazu errichtete er einen Herd aus zwei Steinen und stellte den Topf darauf, während ich Holz für das Feuer sammelte. Er bereitete den Reis und Dhal mit der Raffinesse eines Künstlers zu, der ein Meisterwerk meißelt. Auf dem Weg sprachen wir über viele Themen. Vasudeva schien sich mit allem auszukennen.

Aber etwas machte mich stutzig. Ich spürte, dass dieser Mann hinter einer Maske der Heiterkeit etwas verbarg. Er bemühte sich jedoch, sein Leid für sich zu behalten und seine Tränen zu unterdrücken. Meine Zuneigung zu ihm wuchs von Tag zu Tag, aber auch meine Neugier, mehr über ihn zu erfahren, wurde größer. Auf unserer Reise hatte ich eines Nachts, die wir auf der Flucht vor einem Regenguss in einem Kuhstall verbrachten, seltsamerweise einen schrecklichen Albtraum von geisterhaften Wesen, die mich attackierten. Ich fragte mich warum.

Nach drei Tagen erreichten wir unser Ziel: einen historisch bedeutenden Felsen auf einem verlassenen Feld. An diesem Abend begann der Wind, böig zu wehen. Wir konnten schon schmecken und riechen, wie die Feuchtigkeit anstieg, und spürten, dass sich der Monsun zu einem Platzregen zusammenbraute, der unmittelbar bevorstand. Wir suchten nach einem Unterschlupf und fanden einen kleinen Steinbau, den schon lange niemand mehr bewohnt hatte. Wir traten ein und scheuchten einige Fledermäuse auf, die von der Decke hingen und nun hastig hinausflogen. Das Haus bestand nur aus einem Raum, der ungefähr drei auf drei Meter groß war, mit zwei Öffnungen, die früher als Fenster und Tür gedient hatten. Der Putz bröckelte von den Wänden herab und die Einrichtung bestand aus nichts als Moos und Spinnennetzen. Als wir drinnen waren, saßen wir zunächst schweigend da und lauschten, wie der Donner die Erde zum Beben brachte, der Wind in die Bäume peitschte und sintflutartige Regenfälle vom Himmel herabstürzten. Vasudeva schaute mich mit tränenerfüllten Augen an. Er fragte mich, ob er mir den Sturm in seinem Herzen anvertrauen könne. Ich fühlte mich geehrt, dass er mir vertraute, und willigte ein.

Vasudeva erzählte mir, dass er in Kalkutta in einer wohlhabenden Familie geboren worden war, promoviert hatte und als gefragter Professor schnell zu Ruhm und Ansehen gekommen war. Zu dieser Zeit traf er Devotees und entwickelte selbst auch ein Gefühl der Hingabe zu Rama. „Eines Tages statteten mir zwei bedeutende Personen in meinem Büro einen Besuch ab und brachten mir Geschenke und Essen, das, wie sie behaupteten, von ihrem Guru komme. Nach mehreren Besuchen luden sie mich ein, ihren Guru zu treffen, und ich willigte ein."

Der Guru wusste einfach alles über sein Leben, bis hin zu den intimsten Details und war imstande, Vasudevas Gedanken zu lesen. Höchst erstaunt nahm er die Einladung dieses Mannes an, ihn regelmäßig zu besuchen. Ich hörte mit gespannter Aufmerksamkeit zu und wollte natürlich unbedingt erfahren, was in diesem Menschen vorging, als er dabei war, einen Guru anzunehmen.

„Eines Tages", fuhr Vasudeva fort, „ließ der Guru seine wahre Absicht erkennen. ‚Ich habe dich eingehend beobachtet', sagte er. ‚Du bist jung, erfolgreich und intelligent. Ich brauche deine Hilfe. Ich möchte dich in unsere Riten einweihen.'" Vasudeva musste sich sehr zusammennehmen, als er sich an diese Worte erinnerte. „Ich sagte ihm, dass ich es mir durch den Kopf gehen lassen würde." Seine Stimme verstummte und er vergrub seinen Kopf in den Händen, als versuche er, das unsagbare Leid, das ihm in der Vergangenheit widerfahren war, zu vergraben. Verzweifelt schaute er zu mir auf. „Richard", seufzte er, „ich möchte dich eigentlich nicht mit meiner schrecklichen Geschichte belasten, aber ich werde verrückt. Ich muss es einfach jemandem anvertrauen. Darf ich fortfahren?"

„Bitte."

Er starrte aus dem Fensterloch. Beim Aufleuchten eines Blitzes konnte ich die Angst in seinem Gesicht deutlich erkennen. Schließlich sprach er voller Verzweiflung: „Ich begann Nachforschungen über diesen Mann anzustellen und zu meinem Entsetzen fand ich heraus, dass er der Anführer einer mächtigen Sekte war, ein Meister in der schwarzen tantrischen Kunst. „Weißt du, was schwarze Tantriker sind, Richard?"

„Nein", gab ich zu.

Vasudeva schauderte und seine Stimme zitterte. Er erklärte, dass tantrische Mystik etwas sehr Mächtiges sei und entweder nutzbringend oder unheilvoll sein könne. „Es gibt weiße Tantriker, die ihre Kräfte so einsetzen, dass sie der Menschheit dienen. Dann gibt es aber noch die schwarzen Tantriker, die ihre Kräfte dazu gebrauchen, das Leben anderer für ihre eigenen teuflischen Zwecke auszubeuten. Durch unsägliche Opfer, tantrische Sex-Riten und Yoga erlangen sie unglaubliche Fähigkeiten. Dieser Guru war ein extrem mächtiger schwarzer Tantriker, der die Macht besaß, die Gedanken anderer Menschen zu kontrollieren und ihr Leben zu manipulieren. Als ich meine Recherchen über ihn anstelle, war ich völlig erschüttert, als ich herausfand, dass er zum Zeitpunkt der

Einweihungsriten eine Seele für mehrere Leben in der Zukunft unter seine Kontrolle brachte. Ich ging nie wieder dorthin."

„Aber Vasudeva, wenn du freigekommen bist, warum zitterst und bebst du noch immer, wenn du an ihn denkst?"

„Das war nur der Anfang", fuhr er fort. „Täglich schikanierten mich die Schüler des Gurus in meinem Büro, zu Hause und auf jeder Veranstaltung, die ich besuchte. Es war unmöglich, ihnen zu entkommen. Eines Tages stürzten fünf von ihnen in mein Büro und umzingelten meinen Schreibtisch. Ich fühlte mich wie eine Geisel. Im nächsten Moment stand der Guru vor mir, um meiner Seele habhaft zu werden. Er warnte mich: ‚Es ist zu spät, du gehörst mir. Gib dich mir hin, und ich werde dir ungeahnte Freuden, Ruhm und Reichtum ermöglichen. Aber wenn du das ablehnst, schwöre ich, dass ich dich bis zu deinem Tode quälen werde.' Ich kochte vor Abscheu und verweigerte seinen Befehl. Er verfluchte mich und stürmte rachsüchtig mit lodernden Augen hinaus."

Vasudeva seufzte. „Als ich eines Abends zu meiner verwitweten Mutter nach Hause kam, stellte ich fest, dass sie dem Betrüger aufgesessen war. Sie zitterte vor Wut und schimpfte: ‚Warum hast diesen gottesfürchtigen Mann beleidigt? Du musst sein Schüler werden.' Ich war schockiert. Ich versuchte ihr seine grausamen Machenschaften zu erklären, aber sie hörte mir nicht zu. Der Guru und seine Anhänger hatten sie erfolgreich unter ihre Kontrolle gebracht. Nach einigen Tagen warf sie mich aus meinem eigenen Haus und sagte nur, dass sie mit meinen Beleidigungen nichts mehr zu tun haben wolle. Was geschah nur mit meiner Welt? Unter dem Einfluss der Sekte feuerte mich dann auch noch der Präsident meiner Hochschule."

Draußen schlug ein Blitz in einen Baum ein, wodurch ein riesiger Ast abbrach und auf unser Dach krachte. Wir saßen sprachlos da. Dem verheerenden Blitzschlag folgte ein Donnerschlag, der das Universum zu erschüttern schien. Vasudeva erbleichte. Mit stockender Stimme fuhr er fort: „Obdachlos und arbeitslos wurde ich von den Schülern der schwarzen Tantrik verfolgt, wo immer ich mich aufhielt. Sie beeinflussten sogar die Polizei, die sich weigerte, mich zu beschützen. Was blieb mir anderes übrig, als Kalkutta zu verlassen? Durch seine übernatürlichen Kräfte wusste der schwarze Tantriker aber stets, wo ich mich befand und sandte seine Anhänger, um mich zu belästigen."

Bei jeder Stelle, die er annahm, überzeugten sie den Arbeitgeber, Vasudeva zu feuern und bei jeder Wohnung, die er mietete, überzeugten sie den Vermieter, ihn hinauszuwerfen. Er ging sogar zu einer Zeitung, um seine Geschichte zu erzählen, aber die Reporter glaubten ihm nicht. „Mein Leben war zerrüttet", sagte er.

In diesem Moment hüpfte eine große Kröte durch unsere Tür. Mit ihren amphibischen Augen schaute sie direkt in meine. Ich fragte mich, ob sie wohl ein Geheimagent der schwarzen Tantriker sei, und erschauderte bei dem Gedanken. Vasudeva schien meine Gedanken zu lesen. „Bist du sicher, dass ich weitererzählen soll?", fragte er.

Lautes Donnergrollen erstreckte sich über den gesamten Himmel. „Ich weiß nicht genau, Vasudeva", gab ich zu. Ich war verängstigt, aber es schien wichtig zu sein, dass ich die Geschichte hörte. „Was passierte danach?"

„Dieser böse Yogi war so von meiner Entschlossenheit erzürnt, dass er beschloss, mich umzubringen. Mit schwarzen Riten und Mantras schuf er eine unsichtbare Waffe, die die Seele vom Körper trennt, mit anderen Worten, das Opfer also tötet. Aber das Töten des Körpers ist das geringste Übel. In dem Zeitraum zwischen Leben und Tod erlangt der schwarze Tantriker die Kontrolle über den feinstofflichen Körper, der die Seele umgibt. Als mich die teuflische Waffe traf, waren mein Körper und mein Geist gelähmt vor Schmerz. Ich spürte, wie mich grauenhafte feinstoffliche Wesen verfolgten. Ich flehte um Rettung und chantete den Namen Gottes. Solange ich an den Namen dachte, konnte mich die unsichtbare Waffe nicht töten. Einen ganzen Tag und eine ganze Nacht lang quälte mich diese Waffe. Ich wusste, sobald ich aufhörte, auch nur einen Augenblick nicht mehr an den Namen zu denken, würde mich das schlimmste Schicksal ereilen – das schlimmer wäre als der Tod. Ich chantete also unaufhörlich. In der Gegenwart von Gottes Namen war die Waffe machtlos und nicht in der Lage, mich zu töten. Wenn eine böse tantrische Waffe sein Opfer nicht töten kann, muss sie umkehren und denjenigen töten, der sie ausgelöst hat. Der schwarze Tantriker fiel tot um – getötet von seiner eigenen Schöpfung. Gottes Name hatte mich gerettet."

Als ich diese gespenstische Geschichte hörte, lief eine Welle von Schauern durch meinen Körper. Ich lehnte mich nach vorn, um mehr zu hören.

„Dieser böse Mystiker existiert immer noch; er hat nur keinen grobstofflichen Körper mehr. Jetzt kontrolliert er seine Schüler von der astralen Ebene aus und schickt sie überall dorthin, wo ich mich verstecke, um sich zu rächen. Sie sind ständig auf der Jagd nach mir. Ich kann mich an keinem Ort niederlassen, denn innerhalb weniger Wochen fangen sie wieder an, mich zu terrorisieren."

Der heftige Sturm draußen ließ allmählich nach. Es kehrte langsam Ruhe ein und Vasudeva seufzte. „Aus diesem Grund bin ich – entgegen meinem Willen und entgegen meiner Natur – ein obdachloser Bettler geworden. Ich weiß, wenn ich mich ernsthaft Gott ergebe, wird er mich beschützen, aber bis dieser Tag kommt, muss ich weglaufen und mich im Gewand eines Sadhus verstecken."

Grillen begannen zu zirpen. Vasudeva schaute mir tief in die Augen. „Es tut mir leid, dass ich dir all das erzählt habe. Ich habe es jahrelang für mich selbst behalten, aber ich musste es einfach jemandem erzählen. Richard, ich kann ja auch niemandem die Schuld dafür geben, letztendlich liegt es an mir selbst."

Ich konnte nicht verstehen, wie er sich selbst dafür verantwortlich machen konnte, und bat ihn, mir das zu erklären.

Bescheiden schrieb er seine gegenwärtigen Probleme dem Karma früherer Leben zu. „Ich weiß nicht, was ich getan habe, um ein so elendes Schicksal in diesem Leben zu verdienen", schloss er, „aber ich weiß, dass es gerechtfertigt ist. Und ich weiß, dass mich der Herr erlösen wird, wenn ich diesen Test bestehe und mich ihm aufrichtig hingebe."

Vasudevas zitternde Hand hielt nun meine, als er sich mit einer letzten Bitte an mich wandte. „Weil du mein Freund bist, muss ich dir den Rat geben, mich zu verlassen, damit du nicht in diese Sache verwickelt wirst. Wenn ich dich am Morgen nicht auffinde, werde ich Verständnis dafür haben. Mein Bruder, sei bitte vorsichtig auf der Suche nach deinem Pfad. Du setzt dich mächtigen Wesen aus und nicht jeder von ihnen ist heilig. Und bitte bete für mich."

Wir saßen schweigend da. Ich brachte kein Wort heraus. Ich wusste, von dem, was ich bereits in Indien beobachtet hatte, dass viele Gurus starke Kräfte besaßen, einschließlich der Macht, ihre Anhänger dazu zu bringen, alles zu tun, was sie verlangten. Ich hatte mehr Angst vor dem, was mir mein Begleiter offenbart hatte, als vor dem Rudel tollwütiger Hunde. Die Hunde konnte ich zumindest sehen und abwehren. Aber wie wehrt man unsichtbare, böse Mächte ab, die eine ahnungslose Person angreifen, die versucht, einem spirituellen Pfad zu folgen?

Schließlich legte sich Vasudeva zum Schlafen auf die Erde und bettete seinen Kopf auf den Arm. Aber ich konnte beim besten Willen nicht ans Schlafen denken. Ich schaute durch das Loch in der Wand. Die Wolken rissen auf und so kamen einige Sterne, aber nicht der Mond, zum Vorschein. Neben mir wälzte sich Vasudeva unruhig im Schlaf. *Bin ich dazu bereit, in sein grauenvolles Leben verwickelt zu sein?* Schon bei dem bloßen Gedanke schauderte ich. *Das Einzige, was ich tun kann, um ihm zu helfen, ist, für ihn zu beten. Das ist alles, worum er mich bat.* Während er sich im Schlaf wälzte, drehte und stöhnte, lief ich weit weg in die Nacht hinaus und betete, dass der Pfad, den ich betrat, sicher sein würde und dass auch er Sicherheit und Frieden finden möge.

Meine Reise wurde nicht weniger ereignisreich und ich sammelte Erfahrungen mit dunklen und lichten Mächten. Jede Erfahrung bot mir einen Einblick in eine Welt, die mich erwarten würde, wenn ich mich für einen bestimmten Weg entscheiden würde.

Die meisten Sadhus, die mich bei meiner Rückkehr nach Janakpur begrüßten, waren so alt, dass sie meine Großväter hätten sein können. Ich betete im Janaki-Tempel, als mich zu meiner Überraschung ein junger nepalesischer Student namens Vishnu Prasad ansprach. Er war gut gekleidet, hatte ein rundes Gesicht und ein frommes Auftreten und war so fasziniert, einen westlichen Jugendlichen zu sehen, der das Leben eines Sadhu aufgenommen hatte, dass er mich zu sich nach Hause in das Dorf Brahmapur einlud. Sein Haus war wie ein wunderschöner Aschram; die hellen Möbel, Teppiche, Messinggefäße und Blumengärten zeugten vom Vermögen dieser wohlhabenden Familie. Als ich eintrat, wurde ich herzlich von Vishnus Mutter und Vater begrüßt, die mir sogleich eine üppige Mahlzeit servierten, die aus fein gewürztem Gemüse in aromatischen Soßen und Reis mit geklärter Butter bestand. Freudig verbrachte ich einige Tage dort.

Onkel, Tanten, Cousins und Cousinen lebten alle unter einem Dach, aber ich hörte kein einziges Mal jemanden die Stimme im Zorn erheben.

Sie verhielten sich einander gegenüber sehr respektvoll. Morgens berührten die Kinder ehrerbietig die Füße ihrer Eltern und im Gegenzug erhielten sie Segnungen von ihnen. Ganz gleich wie alt die Kinder waren, sogar die Jugendlichen waren natürlicherweise gehorsam gegenüber den Älteren in der Familie und die jüngeren Kinder ehrten den ältesten Sohn als den Repräsentanten der Eltern. Ich war in den sechziger Jahren in Amerika aufgewachsen und erlebte diesen respektvollen Umgang der Jugendlichen als eine Art von angenehmem Kulturschock. Sah man von mir einmal ab, war jeder Zentimeter in dieser Wohnung makellos sauber. Ich fühlte mich wie ein ungepflegter Bettler in einer Oase vornehmer Kultiviertheit. Mein Körper sah etwas geschunden aus. Die Familie nahm dies zur Kenntnis und gab mir einen medizinischen Balsam für meine rissigen Füße. Obwohl sie mir ein eigenes Zimmer mit einem bequemen Bett angeboten hatten, zog ich es vor, im Garten unter einem Ashoka-Baum zu schlafen. Jeden Morgen und Abend kamen die Familienmitglieder zusammen, um in ihrem kleinen Rama-Tempel, der sich im Zentrum des Hauses befand, Verehrungszeremonien abzuhalten. Aber auch tagsüber brachten die Frauen hier verschiedene Dienste dar.

In diesem Haus waren offensichtlich alle glücklich. Abends saß ich mit Vishnu Prasad in einem schönen Garten inmitten von Ringelblumen, Rosen und blühenden Bäumen. Manchmal kam Tara Prasad, sein Vater, und setzte sich dazu. Er war ein wohlhabender Mann mit Frau und Kindern. Er hatte einen solch feinen Charakter, dass er mich mehr beeindruckte als viele der Asketen, die ich getroffen hatte. *Spiritualität ist eine Angelegenheit des Herzens*, überlegte ich. Je mehr meine Liebe zu Vishnu Prasads Familienmitgliedern wuchs, desto mehr wurde er mir zu einem Freund. Von diesen sanften Seelen lernte ich viel über die Traditionen des Familienlebens in diesem Teil der Welt. Hier wurde meine Erkenntnis, dass Spiritualität viele verschiedene äußere Formen annehmen kann, erneut bestätigt – und das war am wichtigsten für mich.

Allerdings konnte ich nicht allzu lange in diesem behaglichen Umfeld bleiben, weil ich das Leben eines Asketen gewählt hatte. Als es an der Zeit war zu gehen, begleitete mich die ganze Familie zum Tor. Sie weinten, als ich mich umdrehte und den Steinweg hinunterging. Und auch mir rollten ein paar Tränen die Wangen hinab.

Mehr als je zuvor erschien es mir, als sei der Weg, für den ich mich entschieden hatte, voll unvorhersehbarer Gefahren. In meiner Leidenschaft für die Wahrheit, die ich zugegebenermaßen nicht ganz erklären konnte, hatte ich die Annehmlichkeiten meines Zuhauses hinter mir gelassen und entsagte den Annehmlichkeiten, die sich mir auf dem Weg boten, und machte einfach weiter – trotz all der Ängste, die ich angesichts der ungewissen Zukunft ab und zu verspürte.

Von Janakpur aus reiste ich zurück ins Kathmandu-Tal. Etwa elf Kilometer östlich der Stadt unterhalb des Hügels von Bodhnath meditierte ich in einem Hain voller blühender Bäume. Ich öffnete die Augen und sah einen wunderschönen Regenbogen, der sich über das gesamte Himalaja-Tal wölbte und im Kontrast zu der indigofarbenen Kulisse der Monsunwolken leuchtete. Ich atmete tief ein und sog eine Brise der kühlen, erdigen Luft in mich auf. Kurz darauf holte mich das Geräusch stampfender Schritte aus meinem traumartigen Zustand und lenkte meine Aufmerksamkeit auf einen europäischen Touristen, der durch das Feld marschierte und eine große Tasche mit Lebensmitteln bei sich trug. Mit seinen mindestens ein Meter achtzig, den blonden Haaren und dicken Muskelpaketen unter seinem T-Shirt sah er aus wie ein Bodybuilder. Plötzlich kam aus dem Wald eine Horde brauner Affen angerannt, die ihn umzingelte. Obwohl jeder Affe nur ein Viertel seiner Größe hatte, wussten sie, wo sie seine Schwachstelle finden und ihn angreifen konnten. Sie knurrten und fletschten die Zähne und bedrohten ihn mit wilden Gesten. Während er die Lebensmittel auf dem einen muskulösen Arm trug, hob er mit der anderen Hand einen ziemlich großen Gesteinsbrocken auf, schrie wie ein Krieger und drohte den kleinen Banditen, sie niederzumachen. Aber davon ließen sich die Affen keineswegs beeindrucken, sondern knurrten nur noch lauter. Sie machten kleine Sprünge auf ihr Zielobjekt zu und verwirrten den Mann dadurch umso mehr. Der Koloss war geradezu gelähmt vor Schreck und konnte nur noch zittern wie ein ängstliches Kind. Schließlich pirschte sich einer der Affen an ihn heran und schnappte ihm die Tasche mit den Lebensmitteln aus der Hand. Er wehrte sich nicht einmal. Die Affen drängten sich um die Tasche herum, um die Lebensmittel zu verschlingen und schenkten ihm keinerlei Beachtung. Der ganze Kerl war nur noch ein einziges Nervenbündel und machte sich davon.

Sekunden später tauchte ein dünner, kleiner, ungefähr acht Jahre alter nepalesischer Junge auf. Die Affenbande hatte sich eben gerade erst über ihre Beute hergemacht, aber beim Anblick des kleinen Jungen wurden sie nervös. Das Kind sprang ihnen mit einem Stein in der Hand entgegen. Mit Schrecken in den Augen kreischten die Affen, ließen plötzlich von ihrem Fressen ab und flohen in alle Richtungen. Der kleine Junge sammelte die Lebensmittel ein, setzte sich hin und aß. In der Zwischenzeit schauten ihm die Affen unruhig aus der Entfernung zu. Ich war erstaunt. Was war hier gerade vor sich gegangen? Dieser verspielte Junge wog kaum so viel wie der Bizeps dieses herkulischen Europäers. Die Affen waren unbeeindruckt von den Drohgebärden des Giganten, weil sie spürten, dass er Angst hatte. Aber sie fürchteten sich vor dem Kind, weil es keine Angst vor ihnen hatte. Was hatte das für mich zu bedeuten und meinen immer enger werdenden Pfad zu Gott? Ich dachte an das Rudel wilder Hunde und an Vasudevas furchterregende Geschichte über den schwarzen Tantriker. Ich befürchtete, unter den Bann eines skrupellosen Gurus zu geraten, wenn ich mich allzu hastig entscheiden sollte. Aber ich verstand auch, wie Angst meinen Fortschritt blockieren konnte.

Es ist einfach, besiegt zu werden, wenn unser Geist voller Angst ist. Dem Ausländer waren Affen fremd, aber das nepalesische Kerlchen hatte sein ganzes Leben lang Affen um sich gehabt. Wir fürchten uns vor dem, was wir nicht kennen. Durch das Wissen über unsere spirituelle Natur und unser aufrichtiges Vertrauen in Gott können wir jede Angst überwinden. Bitte Herr, segne mich mit solchem Mut auf meinem Weg zu dir.

Als ich über diese Gedanken nachsann, rannte der lächelnde Junge auf mich zu und bot mir ein paar Bananen aus der Lebensmitteltasche an. Die Affen plapperten aufgeregt und nahmen mich als ihr künftiges Opfer ins Visier. Sie machten mir bewusst, dass ich mehr Gemeinsamkeiten mit dem Europäer hatte, als ich es glauben mochte. Ich spürte, dass ich noch einen weiten Weg zu gehen hatte, um das unschuldige, furchtlose Vertrauen dieses Kindes zu erreichen und so lehnte ich dankend ab.

Als ich durch den Wald wanderte, stieß ich auf Sita Rama Baba, eine außergewöhnliche Seele, an den ich mich gern als den stehenden Baba erinnere. Sita Rama Baba war ein 62-jähriger bärtiger Mann mit großen braunen Augen und rauer Haut. Er trug einen Pullover aus Sackleinen, der vom Hals bis zu den Knöcheln reichte. Als ich ihn fragte, warum er nur Sackleinen trug, antwortete er, dass sich die grobe, juckende Textur des Sackleinens immer unangenehm anfühle. Das wiederum, sagte er, helfe ihm dabei, sich immer an Rama zu erinnern und bei ihm Trost zu suchen. Noch erstaunlicher für mich waren die hölzernen Schienen, die er um seine Knöchel gebunden hatte. So seltsam seine Erscheinung auch war, er behandelte mich sofort mit der Liebe eines Vaters zu seinem Sohn.

Wie viele Yogis, die ich im Himalaja getroffen hatte, folgte auch Sita Rama Baba extremen Gelübden, die weit über das Gelübde des Zölibats hinaus gingen. Er hatte sich geschworen, immer auf seinen Füßen zu stehen und sich niemals hinzusetzen oder hinzulegen. Deshalb trug er hölzerne Schienen um die Knöchel, um seinen Körper zu stützen. Seit fast fünfzig Jahren hielt er diese Gelübde bereits ein. Neben seiner Bettelschale und seinen Gebetsperlen trug er noch ein Seil und ein Holzbrett bei sich. Nachts warf er das Seil über einen Ast und bildete mit dem Brett eine Art Schaukel, gegen die er sich lehnte und so im Stehen schlief.

Er folgte auch dem Gelübde, nie innerhalb von vier Wänden zu schlafen, und abgesehen davon, dass er Vegetarier war, aß er auch kein Getreide und keine Bohnen. Ich kann bezeugen, wie schwierig dieses Nahrungsgelübde war. Wandernde Bettelmönche lebten in der Regel von preiswerten Lebensmitteln, die Leute gern als Spende gaben. Das waren Lebensmittel wie Reis, Dhal oder Rotis (ungesäuertes Weizenbrot), die alle Getreide oder Bohnen enthielten. Wir zogen gemeinsam umher. Jeden Tag erbettelte Sita Rama Baba glückselig Reis und Dhal für mich, sammelte Holz und machte Feuer unter einem improvisierten Herd aus Felsbrocken. Dabei stand oder hockte er die ganze Zeit. Wenn das Essen fertig war, brachte er es liebevoll mit Gebeten und Mantras einem Bild seines geliebten Rama dar und gab dann alles mir. Aber ich war neugierig. Was aß *er*? In der ganzen Zeit, die ich mit ihm verbrachte, sah ich ihn nur ein einziges Mal eine Handvoll billiger Erdnüsse essen, die er beim

Betteln bekommen hatte. Das war alles, was er essen konnte, da das nicht gegen seine Diät verstieß. Dennoch war er so glücklich in seiner Bemühung, mich gut zu nähren. Er erklärte, dass man liebevoll Gottes Kindern dienen muss, um ihm seine Liebe zu zeigen.

Als Sita Rama Baba eines Tages beim Betteln von Haus zu Haus etwas Gemüse bekam, war ich überglücklich. Endlich gab es etwas außer rohen Erdnüssen, das er essen konnte. Jedoch wurde mir ganz schwer ums Herz, als er mir das Essen servierte, und ich sah, dass er das ganze Gemüse in einem Topf mit dem Reis und Dhal gekocht hatte und nichts für sich selbst beiseite getan hatte. Er war voller Freude. Ich war fasziniert und prüfte ihn etwas genauer, fand jedoch nichts an ihm, das gekünstelt war. Seine Hingabe kam wirklich von Herzen.

Ich fragte Baba einmal: „Warum folgst du solch schweren Gelübden?"

Kleinlaut antwortete er: „Es hilft mir, mich auf meine spirituelle Praxis zu konzentrieren. Aber ich bin glücklich." Und erstaunlicherweise war er das wirklich.

Eines frühen Morgens vor Tagesanbruch saß ich unter einem Baum im Wald und dachte über diesen erstaunlichen Menschen nach. Ich konnte seine seltsamen Gelübde nicht verstehen. Sie schienen übertrieben und sogar unnötig. Aber dennoch hatte er meine aufrichtige Liebe und mein Vertrauen gewonnen. Man sagt, dass künstliche Entsagung das Herz hart macht. Aber er hatte ein weiches Herz und war voller Demut, Mitgefühl und Hingabe. Jesus Christus sagte: „An der Frucht erkennt man den Baum." Obwohl sein Baum etwas seltsam zu sein schien, waren die reifen Früchte süß.

In Sita Rama Babas Gemeinschaft tauchte immer wieder eine Frage in meinen Gedanken auf. Die meisten Yogis, denen ich begegnet war, meditierten über Gott als eine unpersönliche Kraft, während er und andere über den Herrn als eine alles-liebende Person meditierten. Rama Sevak Swami diente Rama in einer so persönlichen Art und Weise. Auch Srila Prabhupada äußerte eine solch aufrichtige Liebe zu Krishna als einer all-anziehenden Person. Stand dies im Widerspruch zu den Glaubensvorstellungen der Yogis, die danach strebten, ihre Seelen mit einer höchsten unpersönlichen Einheit verschmelzen zu lassen? War das ein Gegensatz zu den Praktiken der Buddhisten, die nach der Vervollkommnung eines eigenschaftslosen *Nirwanas* streben? Als Kind hatte ich ganz natürlich auf persönliche Weise zu Gott gebetet; nachdem ich mich mit verschiedenen Weltanschauungen befasst hatte, neigte ich eher dazu, Gott als eine alles-durchdringende Existenz zu begreifen. Als wir eines Tages gemeinsam einen Waldweg hinuntergingen, fragte ich Baba: „Ist Gott eigentlich unpersönlich oder persönlich?"

Er blieb plötzlich stehen, zuckte verstört und zog seine buschigen braunen Augenbrauen zusammen und sein Gesicht, in dem das raue Leben tiefe Falten hinterlassen hatte, sah traurig aus. Er seufzte: „Wie könnte unser Herr weniger Persönlichkeit oder Form haben als wir? Er hat alles ohne Begrenzung." Er schüttelte den Kopf: „Dieses Missverständnis bricht mir das Herz."

Seine Reaktion traf mich sehr. Mir wurde immer mehr bewusst, dass es diese grundlegende Uneinigkeit über die letztendliche Natur des Höchsten Herrn gab. War er nun eine unpersönliche, körperlose Kraft oder war er die Höchste Person? In gewisser Weise war es die gleiche Frage, die ich mir als Kind gestellt hatte, wenn ich bei Gewitter vor Angst zitterte: Wer war Gott? Tröstete er mich wie meine Eltern oder war er formlos wie der Wind? Ich rang damit, diesen philosophischen Streitpunkt zu klären und wusste, dass mir die Antwort dabei helfen würde, meinen Pfad zu wählen. Aber ich konnte das fehlende Puzzleteil noch nicht finden. Ich war wundervollen Seelen begegnet, die jeweils gegensätzliche Auffassungen vertraten.

Tage später, als ich Sita Rama Baba verließ, dachte ich darüber nach, dass das Ausmaß der Liebe zu Gott nicht etwas ist, das an äußeren Dingen festgemacht werden kann. Auf der einen Seite traf ich heilige Menschen, die einen Beruf ausübten und Familie hatten, und auf der anderen Seite traf ich diesen exzentrischen Einsiedler im Wald. Aber alle hatten sie etwas gemeinsam: Demut, eine starke Betonung ihrer spirituellen Praxis und einen unstillbaren Drang, anderen zu dienen.

8

Als Nächstes zog ich weiter zu der Tempelanlage Swayambhunath, die auf einem Hügel ungefähr drei Kilometer westlich von Kathmandu liegt. Dieser wunderschöne Ort ist umgeben von einer schier unendlich anmutenden Fläche von Reisfeldern und wird gekrönt vom Tempel der Affen, einem alten buddhistischen Tempel mit einer ausladenden Kuppel, die man „Stupa" nennt. Man sagt, der Tempel sei vor über 2000 Jahren gebaut worden. Die acht Augen Buddhas auf dem Sockel der Turmspitze schauen in die vier Himmelsrichtungen. Diese Augen sollten schon bald etwas Erstaunliches sehen.

Eines Morgens verspürte ich ohne ersichtlichen Grund den Drang, nach Kathmandu zu laufen. Und so verließ ich meine Einsiedelei auf dem Berg, ging zu Fuß in die Stadt und schlenderte ein wenig durch die Straßen und über die Märkte. Dann machte ich mich wieder auf den Rückweg nach Swayambhunath und lief an den endlosen Reisfeldern entlang. Mit seiner üppigen Vegetation und den hoch aufragenden, schneebedeckten Himalaja-Gipfeln ist das Kathmandu-Tal wie der Himmel auf Erden. Als ich den schmalen Pfad, der die sumpfigen Reisfelder umgab, entlangging, setzte ein leichter Nieselregen ein. Dunkle Monsunwolken verdichteten sich am Himmel, verdeckten die Sonne und versprachen schon bald, sich in sturzbachartigen Regenfällen zu entladen.

Als der Nieselregen stärker wurde, schaute ich mich nach einem Unterstand um, konnte jedoch keinen einzigen Baum entdecken. Wohin ich auch sah, überall gab es nur Reisfelder. Dann konnte ich in der Ferne die Gestalt eines – wie mir schien – älteren Mannes ausmachen, der sich einen Regenschirm über den Kopf hielt. In der Hoffnung, den Regenschirm mit ihm teilen zu dürfen, huschte ich auf dem schmalen Reisfeldrand vorwärts, um ihn einzuholen. Der Pfad war schmal und rutschig, sodass ich nicht neben ihm laufen konnte; stattdessen schlüpfte ich von hinten unter den Schirm. Ich bemühte mich zwar, unter dem Regenschirm zu bleiben, rutschte aber immer wieder in den suppigen Schlamm des Reisfeldes. Unterdessen drehte sich der Regenschirm-Träger kein einziges Mal um. Vielleicht war er durch mein Eindringen eingeschüchtert oder vielleicht konzentrierte er sich darauf, nicht in die Schlammlöcher zu fallen. So gingen wir also – zwei Fremde – eine Zeitlang gemeinsam die verlassenen, matschigen Felder entlang. Zwei Männer allein in einem riesigen Reisfeld, die sich einen Regenschirm teilten, während der Monsun sintflutartige Regengüsse herabstürzen ließ.

Zehn Minuten später, als der Sturm nachließ, bedankte ich mich bei dem Fremden. Er drehte sich nun zum ersten Mal um und schaute mir ins Gesicht. Unsere Augen trafen sich. Wir waren wie vom Blitz getroffen. Der Mund blieb uns vor Staunen offen stehen und unsere Augen füllten sich mit Tränen. Wie konnte das sein? Einen Moment lang standen wir regungslos an einem Ort außerhalb von Raum und Zeit.

Der Regenschirm fiel in den Schlamm. „Gary!“, rief ich.

„Monk!“

Unter dem Monsunhimmel umarmten wir uns, mit Herzen, die vor Freude schier zersprangen. „Wir sind wieder zusammen!“, sagte ich.

Da standen wir, allein in einem riesigen Himalaja-Tal, zutiefst erfreut über die Mysterien des Lebens. Von dem Zeitpunkt unseres traurigen Abschieds auf der Insel Kreta waren wir unserem jeweiligen Pfad gefolgt. Als Kinder waren wir unzertrennlich und waren doch vom Schicksal in verschiedene Richtungen geschickt worden. Heute hatte uns der unsichtbare Puppenspieler in einem abgelegenen Reisfeld in Nepal wieder zusammengebracht.

Wir taumelten vor Freude und schlenderten durch die Reisfelder zu dem Platz, an dem Gary gerade wohnte, und tauschten währenddessen unsere Erfahrungen aus, die wir seit unserem Abschied gemacht hatten. Wir rutschten und schlitterten auf dem engen Damm des Reisfelds, Gary vorn und ich dicht dahinter.

„Bist du jemals bis nach Israel gekommen?“

Er drehte sich zu mir um und strich sich durch seinen Bart, der mehrere Zentimeter gewachsen war, seitdem wir uns vor elf Monaten das letzte Mal gesehen hatten. „Nachdem du Kreta verlassen hattest“, erklärte er, „arbeitete ich auf einem Fischerboot für meine Überfahrt nach Israel.

Dort arbeitete ich eine Zeitlang in einem Kibbuz. Und als ich etwas Geld in der Tasche hatte, machte ich mich auf den Weg nach Indien."

„Wie bist du hierhergekommen?"

„Mit dem *Magic Bus.*" Er hielt einen Augenblick inne und ging dann weiter. Er erzählte, dass dieses Bus-Unternehmen für Leute, die knapp bei Kasse waren, günstige Fahrten von Europa nach Indien anbot. Nachdem er von Israel zurückgekehrt war, stieg er in Istanbul zu, durchquerte den Nahen Osten und stieg an der Endstation in Alt-Delhi wieder aus.

„Und was hat dich in dieses menschenleere Reisfeld gebracht?", fragte ich ihn.

„Die brütende Hitze in Delhi war mir einfach zu viel", sagte mir Gary, der immer noch vor Aufregung zitterte. „Also bin ich mit ein paar Freunden vom *Magic Bus* ins Kathmandu-Tal heraufgekommen und fand ein kleines Haus auf dem Land."

Wir näherten uns dem Dorf und ließen die engen Umrandungswege der Reisfelder hinter uns. Ich ging mit meinem alten Freund Seite an Seite. Als ein Wasserbüffel auf dem aufgeweichten Weg auf uns zu stapfte, traten wir beiseite, um ihn vorbeigehen zu lassen.

„Monk", fuhr Gary fort, „ich bin nach Indien gekommen in der Hoffnung, dich wiederzufinden, aber als ich sah, wie viele Abermillionen von Menschen in diesem riesigen Land lebten, kam ich zu dem Schluss, dass es wohl unmöglich war. Ich wusste, dass du niemals an den Orten sein würdest, wo sich normale Touristen aufhalten. Ich nahm an, dass du in irgendwelchen Höhlen oder abgelegenen Aschrams bist. Ich hätte niemals gedacht, dass ich dich wiedersehen würde." Gary hielt an und drehte sich um, seine Augen weiteten sich. „Diese Geschichte wird uns keiner glauben. Keiner."

Es war August 1971. Fast ein Jahr war vergangen, seit sich unsere Wege auf Kreta getrennt hatten. An meinem Aussehen konnte Gary erkennen, dass ich das Leben eines Sadhus angenommen hatte. Die beschwerliche Reise durch den Nahen Osten, die Zeit, die ich in der Gemeinschaft von Yogis verbracht hatte, und die vielen Monate in Abgeschiedenheit hatten einen erfahrenen Asketen aus mir gemacht. Aus gutem Grund zögerte Gary, mich zu dem Ort zu bringen, wo er mit seinen Freunden abgestiegen war.

Was passiert, wenn ein nepalesisches Landhaus an Hippies aus dem Westen vermietet wird? Als wir das kleine Gebäude betraten, dröhnte uns Rock-Musik entgegen, Männer und Frauen tanzten verführerisch miteinander und in einer Rauchwolke wurden Opiumpfeifen herumgereicht. Gary stellte mich seinen Freunden vor, die ich alle höflich begrüßte. Wenn ich sagte, dass ich mich nicht mehr mit dieser Szene identifizieren konnte, war das die reinste Untertreibung. Ich stand einfach am Rand und schaute zu.

Nach einer Weile nahm ich Gary zur Seite und führte ihn an einen ruhigen Platz in einem offenen Feld. Dort setzten wir uns unter einen Bananenbaum. Feuchter Dunst bescherte uns eine kühlende Erfrischung. Wir atmeten die kühle Bergluft tief ein – welch angenehmer Gegensatz zu dem Opium-Qualm im Haus! Obwohl ich befürchtete, dass ich nicht ganz wertfrei sein könnte, sprach ich ganz offen zu meinem Freund. „Gary, du bist quer durch die ganze Welt gereist, um hierherzukommen. Dies ist ein Land der Spiritualität. Dennoch hast du einfach die Hippie-Kultur des Westens mitgebracht. So könntest du ja auch in Chicago leben. Du machst genau die gleichen Sachen nur in einer anderen Umgebung. Wie willst du so vorankommen? Was hast du davon?“ Ich bat ihn ernsthaft: „Bitte, Bruderherz, wenn du jetzt schon in diesem Teil der Welt bist, versuche doch den spirituellen Reichtum dieses Landes kennenzulernen. Wenn du einverstanden bist, führe ich dich zu heiligen Orten und bringe dir bei, wie man als Sadhu lebt.“

Gary schaute weit weg zum Horizont. „Darüber muss ich erst einmal nachdenken.“

„Los, komm schon, Gary“, drängte ich. „Erinnerst du dich nicht, wie du mich gebeten hast, mit dir nach Europa zu gehen? Ich ließ einfach alles liegen und stehen und bin mitgekommen. Jetzt bitte ich dich inständig, mit mir an heilige Orte zu gehen.“ Ich liebte meinen Freund und es schmerzte mich mit anzusehen, wie er von so weit her gekommen war und diese kostbare Gelegenheit nicht nutzte.

Am nächsten Tag verabschiedete sich Gary von seinen Freunden und trat in die Schule spiritueller Bettelmönche ein. Wieder vereint, machten wir uns erneut auf die Suche nach dem Sinn des Lebens, indem wir neue Menschen und neue Orte kennenlernten. Aber dieses Mal folgten wir

Bräuchen, die vor langer Zeit von erleuchteten Wesen geschaffen worden waren. Tag für Tag brachte ich meinem alten Freund bei, wie man in Indien als spirituell Suchender überlebte. Wie erstaunt er war, als ich ihm die Methode beibrachte, wie man in Indien per Anhalter fuhr – indem man nämlich durch ein Fenster eines fahrenden Zuges dritter Klasse sprang. Ich führte ihn auch in die Kunst des Bettelns ein und erklärte ihm, wie man einfache Speisen zubereitete und wie man sich als Sadhu kleidete.

Ein älterer Swami erzählte uns etwas von einer Pilgerreise nach Amarnath, einer berühmte Höhle, die hoch im Himalaja-Gebirge in Kashmir lag. Er sagte, dass jede Seele, die das Glück habe, diese anstrengende Pilgerreise zu vollenden, mit großem spirituellen Segen belohnt werde. Gary war reif für ein Abenteuer und ich natürlich auch. So brachen wir auf.

Wir waren also wieder auf der Straße und fuhren von Kathmandu auf der Ladefläche eines Lastwagens nach Indien zurück. Erst ging es nach Raxaul und dann weiter nach Patna, wo ich Gary Rama Sevaka Swami vorstellte. Der Swami war begeistert, mich wieder zu sehen und freute sich, dass ich immer noch den Stock bei mir trug, den er mir geschenkt hatte. Gary schaute verwundert, erstaunt darüber, was für Freunde ich hatte.

Von Patna aus reisten wir Richtung Westen mit dem Zug. Gary wollte unbedingt die Stadt Varanasi aus der Perspektive eines Sadhus kennenlernen. Als wir dort waren, besuchten wir am frühen Morgen den berühmten Tempel von Kasi Viswanath. Messingglocken läuteten, die Priester des Tempels sangen Hymnen, dichter Rauch von feinem Räucherwerk wirbelte säulenartig in die Höhe und verteilte sich in der Luft. Ich betete: *Mein Herr, ich sehne mich danach, dich zu kennen und zu lieben. Bitte zeig mir den Weg, dem ich folgen muss.* In diesem Moment geschah etwas mit mir. Ich wurde von einem Gefühl der Hoffnung überwältigt. Ich wusste, wenn ich nur demütig war vor dem Herrn, würde mir alles offenbart werden. Ich spürte, dass er seine Hand nach mir ausstreckte und dass schon sehr bald etwas ganz Besonderes in meinem Leben geschehen würde.

Am Bahnhof von Varanasi sprangen wir auf einen Zug auf, in dem sich die Menschen dicht an dicht zusammengequetscht hatten und in der glühend heißen Monsunhitze auf die Abfahrt warteten. Der Pfiff ertönte und dicke Rauchschwaden stiegen aus der Dampflok empor und der Dampf zischte. Die schweren Stahlräder kämpften sich mühsam vorwärts, der Zug schwankte etwas und dann ging es los.

Der Monsunsturm war so heftig, dass er in kürzester Zeit einen Acker in einen schlammigen See verwandelte und die Weiterfahrt unmöglich machte. Stunden vergingen in absolutem Stillstand. In dieser extremen Hitze bemühte ich mich, mein körperliches Unbehagen zu vergessen, und sehnte mich danach, den Pfiff zu hören, der das Weiterfahren signalisierte.

Erst zwei Tage später bewegte sich der Zug dann endlich wieder, fuhr Zentimeter für Zentimeter aus den Feldern heraus und hielt noch vor der Morgendämmerung an einer unbekannten Station. Gary und ich flohen durch ein Fenster auf den Bahnsteig, um uns kurz die Beine zu vertreten, bevor die Reise weiterging. Die frische Luft war herrlich. Der schwach beleuchtete, überfüllte Bahnsteig war schmutzig und heruntergekommen. Dennoch erschien er uns wie ein Paradies, ein Ort, an dem wir eventuell Trinkwasser finden würden, Luft zum Atmen hatten und Platz, uns ein bisschen zu bewegen. Aber als wir uns gerade streckten, ertönte auch schon der Pfiff, der Dampf zischte und der Zug ruckelte vorwärts. Verzweifelt rannten wir entlang der Waggons und versuchten, uns durch die Fenster zu quetschen, aber es gelang uns nicht, nach innen vorzudringen. Bei jedem einzelnen Fenster und jeder Tür versuchten wir uns festzuklammern, um hinein zu gelangen, doch vergeblich. Der Zug entfernte sich und ließ uns zurück.

Dort standen wir also, gestrandet an einem unbekannten Ort, und wussten nicht, wie lange es dauern würde, bis wohl der nächste Zug hier halten würde. Gary sah mich an und fragte: „Was jetzt?"

9

Es war ungefähr fünf Uhr morgens und es fing gerade an zu dämmern. Ich wusste nicht, wo wir hingehen oder was wir tun sollten, und stand mit meinem Freund auf dem Bahnsteig, auf dem es noch recht geschäftig zuging, denn viele Leute waren aus dem Zug ausgestiegen und Hunderte hatten noch darum gerungen, irgendwie in den Zug hineinzugelangen. Aber inmitten dieser Hektik wurde mir seltsamerweise ganz warm ums Herz. Es war ein ähnliches Gefühl wie das, das ich verspürte, als ich im Tempel von Kasi Viswanath gebetet hatte. Ein Gefühl, das mir sagte, dass sich bald etwas ganz Besonderes in meinem Leben ereignen würde.

Es herrschte eine ausgelassene Stimmung unter den Menschen hier. Gary und ich schauten uns an und erinnerten uns an die Blume, die unsere Route durch Europa bestimmt hatte, und entschieden erst einmal zu bleiben, wo wir waren. Nach einiger Zeit wurde es ruhig auf dem Bahnhof.

In einiger Entfernung sah ich ein paar Sadhus, die im Kreis auf dem Bahnsteig saßen. Ich gab Gary zu verstehen, dass er kurz warten solle, und ging zu ihnen.

„Entschuldigen Sie“, fragte ich, „wo sind wir hier?“

Ohne etwas zu sagen schaute mir einer der Sadhus in die Augen, als hätte er auf mich gewartet. Er stand auf und brach das Schweigen. „Wir sind in Mathura, Krishnas Geburtsort. Und heute ist Janmastami, Krishnas Geburtstag.“

Auf Einladung der Sadhus gingen Gary und ich mit ihnen zu dem Ort, an dem das *Janmastami-Festival* gefeiert wurde. Als wir das Haupttor erreichten, wandte sich ein älterer Sadhu an mich. „Weißt du etwas über Krishna?“

„Nicht sehr viel“, gab ich zu. Ich wusste nicht viel mehr, als dass er der blaue Junge auf meinem Bild war und dass sein Name in dem Mantra vorkam, das Mutter Ganges mich hatte hören lassen. Und ich erinnerte mich an die Geschichte, in der er als Kind den Tontopf zerbrach und Butter an die Affen verfütterte. „Könnten Sie mir mehr erzählen?"

Er strahlte übers ganze Gesicht vor Begeisterung und fuhr sich zunächst einige Male durch den Bart, bevor er begann: „Krishna ist unser Name für den einen Schöpfergott. Er hat keinen Anfang und kein Ende, er ist ungeboren und unsterblich. Der Herr wohnt in seinem höchsten Reich, aber ganz wie es ihm beliebt, erscheint er in dieser Welt. Im Laufe der Geschichte der Menschheit hat er schon viele Male ganz unterschiedliche Gestalten angenommen, und zwar zu dem einzigen Zweck, uns den Weg aus dem Leid heraus ins spirituelle Glück zu zeigen." Der Sadhu wies mit der Hand in einen riesigen Hof, in dem sich schon ganze Scharen von Pilgern versammelt hatten. „An dieser Stelle war Krishna vor Tausenden von Jahren zum ersten Mal auf der Erde erschienen. Kommt, bitte feiert mit uns."

Was ich im Inneren sah, weckte meine Neugierde. Eine große Moschee überragte einen kleinen Krishna-Tempel im Kellergeschoß. „Gibt es einen Grund dafür, warum an Krishnas Geburtsort eine Moschee errichtet wurde?", fragte ich unseren selbsternannten Fremdenführer.

„Früher befand sich an diesem Ort der *Adi Kesava*-Tempel, eines der größten Monumente der Welt. Jedoch im 17. Jahrhundert zerstörte ihn der Mogul-Kaiser Aurangzeb und baute eine Moschee an dieser Stelle."

„Warum?", fragte Gary.

Der Sadhu zog die Schultern hoch – als Zeichen seiner Ratlosigkeit. „Ich vermute, dass dies seine Art war, die Überlegenheit seiner Religion und seiner Macht über die unterworfenen Hindus zu zeigen." Auf seinem Gesicht machte sich erneut ein hoffnungsvolles Lächeln breit. „Aber es existiert bereits der Plan, einen großen Tempel für Krishna direkt neben der Moschee zu bauen. Bald wird mit dem Bau begonnen. Jedenfalls ist dieser Ort heilig, ganz unabhängig davon, was die Menschen hier verändern. Nun lasst uns einfach hineingehen und feiern."

Die Stimmung im Innenhof war in der Tat sehr festlich. Tausende von Gläubigen standen an, um in den kleinen unteririschen Tempel Krishnas hinunterzugehen, und oben versammelten sich noch viele mehr. Wo man auch hinschaute – überall sah man Menschen, die feierten, tanzten und sangen und dabei von Trommeln, Flöten und Zimbeln begleitet wurden. Ältere Gelehrte nahmen ihre Plätze ein und hielten Vorträge. Und auf einer improvisierten Bühne, die mit Stoffen in hellen Farben, Blumenketten und bemalten Kulissen dekoriert war, führten Schauspieler in aufwendig gearbeiteten Kostümen die Geschichte von Krishnas Erscheinen auf. An anderer Stelle gossen Priester Opfergaben aus geklärter Butter in ein heiliges Feuer und rezitierten dabei Mantras aus den Veden, den alten heiligen Sanskrit-Büchern. Heiter singend bewarfen sich Devotees gegenseitig mit farbigen Pulvern und zogen von einer Darbietung zur nächsten. Wir sahen sogar, wie Hindus mit Lehm-Markierungen auf der Stirn und bärtige Moslems mit ihren traditionellen Kappen zusammen lachten und tanzten und dabei völlig auf die Festlichkeiten konzentriert waren. Am Rande saßen Eremiten, die leise Mantras auf ihren Gebetsketten rezitierten. Auch sie feierten. Während der Festlichkeiten, der Vorträge, Lieder und Gespräche hörte ich die Devotees oft das Wort *Vrindavan* sagen. Ich konnte spüren, wie viel ihnen der Ort, der diesen Namen trug, bedeutete.

Wir verbrachten den ganzen Tag damit, all die wunderbaren Dinge, die es bei der Geburtstagsfeier zu sehen und zu hören gab, in uns aufzunehmen. Kurz vor Mitternacht strömten Scharen von Menschen durch die Gassen, die zur Yamuna führten, und drängten in den am Ufer gelegenen *Dwarkadish*-Tempel. Den Schriften zufolge erschien Krishna um Mitternacht in der Stadt Mathura und jetzt wartete jeder auf diesen Moment. Obwohl sich bereits Tausende von Menschen im Tempel befanden, versiegte der Strom keineswegs, sodass es weiteren Tausenden gelang, sich Einlass zu verschaffen. Die Polizei versuchte vergeblich, die Massen mit Bambusstangen in Schranken zu halten.

Weder Gary noch ich hatten jemals solch gewaltige Menschenmassen gesehen. Um eine bessere Sicht zu bekommen, kletterten wir in der Tempelhalle zwei Säulen hinauf und betrachteten diese erstaunliche Szene von oben. Wir schauten über die Menge, die vor Vorfreude geradezu vibrierte. Als die Uhr Mitternacht schlug, öffneten sich die Tore des inneren Heiligtums und gaben den Blick frei auf Krishnas Altar. Eine wahre Freudenwelle erfasste die Menschen. In ihrer Begeisterung nahmen die Leute in der Menge gar nicht wahr, wie sie herumgeschubst und bedrängt wurden. Alt und Jung, Mann und Frau, Reich und Arm – alle kamen sie zusammen, die Hände zum Gebet gefaltet und mit Augen voller Hingabe. Kleine Kreise von Dorfbewohnern sangen ihre eigenen speziellen Lieder, während alle anderen lachten, weinten, tanzten und ausgelassen Krishnas heilige Namen ausriefen. Für Gary und mich, die wir uns an den Säulen festgeklammert hatten, war der Eifer dieser Pilger unglaublich.

Gegen drei Uhr morgens fanden wir einen Schlafplatz am Ufer der Yamuna. Uns wurde gesagt, dass sich an diesem besonderen Ort, am *Vishram Ghat*, Krishna persönlich gelegentlich ausruhte. Als wir am nächsten Tag durch die Gassen von Mathura schlenderten, stürzten vier gut gekleidete junge Männer aus einer Tee-Bude heraus und begrüßten uns. „Wir sind stolz, Ausländer in unserer Stadt zu sehen", sagt der Anführer. „Würdet ihr gern unseren verehrten Guru treffen?"

„Klar", antwortete Gary, „wir würden uns freuen, ihn zu treffen."

„Kommt, meine Freunde", sagte der Mann und geleitete uns zurück in die Tee-Bude. „Vor langer Zeit entsagte unser Guru den Freuden dieser Welt, um die höchste Wahrheit zu erkennen. Guruji ist ein Gelehrter, der jede Frage, die man an ihn richtet, beantworten kann. Er hat einige Hundert treue Schüler hier in dieser Gegend. Entschuldigt mich, ich gehe kurz und rufe ihn."

Ein paar Minuten später erschien der Guru. Er war ungefähr vierzig und hatte einen rasierten Kopf. Seine Bewegungen waren sehr bestimmt. Er sprach ein kultiviertes Englisch und erklärte uns in einem angenehmen Akzent die Bedeutung der Stadt Mathura, wie sie in den Schriften dargelegt ist. Zu unserer Freude lud er uns ein, die nächsten Nächte in seinem Tempel unterzukommen. Wir folgten ihm in einen kleinen Tempel zu Ehren Shivas. In der Mitte war ein Shiva-Lingam, direkt dahinter ein eiserner Dreizack, der senkrecht in die Asche einer heiligen Feuerstelle gesteckt war. Der Swami trug dafür Sorge, dass wir alles hatten, was wir brauchten. Er brachte uns ein vegetarisches Abendessen und beantwortete jede Frage, die wir ihm stellten.

Als die Nacht hereinbrach, bot der Swami Gary zum Schlafen eine Strohmatte auf dem Boden an und lud mich ein, mit ihm sein Holzbett zu teilen. Auf gleicher Höhe mit diesem verehrten Guru zu schlafen war eine Ehre, die ich nicht verdiente. Ich dachte daran, wie seine vielen Schüler alles gegeben hätten, um in dieser Nacht in meiner Position zu sein. Der Swami legte sich neben mich. Dann, in der Stille der Nacht, spürte ich, wie seine Hände anfingen, meinen Körper zu massieren.

„Warum machst du das?“, fragte ich.

„Das ist unser Brauch, um Gästen unsere Gastfreundschaft zu zeigen.“

Ich wollte nicht undankbar sein und sagte nichts. Langsam krochen seine Hände in Richtung meines Intimbereichs. Die schlimmsten Vorahnungen gingen mir durch den Kopf. Verwirrt schob ich seine Hände weg. Nach ein paar Minuten schlängelten sich seine Finger erneut nach unten. Wieder schob ich seine Hände weg. „Bitte massiere mich nicht. Ich mag das nicht.“

Er flüsterte mir ins Ohr: „Ich gebe dir Gottes Segen. Ich bin das gar nicht, der das tut. Ich bin einfach nur ein Werkzeug Gottes. Widersetze dich nicht.“

Der Raum war dunkel und heiß. Ich lag ängstlich da. *Was würde passieren, wenn ich ihn enttäuschte? Er könnte mich bestrafen.* Ich dachte an Vasudeva und seine unglückselige Erfahrung mit einem falschen Guru. *Vielleicht besaß er yogische Kräfte.* Jedes Mal, wenn der Mann versuchte, mich anzufassen, stieß ich seine Hände zur Seite. *War das wirklich ein Brauch der Gastfreundschaft?* Mit jedem gescheiterten Versuch stieg seine Aggression.

Er atmete nun leidenschaftlich und wurde energischer. Für ihn war ein Nein keine akzeptable Antwort. Ich war aufgebracht und kurz davor, ihn mit meinen Fäusten zu schlagen, doch ich hielt mich zurück. Wie konnte ich einen Swami schlagen? Das sollte wohl kein Sadhu tun? Was würden wohl seine Schüler mit mir machen, wenn ich ihn schlug? Das schwülfeuchte Monsunwetter brachte mich heftig zum Schwitzen und ich lag da und betete, aus dieser schrecklichen Situation gerettet zu werden. Dann fasste ich einen Entschluss. Ich stieß ihn zur Seite und sprang auf. Wütend drückte er mich fest an sich, aber ich wand mich irgendwie heraus, stieß ihn beiseite und floh. Während der ganzen Tortur schlief Gary unterdessen ruhig und friedlich.

Es war schon spät in der Nacht und ich rannte in eine menschenleere Gasse und war frei. Aus sicherer Entfernung spionierte ich dem Swami durch den offenen Eingang nach, um sicherzugehen, dass er nicht auch noch Gary seine „Gastfreundschaft“ anbot. Wie ein Wachhund stand ich Wache, bereit, notfalls Gary zu Hilfe zu kommen. Ich stand im Schatten der Nacht, durchnässt von einem Monsunguss und blieb bis zum Morgengrauen wach. Auf jedem spirituellen Weg gibt es Menschen, die wahrhaftig sind und solche, die falsch sind. Heiligkeit lässt sich nicht am Titel einer Person, an deren Kleidung, Frisur oder Wohnsitz festmachen. Dieser Mann zum Beispiel trug den Titel eines Swamis, hatte den Kopf rasiert, was darauf hindeutete, dass er weltlichen Freuden entsagt hatte, und er trug die Kleidung eines Sadhus. Er war ein Gelehrter der Schriften, der Hohepriester eines Tempels und der Guru einer Vielzahl von Schülern, die ihn ehrten. Dennoch hatte er versucht, mich zu benutzen, um seine eigene Fleischeslust zu befriedigen. Wirkliche Heiligkeit sollte nach dem Verhalten einer Person beurteilt werden. Seine spirituelle Autorität zu gebrauchen, um Unschuldige auszunutzen, ist ein schweres Vergehen. Ich betete, dass dieser Vorfall keine Zweifel gegenüber Devotees in meinem Geist entstehen lassen würde, die aufrichtig waren. Gary schlief friedlich die ganze Nacht hindurch, ohne dass etwas passiert wäre, und hatte keine Ahnung, welcher Sturm innerhalb als auch außerhalb des Shiva-Tempels getobt hatte.

Gary war geschockt, als er am Morgen von mir hörte, was passiert war. Ein Guru von Lust überwältigt? Unser unschuldiger Idealismus war wieder einmal von der realen Welt herausgefordert worden.

Obwohl wir in Mathura gestrandet waren, wollten wir immer noch unbedingt unsere Pilgerreise nach Amarnath im Himalaja antreten. Aber an diesem Tag – als ich gerade mein Morgenbad in der Yamuna nahm – spürte ich ein intensives Verlangen, das nahe gelegene Dorf Vrindavan zu besuchen, von dem alle gesprochen hatten. Aus Gründen, die ich nicht erklären konnte, sehnte ich mich danach, Vrindavan allein, als einsamer Pilger, zu besuchen. Gary war einverstanden, mich dort am nächsten Tag zu treffen, um dann gemeinsam unsere Reise nach Amarnath fortzusetzen.

IV

Im Wald der Gnade

1

Vrindavan. Freudige Erregung durchströmte mein ganzes Wesen. Bei jedem Schritt des zwölf Kilometer langen Weges tanzte mein Herz. Riesige Tamarinden-Bäume und weitläufige Felder säumten die Asphaltstraße. Ein Ochsenkarren, der unter seiner Strohladung beinahe zusammenbrach, überholte mich langsam. Die Holzräder knarrten, die beiden Ochsen strengten sich an, Schaum quoll schon aus ihren Nüstern und ihre Hufe hämmerten auf den Asphalt. Eine alte Klapperkiste von Bus näherte sich von hinten und hielt schließlich an. Die Tür öffnete sich und der Fahrer strahlte mich mit einem fast zahnlosen Lächeln an und bedeutete mir hochzuklettern und umsonst mitzufahren. Wie konnte ich ein solches Angebot ausschlagen? Man konnte sehen, dass der Fahrer ein religiöser Mensch war: bis auf ein kleines Haarbüschel am Hinterkopf war sein Haupthaar abrasiert und er hatte nur ein Tuch um die Hüften geschlungen. Als wir in der Stadt Vrindavan ankamen, fragte ich ihn, wo der Fluss sei, und er wies mir den Weg.

Nur ein paar Schritte weiter versperrte mir ein Bauer den Weg, er führte die Hände vor seinem Herzen zusammen. Fröhlich rief er: „Herzlich willkommen in Vrindavan! Wer hierherkommt ist Krishnas Ehrengast." Er nahm mich bei der Hand und fuhr fort: „Ich bin ein *Vrajabasi,* ein Einwohner von Vrindavan. Es ist meine Pflicht, dich glücklich zu machen. Darf ich dir Essen und eine Unterkunft anbieten?"

„Vielen Dank, aber ich bin völlig zufrieden damit, am Flussufer zu schlafen und um Essen zu betteln."

Er senkte seinen Kopf und sagte ganz verzweifelt: „Bitte nimm doch meinen demütigen Dienst an. Wenn du dich weigerst, wie stehe ich dann vor Krishna da?"

Es war schlichtweg unmöglich, sich dieser Demut zu entziehen. Ich mochte diesen Vrajabasi vom ersten Augenblick an. Es kam mir so vor, als sei er ein Familienmitglied, das mich zu Hause begrüßt. Er traf Vorkehrungen, damit ich im Aschram eines alten blinden Swamis unterkommen konnte, und verabschiedete sich dann.

Am Nachmittag verließ ich den überfüllten Aschram, um in einem der saftig grünen Wälder Vrindavans umherzuwandern. Dabei lief ich barfuß durch feinen, weichen Sand. Ich kam an uralten Bäumen vorbei, deren Stämme sich wie Korkenzieher in die Höhe schraubten und die mit weißen, orangefarbenen und gelben Blüten im glänzend grünen Blattwerk geschmückt waren. Ein zartes Muhen lenkte meine Augen auf eine Herde weißer Kühe, die Sträucher abgrasten. Mit großen glänzenden Augen sahen sie mich an, als ob sie mich kannten. Seltsamerweise ging es mir mit ihnen genauso. Ich ging weiter. Da vernahm ich einen verblüffend lang gezogenen Schrei. Ich drehte mich um und sah einen Pfau. Seine glänzenden Schwanzfedern hatte er zum Rad aufgefächert und seinen schillernden Hals bewegte er graziös vor und zurück. Dann lockte mich ein tiefes, kraftvolles „Mmmm“ zu einem riesigen weißen Bullen, der den Pfad entlangtrottete und dabei müde die Blätter von vereinzelten Büschen abkaute. Als ich zu den Bäumen hochschaute, sah ich eine Schar leuchtend grüner Papageien mit einem geschwungenen orangefarbenen Schnabel und hellen, roten Augen. Sie schnatterten miteinander, bemerkten mich plötzlich und schnellten in die Höhe. Affen mit braunem Fell, rosa Gesicht und grünen Augen schwangen sich wie schelmische Kinder von Ast zu Ast und schrien dabei: „Tschiee, tschiee.“ Über den Baumkronen vernahm ich das Grollen der Monsunwolken. Die Luft war von Blütenduft erfüllt und ein kühler, feiner Dunst legte sich wie Balsam auf meine Haut.

Aber von all dem Wunderbaren, das ich sah und hörte, waren es doch die Gesänge der Menschen aus Vrindavan, die mein Herz am meisten berührten. Kleine Mädchen balancierten Wasserkrüge aus Ton auf ihrem Kopf und sangen dabei „Radhey, Radhey“ und tanzten den sandigen Pfad hinunter, der an kleinen Wäldchen, Tempeln, Aschrams und strohgedeckten Häusern vorbeiführte. Ich folgte den Kindern, bis wir an eine Lichtung kamen. Dort erblickte ich die Yamuna, die wie ein silbernes Band majestätisch durch den Wald floss.

In Ruderbooten sah ich Frauen in bunten Saris und Männer mit weißen Turbanen, die sie sich locker um den Kopf geschlungen hatten. Ich beobachtete plappernde Kinder, die mit ihren dünnen, zappeligen Beinchen im Wasser plantschten. Den Fluss säumten Gebäude mit mittelalterlich anmutenden Kuppelgewölben aus aufwendig gemeißeltem Sandstein, unter denen die Vrajavasis vor Sonne und Regen Schutz suchten und dabei immer Krishnas Namen sangen. Als die Tempelglocken in der Ferne anfingen zu läuten, füllte sich mein Herz mit einem Gefühl von Überraschung und Dankbarkeit. Nach mehr als einem Jahr der Wanderschaft fühlte ich, dass ich schließlich wieder zu Hause angekommen war.

Ich sah einen Sadhu in einem hohlen Baum nahe am Flussufer sitzen, der – wie man mir gesagt hatte – 110 Jahre alt sein sollte. Er war nur mit einem Lendenschurz bekleidet und sein verfilztes Haar trug er wie eine Krone auf dem Kopf. Hautfalten hingen an seinem zerfurchten Gesicht herab, und um sehen zu können, musste er seine schweren Augenlider mit den Fingern hochheben. Mit einem Handzeichen winkte er mich zu sich heran. Ich merkte bald, dass er ein *Mauni Baba* war, jemand, der ein Schweigegelübde auf sich genommen hatte. Sein einziges Kommunikationsmittel bestand aus einer zerbrochenen Schiefertafel und einem Stück Kreide. Als ich mich neben ihn hinhockte, schrieb er drei große Worte auf die etwa 25 Zentimeter große Tafel: „Die Menschen glauben ...“ Dann wischte er sie mit bloßen Fingern wieder weg und schrieb weiter: „... dass die Menschen von Vrindavan“ ... wegwischen ... „verrückt sind“ ... wegwischen ... „Das stimmt.“ Wegwischen ... „Wir sind verrückt“ ... wegwischen und dann in Großbuchstaben ... „NACH KRISHNA!“ Das wischte er auch weg und schrieb dann – wieder schrittweise – weiter: „Wenn du hier bleibst, wirst du auch verrückt werden.“ Dann lächelte er, als ob er etwas wisse, was mir noch verborgen war.

Am nächsten Tag traf ich mich wieder mit Gary. Angesichts der riesigen Menschenmenge, die wegen des Festes die Straßen der Stadt fast unpassierbar machte, sehnte sich Gary danach, an einen ruhigen Ort im Himalaja zu fliehen. Ich dagegen war im Bann der mystischen Wälder von Vrindavan und entschied mich, noch ein paar Tage länger zu bleiben. Wir vereinbarten, dass Gary schon einmal vorgehen sollte und wir uns dann in fünf Tagen wieder am *Brahma Ghat* in Hardwar treffen würden, um von dort unsere Pilgerreise nach Amarnath gemeinsam fortzusetzen. Da wir sicher waren, dass wir uns bald wiedersehen würden, verabschiedeten wir uns schnell.

An diesen Tagen sah ich keinen einzigen Ausländer in Vrindavan. Ja, es schien geradezu, als würde sich Vrindavans Charme vor dem Westen verstecken. Ich jubelte innerlich, denn ich hatte inzwischen beobachtet, dass sich in Indien jeder noch so heilige Ort sehr rasch zu seinem Nachteil verwandeln konnte, sobald Menschen aus dem Westen dort häufiger verkehrten. Die Atmosphäre nahm mich so gefangen, dass in meinem Herzen die Sehnsucht erwachte, mehr über Krishna zu erfahren. Seit mir die Bücher an der Straßenecke in Delhi gestohlen worden waren, hatte ich nichts mehr zum Lesen. Als ich einen Ortsansässigen fragte, wo ich Bücher auf Englisch über Krishna bekommen könne, verwies er mich an das *Ramakrishna Hospital.*

Als ich an das gut gepflegte, eingeschossige Gebäude kam, ging ich hinein und erkundigte mich nach Büchern. Die Schwestern und der Hausmeister schauten mich neugierig an. Sie führten mich zu dem Leiter des Krankenhauses, Shakti Maharaja, einem Schüler des berühmten Yogi Sri Ramakrishna. Just in diesem Augenblick wurde eine schwer verletzte Frau hereingetragen. Sie war direkt vor dem Eingang von einem Bus angefahren worden und war von Blut überströmt. Das Personal rannte schnell herbei, um ihr zu helfen. Obwohl Shakti Maharajas Aufmerksamkeit dem Notfall galt, wandte er sich dennoch kurz an mich und fragte: „Wie kann ich Ihnen helfen?“

Mir war klar, dass das kein guter Zeitpunkt war – außerdem war ich selbst von dem Unfall stark abgelenkt –, aber dennoch fragte ich ihn: „Maharaja, haben Sie vielleicht Bücher über Krishna auf Englisch?“

Er starrte mich ungläubig an: „Das ist ein Krankenhaus, keine Bücherei. Kommen Sie wieder, wenn Sie krank sind.“

Er griff nach meinem Arm und sagte: „Nein, bleiben Sie.“ Er bot mir einen Stuhl an und versprach, in wenigen Minuten zurückzukommen. Als er wieder kam, zeichnete er mir einen Plan auf und erklärte: „Sie sollten zum *Madan Mohan*-Tempel gehen. Jeder weiß, wo der ist. Ganz in der Nähe ist der Aschram von Swami Bon Maharaja. Dort werden sie englische Bücher haben."

Ich hielt mich an den Plan und ging die angegebenen Straßen und Fußwege entlang. Auf einem grasbewachsenen Hügel mit Blick über die Yamuna bot sich mir ein Bild, das mich völlig überwältigte. Ich sah einen fein gearbeiteten Tempel aus rotem Sandstein, dessen Turm sich in Form eines Oktagons ungefähr 20 Meter in die Höhe streckte, dann schmaler wurde und schließlich von einer großen, in Stein gemeißelten Lotosblüte abgeschlossen wurde. Das war also der 450 Jahre alte *Madan Mohan*-Tempel – ein mächtiges sakrales Bauwerk. Aber es war nicht so sehr die Erhabenheit dieses Tempels, die mich in der Seele berührte, sondern vielmehr ein Gefühl von Nähe und Vertrautheit.

Ich ging also den Hügel hinunter und durch eine schmale Gasse, bis ich schließlich zu dem Aschram kam. Ich öffnete das Eingangstor und gelangte in einen malerischen Innenhof. Rechts von mir befand sich ein Krishna-Tempel und links von mir ein kleiner Shiva-Tempel und ein blühender Garten mit Tulasi-Büschen. *Tulasi* – botanisch gesehen gehört sie zu der Familie der Basilikumarten – wird fast überall von Hindus als heilig angesehen. Ein junger bengalischer Sadhu kam aus der Küche und klopfte sich das Mehl aus dem Schurz. „Ich heiße Sie willkommen", sagte er und stellte sich vor: Gopesh Krishna. Damals hatte ich keine Ahnung davon, dass dieser einfache Koch der Guru einer ganzen Mission werden sollte. Er führte mich in ein kleines Büro, bot mir einen Sitzplatz an und brachte mir ein englisches Buch über Krishna, bevor er wieder in die Küche zurückging.

Ich las mehrere Stunden lang. Dann stellte ich das Buch in das Bücherregal zurück und machte mich auf den Weg zur Yamuna. Aber am Haupteingang traf ich auf einen Mann Mitte zwanzig, der leuchtend blaue Augen und weiße Hautfarbe hatte. Er war kahl rasiert und trug safranfarbene Tücher. „Ich heiße Asim Krishna Das", sagte er und lächelte. „Willkommen in Vrindavan."

Nachdem er mir einen Sitzplatz angeboten hatte, entschuldigte er sich kurz und kam dann mit einem Teller voll lockerem Reis und fein gewürztem Gemüse zurück. Ich aß begeistert und fragte ihn, wie es denn kam, dass er in Indien lebte. Er erzählte mir, dass er Alan Shapiro hieß und aus New York kam. Er war durch Europa und Israel gereist. Seine Suche nach Spiritualität hatte ihn schließlich nach Indien geführt. Im Punjab hatte er einen Heiligen namens Mukunda Hari getroffen, der ihm riet: „Geh nach Vrindavan. Dort wirst du alles finden.“ Asim lächelte. „Tja, das sollte sich bewahrheiten.“ Als ich mich zum Gehen erhob, bot er mir an: „Wenn ich irgendetwas tun kann, um dir zu dienen, wäre das meine größte Freude.“

Am nächsten Tag schlenderte ich allein durch den Wald und kam schließlich wieder zurück ans Ufer der Yamuna – gerade neben dem Hügel des *Madan Mohan*-Tempels. Am darauffolgenden Tag wollte ich schon früh am Morgen aufbrechen, um nach Hardwar zu gehen, wo Gary schon auf mich wartete. Als es Nacht wurde, verabschiedete ich mich von Vrindavan. Aber mein Herz war unschlüssig. Als ich mich zum Schlafen auf die Erde am Flussufer niederlegte, dachte ich: *Vrindavan zieht mein Herz in Bann wie kein anderer Ort. Was ging in mir vor? Bitte offenbare Deinen göttlichen Willen.* Mit diesem Gebet sank ich in den Schlaf.

Vor Morgengrauen erwachte ich mit dem Läuten der Tempelglocken, das Signal für den Beginn meiner Reise nach Hardwar. Aber mein Körper lag da wie eine Leiche. Ich stöhnte vor Schmerzen und konnte mich nicht bewegen. Ein brennendes Fieber zerfraß mich von innen her, und ein Anfall unerträglicher Übelkeit drehte mir den Magen um. Wie eine Geisel lag ich am Ufer. Als die Sonne allmählich höher stieg und den neuen Tag feierte, fühlte ich, wie meine Lebenskraft sank. An diesem Morgen wäre der Tod eine willkommene Erleichterung gewesen. Stunden vergingen. Um die Mittagszeit lag ich immer noch da. *Dieses Fieber wird mich bestimmt umbringen,* dachte ich.

Als ich gerade dachte, dass es nicht mehr schlimmer kommen könne, sah ich am leicht bedeckten Himmel etwas, das mich erschaudern ließ. Geier kreisten am Himmel – ihren Blick genau auf mich gerichtet. Es schien so, als ob das Fieber mich zu ihrem Mittagessen kochte, und sie warteten nur darauf, dass ich gut durch war. Sie schwebten immer tiefer. Einer flog im Sturzflug zur Erde, ein riesiger schwarz-weißer Vogel mit einem langen gebogenen Hals und schrägem Schnabel. Er starrte mich an, schätzte meinen Zustand ab und stach dann seinen spitzen Schnabel in meine Rippen. Mein Körper prallte zurück, im Geiste schrie ich, meine

Augen starrten auf den Angreifer und baten um Erbarmen. Der Geier schlug mit seinen gigantischen Flügeln und erhob sich wieder zu der Gruppe der anderen Raubtiere über mir. Auf dem feuchten Boden liegend schaute ich hinauf zu den Vögeln, die in ungeduldigen Kreisen hochflogen. Plötzlich trübte sich mein Blick und ich verlor für einen Moment das Bewusstsein. Als ich wieder zu mir kam, hatte ich den Eindruck, als brenne ich leibhaftig von innen nach außen. Ich schwitzte, zitterte, musste mich übergeben und hatte alle Hoffnung aufgegeben.

Plötzlich vernahm ich Schritte. Ein Bauer, der seine Kühe hier zusammentrieb, hatte mich entdeckt und erbarmte sich meiner. Er hielt den Handrücken auf meine Stirn und schaute himmelwärts zu den Geiern. Da er meine missliche Lage erkannte, hob er mich auf einen Ochsenkarren. Als wir die matschigen Wege vorwärts drängten, kreisten die Geier weiter über unseren Köpfen und folgten uns.

Der Bauer vertraute mich einem karitativen Krankenhaus an, in dem mich das Pflegepersonal auf die kostenlose Krankenstation legte. Auf jeder Seite des Zimmers befanden sich acht Betten. Verarmte Patienten und Sadhus belegten alle sechzehn Betten. Stundenlang lag ich in einem Bett nahe am Eingang, ohne dass jemand nach mir geschaut hätte. Am Abend tauchte schließlich ein Arzt auf, der eine Reihe von Untersuchungen machte und mir dann sagte, dass ich unter starkem Typhusfieber und Dehydrierung litt. In ganz sachlichem Tonfall erklärte er mir: „Sie werden wahrscheinlich sterben, aber wir werden versuchen, Ihr Leben zu retten."

Er nahm das Thermometer aus meinem Mund, las die Temperatur ab und sagte: „Keine feste Nahrung für die nächste Woche. Ihre Diät besteht ausschließlich aus Glukosewasser."

Mit diesen Worten verschwand er. Fieber und Übelkeit überwältigten mich wieder. Ich spürte keinerlei Kraft in meinem Körper und schwebte zwischen Leben und Tod. Da lag ich nun. Es standen nur wenig Mittel für die Versorgung der Patienten auf der kostenlosen Krankenstation zur Verfügung, daher erhielten wir nur das absolute Minimum. Einmal am Tag machte der Arzt seine Runde und sprach mit jedem Patienten ein wenig. Schwestern kamen auch ab und an, aber keine sprach auch nur ein Wort Englisch. Andere Patienten schrien vor Schmerz und jammerten gequält die ganze Nacht. In der ersten Nacht, die ich dort verbrachte, verstarb ein Mann. Der Tod wäre auch für den ausgemergelten Mann neben meinem Bett ein Segen gewesen. Er ertrug lautlos seine Schmerzen, lehnte sich zur Seite, um roten Urin in einen kleinen Nachttopf, der unter seinem Bett stand, auszuscheiden. Er hustete pausenlos und spukte Blut, auch über mein Gesicht. In einer Nacht, in der ich vor Hitze fast umkam, lag ich regungslos in meiner Qual; die Patienten um mich herum stöhnten, heulten und schrien vor Schmerz – alles inmitten eines Gestanks aus Schweiß, Schimmel und Exkrementen. *Warum bin ich hier? Warum habe ich mein Zuhause, meine Familie und Freunde in Highland Park verlassen? Und was war mit dem armen Gary? Er würde nie erfahren, warum ich mich nicht mit ihm getroffen habe.* Ich legte mein Leben in Gottes Hände und betete: *Ich bin dein, tu mit mir, was dir beliebt.* Die ganze Nacht lang chantete ich sanft die Worte, die mir in den schwierigsten Augenblicken Trost gespendet hatten. *„Hare Krishna Hare Krishna Krishna Krishna Hare Hare, Hare Rama Hare Rama Rama Rama Hare Hare."*

Am nächsten Morgen kam mich Asim besuchen, da er irgendwie erfahren hatte, dass ich krank war. Er wurde von einem wunderschönen alten Mann begleitet, dessen Augen vor spiritueller Liebe leuchteten. „Das ist einer der größten Heiligen von Vrindavan", sagte Asim, „sein Name ist Krishna Das Babaji." Babaji trug nur ein einfaches weißes Tuch um die Hüfte, das ihm bis zu den Knien reichte. Ein weiteres Stoffstück hatte er so um den Hals geschlungen, dass es vorn auf die Brust fiel. Sein Kopf und sein Gesicht waren mit weißen Haarstoppeln übersät. Mit einem unbeschreiblichen Mitgefühl schaute mich der betagte Babaji an. Dann streckte er die Hand aus und berührte mich am Kopf und lachte auf: „Hare Krishna!" Jeden Tag kamen beide, um mich zu segnen. Jeden Tag füllte Babaji mein Herz mit heilsamer Freude und einem Lachen, das der Glückseligkeit seines Herzens entsprang.

Eines Tages kamen zwei junge Ärzte in Ausbildung an mein Bett und wechselten sich ab, mich mit Fragen zu bombardieren. Aber ich hatte auch eine Frage an sie: „Welche Krankheit hat der Mann im Bett neben mir?"

Der eine starrte mich ausdruckslos an und antwortete: „Ansteckende Tuberkulose." Er fügte hinzu: „Seien Sie vorsichtig, mein Herr. Wenn er Sie anhustet und Sie die Tröpfchen einatmen oder ein Tropfen seines Blutes in Ihren Mund fällt, werden Sie auch Tuberkulose bekommen."

„Was? Warum liegt er denn dann in einem so überfüllten Zimmer?"

„Das ist nun mal unsere Vorschrift. Niemand wird unter Quarantäne gestellt, es sei denn, die Laborwerte sind positiv. Unglücklicherweise ist unser Labor gerade geschlossen, weil die Techniker an Tuberkulose erkrankt sind. Daher können wir keine Quarantäne anordnen." Er nahm seinen Schirm auf und schritt zur Tür. Er drehte sich noch einmal um und sagte: „Es ist sicher, dass der Mann neben Ihnen diesen ansteckenden Erreger hat, also seien Sie bitte vorsichtig. Guten Tag!" Ein paar Tage später verstarb die arme Seele vor meinen Augen.

Eines Tages saß ich in meinem Krankenbett auf und schrieb Folgendes an meine Familie:

Wo Vertrauen ist, kann keine Furcht sein. Mögt Ihr alle mit guter Gesundheit, einem glücklichen Leben, einem friedvollen Geist und Liebe zu Gott gesegnet sein.
Richard
Vrindavan, September 1971

Nach ungefähr zehn Tagen entließ mich der Arzt mit den Worten: „Sie dürfen einen Monat lang nicht reisen. So wie Ihr Sadhus umherzieht, werden Sie das nicht überleben. Bleiben Sie an einem Ort und essen Sie einfach nur Reis." Die Nachricht, dass ich nicht reisen durfte, betrübte mich. Meine ersten Gedanken wanderten zu dem armen Gary. Was dachte er wohl, als er mich in Hardwar nicht getroffen hatte? Nachdem ich ihn all seinen Freunden entrissen hatte, war er nun allein in Indien. Ob wir uns wohl je wieder treffen würden? Aber ein Teil von mir war auch glücklich, in Vrindavan zu bleiben, um sehen zu können, was es noch alles zu entdecken gab.

2

Krishna Das Babaji und Asim brachten mich freundlicherweise in ihren Aschram, damit ich mich dort von der Krankheit erholen konnte. Am ersten Tag ruhte ich mich die ganze Zeit aus. Am nächsten Tag fragte mich Asim frühmorgens, ob ich seinen Guru treffen wolle. Begeistert bejahte ich. In einem Hof mit Tulasi-Bäumen erblickte ich einen Mann von stattlicher Gestalt – er mochte wohl um die siebzig sein –, der mit geschlossenen Augen auf einem Holzstuhl saß und auf einer Gebetskette chantete. Das war Swami Bon Maharaja. Er war glatt rasiert und hatte kurzes weißes Haar. Er trug nur ein einfaches T-Shirt und das safranfarbene Gewand eines *Sannyasins**. Als er uns kommen hörte, öffnete er langsam die Augen. „Kommt bitte näher", sagte er und deutete mit einer Geste an, dass wir in seiner Nähe auf dem Boden Platz nehmen konnten. Er lächelte und fragte nach meinem Namen, „Ah ja, Richard. Ich freue mich, dich als unseren Gast bei uns zu begrüßen. Es ist kein Zufall, dass du nach Vrindavan gekommen bist. Weißt du, was Vrindavan ist?" Seine warmherzige Art zog mich gleich in seinen Bann. „Ich wäre höchst dankbar, wenn Sie es mir erklären würden."

Er legte seine Gebetskette auf einen kleinen Tisch, hob seinen Zeigefinger und sprach in makellosem Englisch: „Hinter unserer zeitweiligen materiellen Existenz befindet sich der spirituelle Himmel oder das *Brahman*. Das ist das Ziel für diejenigen, die Gott nicht als Person verehren. Im spirituellen Himmel gibt es spirituelle Planeten, auf denen der Eine Höchste Herr in Seinen verschiedenen Formen residiert. Vrindavan ist der höchste Ort der spirituellen Welt." Er begann uralte Sanskritverse zu rezitieren, um seine Worte zu untermauern. Der Rhythmus seiner Worte bezauberte mich. „Vor fünftausend Jahren", sagte er, „stieg der

---

* Ein „Sannyasin" ist ein Mensch, der der Welt entsagt hat und in völliger Besitzlosigkeit lebt (nach *Lexikon der östlichen Weisheitslehren*, O.W. Barth Verlag)

Höchste Herr, Krishna, in unsere Welt herab und manifestierte Sein eigenes Reich, Vrindavan. Die Menschen mit reiner *Bhakti* oder Hingabe können Krishna immer noch wahrnehmen, wie Er hier Seine Spiele aufführt." Er hielt inne, schaute mir tief in die Augen und sagte dann nochmals: „Es ist kein Zufall, dass du hierhergekommen bist, Richard. Daher heißen wir dich zu Hause willkommen – hier in Vrindavan in unserem Aschram." Treue Schüler kamen durch den malerischen hölzernen Eingang und brachten ihre Liebe und Respekt zum Ausdruck. Eine Frau mittleren Alters ging auf Bon Maharaja zu und überreichte ihm eine goldene Blume. Er drehte sich zu mir um. „Du kannst so lange bei uns bleiben, wie du möchtest, Richard. Du bist mein Ehrengast", sagte er. Er wies in Richtung Tempel, wo Krishna Das Babaji auf und ab ging und dabei auf seiner Gebetskette chantete. „Siehst du Krishna Das Babaji da drüben?" Ich nickte. „Du wirst großen spirituellen Nutzen davon haben, wenn du deine Vormittage mit ihm verbringst. Er ist ein *Paramahamsa*, eine vollkommene Seele, die Tag und Nacht darin vertieft ist, Gottes Namen zu singen. Wir nennen das *Kirtan*." Die Augen des Swamis füllten sich mit Tränen, als er den alten Babaji pries. „Seine Hingabe ist eine Inspiration für uns alle. Bleib an den Vormittagen bei ihm, und du wirst die Essenz von Bhakti Yoga erlernen. An den Nachmittagen kannst du durch die Wälder von Vrindavan streifen und die göttliche Atmosphäre erspüren." Er sagte mir, dass es keinen Druck für mich gäbe. Er fuhr fort, dass Aschram-Bewohner strenge Regeln befolgten, aber er fügte hinzu: „Du bist mein Ehrengast, du kannst kommen und gehen, wie es dir gefällt. Mach es dir bequem und sei glücklich." Er zwirbelte die Blume mit seinen Fingerspitzen. „Ich sitze jeden Morgen hier in diesem Hof. Du kannst gern jederzeit zu mir kommen und mit mir sprechen."

Ich verneigte mich in Dankbarkeit. „Vielen Dank."

Da ich mich noch so krank fühlte, empfand ich seine Großzügigkeit geradezu als eine lebensrettende Geste. Auch Asim lächelte angesichts der Freundlichkeit, die mir zuteilwurde.

Bildung war eine wichtige Mission für Bon Maharaja, daher hatte er in Vrindavan ein College errichtet. Er selbst war hochgebildet und von vornehmem Charakter, der ganze Stolz einer orthodoxen Brahmanen-Familie aus Ostbengalen.

Asim erzählte mir, dass Bon Maharaja im Alter von nur zwanzig Jahren seinen Guru, Bhaktisiddhanta Saraswati, getroffen habe. Nachdem er seine überzeugende Botschaft gehört hatte und seinen makellosen Charakter erkannt hatte, widmete er sein Leben dem Pfad des hingebungsvollen Dienstes. Bhaktisiddhanta Saraswati verkündete kühn, dass niemand auf der Grundlage seiner Rasse, Nationalität oder Kaste in eine Gruppe eingestuft werden sollte. Wir alle seien ewige spirituelle Seelen, nicht der zeitweilig existierende Körper. Er lehrte, dass die Menschen anhand ihrer persönlichen Eigenschaften zu beurteilen wären, nicht nach ihrer Geburt. Da er mutig die moderne Perversion des Kastensystems bloßgestellt hatte, kam es sogar zu Verschwörungen; es gab Menschen, die ihm nach dem Leben trachteten. Bhaktisiddhanta Saraswati betonte immer den Geist echter Hingabe, oder Bhakti, und lehnte weltliche Oberflächlichkeit und Pseudospiritualität ab. Im jungen Alter von dreiundzwanzig Jahren nahm Bon Maharaja die Gelübde eines Sannyasins auf sich, das ein lebenslanges Zölibat vorsieht, und begann, überall in Indien zu predigen. Er zählte zu den ersten Schülern, die Bhaktisiddhanta in den 1920er-Jahren nach England und Deutschland geschickt hatte.

Jeden Morgen traf ich mich bei Sonnenaufgang mit Asim im Hof, um mit Swami Bon Maharaja zu sprechen. Wenn Asim dann zum College ging, um seinem Guru zu assistieren, lief ich schnell zum Tempel. Jeden Tag von acht bis halb eins saß dort Krishna Das Babaji ganz allein auf dem Boden und sang völlig absorbiert Lieder voller Hingabe. Ich saß einfach neben ihm. Seine Augen leuchteten vor spiritueller Emotion und er hatte oft Mühe, seine Tränen zurückzuhalten. Beim Singen begleitete sich Krisnadas Babaji auf einer Doppelfell-Tontrommel, einer *Mrdanga*. Obwohl seine Stimme einfach war, spürte ich eine starke spirituelle Kraft in ihr, die mein Herz tief berührte.

Jeden Morgen um half fünf wurde Babaji die Ehre zuteil, die versammelten Mönche im Gebet anzuleiten. Allmählich wurde aus dem Sprechgesang ein Kirtan oder gemeinsames Singen, zu dem jeder in freudvoller Hingabe ganz selbstvergessen tanzte. Babaji, der selbst klein, dünn und schon alt war, schlug die Trommel und tanzte aus dem Krishna-Tempel hinaus auf den Hof. Daraufhin folgten ihm die übrigen Mönche in einer

Reihe. Beim Eintritt in den kleinen Shiva-Tempel sang er ganz laut, und die zwanzig Mönche sprangen hoch und läuteten die Glocken. Dann führte er die Devotees um den Tulasi-Garten herum und wieder zurück in den Tempel. Babaji setzte dann zum großen Finale an, das die sonst so in sich gekehrten Mönche derart mitriss, dass sie vor lauter Glückseligkeit ganz außer sich gerieten. So begann ein Tag im Aschram. Trotz seiner siebzig Jahre war Krishna Das Babaji ein brodelnder Vulkan, der jedes Mal ausbrach, wenn er den Herrn pries.

Es schien so, als würde Babaji nie aufhören zu chanten. Als ich einmal unter Durchfall litt und mitten in der Nacht auf die Latrine rannte, hörte ich aus seinem Zimmer seine einfache sonore Stimme das Maha-Mantra chanten. Hörte er überhaupt jemals auf, Gottes Namen zu chanten? Jedes Mal, wenn ich in der Nacht erwachte, schlich ich mich leise an sein Fenster. In der Abgeschiedenheit seiner persönlichen Liebe chantete er Tag und Nacht Krishnas Namen. Keiner im Aschram konnte sagen, wann er überhaupt schlief.

Abgesehen von seinem „Hare Krishna" zur Begrüßung im Krankenhaus sprach Babaji kein Wort zu mir persönlich und so nahm ich an, dass er kein Englisch sprach. Eines Morgens stand ich spät auf und wusch mich am Brunnen. Ich ließ den Eimer an einem Strick hinunter, füllte ihn mit Wasser und zog ihn wieder hoch. Auf einem Felsenbrocken in der Nähe des Brunnens ging ich in die Hocke, schöpfte mit einem Blechgefäß etwas Wasser aus dem Eimer und schüttete es über meinen Körper. Plötzlich hörte ich eine Stimme: „Wo warst du heute Morgen?"

Ich drehte mich um, weil ich herausfinden wollte, woher die Stimme kam, aber ich sah niemanden außer Krishna Das Babaji. So setzte ich meine Dusche fort. Doch wieder ertönte die Frage – diesmal noch lauter: „Wo warst du heute Morgen?" Wieder schaute ich mich um, sah aber nur Babaji. Ich musterte ihn fragend, vielleicht wusste er ja, wer gesprochen hatte.

Er schaute mir direkt in die Augen und sagte auf Englisch: „Warum beantwortest du meine Frage nicht?"

„Babaji", platzte ich los, „ich wusste nicht, dass du Englisch sprichst!"

„Das ist keine Antwort auf meine Frage."

Von diesem Tag an sprach er in fließendem Englisch mit mir, wenngleich die Worte, die er am meisten verwendete „Hare Krishna“ waren. Das beeindruckte mich. Wenn jemand in den frühen 1970er-Jahren in Indien ein Wort Englisch kannte – selbst wenn er die Bedeutung nicht wusste –, ließ er keine Gelegenheit aus, damit anzugeben, natürlich besonders gegenüber Ausländern. Babaji dagegen, der fließend Englisch sprach, erwähnte kein einziges Wort, erst als es notwendig wurde, um jemandem zu helfen. Keine Spur von Arroganz war zu entdecken. Vielleicht war das der Grund dafür, dass er dazu ermächtigt war, die heiligen Namen ohne Unterlass zu chanten.

Früher dachte ich, dass die stille Meditation der Pfad unerschütterlicher Spiritualisten sei und Chanten und Tanzen eher etwas für sentimentale Menschen, die keine tiefen philosophischen Erkenntnisse hatten. Krishna Das Babaji belehrte mich eines Besseren. Ich konnte die Macht seines Wissens, seiner Loslösung und seiner Liebe nicht leugnen. Er hatte den Pfad des Bhakti, des hingebungsvollen Dienstes, zu Krishna gewählt. Die Methode, diese Liebe zu erwecken, war eindeutig das Chanten von Gottes heiligen Namen.

Überall in Vrindavan liebten die Menschen Babaji. Wenn ein besonderes Fest in einem Tempel gefeiert wurde, war Babaji eingeladen, den Kirtan anzuleiten; manchmal nahm er mich bei solchen Gelegenheiten auch mit. Eines Tages betraten wir einen überfüllten Tempel, in dem Hunderte Menschen chanteten. Krishna Das Babaji zog es vor, still im Hintergrund zu sitzen, und war völlig zufrieden, einfach nur dabei zu sein. Sobald ihn jemand erkannte, wurde der Kirtan abgebrochen und der Guru des Tempels eilte herbei und legte Babaji die Mrdanga-Trommel um den Hals, und die versammelte Gemeinde bat ihn, als Vorsänger das Chanten anzuführen. Beim ersten Mrdanga-Schlag schmolz die Menge vor Dankbarkeit dahin. Als ich sah, mit welch grenzenloser Liebe Babaji überschüttet wurde, verstand ich, warum man sagt, dass nur jemand, der keinen Wunsch nach Ruhm und Ehre hegt, sich gerade deshalb dieser Auszeichnungen würdig erweist.

An einem *Ekadasi*-Tag, einem Fastentag, der zweimal im Monat eingehalten wird, verbrachte Krishna Das Babaji die ganze Nacht unter einem heiligen Tamarinden-Baum und chantete ohne Unterlass die heiligen Namen – von Sonnenuntergang bis Sonnenaufgang. Ich hatte mich ihm angeschlossen und war völlig überrascht. Dieser alte Mann zeigte keinerlei Anzeichen von Ermüdung, während ich große Mühe hatte, wach zu bleiben. Für Babaji war diese Meditation und das Fasten nicht etwa eine strenge Disziplin, sondern einfach ein ganz natürlicher Ausdruck seiner Liebe zu Krishna.

Bei Sonnenaufgang rief Babaji aus: „Vor fünfhundert Jahren offenbarte Chaitaya Mahaprabhu der Welt unter diesem Baum seine Liebe."

„Babaji", bat ich ihn, „bitte, erzähle mir mehr von Chaitanya Mahaprabhu."

Seine Augen strahlten. Trunken von seinem nächtlichen Chanten, erklärte er: „Chaitanya Mahaprabhu ist Krishna, der Höchste Herr, der vor fünfhundert Jahren herabgestiegen ist, um Liebe zu Gott auf die einfachste Weise zu verbreiten. Vor Jahrtausenden war sein Erscheinen in den Schriften schon vorhergesagt worden. Obwohl er Gott selbst ist, nahm er die Rolle eines Geweihten an, einfach nur um durch sein eigenes Beispiel zu lehren." Babajis Stimme wurde vor lauter Begeisterung immer lauter. „Er war die Personifizierung ekstatischer Liebe, er weinte Tränen des Mitgefühls für alle Lebewesen. ‚In diesem Zeitalter des Zankes und der Heuchelei', so lehrte er, ‚ist das essenzielle Heilmittel für unsere spirituelle Krankheit das Chanten von Gottes heiligen Namen.' Chaitanya lehrte, dass Gott im Laufe der Zeitalter viele seiner Namen offenbarte und sie alle mit seiner Kraft ausstattete. Gottesliebe entspricht der inhärenten Natur der Seele und schlummert in jedem Menschen. Aber wir haben sie vergessen. Durch das Chanten von Gottes Namen wird diese Liebe im Herzen wieder erweckt." Babaji erhob die Faust und rief energisch aus: „Chaitanya war gegen alle sektiererischen Abgrenzungen und bot allen die gleiche Chance auf spirituelle Vollkommenheit."

Seine Worte klangen so einfach und wahr, dass ich mehr erfahren wollte.

„Wie chantet man am besten?", fragte ich.

Seine Augen glänzten, dann schloss er sie und rezitierte einen Sanskritvers und erklärte: „Chaitanya Mahaprabhu lehrte, man solle sich bemühen, demütiger zu sein als ein Grashalm, toleranter als ein Baum und anderen alle Ehre erweisen, ohne jegliche Erwartungen für sich selbst. So kann man die Namen des Herren ohne Unterlass chanten." Er strich über das Gras, das am Boden zwischen uns wuchs. „Siehst du dieses Gras? Es ist glücklich damit, jedem zu dienen, selbst wenn dieser Dienst darin besteht, in der demütigen Position unter unseren Füßen zu verharren. Auch wenn man es niedertritt, richtet es sich danach sofort wieder auf, um erneut zu dienen. Dies lässt uns Demut lernen." Er wies mit dem Kopf in Richtung eines Baumes hinter uns. „Siehst du diesen Baum? Er toleriert die sengende Sommerhitze und spendet uns dabei Schatten. Er toleriert die bittere Kälte, während er uns Holz gibt, damit wir uns wärmen können, und er steht monatelang ohne einen Tropfen Wasser da und gibt uns gleichzeitig saftige Früchte, mit denen wir unseren Durst löschen können – und all das ohne Murren. Wir sollten Toleranz von dem Baum lernen. Chaitanya lehrte, dass wir danach streben sollten, demütige Diener des Dieners des Dieners des Herrn zu werden. Nur dann können wir den Nektar des heiligen Namens kosten."

Dann stand Babaji mit einem herzhaften Lachen auf, strich mir über den Kopf und schlenderte am Ufer entlang. Ich blieb zurück und blickte in das tiefblaue Wasser der Yamuna. Nach den Monsunregen war sie noch sehr breit und floss lautlos durch die Wälder und Felder von Vrindavan. *Seine Worte sind wie wertvolle Juwelen,* dachte ich, *und weil er sie so aufrichtig vorlebt, dringen sie tief in mein Herz.* In dem Augenblick wurde ich von einem Gefühl tiefen Friedens überwältigt. Ich spürte, dass ich genau da war, wo ich sein sollte.

3

Ich war zwar eine halbe Weltreise von meinen Eltern entfernt, aber dennoch konnte ich ihre Qualen spüren, da sie ja nicht mit mir in Kontakt treten konnten, um mir zu sagen, was sie fühlten. In den eineinhalb Jahren, die ich nun schon unterwegs war, kam es sehr selten vor, dass ich einmal so lange an einem Ort geblieben wäre, dass ich meinen Eltern eine Karte mit Adresse für ein Antwortschreiben hätte schicken können. Es war also sehr lange her, dass ich etwas von ihnen gehört hatte. Allerdings hatte ich in einem Brief, den ich kürzlich an sie gerichtet hatte, meine Adresse vermerkt und erwartete nun ihre Antwort.

Eines Nachmittags überreichte mir Asim Krishna drei Briefe. Da ich schon ahnte, was darin stehen würde, nahm ich sie mit ans Ufer der Yamuna. Der erste Brief war von meinem Vater. Seine Tränen hatten einzelne Wörter und ganze Sätze unkenntlich gemacht. Allein schon, als ich den Brief in Händen hielt, konnte ich seine Schmerzen wahrnehmen. *Was hatte ich meinem Vater und meiner Mutter angetan, die sich ein ganzes Leben lang um mein Wohlergehen gesorgt hatten?* In jeder Zeile bat mich mein Vater inständig, nach Hause zu kommen. „Jeder Tag“, sagte er, „scheint vor Schuld und Sorgen ewig zu dauern. Welch schreckliche Dinge habe ich dir angetan, dass du mich so zurückweist?“, schrieb er. „Wie kann ich mit der Vorstellung leben, dass mein Sohn in Höhlen lebt, allein und ohne Geld?“ Er unterzeichnete mit „Dein Vater mit gebrochenem Herzen.“ Meinen Blick auf den majestätischen Strom der Yamuna gerichtet, brach auch mir das Herz. Dann öffnete ich den zweiten Umschlag. Ein Brief von meiner Mutter. „Warum bist du so lange in einem fremden Land?“, wollte sie wissen. „Hast du nicht das gefunden, nach dem du gesucht hast? Was hast du an und was isst du? Wie geht es dir gesundheitlich?“ Immer wieder beteuerte sie ihre Liebe.

Der dritte Brief stammte von Larry, meinem jüngeren Bruder und guten Freund. Larry war ein aufrichtiger und einfacher Mensch, daher wusste ich, dass alles, was er schreiben würde, wahr wäre. Er beschrieb, dass ich die ganze Familie in einen Zustand andauernder Sorgen gestürzt hatte. Über meine Mutter schrieb er: „Kennst du keine Mutterliebe? Mami ist ständig durcheinander. Sie kann einfach nicht anders und macht sich Tag und Nacht Sorgen um deine Sicherheit." Dann beschrieb er den Zustand meines Vaters. „Unser Vater ist ergraut. Seit du uns verlassen hast, ist er um Jahre gealtert. Er stiert an die Wand, völlig seinem Kummer ausgeliefert. Wenn er daran denkt, wie du ganz allein in Höhlen und im Dschungel lebst, kommen ihm die Tränen. Willst du deinen eigenen Vater umbringen? Ist das deine Vorstellung von Religion? Vielleicht ist es dir ja gleich, ob er lebt oder stirbt, aber wir lieben ihn. Wenn du nicht nach Hause kommst, wirst du für seinen Tod verantwortlich gemacht."

Mein Herz schlug heftig und ich betete leise um Führung. Als ich so in die sanft dahinfließenden Wellen der Yamuna blickte, sah ich mein ganzes Leben vor meinem geistigen Auge vorüberziehen. Ich war meiner Familie so dankbar für all die Zuneigung und es widerstrebte mir, ihnen Schmerzen zu bereiten. Aber diese brennende Sehnsucht nach Gottes Liebe in meinem Herzen war stärker als alles andere. Ich konnte nicht verlangen, dass sie das verstanden. Ich erinnerte mich an große Persönlichkeiten, über die ich in Büchern gelesen hatte, dass sie es in ihrer ausschließlichen Hingabe an Gott ertragen mussten, ihren Liebsten das Herz zu brechen. Als Abraham den Ruf Gottes vernahm, war er bereit, Isaac, seinen geliebten Sohn, zu opfern. Als Jesus im Garten Gethsemane mit sich rang, nahm er die Kreuzigung auf sich und Mutter Maria weinte bitterlich neben dem Kreuz. Auch seine Apostel ließen alles hinter sich, als sie seinen Ruf vernahmen. Oder Siddhartha Gautama – auch er hatte den gleichen inneren Ruf verspürt, als er seine liebevolle Familie weinend zurückließ, um in den Wald zu gehen und letztendlich Buddha zu werden. Als die innere Stimme Gottes Sankaracarya rief – seines Zeichens der größte Vertreter des Non-Dualismus – ging er von zu Hause fort und brach seiner armen Mutter das Herz. Und zu unserer Rettung ließ Chaitanya Mahaprabhu seine Mutter in einem Meer von Tränen zurück. *Diese Heiligen und Avatare sind groß und ich bin klein. Dennoch spüre ich diese Sehnsucht nach dem Göttlichen.* Ich verbrachte den Rest des Tages am Ufer der Yamuna, betete für meine Familie und um Führung.

Am nächsten Morgen saß ich im Tempelhof zu Füßen von Bon Maharaja und zeigte ihm die Briefe. Tränen traten ihm in die Augen, als er sie las. Lange Zeit starrte er gedankenversunken über den Hof. Dann drehte er sich zu mir und sprach: „Vor langer Zeit – ich war ungefähr in deinem Alter – hatte ich mich für ein Leben im Zölibat entschlossen. Damit fügte ich meinem Vater und meiner Mutter unsägliches Leid zu. Das war eine schwierige Prüfung in meinem Leben. Geliebten Menschen das Herz zu brechen ist oft der Preis für ein Leben in ausschließlicher Hingabe. Aber du wirst sehen, im Laufe der Zeit werden sie dein Leben verstehen und gutheißen. Vielmehr werden sie sogar stolz auf dich sein. Im Grunde kann ein Sadhu ohne jede Einschränkung seinen Vater oder seine Mutter sehen. Du musst auf dein eigenes Herz hören."

In meinem Antwortbrief an meinen Vater schrieb ich:

Mein lieber Vater,
als ich Deinen Brief vom 14. September 1971 erhielt, fühlte ich tiefen Schmerz in meinem Herzen. Bitte höre, was ich zu sagen habe, doch nicht mit den Ohren, sondern mit Deinem sanften Herzen. Jeder Mensch muss den für sich heiligsten Pfad wählen und ihm folgen. Wenn ein Mensch nicht dem folgt, was er für wahr hält, empfindet er keinen Sinn im Leben. Von ganzem Herzen und aus tiefster Seele glaube ich, dass der höchste Sinn des Lebens darin besteht, das Leben dem einen Gott zu weihen, der so liebevoll über uns alle wacht. Wir sind die Diener desselben Herrn. Ich glaube, dass die Wurzel aller Leiden und aller Streitigkeiten unter den Menschen darin besteht, dass wir diese höchste Wahrheit vergessen haben.
Seit uralten Zeiten gab es immer Politiker, Geschäftsleute, Soldaten und so weiter, aber daneben gab es auch immer wieder Menschen, die den Pfad der Wahrheitssuche bevorzugten und ihr Leben der Religion widmeten. Heute ist aber fast jeder ständig damit beschäftigt, den eigenen materiellen Hunger zu stillen, sodass Gott beinahe ganz in Vergessenheit geraten ist.
Stimmt es nicht, dass der Mensch *am edelsten ist, der demütig, wahrhaftig und rechtschaffen ist und sich gegenüber allen Lebewesen respektvoll verhält? Das ist religiöses Leben im wahrsten Sinne. Ich glaube,*

dass ich ein solches Leben führen muss. Bitte vertraue darauf, dass ich einfach versuche, ein Leben zu führen, das frei von Bösem ist. Wenn ein Mensch mit meinem Naturell in die Geschäftswelt ginge, hätte das nur zur Folge, dass mein Leben bedeutungslos wäre und mich absolut nicht zufriedenstellen würde. Denn wenn ein Mensch gegen seine eigene Natur ankämpft, richtet er sich zugrunde. Im Moment ist es noch nicht ganz klar, wie es bei mir weitergeht.
Ich bitte Dich, mir noch ein wenig mehr Zeit zu geben, damit meine Überzeugungen reifen können. Dann werden wir etwas arrangieren, damit wir uns wiedersehen.
Ich bleibe mit Euch in Verbindung. Im Moment leiden viele Eltern in den USA sehr unter der Trennung von ihren Söhnen, die zwei bis vier Jahre in der Army dienen und dort ihr Leben aufs Spiel setzen – die Ursache dafür ist letztendlich Hass. Ich bete dafür, dass Du einfach das Vertrauen hast, dass das, wonach ich suche, allen zum Besten gereicht.
Segen sei Dir, mein liebevoller Vater, Segen Deinem zarten Herzen.
Ich werde Euch bald von meinen Plänen berichten, sehr bald.
Richard
Vrindavan, Indien
30. September 1971

An meine Mutter schrieb ich, was ich aß und welche Kleidung ich trug und versicherte ihr, dass es mir gut gehe. Ich versuchte, ihr zu erklären, warum ich den Pfad auf der Suche nach dem Sinn des Lebens gewählt hatte. Ich dankte ihr für ihre liebevolle Nachfrage und wünschte ihr Frieden. Ich wusste, dass sie meinen Drang nach Gott nicht verstehen würden. Meine naiven Worte würden nur ihren Kummer endlos weiterführen. Aber ich hatte einfach das Vertrauen, dass Gott mein Herz verstehen und ihnen seine liebevolle Hand zur Hilfe reichen würde.

4

Nachts lag ich auf dem Dach und betrachtete den sternenüberfluteten Himmel über Vrindavan. Pfauen erzählten sich Geschichten und Nachtwachen schützten das Dorf, indem sie sich gegenseitig die Namen Gottes zuriefen.

Aber von all den nächtlichen Klängen in Vrindavan zog mich die Melodie des *Hare Krishna*-Mantras, die von einem Windzug aus weiter Ferne an mein Ohr herangetragen wurde, am meisten in seinen Bann. Ein alter Mann und eine Frau sangen die ganze Nacht über im Wechsel über Lautsprecher, jede Nacht. Diese Klänge, die Nachtwachen, die Pfauen, der singende alte Mann und die Frau schufen eine spirituelle Symphonie, die mein Herz berührte. Ich musste mich an den alten Sadhu erinnern, der mir einen Satz mit einem Stück Kreide auf seiner zerbrochenen Schiefertafel geschrieben hatte. Würde ich etwa auch verrückt nach Krishna werden, hier im magischen Vrindavan?

Traditionellerweise umkreisen Devotees heilige Orte wie Vrindavan als einen Akt der Verehrung. Eines Nachts zog mich eine mystische Kraft von meinem Dach herunter auf den staubigen Pfad, der sich um die Stadt schlängelte. Mondlicht leuchtete mir den Weg, als ich einem Pfad am Flussufer folgte, der mich in den Wald führte. Aus der Ferne vernahm ich einen Klang, der mich anzog. Als ich näher kam, stieg meine Vorahnung. War das etwa das gleiche Lied, das der alte Mann und die Frau jeden Abend gesungen und mich damit beim Einschlafen so sehr mit Freude erfüllt hatten? Ich wollte unbedingt herausfinden, wo der Klang herkam. Je näher ich kam, desto lauter wurde das Mantra. Ja, es war das gleiche Lied. Bald fand ich mich in einem malerisch gelegenen Tempel wieder, der Hanuman geweiht war – dem Affengott, der ekstatische Hingabe personifiziert. Dort saßen ein Mann und eine Frau, um die siebzig Jahre alt, am Boden und chanteten, die Augen in tiefer Meditation geschlossen. Sie trugen abgetragene weiße Kleidung und schienen Bauern zu sein. Es war ungefähr 1 Uhr morgens und ich sang mit ihnen die bekannte Melodie. Als wir uns später trennten, luden sie mich ein, am nächsten Tag wiederzukommen und sie zum Mittagessen zu besuchen.

Am darauffolgenden Nachmittag verließ ich den staubigen Fußweg in Richtung Hanuman-Tempel. Ich wusste nicht warum, aber meine Aufregung war schier unerträglich. Kaum eine Minute war vergangen, als ein Mann Mitte zwanzig erschien und mir sagte: „Maharaja möchte Sie nun sprechen."

„Mich?", fragte ich und deutete auf meine eigene Brust. „Wer ist Maharaja und woher kennt er mich?"

„Oh, er weiß alles über Sie."

„Wären Sie so nett, mir etwas über Maharaja zu erzählen?", fragte ich.

„Nicht jetzt. Maharaja erwartet Sie. Wir sprechen später."

Er nahm mich bei der Hand und führte mich über einen sonnendurchfluteten Innenhof, wo ein rundlicher Mann ein glückseliges Lächeln verbreitete und mit verschränkten Beinen auf einem Holzbett saß. Er hatte ein verblichenes kariertes Tuch um den Körper geschlungen. Ich kam näher. Sein Gesicht war von weißen Bartstoppeln umrandet und strahlte eine Freude aus, die nicht von dieser Welt zu sein schien. Mit zusammengekniffenen Augen blickte er in meine Augen, als seien sie die Fenster zu den Geheimnissen meines Lebens. Das war also Neem Karoli Baba. Als ich im Himalaja umhergezogen war, hatte ich schon von seinen außergewöhnlichen Kräften gehört. Seine Anhänger nannten ihn liebevoll Maharaji.

Als ich auf ihn zuging, sprach er auf Hindi zu ein paar seiner Schüler, die in einem Halbkreis um ihn herum am Boden saßen. Als er mich sah, breitete sich ein ansteckendes Lächeln auf seinem Gesicht aus und er hieß mich willkommen. Er erhob den Zeigefinger und sprach mithilfe eines Übersetzers mit mir. „Auf deiner Suche nach Erleuchtung hast du Wohlstand und Annehmlichkeiten aufgegeben und bist nur mit großen Schwierigkeiten bis nach Indien gekommen. Jetzt reist du allein und weinst um Gott, während deine Familie in der Ferne um dich weint." Mit einer anmutigen Geste bedeutete er mir, mich zu den anderen zu setzen. „Hab keine Angst", sagte er so gewichtig, dass seine buschigen

Augenbrauen eine tiefe Stirnfalte bildeten und seine Lippen fest aufeinander gepresst waren. „Ertrage alle Schwierigkeiten mit Freude, Krishna hat deine Gebete erhört und dich nach Vrindavan gebracht. Wenn man die Namen Rama und Krishna chantest, kann man alles erreichen. Aber", sagte er mit einem Kopfschütteln, „die Menschen schaffen sich ihre eigene Hölle, weil sie immer dazu neigen, andere zu kritisieren und zu bekämpfen. Urteile nicht über andere und sei nicht egoistisch."

Er schien alles über mich zu wissen und sprach genau das aus, was ich hören musste. Ich war fasziniert und verblüfft zugleich. „Aber die ganze Welt scheint in diese Falle getappt zu sein. Wie kann ich das denn vermeiden?", fragte ich.

Seine Augen blitzen auf, als er lächelte: „Liebe alle, diene allen, gib allen etwas zu essen. Diene wie Hanuman ohne Eigennutz oder Gier. Darin liegt der Schlüssel zur Gotteserkenntnis."

Dann verfiel er in die Stimmung eines spielenden Kindes und führte seine Hand zum Mund, als ob er essen würde, und lud uns ein, geheiligte Speise zu uns zu nehmen.

Als wir ein spezielles Esszimmer betraten, sagte ich meinem Begleiter, dass ich sehr gern etwas über seinen Guru erfahren würde. Er sagte: „Sehr gern. Ich liebe Maharaji seit meiner Kindheit. Denn ich stamme aus einem kleinen Dorf in der Nähe von Nainital* im Himalaja." Wir saßen in einer Reihe am Boden. Ein Devotee legte Blätterteller vor uns hin und füllte sie mit delikaten Zubereitungen. Mein Begleiter trug ein weißes Hemd und weiße Hosen, sein gewelltes Haar war geölt und ordentlich gekämmt. Nach einem kurzen Gebet erzählte er mir einige Episoden, die er mit Neem Karoli Baba erlebt hatte. „Maharaji ist ein *Siddha Purusha,* ein vollkommenes Wesen. Ich persönlich kann bezeugen, dass er die Vergangenheit, Gegenwart und Zukunft kennt. Eigentlich weiß er immer, wo ich bin und was ich mache." Er trank einen Schluck eines kühlenden Joghurtgetränks – *Lassi* – aus einer kleinen Tonschale.

„Ich möchte dir noch etwas anderes erzählen", fügte er hinzu. „Maharaji ist manchmal gleichzeitig an zwei verschiedenen Orten. Das ist do-

---

* Neem Karoli Babas Aschram befindet sich in Nainital.

kumentiert. Wir können schon damit rechnen, dass er genau dann auftaucht oder verschwindet, wenn wir es am wenigsten erwarteten. Er ist unberechenbar. Er kann jederzeit erscheinen oder verschwinden, uns tadeln oder loben, in Rätseln sprechen oder tiefe Wahrheiten verkünden. Er mag dem einen sagen, er soll der Welt entsagen, während er dem anderen empfiehlt zu heiraten. Aber eines können wir mit Bestimmtheit sagen: Er holt immer das Beste aus uns heraus und bringt uns näher zu Gott." Er lächelte stolz. „Obwohl Neem Karoli Baba ein tiefgründiger Yogi ist, kann er so verspielt und so süß sein, wie Hanuman."

Mir wurde Halava serviert, ein Süßspeise aus in Butter geröstetem Grieß, der in Sirup gegart wird. Das köstliche Aroma erfüllte den Raum. Als wir aßen, erschien Neem Karola Baba in der Tür. Als er sah, wie gut uns die Speise schmeckte, lächelte er voller Freude. Auch ich freute mich, als ich ihn in einer heiteren Stimmung sah. Er war die Personifizierung all seiner Lehren. „Liebe alle, diene allen, und gebe allen etwas zu essen." Wie Hanuman.

Als ich am nächsten Tag wieder kam, war Maharaji von Schülern umringt und erzählte gerade die Geschichte von Hanumans Hingabe aus dem Ramajana. Plötzlich erstarrte er, zitterte und Tränen strömten aus seinen Augen. In den nächsten paar Wochen kam ich jeden Tag für ungefähr eine Stunde und saß Maharaji zu Füßen. Er hielt keine formalen Vorträge, als ich da war, sondern sprach ganz ungezwungen mit seinen Schülern oder sang Kirtan. Ich war fasziniert davon, mit welch knappen, aber klaren Worten er Fragen beantwortete, wie zum Beispiel: „Diene einfach jedem Lebewesen mit Demut, Respekt und Liebe." Oder: „Singe einfach die Namen von Rama und alles wird sich finden." Einmal wandte er sich mir zu und schien in meiner Seele zu lesen. Dann erhob er einen Finger und sagte: „*Ek, Ek, Ek.* Gott ist die Einheit."

Damals war mir nicht klar, dass Neem Karoli Baba im Westen bekannt war. Das änderte sich, als Baba Ram Dass eintraf, eine Berühmtheit, die zumindest meiner Generation ein Begriff war. Als ich gerade zu Füßen von Maharaji saß, tauchte Ram Dass mit einer kleinen Entourage von Menschen aus dem Westen ganz unerwartet im Aschram auf. Diese Ikone der Gegenkultur der 1960er-Jahre, der ehemalige, als kontrovers geltende Professor Richard Alpert von der *Harvard University,* hatte zusammen mit Timothy Leary LSD als Mittel zur Bewusstseinserweiterung populär gemacht.

Nachdem er hereingekommen war, verneigte sich Ram Dass ganz demütig und legte seinen ergrauten Kopf in den Schoß seines Gurus wie ein kleines Kind. Tiefe Zuneigung floss aus dem Herzen seines Gurus, der verspielt am ergrauten Bart seines Schülers zog und ihm den Kopf tätschelte wie einem Hündchen. Lachend sagte Maharaji: „Wir haben auf dich gewartet." Es war ergreifend zu sehen, wie ein gestandener Harvard-Professor und eine mächtige Kultfigur der 1960er-Jahre wie ein ungezogener kleiner Junge behandelt wurde. Maharaji strahlte uns alle mit einem breiten Lächeln an, winkte mit der Hand und rief: „Jao, Prasadam. Komm zum Mittagessen!" Maharaji muss mystischerweise von ihrer unangekündigten Ankunft gewusst haben, denn er hatte ein wunderbares Festessen vorbereiten lassen – und zwar in größerer Menge als an gewöhnlichen Tagen.

Ich hatte das Vergnügen, Ram Dass und seine Begleiter an einige der heiligen Orte in Vrindavan zu führen. Eines Tages besuchten wir einen Kirtan und Vortrag von Anandamayi Ma, die einen Aschram in Vrindavan hatte. Sie kannte mich noch von unserem Treffen im Himalaja. Als sie zu einem größeren Publikum sprach, schaute sie in meine Richtung und nickte mir aufmunternd zu und bestätigte die spirituelle Richtung, die ich eingeschlagen hatte, mit folgenden Worten: „Wenn immer es dir möglich ist, bleib im Fluss des heiligen Namens. Seinen Namen zu wiederholen bedeutet in Seiner Gegenwart zu sein. Wenn du dich mit dem Höchsten Freund triffst, wird Er dir Seine Schönheit offenbaren." Als der Vortrag endete, begannen Ram Dass und ich eine anregende Diskussion. Aber da es schon Nacht wurde, lud er mich ein, das Gespräch am nächsten Tag in seiner Unterkunft fortzusetzen.

Ich kam früh im *Jaipur Dharamsala* an, einem Gästehaus an einer geschäftigen Straße. Dort befanden sich viele Stoffläden und Imbissbuden; Fahrrad-Rikscha-Fahrer versuchten ungeduldig, sich mit ihren lauten Gummihupen einen Weg durch die Fußgänger zu bahnen. Baba Ram Dass öffnete die Tür – das Morgenlicht strahlte auf sein freundliches Gesicht. Ich schaute hinter ihn in das Zimmer, das überhaupt nicht nach dem Wohnsitz eines berühmten Professors aussah, sondern eher wie die Bleibe eines einfachen Sadhus. Anmutig geleitete er mich zu seinem einzigen Möbelstück – einem Holzbett.

Nachdem er mir einen Platz angeboten hatte, setzte er sich selbst in den Schneidersitz und legte sein weißes langes Hemd ordentlich über die Knie. Wir sahen einander an. Sein graues Haar fiel von seiner beginnenden Glatze über die Schultern und den Rücken. Ein leichter Luftzug von dem nahen Fenster ließ seinen graumelierten Bart hin und her tanzen. Seine großen blauen Augen leuchteten und seine leichten Augenfältchen wurden ausgeprägter, wenn er lachte. Wir sprachen nichts, sondern sahen uns nur über den Kanal der Augen in die Herzen. In diesen Augenblicken schien die Zeit nicht zu existieren. In diesem tiefen Blick sah ich ihn manchmal als unschuldiges kleines Kind und dann wieder als uralten stoischen Weisen.

Ich dachte über einen Vers aus der Bhagavad Gita nach: „Wie die ewige Seele in diesem Körper von Kindheit zu Jugend und Alter wandert, so geht die Seele nach dem Tod in einen anderen Körper über. Eine selbstverwirklichte Seele wird durch diesen Wandel nicht verwirrt." Ein Gefühl von erhabener Ruhe und Frieden erfüllte den Raum. Wir mochten vielleicht eine halbe Stunde so verbracht haben, als Ram Dass tief einatmete, seine Schultern leicht anhob und schließlich unser Schweigen mit dem Ausruf: „Om!" brach.

„Könntest du mir etwas von deiner spirituellen Suche berichten?", fragte ich ihn. Ich war sehr neugierig zu erfahren, wie er nach Indien gekommen war und seinen Guru kennengelernt hatte.

Ram Dass verlagerte sein Gewicht auf der Holzplatte des Bettes, als ob er sich für eine längere Erzählung bereit machte. „Vor ein paar Jahren", fing er an, „kam ich nach Indien. Ich brachte einen Vorrat an LSD mit, in der Hoffnung, jemanden zu finden, der mehr über diese Substanzen wusste als wir im Westen. Auf meinen Reisen hatte ich einen amerikanischen Sadhu, Bhagavan Dass, kennengelernt, der mich zu Neem Karoli Baba führte. Das war 1967. Damals trauerte ich gerade um meine kurz zuvor verstorbene Mutter. Maharaji blickte in mein Herz und tröstete mich mit unvorstellbarem Mitgefühl. Ohne dass ich ein einziges Wort über mein Leben verloren hätte, erkannte er, was tief in meinem Herzen verborgen war, und berichtete mir auch ganz detailliert über sehr vertrauliche Dinge aus meiner Vergangenheit. Seine Kräfte, zusammen mit seiner Liebe, Weisheit und seinem Humor transformierten mein Leben."

„Ich machte eine ähnliche Erfahrung, als ich ihn zum ersten Mal traf", sagte ich. „Er schien alles über mich zu wissen."

Baba Rama Dass lächelte. „Eines Tages fragte mich Maharaji: ‚Wo ist die Medizin?' Anfangs war ich verwirrt, aber Bhagavan Dass meinte, er fragte nach dem LSD. Fasziniert reichte ich ihm drei Pillen reines LSD und zu meinem Erstaunen schluckte er alle drei. Ich war bereit, all seine Reaktionen, objektiv festzuhalten, aber nichts geschah – gar nichts. Sein Bewusstsein ist jenseits von LSD!"

Da ich ja selbst die Kräfte von Yogis aus dem Himalaja mit eigenen Augen gesehen hatte, lachte ich staunend.

Ram Dass saß mit verschränkten Beinen und kerzengerader Wirbelsäule. Seine Hände ruhten mit dem Handrücken nach unten in seinem Schoß. „Ich konnte mich einfach nicht von Maharaji losreißen und so blieb ich, solange ich konnte. Er nahm mich als seinen Schüler an und gab mir den Namen Ram Dass, *Ramas Diener*. In seiner überwältigenden Gegenwart vergingen Monate wie im Fluge. Obwohl ich in den USA ja recht einflussreich war, verbot mir Maharaji jemanden zu ihm zu bringen." Ram Dass schüttelte ungläubig den Kopf. „Er hatte einfach keinerlei Sinn für Materielles, Geld, Ruhm oder Anhänger. Ich hatte noch nie zuvor so einen Menschen getroffen." Als er sich erneut die Liebe zu seinem Guru vergegenwärtigte, fing seine Stimme an zu zittern. „Wenn ich bei Maharaji sitze, dann fühle ich bedingungslose Liebe für jeden auf dieser Welt." Im gleichen Jahr, 1971, veröffentlichte Ram Dass seine Geschichte in dem Klassiker *Be Here Now*.*

Im Laufe des Tages entstand so etwas wie ein Gefühl der Brüderlichkeit zwischen uns, als wir uns über die Erfahrungen, Erkenntnisse und Inspirationen austauschten, die wir auf unserer spirituellen Reise gewonnen hatten. Bevor ich mich verabschiedete, vertraute ich ihm etwas an, das mich schwer bedrückte: „Mutter Indien ist meine spirituelle Heimat

---

* Deutsche Ausgabe: *Sei jetzt hier*. Sadhana Verlag, 1996

geworden. Es gibt noch so viel zu entdecken. Aber ich befürchte, dass mir das Visum nicht mehr verlängert wird und ich gezwungen sein werde, Indien zu verlassen.“

Baba Rama Dass schloss die Augen und versenkte sich in tiefe Gedanken. Trotz des Straßenlärms war der Raum ruhig und heiter. Auch ich schloss die Augen und verschwand in der Stille der Meditation. Fünf Minuten vergingen. Als ich die Augen aufmachte, sah ich, wie mich Ram Dass mit einem sanften Lächeln anschaute. Er sagte leise: „Du musst vielleicht die geografischen Grenzen Indiens hinter dir lassen, aber du darfst nie *Bharata*, das spirituelle Indien in dir, verlassen.“

5

Bald bekam ich erneut Durchfall, eine bei Ausländern in Indien nur allzu häufig auftretende Krankheit. Schwäche, Schwindel und wiederholte Sprints zur Latrine bestimmten wieder meinen Alltag. Ohne die selbstlose Pflege meines Freundes Asim wäre alles viel schwieriger für mich gewesen. Er versicherte mir häufig: „*Bhakti* bedeutet, mit Liebe und Hingabe zu dienen." Als ich am Boden lag, brachte mir Asim gekochten Reis, Joghurt und Flohsamenschalen. Bei jedem Besuch erzählte er mir von seiner Liebe zu Krishna und Vrindavan. So wurde meine Krankheit einfach eine Episode, die uns als Freunde noch mehr zusammenschweißte.

Eines Morgens fühlte ich mich endlich wieder gesund und Asim lud mich ein, ihn bei einer Reise durch die Dörfer rund um Vrindavan zu begleiten. Er sagte mir, dass *Vraja* der Name für die ganze Gegend um die Stadt Vrindavan sei und dass Krishna seine Spiele in dieser Gegend ausgeführt habe. Vraja erstreckt sich über eine Fläche von ungefähr hundertdreißig Quadratkilometern – eine idyllische ländliche Gegend mit Wäldern, Feldern und einigen Dörfern. Außerdem findet man dort über fünftausend Tempel, die Krishna geweiht sind, darunter einige der größten und ältesten Anlagen in ganz Indien. „Die Vrajabasis mit ihrer natürlichen Liebe zu Krishna werden dich begeistern." Seine blauen Augen weiteten sich vor Enthusiasmus. „Sollen wir los?"

Ein paar Minuten später saßen wir in einem jener schäbigen lokalen Busse und wurden gut durchgeschüttelt, als er sich quietschend vorwärts bewegte. Es ging vorbei an goldgelben Weizenfeldern und gelben Senffeldern, die sich in alle Richtungen erstreckten. Ab und an gaben arme Bauern ein Handzeichen, um den Bus anzuhalten und stiegen ein. Ihre Kleidung war ärmlich, einige litten an grauem Star, Hautkrankheiten und unbehandelten Infektionen. Aber sie waren glückselig, wenn sie Lieder der Hingabe sangen, dazu in die Hände klatschten und im fahrenden Bus tanzten. Alte Frauen mit tiefen Falten auf ihrer ledrigen Haut erhoben sich spontan und reckten die Arme in die Höhe, dann tanzten sie, wobei sie sittsam den Kopf mit ihren zerschlissenen Saris bedeckten. Sie strahlten eine überbordende Freude aus, die sonst nur Kindern zu eigen ist.

Obwohl die Menschen in den Dörfern oft bitterarm sind, strahlen die Vrajabasis vor Freude und grüßen sich mit dem Ausruf: „Jay Radhey", dem Namen des mitfühlenden weiblichen Aspekts Krishnas. Sie lieben Gott nicht nur als den Höchsten Schöpfer, sondern als einen Nachbarn in ihrem Dorf, mit dem sie eng befreundet sind. Die Frauen holten Wasser aus dem Brunnen und trugen es in runden Tontöpfen auf dem Kopf, lächelten mir zu und riefen im Vorbeigehen: „Radhey, Radhey." Ein Luftzug trug den stechenden Geruch aus ihren Tonöfen herüber, in denen sie getrocknete Kuhfladen verbrannten. Die Männer im Dorf rasierten sich einmal im Monat das Haupthaar als Akt der Hingabe. Sie verbrachten ihre Tage damit, die Kühe zu hüten, die Felder mit einem Ochsengespann zu pflügen oder ihre Waren am Straßenrand zu verkaufen. Kinder mit schmalen Körpern und blitzenden Augen sprangen umher und spielten mit Stöcken und Bällen. Alle, ob Männer, Frauen oder Kinder, lächelten mich an und riefen mir „Radhey, Radhey!" zu, wenn ich vorbeiging. Ich sah, wie Hunderte Dorfbewohner in die Tempel kamen und Opfergaben wie Milch, Butter und Süßigkeiten mitbrachten, einige beteten, andere sangen und tanzten zur Freude des Herrn. Als ich so durch diese andere Welt ging, dachte ich nach. *Die Religion dieser Menschen beschränkt sich nicht auf Sonn- und Feiertage, sondern ist maßgeblich mit jedem Aspekt ihres Alltags verbunden und überaus spontan.*

An einem Nachmittag ruhten Asim und ich oben auf dem Hügel des *Madan Mohan*-Tempels aus und schauten auf die Yamuna herab. Ich saß im Gras und hörte, wie schwarze Bienen ihr meditatives Summen anstimmten. Ich streckte meine Beine aus und lehnte mich an eine Mauer aus rotem Stein. Dort ließ ich ihn verstehen, was mich gerade beschäftigte: „Asim", fragte ich, „könntest du mir sagen, wie du die Götterverehrung begreifst?" Ich erzählte ihm, dass ich auf meiner Reise durch Indien beobachtet hatte, dass eigentlich jeder eine dreidimensionale Gestalt des Herrn verehrte. Die Yogis und Shivaiten verehrten den Shiva-Lingam oder Statuen von Shiva; die Buddhisten brachten der Gestalt von Buddha kunstvolle Opfergaben dar. „Manche Menschen mit westlicher Religion verdammen all das als Götzenverehrung“, sagte ich, „aber Christen verehren Jesus auch in Form von dreidimensionalen Statuen und Bildern und auch das Kruzifix an sich.“ Ich erzählte ihm davon, wie ich das Kloster des heiligen Damian in Assisi besucht hatte, als ich in Italien war. Dort hatte Jesus von dem hölzernen Kreuz herab dem heiligen Franziskus aufgetragen, seine Kirche instand zu setzen. „Auch Juden bringen verschiedene Gegenstände der Verehrung der Tora dar, während Muslime, die ja Götzenverehrung verurteilen, sich wiederholt vor der Kaaba im heiligen Mekka verneigen.“ Mir war bekannt, dass es unterschiedliche Auslegungen über die Bedeutung dieser Art von Verehrung gab, aber ich erkannte auch das Gemeinsame, nämlich sich auf eine Form oder einen Klang zu konzentrieren und dadurch unser Bewusstsein mit dem Göttlichen zu verbinden. Ich war gespannt zu erfahren, was Asim über die Krishna-Verehrung dachte.

In diesem Augenblick kam gerade Krishna Das Babaji heran spaziert und rief uns sein fröhliches, herzerfrischendes „Hare Krishna“ zu. Wir verbeugten uns voller Freude, als er weiterging.

Obwohl ich die Frage gestellt hatte, merkte ich, dass Asim mir das Geschenk machte, lieber mich selbst die Schlussfolgerung finden zu lassen. „Weißt du“, fuhr ich fort, „wenn ich so unglaublich hingegebene Devotees wie Krishna Das Babaji sehe, wie sie die Gestalt Gottes verehren, kann ich das nicht einfach als Götzenverehrung abtun. Wenn ich eine solch hohe Moral und einen solch ausgeprägten spirituellen Charakter vor mir sehe, kann ich diese Menschen nicht als Götzendiener verspotten. Mir scheint, sie erfahren die Liebe Gottes in ihrer Verehrung. Hat Jesus nicht gesagt, man könne einen Baum an seiner Frucht erkennen?“

Wie ein älterer Bruder schien er mit einem Lächeln das, was ich gesagt hatte, zu bestätigen, er lehnte sich nach vorn und meinte: „Ja, sprich weiter.“

Ich erzählte ihm, wie mich die Verehrung Gottes in einer Figur zunächst etwas abgestoßen hatte, als ich diesen Ritus zum ersten Mal sah. Er schien mir seltsam und abergläubisch. „Nachdem ich nun aber so viel Zeit mit heiligen Menschen verbracht habe, die ein ganz natürliches Verhältnis zu dem Deity haben, über den sie sich mit dem einen Gott austauschen, erscheint mir die Deity-Verehrung als etwas sehr Schönes. Nun möchte ich gern mehr über die Philosophie dahinter aus den Schriften erfahren. Kannst du mir da weiterhelfen?"

Asim saß neben einem Beet von Tulasi-Büschen, rieb sich nachdenklich das Kinn und wartete einen Augenblick, bevor er antwortete: „Also mir fehlt da wirklich die Qualifikation dafür, diese Dinge zu erklären, aber ich kann dir sagen, was ich von meinem Guru gehört habe und was ich selbst in den vedischen Schriften gelesen habe." Wie die Bienen von Blüte zu Blüte fliegen, um den Nektar zu sammeln, nahm ich seine Worte in mir auf: „Gott ist unbegrenzt und unabhängig", fing Asim an. „Wenn wir sagen, er kann nicht in dem Deity erscheinen, begrenzen wir Ihn dadurch. In den Veden wird Götzenverehrung ebenfalls verdammt. Man kann sehen, dass es im Laufe der Geschichte sowohl im Osten als auch im Westen Menschen gab, die sich Formen ausgedacht und sie abergläubisch ohne ein klares Verständnis des Einen Gottes verehrt haben. Oft hatten sie egoistische oder heimtückische Beweggründe dafür. Diese Art von Götzenverehrung wurde immer wieder missbilligt. Sie war allerdings unter den Nichtgläubigen eine gängige Praxis zu der Zeit, als die Bibel oder der Koran verfasst wurden. Das ist aber keinesfalls die Art der Verehrung von Deitys, die in den Veden gutgeheißen wird. Seriöse Deity-Verehrung ist nach den Veden eine Wissenschaft, mit der der Herr mit heiligen Riten gebeten wird, sich in der jeweiligen Form zu manifestieren. In dieser Form nimmt Er unsere frommen Opfergaben an. All das geschieht mit der Absicht, den Körper, Geist und die Worte desjenigen zu läutern, der die Verehrung ausführt, und in uns die Erinnerung an den Herrn wach zu halten. Das Ziel besteht darin, den Herrn durch Hingabe und Liebe zufriedenzustellen."

Ein Schmetterling mit irisierenden lila, roten und gelblichen Flügeln flatterte umher und ließ sich auf Asims Schenkel nieder. Er saß mucksmäuschenstill und betrachtete seine Schönheit. „Die Schöpfung ist eine Kunstgalerie mit einem Meisterwerk neben dem anderen. Ich möchte gern den Künstler treffen. Alles geht vom Herrn aus. Alle materiellen Elemente sind die Energie Gottes. Ganz nach seinem eigenen Willen kann Er Sich dafür entscheiden, in Seiner eigenen Energie in einer Form zu erscheinen, um uns dabei zu helfen, unsere Gedanken und unsere

Sinne auf liebevolles Dienen zu konzentrieren. Wie sich Elektrizität in einer leuchtenden Glühbirne manifestiert, um Licht zu verbreiten, so kann Gott den Deity mit Seiner Gegenwart durchdringen. Elektrizität ist für das bloße Auge unsichtbar und die Birne selbst leuchtet nur, wenn der elektrische Strom die Birne mit seiner Präsenz erreicht. Dann sehen und fühlen wir das Licht. In ähnlicher Weise kann der Herr in einer greifbaren Form, in einem Deity, erscheinen, um uns dabei zu helfen, Ihn zu sehen und Seine Gegenwart zu fühlen und Seine Liebe zu erwidern." Lächelnd fragte er mich, ob das Sinn ergebe.

Ich nickte und spürte, wie eine tiefe Ruhe mein Herz erfüllte.

Nach ergiebigen Monsunregen war Vrindavan in jenem Jahr voll von saftigen Wiesen und üppigen Wäldern. Es war Herbst und die Tage waren noch warm, obwohl es nachts immer kälter wurde. Ich verfolgte mit wachsendem Interesse, wie die Bewohner von Vrindavan sich auf eines ihrer heiligsten Feste vorbereiteten. Die Anhänger des Bhakti-Pfades feiern die Liebe Gottes mit der Freude ihrer eigenen Liebe und die Feste lassen viel Raum für Spontaneität. Wo immer ich auch umherwanderte, jeder sehnte die Vollmondnacht im Oktober herbei. Nach den Schriften, dem Srimad Bhagavatam, ist das die Nacht, in der Krishna den *Rasa*-Tanz aufführte. Der Rasa-Tanz – ausführlich in Kunst, Theater und Dichtung verherrlicht – ist eine der tiefsten Offenbarungen spiritueller Liebe. Geschäftiges Treiben erfasste ganz Vrindavan und die Märkte waren völlig überfüllt: Devotees erwarben Gegenstände zur Verzierung ihrer Tempel, Schmuck für ihre Deitys und Speisen für die Festlichkeiten. In dieser Nacht luden alle fünftausend Tempel aus dieser Gegend zu einem Fest ein. Kurz vor Sonnenuntergang versammelte sich eine Gruppe von Schülern um Bon Maharaja im Hof, um seiner Erklärung des Rasa-Tanzes zu lauschen.

„Das ist nicht wie bei einem weltlichen Tanz, bei dem die Menschen versuchen, ihre Sinne zufriedenzustellen", begann er. „Obwohl die Gopis einfache Kuhhirtenmädchen sind, verkörpern sie dennoch den höchsten Ausdruck der Seele in Liebe zu Gott, denn die Zufriedenstellung des Herrn ist ihr einziges Bestreben. Dieser Tanz steht für die vollkommene vertrauliche Beziehung zwischen der Seele und Gott, völlig frei vom kleinsten Hauch von Eigennutz, aber getränkt mit der größten Glückseligkeit. Als Krishna sie in dieser Nacht mit den süßen Tönen Seiner Flöte aus ihren Häusern lockte, gaben die Gopis alles auf, was sie hatten, setzten sich Gefahren aus und riskierten, von der Gesellschaft verstoßen zu werden, all das nur, um Krishna zufriedenzustellen. Als die Gopis Krishna, den Höchsten Herrn, erreichten, gab Er zu, dass Er in dieser Schöpfung nicht genügend Macht besäße, ihre reine Hingabe gebührend zu erwidern. Aber als Entgegenkommen erweiterte Er Sich, um gleichzeitig mit jeder einzelnen Gopi in ihrer ewigen spirituellen Form eine ganze Nacht in endloser Freude zusammen zu tanzen.“ Bon Maharaja wandte sein Gesicht der untergehenden Sonne zu und mit einem rosafarbenen Schimmer in den Augen schloss er: „In wenigen Minuten werden wir feiern und beten, dass wir eines Tages dem Beispiel der Gopis folgen dürfen.“

Im Tulasi-Garten von Bon Maharajas Tempel hatten die Devotees den ganzen Tag daran gearbeitet, einen Thron zu verzieren – sie hatten Tausende von winzig kleinen wohlduftenden Blüten zu einem wunderschönen Muster zusammengeknüpft. Jetzt, da die Stunde des Festes nahte, trugen sie die Deitys feierlich vom Altar auf den Thron, der umringt war von Opfergaben aus köstlichen süßen und pikanten Speisen. Der Mond erschien im Osten – rund und golden. In Vrindavan, feiert man den *Rasa Purnima*-Mond als den schönsten des ganzen Jahres. Die Devotees begrüßen ihn mit Liedern, die eigens für diesen Anlass geschrieben wurden. Als der Mond höher kletterte, erhellten seine Strahlen alle vier Himmelsrichtungen. Die ganze Zeit sang Krishna Das Babaji tief bewegt und alle anderen stimmten glückselig in den Antwortgesang ein.

Als ich mich zu ihnen gesellte, betrachtete ich mit meiner ganzen Aufmerksamkeit ein Bild von Radha und Krishna im Mondlicht im Blumenwald von Vrindavan. Als der Mond noch höher stieg, verbreitete er seinen silbrigen Glanz auf jedem Blatt, jeder Blüte. Mutter Erde schien unter seiner Berührung aufzuleuchten. Eingehüllt von der Süße des perlenfarbenen Mondes, strahlte alles – die Deitys, der Wald und wir, die wir sie verehrten. So sangen wir bis spät in die Nacht zur Freude des Herrn.

Wie sehr doch meine Zeit in Vrindavan mein Herz berührte. In der Süße solcher Augenblicke dachte ich, dass ich diese Erfahrung der bedingungslosen Liebe zum Herrn um vieles höher schätzte als die der mystischen Kräfte, durch die man übernatürliche Taten vollbringen konnte oder sogar die Befreiung von Angst und Leid erreichen konnte. Bei spiritueller Liebe, wie sie die Gopis erfahren, gibt sich ein Devotee voll der Freude des Herrn hin und kann so seine Nähe und Liebe genießen.

In einer anderen Mondnacht – die Vögel sangen ihr leises Lied im Tempelgarten – schaute mich Swami Bon Maharaja, zurückgelehnt auf seinem hölzernen Stuhl, durchdringend an. „Ich habe dich genau geprüft, Richard." Er machte eine Pause, um mich auf das Kommende vorzubereiten. „Heute Nacht möchte ich dich gern als meinen Schüler einweihen." Er hielt eine Gebetskette aus Tulasiholz-Perlen in die Höhe. „Ich habe diese für dich geweiht. Bis du bereit sie anzunehmen?"

Ein kühler Luftzug kam vom Hof herüber. Mein Geist schwankte zwischen Dankbarkeit und Schmerz hin und her. Ich fühlte mich geehrt, dass er mich gefragt hatte, gleichzeitig schreckte ich vor der Vorstellung zurück, ihn zu enttäuschen. Ohne ausreichende Überzeugung konnte ich das nicht annehmen. „Ich stehe in deiner Schuld", sagte ich mit brüchiger Stimme, „für all die Inspiration, die ich von dir bekommen habe. Aber ich habe mir geschworen, mich von keinem Guru einweihen zu lassen, bevor ich nicht im Innersten davon überzeugt bin, ihm mein ganzes Leben lang treu zu bleiben. Ich glaube, dass es ein Akt der Missachtung gegenüber Ihrer Heiligkeit wäre, ein solches Versprechen ohne die nötige Aufrichtigkeit einzugehen."

Tränen traten in Bon Maharajas Augen, als er mir über den Kopf fuhr und sprach. „Ich bin sehr von deiner Aufrichtigkeit angetan. Ich möchte keinen Druck auf dich ausüben. Du musst deinem Herzen folgen. Die Mitglieder des Aschrams würden dich gern mit einem spirituellen Namen anreden, wenn du mir gestattest, würde ich dir nun einen Namen geben, keinen Einweihungsnamen, sondern einen aus Zuneigung. Du kannst diesen Namen bis zu deiner Einweihung benutzen, wenn du willst." Ich war einverstanden und nickte. „Wir werden dich jetzt Ratheen Krishna das nennen. *Ratheen Krishna* bedeutet, Krishna der Wagenlenker von Arjuna und *Das* bedeutet Sein Diener."

Ich verneigte meinen Kopf in Dankbarkeit.

„Es gibt noch ein Problem.“ Seine Augen verengten sich. „Jeder beschwert sich über dein langes, ungepflegtes Haar. Warum rasierst du dir nicht den Kopf wie die anderen Aschrambewohner?“

Ich bat inständig: „Meinen Kopf zu rasieren ist für mich gleichbedeutend mit der Hingabe an einen Mentor. Bis ich diese Entscheidung getroffen habe, möchte ich es nicht aus oberflächlichen Gründen tun.“

„Kannst du es dann wenigstens kürzer schneiden? Unsere Gäste heißen das nicht gut.“

„Wenn es Sie zufriedenstellt, Maharaja, werde ich es kürzer schneiden.“ Mein Wunsch, ihn zu erfreuen, stellte alle anderen Überlegungen in den Schatten.

In dieser Nacht schaute ich aus Neugier in einen Spiegel. Es war schon lange her, dass ich mein eigenes Spiegelbild gesehen oder einen Kamm benutzt hatte. Meine Mähne bedeckte schon den halben Rücken und war ziemlich verfilzt. Am nächsten Morgen wies Bon Maharaja Asim an: „Bring unseren Ratheen Krishna Das zum Friseur.“

Asim musste kichern, als er mich zum Frisör begleitete. Der Laden bestand aus einer krummen, vermodernden Holzhütte, in der kaum vier Leute Platz hatten. Als ich mich auf einem schweren Holzstuhl niederließ, glotze der Frisör ratlos auf meine verfilzten Locken. Er war ein dünner Mann Mitte fünfzig; er arbeitete mit freiem Oberkörper und hatte nur ein kariertes, knapp knielanges Tuch um die Hüften geschlungen. „Wie soll man nur solches Haar schneiden?“, murmelte er. Er probierte alle Scheren aus, die er hatte, aber keine konnte den Filz durchdringen. Schließlich rief er eine improvisierte Freiluft-Konferenz zusammen und besprach sich mit anderen Friseuren in der gleichen Straße. „Wie kann man denn solches Haar schneiden?“, riefen sie alle immer wieder. Schließlich einigte man sich darauf, einen Gärtner herbeizurufen.

Der Gärtner kam – ein muskulöser, schwerer Mann mit einem dicken schwarzen Schnurrbart, er trug lockere Baumwollkleidung, die von einer Mischung aus Erde und Schweiß befleckt war. Er begutachtete eine Zeitlang meinen Kopf und ging dann in sein Lager, um das richtige Gerät herbeizuschaffen. Er kam mit einer verrosteten Baumschere zurück, die er normalerweise zum Schneiden von Büschen verwendete. Das Gerät sah aus wie eine gigantische Schere. Mein Haarschnitt wuchs sich zu einem umfangreichen Projekt aus, bei dem der Gärtner zum selbsternannten Vorarbeiter vor Ort wurde. Mit seinen wulstigen Fingern – die ungeschnittenen Nägel voller Trauerränder – gestikulierte er und gab seine Anweisungen. „Pack das Haar hier und zieh es nach hinten", sagte er zu seinem Assistenten. „Zieh stärker, stärker. Ja, halt es so fest wie möglich." Er warb einen verdutzten Passanten an und ordnete an: „Du hältst diesen Sadhu auf seinem Sitz, er darf sich nicht bewegen." Dann befahl er dem Friseur: „Du packst den unteren Griff mit beiden Händen und drückst nach oben. Ich drücke das obere Schneidmesser nach unten." Mit großer Ernsthaftigkeit versammelten sich die vier Männer um mich, jeder an seiner strategischen besten Position. Der Gärtner und der Friseur ächzten, keuchten und schwitzten und setzten ihr ganzes Körpergewicht ein, um die Schneiden von beiden Seiten zusammenzudrücken. Dutzende Passanten blieben stehen, um das Schauspiel zu bestaunen. Ein paar Männer machten sogar noch mit und drückten mit ihrem ganzen Körpergewicht gegen die Griffe. Was immer aus diesem einen Schnitt entstehen würde, wäre mein neuer Haarschnitt. Es würde keinen zweiten Schnitt geben.

Jeder in der Gruppe stöhnte und schwitzte bei dem Versuch, mein Haar zu durchdringen. Ich spürte, wie die Schneiden sich Stück für Stück durch meine Locken arbeiteten und Hunderte von Haaren aus meinem Schädel gerissen wurden. Die ganze Zeit über lachte mein Freund Asim so sehr, dass ihm die Tränen die Wange hinabrollten.

Nachdem sie ein paar endlos erscheinende Minuten an der Baumschere gedrückt und gerissen hatten, schnappten die beiden Schneiden der Baumschere schließlich zusammen. Es war geschafft. Über den Boden verstreut lag nun mein wertvolles Haar wie Abfall. Einst war es Sinnbild für mein Aufbegehren gegen den Krieg, Vorurteile und gegen die Oberflächlichkeit in der Gesellschaft – all meine Ideale, die ich in Ehren hielt. Nun trampelten die Friseure mit ihren Sandalen darüber, ohne ihm auch nur die geringste Beachtung zu schenken. Das Bisschen, das auf meinem Kopf übrig geblieben war, reichte gerade mal bis zu meinem Hals. Das war vielleicht der miserabelste Haarschnitt der Neuzeit. Aber die Prozedur war vorbei. Der Gärtner und der Friseur hielten mir stolz einen Spiegel hin. „Wir sind fertig. Bitte schauen Sie, bitte schauen Sie!" Mit betenden Händen dankte ich ihnen. Aber ich zog es vor, mir das nicht lieber anzusehen.

Am Eingang des Aschrams waren zwei interessante Amerikaner angekommen. Einer von ihnen war David, ein aufrichtiger und intelligenter Mann, der vor Kurzem noch der persönliche Assistent und Freund von Alan Watts war, des berühmten Schriftstellers, der in seinen Büchern die Mystik des Ostens mit der Logik des Westens verknüpfte. David und ich hatten sofort einen guten Draht zueinander und verbrachten viele Stunden in angeregter philosophischer Auseinandersetzung. Wie Asim sprach auch David frei vom Herzen und war ein hervorragender Zuhörer.

Eines Tages kamen fünf der führenden Schüler von Bon Maharaja aus Ostbengalen an. Ihr Anführer, Jagannath, hatte sowohl das Amt des Bürgermeisters als auch des Schuldirektors seiner Stadt inne. Er war hochgewachsen, sehr gepflegt und sein Auftreten vermittelte völliges Vertrauen. Dennoch war er demütig und allen gegenüber sehr respektvoll. Obwohl er älter als mein Vater war, wurden wir enge Freunde. Eines Morgens sahen Jagannath und seine Begleiter David mit seinem Fotoapparat in der Hand. „Sir, machen Sie bitte ein Bild von unserer Gruppe", sagte einer, als sie sich alle vor dem Tempel aufstellten.

David drehte sich zu mir und flüsterte. „Es ist nur noch ein Bild auf dem Film. Es ist meine letzte Filmrolle. Ich habe mir die Aufnahme für etwas Besonderes aufbewahrt. Was soll ich machen? Sie haben sich schon aufgestellt." Wir entschieden, so zu tun, als ob wir ein Foto von ihnen machen würden, indem wir den Klang des Auslösers nachahmten, während sie posierten. Ohne weiter darüber nachzudenken, gingen wir wieder unseren Aufgaben nach.

Am nächsten Tag war ich erstaunt, als ich sah, wie Jagannath ganz allein stand und leise weinte. „Warum ist er so bekümmert?", fragte ich seinen Freund.

Er durchbohrte mich mit seinem Blick. „Wegen der Sache, die du getan hast."

„Was hab ich denn getan?", fragte ich verwirrt.

„Gestern habt ihr so getan, als würdet ihr ein Foto von uns aufnehmen, als wir uns aufgestellt hatten. Das war geheuchelt. Schande über dich für diese Beleidigung!“

Ich stürzte hinüber zu Jagannath und bat um Verzeihung, aber er sagte nichts. Am nächsten Tag bat ich ihn wiederum inständig, meine Dummheit zu entschuldigen. Er sah mir traurig direkt in die Augen. „Du bist ein Devotee von Krishna“, sagte er. „Wie kannst du einen anderen Menschen so beleidigen? Weißt du nicht, dass Chaitanya Mahaprabhu uns lehrte, demütiger als das Gras zu sein und allen anderen Respekt zu erweisen? Heuchelei ist eine schreckliche Krankheit.“ Tränen traten ihm wieder in die Augen, als er seinen Kopf abwandte. „Ich habe dir vertraut als einem Devotee, aber du hast mein Vertrauen missbraucht. Deshalb weine ich, ich weine für dich, mein Freund, weil du so wenig weißt. Ein echter Devotee würde niemanden so niederträchtig behandeln.“ Er umarmte mich und ging davon.

Ich ging am Flussufer entlang und schämte mich so für meine mangelnde Sensibilität. Ich versuchte, das Ganze zu verstehen. Ich überlegte:

> *In der normalen Gesellschaft würde man diesen kleinen Fehltritt kaum zur Kenntnis nehmen. Aber in der Gemeinschaft von Devotees werden ein weiches Herz und Integrität als heilig angesehen. Was ist eigentlich wirklich die Kultur der Hingabe? Es ist etwas sehr Subtiles, das den Nährboden im Herzen düngt, damit der Same echter Liebe wachsen kann.*

Ich hatte nun mehr als zwei Monate in der angenehmen Gemeinschaft von Asim, Krishna Das Babaji und Bon Maharaja verbracht. Bon Maharaja bedrängte mich nie wegen der Einweihung. Aber es gab einen Mönch im Aschram, der es nicht tolerieren konnte, dass ich die Einweihung ausgeschlagen hatte. Eines Tages rief er mich in sein Zimmer. Die Verachtung stand ihm schon ins Gesicht geschrieben, als er Gift und Galle spuckte: „Schau dich nur an“, legte er los, „du hast das materielle Leben aufgegeben, um als Asket zu leben. Aber bis zu dem Zeitpunkt, an dem du dich von einem Guru einweihen lässt, ist dein spirituelles Leben gleich null!“ Seine Augen verengten sich zu Schlitzen und seine

Stimme bebte. „Weißt du, was demjenigen bevorsteht, der stirbt und weder ein materielles noch ein spirituelles Leben hat?“ Ich sah ihn schweigend an. „Weißt du das?“

„Nein“, antwortete ich eingeschüchtert.

Er sprang von seinem Sitz auf und zeigte mit seinem Finger in mein Gesicht. „Er wird ein Geist. Ich spreche von dir. Du lebst wie ein Geist. Wenn der Tod unvermittelt kommt, wirst du über Jahrtausende schreckliche Leiden ertragen, weil du als Geist umherwanderst.“ Er starrte mich an. „Warum hältst du die Gnade unseres Gurus für etwas Billiges? Du musst dich hingeben oder gehen.“

Traurig schaute ich auf den Boden und antwortete: „Es tut mir leid, ich werde gehen.“ Ich verließ sein Zimmer, nahm meine Tasche und meine Bettelschale und wollte den Aschram verlassen. Auf dem Weg nach draußen sah ich, wie Bon Maharaja im Hof saß. So erwies ich ihm meine Ehrerbietung, indem ich mich vor seinen Füßen auf den Boden legte und ihn um seine Segnung dafür bat, gehen zu dürfen. Überrascht öffnete er die Augen, als er meinen Wunsch hörte. „Warum willst du uns verlassen?“

„Maharaja, ich möchte dich nicht beleidigen.“ Ich gab den Sermon wieder, den ich gerade vernommen hatte.

Sein Gesicht verfinsterte sich voller Abscheu. „Wer hat dir so einen Unsinn erzählt?“, fragte er. Ich sagte es ihm. Mit der Güte eines liebevollen Vaters sprach er Folgendes: „Das habe ich nie von dir gedacht. Du bist ein aufrichtiger Devotee. Ich liebe dich wie meinen Sohn. Du hast mich nicht beleidigt. Im Gegenteil, du bereitest mir Freude. Ich lade ich dazu ein, hier zu bleiben, so lange du möchtest. Ich werde sicherstellen, dass nie mehr solch ein Druck auf dich ausgeübt wird.“

Ich war Bon Maharaja für seine Güte dankbar. Dennoch fühlte ich nach dieser Geschichte, dass es an der Zeit war, weiterzuziehen. Schließlich war ich immer noch auf der Suche. Außerdem war das Leben im Aschram eigentlich hingegebenen Schülern vorbehalten. Aus Respekt für die Zuneigung und die Weisheit, die mir Bon Maharaja zuteilwerden ließ, blieb ich noch ein paar Tage. Nachdem er mir seinen Segen gegeben hatte, machte ich mich auf den Weg in die Wälder von Vrindavan.

6

Wieder in den saftigen Wäldern Vrindavans leben! Die Yamuna winkte mich zu ihren Ufern, wo ich wieder einmal das Leben eines heimatlosen Wanderers leben und jede Nacht unter einem anderen Baum verbringen konnte. Ich besaß lediglich die Kleidung auf meinem Leib, zwei ungesäumte Tücher, eines davon schlang ich um die Hüfte, um meinem Unterleib zu bedecken, das zweite bedeckte meinen Oberkörper. Die Einsamkeit war wieder einmal mein willkommener Kamerad.

Oft schlief ich am *Chira Ghat* in der Nähe eines Kadamba-Baumes. Alle, die auf der Suche nach reiner Gottesliebe waren, sind seit undenklichen Zeiten an diesen heiligen Ort gekommen, um Kleidungsstücke aufzuhängen, die Krishna dazu bewegen sollen, den Mantel der Unwissenheit zu beseitigen. Der Kadamba-Baum gilt in Vrindavan als besonders heilig und seine Blüten erfreuen jeden. Die Blüte des Kadamba-Baums – ein heller goldfarbener Ball in der Größe einer Erdbeere, bedeckt von Hunderten von trompetenförmigen Blütenblättern – hat einen betörend süßlichen Duft. Da die Farbe dieser Blüten Sri Radhas goldenem Teint ähnelt, sind die Kadamba-Bäume Krishna sehr lieb. Jede Nacht kniete ich unter dem Baum am *Chira Ghat* und betete um Demut und Hingabe. Dann streckte ich meinen Körper am Flussufer aus, fühlte den kalten Boden unter meinem Körper und schlief langsam ein. Mein Lager war die heilige Erde, meine Decke der Sternenhimmel und mein Weckruf die läutenden Tempelglocken in der Ferne.

Jeden Morgen um vier Uhr wachte ich in der Dunkelheit auf, verneigte mich voller Dankbarkeit am Ufer und schritt ins Wasser, um ein Bad zu nehmen. Es war fast November und die Yamuna war frostig geworden. Oft stand ich zitternd bis zum Hals im Wasser. Ich erinnerte mich an die Zeilen eines Liedes, das ich in meiner Kindheit gern gehört hatte: „Der Jordan ist eisig kalt, er kühlt den Körper und wärmt die Seele.“ *Ja,* dachte ich, *Widrigkeiten um einer bedeutenden Sache willen zu ertragen ist ein erhabenes Vergnügen.* Wenn ich meinen Körper immer wieder völlig untertauchte, meditierte ich darüber, wie mein Körper, mein Geist und meine Seele geläutert wurden. Dann stand ich ruhig unter dem noch sternenübersäten Himmel und betete um ein reines Herz. Jeden Tag war das meine erste Meditation. Ich fühlte mich dem Herrn so nahe. Danach kletterte ich wieder ans Ufer, zog meinen Lendenschurz aus, wrang das Wasser aus meinen Tüchern und zog sie wieder an. Dann setzte ich mich ans Ufer, meditierte über das *Hare Krishna*-Mantra und bewegte meine Finger entlang der Gebetskette aus *Tulasiholz*-Perlen. Jeder Tag begann auf diese Weise. Ich betete darum, diese Erfahrung nie zu vergessen.

Eines Abends – die Dämmerung ging allmählich in Dunkelheit über – saß ich unter dem heiligen Kadamba-Baum und verfasste einen Brief an meinen Vater. Seit zwei Wochen wohnte ich nun am Flussufer.

Lieber Vater,
meine lange Suche hat mich nach Vrindavan geführt. Ich habe schließlich etwas gefunden, das mein Herz als reine Wahrheit berührt. Endlich habe ich die Lebensumstände entdeckt, die ich immer gesucht habe. In den vergangenen Wochen durfte ich dieses großartige Juwel kennenlernen, das sich Vrindavan *nennt. Bitte glaube mir, wenn ich Dir schreibe, dass ich nicht zum Vergnügen oder zur Erholung hier bin. Ich bin voller Ernsthaftigkeit und Aufrichtigkeit hier, um meine innere Mission zu erfüllen, die ich nicht vernachlässigen kann. Du weißt, dass ich Dir nie im Leben absichtlich Schmerzen zugefügt habe. Bitte glaube mir, dass diese Reise für mein Leben unendlich wichtig ist.*
In Liebe,
Richard
Vrindavan, Oktober 1971

An einem ruhigen Nachmittag ging ich am Yamuna-Ufer entlang und sah, wie kleine Jungen in Shorts und Mädchen in Röcken und Baumwollblusen ausgelassen barfuß herumtollten. Sie lachten unbekümmert und spielten mit Stöcken und Bällen Kricket. Andere Kinder hüteten Kühe, Büffel, Ziegen oder Schafe mit dünnen Stöcken. Frauen mit Körben voller Getreidekörner auf dem Kopf gingen vorbei und verbargen ihr Gesicht sittsam hinter ihrem Sari, als sie mich kommen sahen. Zu meiner Rechten saß Krishna Das Babaji unter einem Baum und sang sanft die Namen des Herrn. Als er mich bemerkte, schlug der mit der Hand auf die Erde und lud mich ein, neben ihm zu sitzen. Dort beobachteten wir, wie ein Fährmann Menschen über den Fluss brachte. Dann flüstere Babaji, „Dieser Tamarinden-Baum zählt zu den Lieblingstreffpunkten von Radha und Krishna."

Fasziniert fragte ich: „Babaji, jeder hier liebt Radha so sehr, bitte erzähle mir etwas über Sie."

Allein schon bei der Nennung ihres Namens füllten sich seine Augen mit Tränen. Er lehnte sich nach vorn und schloss die Augen. „Die Schriften und die Heiligen lehren uns, dass Gott eine Einheit ist, aber dennoch vereint der eine Gott eine männliche und eine weibliche Natur in sich. Krishna ist das männliche Prinzip und Radha verkörpert seine weibliche Kraft. In der spirituellen Welt regiert Krishna in diesen zwei Formen. Die Liebe zwischen Radha und Krishna, dem Liebenden, und Radha, der Geliebten, steht für die höchste spirituelle Vervollkommnung und den Ursprung einer jeden Liebe."

„Babaji", fragte ich, „welchen Zusammenhang gibt es zwischen der männlichen und weiblichen Natur Gottes und der Liebe zwischen Menschen in dieser Welt?"

Krishna Das Babaji antwortete: „Der Schleier der Illusion oder *Maya* bedeckt unsere ekstatische Liebe zu Gott, die für unsere Seele wesenseigen ist. Die Liebe in dieser Welt ist lediglich eine Reflexion dieser reinen Liebe. Wir suchen auf so vielfältige Art und Weise nach der echten Liebe und vergessen dabei, dass sie bereits in unserem Herzen schlummert." Babaji sah so demütig aus. Er hob seine Augenbrauen an, seine Stimme stockte: „Krishna sehnt sich danach, von der Liebe seines Devotees erobert zu werden, aber nur durch die höchste Gnade Radhas können wir diese Liebe erfahren. Sie ist die mitfühlende Natur des Absoluten und der Urquell aller spirituellen Liebe."

Das Geheimnis von Radha, der weiblichen Energie Gottes, hatte mich fasziniert, aber ich konnte es noch nicht greifen. Nach all dem, was ich erfahren hatte, nach allem, was ich gelesen hatte und selbst nachdem ich so viele Sadhus getroffen hatte, war ich dennoch durch nichts von alledem auf die verborgene Wahrheit hinter dem größten Mysterium von Yoga vorbereitet worden: dem Mysterium der Bhakti oder Hingabe. Und nun erfuhr ich, dass Radha den Schlüssel zu diesem Mysterium hütet. Zum ersten Mal bekam ich eine Ahnung davon, dass diese Heiligen von Vrindavan bis zum tiefsten, vertraulichsten Aspekt der spirituellen Reise vorgedrungen waren.

Das Geheimnis? Es besteht darin, dass jenseits von weltlichem Vergnügen, aber auch jenseits vom ewigen Einssein mit Gott ein zeitloser Tanz existiert, eine endlose Liebesnacht, die die eigene Seele berauscht. Und es ist Radha, die in der Lage ist, uns Einlass in dieses unsäglich süße Reich zu gewähren.

Diese Yogis von Vrindavan hatten eine so große Sehnsucht, sich mit Radha zu verbinden, dass sie in der Lage waren, eine intensive und echte Demut zu entwickeln. Da sie keinerlei Interesse an yogischen Kräften zeigten, schienen sie in einem Ozean göttlicher Liebe zu schwimmen. Mein Intellekt und mein Herz waren von dieser subtilen Theologie der Bhakti, dem Yoga bedingungsloser Liebe, gleichermaßen bezaubert. Es schien, als würden viele meiner unbeantworteten Fragen, und auch solche, die ich mir noch gar nicht gestellt hatte, beantwortet und in eine begreifbare Perspektive gerückt. Obwohl ich immer noch Bedenken hatte, mich auf einen bestimmten Pfad festzulegen, fühlte ich eine Sehnsucht in meinem Herzen, dem Pfad der Bhakti zu folgen.

Nachdem Krishna Das Babaji mich gesegnet hatte, stand ich auf und schlenderte am Flussufer entlang. Ich setzte mich hin, starrte in den Fluss und dachte über das Geheimnis des weiblichen Aspektes von Gott nach. In der christlichen Kirche war die Verehrung von Maria, der Mutter von Jesus, nicht nur eine Inspiration für göttliche Liebe, sondern führte auch zu erbitterten Auseinandersetzungen. Das Mysterium um Maria Magdalena war der Grund für Intrigen, verschleierte Symbolik und die Entstehung geheimer Orden. Viele Hebräer wie auch einige Schüler der Kabbala sahen in *Schechina* den weiblichen Aspekt Gottes oder verehrten sie als *Braut Sabbat*. Und im Islam gab es Anhänger der Sufis, die das göttliche Weibliche in ihrer Verehrung von Fatima ehren. Nun wurde mir allmählich klar, dass nach den Veden, den uralten Schriften, der weibliche Aspekt Gottes schon immer als Wahrheit erkannt worden war.

Als ich so auf Mutter Yamuna schaute, musste ich darüber nachdenken, wie die nährende, mitfühlende Seite der Spiritualität oft durch Aspekte von Macht und Kontrolle aufgehoben wurde. Es beeindruckte mich, wie wichtig es war, den weiblichen Aspekt des Göttlichen zu beachten.

Ungefähr zur gleichen Zeit wie ich verließ auch mein Freund Asim den Aschram. Ich nahm an, er fühlte sich auch etwas durch die dauernden Anforderungen eingeengt und war von meinem Lebensstil beeindruckt, der gleichzeitig sehr strikt, aber auch sehr frei war. Wir trafen uns oft, um Krishnas Zuhause im Wald gemeinsam zu erforschen. Als Asim und ich uns an einem sonnigen Nachmittag gerade unter einem Banyan-Baum unterhielten, wurden wir plötzlich von einer starken Energie überwältigt. Als wir uns umdrehten, sahen wir jemanden, der direkt rechts von uns saß. Woher war er gekommen? Er sah gealtert, aber gleichzeitig auch jung aus. Er trug nur ein einziges Kleidungsstück aus weißer Baumwolle, das seinen Oberkörper und Unterleib bedeckte. Halbverfilzte Haare reichten ihm bis zur Schulter. Er hatte große Augen, ein rundes, von einem Bart umrahmtes Gesicht und strahlte uns mit seinem jungenhaften Lachen an. „Jeder, der Vrindavan betritt", sagte er, „wird sofort mit Krishna verbunden. Andere verehren Gott als großen König, aber hier in Vrindavan ..." – er blickte sich um und streckte die Hand in Richtung Wald – „... ist Krishna zu Hause. Hier lieben wir Ihn als Freund, als Kind, als Geliebten."

Wir schauten in den Wald und konnten in der Ferne zwischen den Bäumen ein Tier entdecken, das aussah wie eine wilde, bläuliche Kuh. Alles schien so magisch. Wir waren verblüfft. „Am Anfang ...", so sprach der Mann weiter, „lernen wir Gott als den allmächtigen Schöpfer, Zerstörer und Retter kennen. Aber Gott ist auch der süßeste und vollkommene Geliebte. In den Schriften steht, dass der verspielte Krishna in Vrindavan die Essenz aller Schönheit und Lieblichkeit ist." Dann erhob sich dieser Sadhu, der wie aus dem Nichts erschienen war und sagte: „Kommt mit, ich zeige euch Orte, die ihr nicht mehr vergessen werdet."

Wir folgten ihm eifrig durchs Unterholz, am Flussufer entlang von Tempel zu Tempel. Auf unserem Weg sahen wir, wie die Einheimischen und Priester ihm ihre Ehre erwiesen. „Wo ist er hin?", fragte Asim plötzlich. Ich schaute mich um. Der Mann war verschwunden, und wir waren allein in einem alten Tempel. Asim befragte einen älteren Priester. „Weißt du, wer der Sadhu ist, der uns begleitet hat?“

Die Augen des Priesters weiteten sich und er sagte ehrfurchtsvoll: „Oh, das wisst ihr nicht?“ Er führte uns aus der Menge heraus und flüsterte: „Das war Sripad Baba. Niemand weiß, wie alt er ist oder wo er wohnt. Er ist ein heimatloser Bettler und mystischer Wanderer in einer von Gott berauschten Trance.“

Fast immer, wenn Asim und ich zusammen waren, erschien Sripad Baba auf mystische Art und Weise. Wie hatte er uns gefunden? Er hielt sich nicht damit auf, uns zu begrüßen. Ebenso wenig verabschiedete er sich. Es schien so, als ob er die Gabe habe, immer bei uns zu sein, entweder sichtbar oder unsichtbar.

Sripad Baba schien jeden Hügel, Felsen, Stein, Kiesel, jedes Staubkorn in und um Vrindavan zu kennen. An vielen Tagen begleiteten wir ihn, manchmal auch in der Nacht. In einer eiskalten Winternacht – ich hatte mich gerade zum Schlafen am Flussufer niedergelegt – sah ich, wie Sripad Baba bis zu den Schultern im eisigen Wasser stand und bis zum Morgengrauen Gebete darbrachte.

Eines Morgens begegneten wir in einer schmalen Gasse einer alten Witwe in weißem Sari, die uns gleich ansprach: „Ich habe gesehen, wie ihr mit Sripad Baba die Wälder durchstreift. Jetzt kommt mit mir.“ Jeder Schritt war schwer für sie, ihr Rücken war gebeugt, und sie bemühte sich, ihren übergewichtigen Körper auf einen Bambusstock zu stützen. So humpelte sie nach Hause und schilderte uns dabei ein einschneidendes Erlebnis aus Sripad Babas Vergangenheit. Asim übersetzte ihr Hindi für mich. „Vor langer Zeit, als Baba noch klein war und zur Schule ging, ließen er und sein Freund zwischen den Unterrichtsstunden gern Drachen steigen.“ Sie hielt inne, ihr faltiges Gesicht verzerrte sich vor Schmerz, als sie ihren Stock auf den Boden stieß, sie legte die Stirn in Falten und erhob die Stimme: „Der Lehrer gab ihnen eine Ohrfeige und schimpfte sie aus.“ Ihr Körper und ihre Stimme zitterten nun. „Der arme kleine Junge war schockiert, er konnte nicht verstehen, was er falsch gemacht hatte. Er fragte sich, warum er weiter zur Schule gehen sollte, wenn der Lehrer zwar all die Fächer beherrschte, die er lernen wollte, aber nicht wusste, wie man liebt. Da kehrte er der Schule und seinem Heim den Rücken und machte sich auf die Suche nach Gott.“ Sie steckte eine Art Schlüssel in die Tür, um ihr Steinhaus zu öffnen, und schaute über die Schulter zu uns. „Schließlich wurde er der Schüler eines Heiligen in Vrindavan.“

Eines Abends entführte Sripad Baba Asim, mich und vier weitere in einen entlegenen Wald. Die Nacht war schon hereingebrochen. Neben mir am Ufer der Yamuna saß ein Sadhu mit einer handgeschnitzten Sitar auf dem Rücken. Sripada Baba stellte ihn als einen Meister seines Instruments vor, er hatte denselben Lehrer wie die berühmte Sitar-Legende Ravi Shankar. „Jetzt ist er ein Sadhu.“

Mit einer feinen Verneigung begrüßte uns der Sitarspieler und schloss dann seine Augen. Hinter dem Silbermond wölbte sich der rabenschwarze Himmel, an dem jeder Stern in seinem ganz eigenen besonderen Glanz strahlte. All diese lichterfüllten Juwelen über unseren Köpfen tanzten auf dem sprudelnden, dunklen Wasser der Yamuna. Ganz in der Nähe sangen Nachtvögel, versteckt in Kadamba-Bäumen, ein leises Lied; die Pfauen stießen ihre krächzenden Schreie aus und eine von Jasminduft erfüllte milde Brise wehte zu uns herüber. In dieser wunderbaren Atmosphäre erhob sich der liebliche Klang der Sitar. Lang gezogene klagende Töne eines alten *Ragas* erklangen zu der Symphonie des Vrindavan-Waldes, jede Note drückte die Sehnsucht des Musikers nach Gott aus – zumindest in meinen Ohren.

Eine überwältigende Erfahrung überkam mich beim Zuhören. Ich fühlte mich so weit entfernt von Krishna. Ich konnte keinen einzigen Tropfen Liebe in meinem Herzen finden. Aller Liebe beraubt, sehnte ich mich nach dieser Liebe, weinte nach dieser Liebe, bettelte um diese Liebe. Plötzlich schien angesichts dieser Leere alles in der Schöpfung irrelevant. Die Sitar weinte und klagte auch und war damit der vollkommene Ausdruck meiner Sehnsucht.

7

Für mich war Vrindavan voller großer und kleiner Wunder. An einem Nachmittag – ich war allein einen Waldweg entlang gegangen, stand ich plötzlich vor einem angriffslustigen Bullen. Eine Staubwolke bauschte sich um seinen riesigen Körper auf und er schnaubte vor Wut. So starrte er mich mit weit geöffnetem Maul an und hob zu einem fürchterlichen Gebrüll an. Er stampfte wie wild mit seinen Hufen auf der Erde, als wolle er mich gleich zertrampeln. Bevor ich mich auch nur bewegen konnte, senkte er kurz den Kopf schräg nach unten, hob ihn dann mit einem Ruck an und rammte mir sein Horn in den Bauch. Ich wurde nach oben geschleudert und flog mit dem Kopf voraus über den Körper des Bullen und landete hinter ihm wieder auf der Erde. Ich schnappte nach Luft. Als ich so da lag, scharrte er ungeduldig mit den Hufen auf der Erde und bereitete sich darauf vor, mich erneut anzugreifen. Ich krümmte mich vor Schmerzen und dachte: „Jetzt bin ich ein toter Mann."

Aber just in diesem Augenblick tauchte ein schmaler, gut gekleideter älterer Herr mit einer Nehru-Kappe auf dem Kopf auf. Er rief dem Bullen ein paar Worte in der Sprache der Einheimischen zu, woraufhin der Bulle seinen Kopf senkte. Zu meiner großen Erleichterung schritt der Bulle ruhig davon. Der Fremde reichte mir die Hand und hob mich hoch. „Ist alles in Ordnung?", fragte er. „Dieser Bulle war einfach wütend."

Etwas erleichtert untersuchte ich meinen Körper. Zu meinem Erstaunen hatte ich keinerlei Verletzungen und auch der Schmerz war verschwunden. Als ich den ersten Schritt machte, schrie ich auf. Ein Dorn hatte sich tief in meinen Fuß gebohrt und bereitete mir größere Schmerzen als das Horn des Bullen. Ich beugte mich hinab, um den Dorn zu entfernen und dachte, dass es wohl Krishnas Güte war, mich nur ein symbolisches Horn als Ersatz für das Horn des Bullen spüren zu lassen. „Es geht mir gut", antwortete ich. „Danke, dass Sie mir das Leben gerettet haben."

„Nicht ich habe dich gerettet, Baba“, lächelte der alte Gentleman. „Krishna hat dich gerettet. Ich war nur Sein Instrument. Seine Stimme bebte. „Alles, was Krishna von uns will, ist unsere Liebe.“ Er drehte mich um, untersuchte mich nach Wunden und klopfte mir den Staub aus der Kleidung. „Wo kommst du her und warum bist du hier?“, fragte er. Ich beschrieb ihm meine Situation und der alte Mann richtete seinen Blick auf den Sonnenstand und meinte: „Ich bin schon spät dran für eine Versammlung. Wenn du möchtest, kannst du mitkommen.“

So gingen wir zusammen über die sandigen Waldwege. Er zog seine Kopfbedeckung ab, unter der sein feines, ordentlich gekämmtes weißes Haar zum Vorschein kam und sagte: „Ich bringe dich zu einem außergewöhnlichen Heiligen und Gelehrten. In der Öffentlichkeit ist er wenig bekannt, aber die spirituell fortgeschrittenen Seelen hier aus der Gegend verehren ihn. Ich glaube auf Englisch würde man ihn einen *Heiligen unter den Heiligen* nennen.“ Wir erreichten eine flache Felsplatte, die als Brücke über einen offenen Abwasserkanal diente. Das dicke schwarze Abwasser blubberte und gurgelte in dem ungefähr 1 Meter breiten Graben. Vor lauter Gestank rang ich nach Luft; ich war sehr achtsam, als ich ihn überquerte. Ich beobachtete, wie in diesem Augenblick gerade eine Familie von Schweinen in den Graben eintauchte, ausgelassen hin und her hüpfte und genüsslich diesen verfaulten schwarzen Nektar verschlang. Ihre Gesichter mit Fäkalien verschmiert, grunzten sie vor Freude.

Minuten später waren wir umgeben von einem natürlichen Paradies aus grünem Blattwerk, duftender Blumen, summender Bienen und trillernder Vögel. Bald darauf erreichten wir einen Hof mit einem kleinen *Kutir*, einer Hütte zur Verehrung. „Bitte komm“, sagte mein Führer und drückte meine Hand in die seine. Drinnen saß ein Sadhu auf einem Holzbrett. Sein Gesicht und sein Haupt waren glatt rasiert, ein Ausdruck seiner Loslösung von egoistischen Zielen, wie ich inzwischen gelernt hatte. Am Hinterkopf blieb ein kleines Haarbüschel stehen als Zeichen dafür, dass er sich als Diener Gottes ansah. Man sagte mir, er sei schon über achtzig Jahre alt. Mit einem sanften Lächeln legte er seine Handflächen aneinander, führte sie vor die Stirn und verneigte seinen Kopf. „Willkommen in unserer Familie.“ Das war Vishaka Sharan Baba.

Eine Gruppe von fünf älteren weisen Männern saß ihm zu Füßen, begierig jedes einzelne seiner Worte aufzusaugen. Vishaka Sharan Baba schaute zu mir und sprach. Mein Begleiter, der von allen *Punditji* genannt wurde, übersetzte sein Hindi ins Englische. „Wer nach der Liebe Gottes bettelt wie ein Verhungernder nach Nahrung, dem offenbart der Herr die seltensten Schätze.“ Dann nahm er meine Hand. „Bitte lass mich dich füttern.“

In seiner Gemeinschaft fühlte ich mich so wohl, dass es mich jeden Tag gegen 4 Uhr nachmittags den sandigen Pfad entlang zu ihm hin zog. Wenn ich kam, gab mir Vishaka Sharan Baba mit eigenen Händen eine Strohmatte zum Sitzen und bot mir etwas frisch gebackenes Brot oder Rotis mit *Gur*, einem Zuckerrohrextrakt, an. Das war die Nahrung der allerärmsten Einwohner Vrindavans. Seine Anhänger verehrten ihn und wollten ihm unbedingt sein Essen zubereiten, aber er weigerte sich, diesen Dienst anzunehmen. Er sehnte sich danach, demütig zu sein, und ging daher trotz seines hohen Alters jeden Tag von Tür zu Tür, um zu betteln. Was er so bekam – gewöhnlich waren es grobe Rotis und Gur – teilte er von Herzen gern mit mir. Obwohl er viermal so alt war wie ich, ein Heiliger unter den Heiligen und anerkannter Gelehrter, kümmerte er sich so rührend um mich, dass es mich ganz sprachlos machte.

Vishaka Sharan Baba war zum ersten Mal als Sadhu 1918 nach Vrindavan gekommen und blieb für den Rest seines Lebens dort. Von seiner Vergangenheit ist wenig bekannt, da er höchst selten darüber sprach. Im Himalaja hatte ich heilige Menschen getroffen, die sehr strikt der Welt entsagt hatten, oder solche, die einige übernatürliche Kräfte hatten. Vishaka Sharan Baba manifestierte keinerlei Wunder dieser Art, noch quälte er seinen Körper. Er ging einfach völlig darin auf, anderen liebevoll zu dienen. Wenn er von Sri Radhas Liebe und Krishnas Spielen erzählte, war er wie ein unschuldiges Kind, ohne sich darüber bewusst zu sein, dass er eine große spirituelle Autorität war. In seiner Schüchternheit verbarg er all seine ekstatischen Gefühle und diente allen ganz selbstverständlich. In seiner Gegenwart verspürte ich eine solche Zuneigung im Herzen, die ich nicht ganz verstehen konnte.

Einmal fragte ich Vishaka Sharan Baba. „Bitte erzähle mir das, was ich deiner Meinung nach hören sollte.“

Er saß auf seinem Holzbrett, schloss die Augen und verfiel in eine

Trance, in der sich genau die Worte wie ein Strom aus seinem Mund ergossen, die so relevant für meine Anliegen, Fragen und meine tiefe Sehnsucht, Krishna zu umarmen, waren. Ich hörte zu, während Punditji seine Augen schloss und für mich übersetzte.

„Krishna hat einen rein spirituellen Körper. Seine Form ist ewig, voller Wissen und voller Glückseligkeit. Die vedischen Schriften und die Visionen von Tausenden von Heiligen stimmen in ihren Beschreibungen überein, wenn sie Seine Form in der spirituellen Welt charakterisieren. Obwohl sich Seine vollkommene Schönheit jeder Beschreibung durch die materiellen Sinne entzieht, wird Er dennoch in den Schriften in einer Weise umschrieben, so gut es menschenmöglich ist. Er ist das Reservoir aller Schönheit.

Er hat eine blauschwarze Hautfarbe wie eine frische Monsunwolke mit Ausnahme seiner Handflächen und Fußsohlen, die die Farbe von rosa Lotosblumen haben. Seine Augen blicken überall hin und haben die Form eines Lotosblütenblattes. Seine Nase ist zart wie eine Sesamblüte, Seine Lippen sind rötlich wie die Bimba-Frucht und Seine Zähne schimmern wie eine Perlenkette. Seine Wangen und Stirn strahlen wie der Vollmond. Seine Ohren, die alles hören, sind mit Juwelen besetzten Ohrringen in der Form eines Haifischs geschmückt. Sein Haar gleicht glänzend schwarzer Seide und umrahmt in üppigen Wellen Sein mondgleiches Gesicht. Kleine Blüten, Juwelen und eine Pfauenfeder zieren Sein Haar. Sein Hals ist sanft geschwungen wie eine Muschel und jedes Seiner Glieder ist zarter als frische Butter. Dennoch kann er mit der Macht eines Donnerkeils handeln.

Er ist unbegrenzt und völlig unabhängig. Seine Energie durchdringt alle materiellen und spirituellen Welten und Er erweitert Sich in unzählige Formen, um persönlich im Herzen eines jeden Lebewesens als unser ewiger Freund und Zeuge zu wohnen.

Er überblickt die materielle Schöpfung manchmal wie ein strenger Vater. Aber am höchsten Ort der spirituellen Welt ist Krishna der Höchste Genießer. Hier teilt Er Seine Glückseligkeit mit allen durch Seine Spiele, Seinen Humor und Seine schelmischen Streiche. In Seiner dreifach geschwungenen Form spielt Er Flöte und hypnotisiert unsere Herzen mit Seiner alles verzaubernden Liebe."

In völliger Glückseligkeit fuhr Vishaka Sharan Baba fort und ich hörte wie gebannt zu.

„Und Sri Radha, Seine weibliche Energie, hat eine Hautfarbe wie geschmolzenes Gold. Sie ist die höchst mitfühlende Mutter aller Lebewesen und Ihre wunderbaren Eigenschaften ziehen selbst Krishna in Ihren Bann. Ich fühle mich aber völlig unqualifiziert, nur schon beim Versuch, Sie zu beschreiben. Ihre Liebe erfüllt die spirituelle Welt mit unendlicher Glückseligkeit."

Seine betörende Beschreibung ging über in eine philosophische Analyse dieser höchsten persönlichen aller Formen Gottes und war echtes Balsam für meinen analytischen westlichen Geist. „Man denkt vielleicht, eine solche Beschreibung Gottes sei anthropomorph oder ein Versuch, menschliche Eigenschaften auf Gott zu projizieren. Aber das Gegenteil ist der Fall: Wir Menschen sind zu einem winzigen Teil mit Eigenschaften gesegnet, die im Herrn ihren Ursprung haben. Wie auch in der Bibel steht, ‚der Mensch ist nach Gottes Ebenbild geschaffen.'"

Sein Verständnis von Gott war in höchstem Maße persönlich, nicht in einer allegorischen oder symbolischen Art und Weise, sondern als spirituelle Wahrheit, die den Bereich der Sinne und des Intellekts weit hinter sich ließen. Der Zugang zu Gott war seiner Meinung nach einzig und allein durch aufrichtige Hingabe möglich. Allmählich reifte in mir eine tiefere Wertschätzung für diese Menschen, die die Namen Gottes chanteten, anderen mit solch großer Demut dienten und zu Krishnas Deity beteten.

Eines Nachmittags fand ich Vishaka Sharan Baba und die anderen weisen Männer um ein altes Radio aus Holz versammelt. Das Gerät war oben gebogen, hatte Metallknöpfe und eine Antenne, die herausragte. Es stammte wahrscheinlich aus den 1930er-Jahren. Elektrostatische Störungen dröhnten, während mein Freund, der mich vor dem Bullen gerettet hatte, die Nachrichten für mich übersetzte. „Indien und Pakistan sind im Krieg." Sein Gesicht verzerrte sich vor Kummer. „Der grausame Krieg wütet, Bomben fallen und Tausende von Soldaten kämpfen gegeneinander; kein Ort ist sicher. Die Regierung hat eine Verdunkelung und das Abschalten des Stromes angeordnet, damit wir vor den nächtlichen Bombardements geschützt sind." Seine Aufmerksamkeit richtete sich wieder auf die knackende Stimme des Nachrichtensprechers „Amerika fordert all seine Staatsbürger auf, Indien sofort zu verlassen.“ Ich fühlte mich mehr als indischer Sadhu denn als amerikanischer Staatsbürger, daher nahm ich kaum wahr, dass diese Nachricht auch an mich gerichtet sein könnte.

Dennoch würde die Neuigkeit vom Krieg die Sorgen meiner Eltern bestimmt noch vergrößern, daher schrieb ich ihnen folgenden Brief am 7. Dezember 1971, meinem 21. Geburtstag, um ihnen zu berichten, dass ich an einem sicheren Ort sei.

Meine liebe Familie,
die Kriege auf der Erde sind äußere Manifestationen unseres inneren Kampfes.
Der Kampf beginnt, sobald wir den Herrn vergessen haben.
Heute herrscht Krieg in Vietnam, in Israel, und nun auch in Indien und Pakistan.
Solange wir Sklaven unseres Geistes und unserer Sinne sind, befinden wir uns im Krieg.
Aber glaubt mir, ich bin an einem sicheren Ort.
Bitte seid mir wohlgesinnt.
Richard

Der Vietnamkrieg betraf meine Freunde weit entfernt in Amerika, aber nun fand ich mich selbst in einem kriegsführenden Land. Wozu noch ein Krieg? Mit der Abtrennung Indiens im Jahre 1947 wurde Pakistan in West- und Ostpakistan an entgegengesetzten Seiten Indiens geschaffen. Am 3. Dezember 1971 griffen westpakistanische Kampfflugzeuge Ziele auf indischem Territorium an als Vergeltung dafür, dass Indien eine ostpakistanische Partei in ihren Autonomiebestrebungen von Westpakistan unterstützte. Ein Krieg zwischen Indien und Pakistan wurde entfacht. Ein blutiger Krieg, in dessen Verlauf aggressive Schlachten zu Land, Luft und zur See ausgefochten wurden, bei denen Tausende starben und wesentlich mehr verletzt wurden. Nach vierzehn Tagen kapitulierte Pakistan und Ostpakistan wurde zur unabhängigen Nation Bangladesch erklärt.

Während der Krieg noch im Gange war, versammelten sich Vishaka Sharan Baba und diese alten Weisen um ihr Radio und hörten regelmäßig die Abendnachrichten an. Tränen des Mitgefühls füllten ihre Augen, als sie von dem Blutvergießen hörten. Nachdem sie das Radio ausgeschaltet hatten, vertieften sie sich wieder in Gespräche über den Herrn und schon bald sprühten sie vor Freude. Sie waren gleichzeitig glückselig in der spirituellen Wirklichkeit vertieft, aber auch bedrückt und mitfühlend angesichts des menschlichen Leids um sie herum.

Vishaka Sharan Baba und seine Anhänger lehrten mich das Beispiel des Gleichmuts. Es war eine Kunst, die Reife, Erfahrung und Erkenntnis erforderte. Wenn man die Schwierigkeiten der Welt und die Nöte der Mitmenschen auf der materiellen Ebene wahrnimmt, bedeutet das keineswegs, dass man deswegen die spirituelle Ebene vernachlässigen muss. Das erkannte ich an ihrem Beispiel. Ich sah, wie Liebe zu Gott ganz natürlich die Eigenschaften eines idealen Menschen, der Mitgefühl mit allen hat, zutage förderte.

8

Eine Horde riesiger wütender Affen hüpfte knurrend und schreiend um ein neu geborenes Kalb, das zitternd mit tränenden Augen hilflos um sich blickte. Es muhte nach seiner Mutter. Ich stieß ganz zufällig auf diese Szene, als ich gerade durch das Dorf ging. Ich suchte gleich nach einem brauchbaren Stock, um die Affen zu verscheuchen, da stieß die Mutterkuh einen durchdringenden Schrei aus und galoppierte hektisch zurück zu dem Kleinen. Mit ihren Hörnern und ihrer furchtlosen Liebe vertrieb sie die Affen. Ihre Augen drückten so viel Zuneigung aus, als sie zärtlich ihr Kälbchen leckte, bis es sich soweit beruhigt hatte, dass es wieder Milch aus ihrem Euter trinken konnte.

Als ich diese Begebenheit beobachtete, erinnerte ich mich an die Lehren von Chaitanya Mahapbrahu, der sagte, dass wir die Heiligen Namen Gottes in einen Zustand der Demut chanten sollten, wie ein Baby, das nach seiner Mutter ruft. In meinem kulturellen Hintergrund verwechselt man Demut häufig mit Schwäche, und so fragte ich mich, worin echte Demut bestand und wie sie funktionierte. In diesem Augenblick war ich mir natürlich nicht darüber bewusst, dass ich schon bald eine unvergessliche Lektion auf diesem Gebiet erhalten sollte.

Eines Tages führte Sripad Baba Asim und mich durch Vrindavan. Zunächst kamen wir zu einem uralten Tempel. Als wir hineinschauten, sahen wir eine höhlenartige Halle aus rotem Sandstein mit gewölbter Decke. Der Tempel war schon seit Langem verlassen. Im Halbdunkel sahen wir schlafende Affen und riesige schwarze Fledermäuse, die mit dem Kopf nach unten am Rande des Kuppelgewölbes hingen. Ihre Exkremente bedeckten den Boden. Wir gingen an dem Tempel vorbei und liefen einen verschlungenen Fußweg weiter, der plötzlich endete. Der Weg grenzte an einen offenen Abwasserkanal, der ungefähr einen halben Meter breit war. Sripad Baba forderte uns lachend auf: „Kommt schon, ich will euch einen ganz besonderen Tempel zeigen.“ Wir traten auf den einzigen Stein, der als Brücke zur Überquerung des Grabens diente. Sobald wir auf der anderen Seite angelangt waren, fanden wir uns schon gleich in einem malerischen Häuschen wieder, in dem Kinder herumhüpften und spielten, während ihre Mutter auf dem Boden saß und über einem kleinen Feuer kochte. „*Was für eine Art von Tempel mochte das wohl sein?*“, fragte ich mich.

Zu meiner großen Überraschung erblickte ich in einer ganz normalen Nische einen Altar, auf dem Radha und Krishna thronten. Sie waren ungefähr einen halben Meter hoch, Krishna war aus schwarzem Stein und Radha aus glänzendem Metall. Sie sahen antik aus. Seltsamerweise verhielt sich die Familie gegenüber den strahlenden *Deitys*, die ihr Heim zierten, völlig gleichgültig. Als wir näher kamen, sahen wir einen alten Mann in zerschlissener Kleidung, der mit Tränen der Hingabe in den Augen Radha und Krishna Luft zu fächelte. Es war ein kleiner dünner Mann von vielleicht siebzig Jahren, mit sanften Augen. Sein Kopf und sein Gesicht waren rasiert und er sah unglaublich zerbrechlich aus. Er eilte aus der Nische heraus und verbeugte sich zu den Füßen eines jeden seiner Gäste. Auf den Knien begrüßte er uns immer wieder mit Tränen der Dankbarkeit.

„Ich bin euer ergebener Diener …“, seine Stimme stockte. „Bitte segnet mich.“ Er zeigte zu den Deitys in der Nische. „Bitte besucht Radha und Krishna. Krishna hat euch heute hierhergerufen, weil ihr Seine geliebten Freunde seid, aber ich, ich bin nur ein kleiner Diener. Meine ganze Freude ist es zu dienen. Bitte erlaubt mir, euch zu dienen.“ Das war mein erstes Treffen mit Ghanashyam.

Als Sripad Baba ihm erzählte, dass wir so weit gereist waren, um nach Vrindavdan zu kommen, kannte sein Stauen keine Grenzen. „Krishna hat euch von einem fernen Land gerufen und Ozeane und Kontinente überqueren lassen“, sagte Ghanashyam. „Er muss so lange auf euch gewartet haben, und nun seid ihr hier.“ Seine Stimme zitterte. „Ja, jetzt seid ihr gekommen.“ Ghanashyams gealtertes schmales Gesicht sah sehr fein und zerbrechlich aus. Seine kleinen feuchten Augen, seine rundliche Nase, die dünnen Lippen und zarten Falten verliehen ihm einen melancholischen Ausdruck. Der Klang seiner Stimme passte zu diesem Gefühl. Aber darunter in seinem Herzen und seiner Seele verbarg sich solch eine ekstatische Liebe, dass er jeden, der in seine Nähe kam, damit anstecken konnte. Als er sah, wie wir vor seinen *Deitys* standen, war Ghanashyam vor Freude ganz überwältigt.

Danach verbrachte ich viel Zeit mit diesem hingegebenen Menschen. Jeden Morgen um neun Uhr zog es mich diesen gewundenen Fußweg zu dem Nischentempel. Ich empfand seine Gegenwart als unwiderstehlich. Wenn ich ankam, begrüßte er mich immer mit dem gleichen freundlichen Gruß: „Ich bin dein ergebener Diener." Und er meinte das so. Er gab alles ohne jegliche Erwartung und er liebte das. Ich sehnte mich nach dieser Eigenschaft in mir.

Eines Morgens, als Ghanashyam und ich allein da saßen, fragte ich ihn, wie er zum ersten Mal nach Vrindavan gekommen sei. Er neigte seinen Kopf. „Meine Geschichte ist nicht wichtig", sagte er. Dann schaute er voller Erstaunen nach oben. „Aber Krishnas Mitleid mit einem Sünder ist es wert, angehört zu werden." Leise erzählte er mir, wie er zunächst in einer reichen Familie erzogen worden war. „Als ich ein junger Mann war, machte meine Familie eine Pilgerreise nach Vrindavan. Hier hat das Netz der Gnade des Herrn mein Herz gefangen. Ich hatte nicht die Kraft wegzugehen." Als er seine Geschichte erzählte wurde Ghanashyam immer kleiner vor Bescheidenheit. Er erzählte, wie seine Familie mit tiefer Bestürzung auf seinen Entschluss reagierte, eine vielversprechende Karriere aufzugeben und einfach nur in Vrindavan zu bleiben. „Sie drohten mir damit, mir keinerlei Mittel zur Verfügung zu stellen, aber ich war nicht zu bewegen. Krishna hatte mein Herz gestohlen." sagte er. Er schlief auf der blanken Erde und erbettelte in den Häusern der Vrajabasis trockenes Brot, aber er sehnte sich nie mehr nach seinem früheren Reichtum. Im Gegenteil. Er sagte: „Ich war so dankbar, dass ich Krishna in Seinem lieblichen Zuhause dienen durfte."

Ghanashyams dunkle Augen huschten hin und her wie bei einem scheuen Kind. „Lange Zeit sehnte ich mich danach, einen Deity zu verehren. Dann kam der Tag, den ich nie vergessen werde. Als ich unter einem Baum in einem nahegelegenen Garten saß, schrieb ich mit dem Finger ‚*Sri Radha*' in die staubige Erde. Den ganzen Tag über verehrte ich den in Sand geschriebenen Namen Radhas mit Blumen, Liedern und Gebeten. Bei Sonnenuntergang wischte ich den Namen schließlich wieder mit der Hand weg."

Ghanashyam hörte auf zu sprechen. Er blickte seine geliebten *Deitys* an und hatte sichtbar Schwierigkeiten, seine Emotionen zu beherrschen. Nach einer langen Pause setzte er seine Erzählung fort: „Als ich die Erde so hin und her wischte, sah ich etwas Goldenes an der Stelle, an der Ihr Name gestanden hatte. Ich war fasziniert ‚Was ist denn das?' Ich dachte: ‚Ich komme zurück, wenn niemand um mich herum ist.' Ganz früh am nächsten Morgen grub ich mit den Händen an der Stelle, an der Radha in Form Ihres heiligen Namens gegenwärtig gewesen war."

Ghanashyam verlor nun den Kampf, den er gegen seine Gefühlsregungen ausfocht. Tränen strömten ihm über die Wangen, als er mit zitternder Stimme die Geschichte seiner Liebe erzählte. „Der goldene Gegenstand, zu dem meine Finger geführt worden waren, war der Kopf meiner Radha. Ihr Deity kam aus der Erde zu mir. Und neben Ihr stand ein schwarzer Krishna unter der Erde. In Seinen Sockel war Sein Name *Gopijana Vallabha*, der Geliebte der Kuhhirtenmädchen, eingraviert."

Seine hohe Stimme überschlug sich. „Aber ich hatte ja nichts, gar nichts! Was hätte ich denn für Sie tun können?" Ghanashyam schaute liebevoll zu seinen *Deitys* und murmelte: „Ich weiß nicht, warum Sie das gemacht haben, aber Sie begaben sich in meine Obhut. So habe ich also Tag und Nacht für Sie gesorgt. Anfangs gaben mir Wanderer, die zufällig vorbeikamen, etwas zu essen, das ich Ihnen darbringen konnte. Lange Zeit verehrte ich Sie unter einem Baum. Dann hatte einer der Vorfahren dieser Familie hier Mitleid, als er Radha Gopijana Vallabha so ganz ohne Zuhause sah, und bot mir ihre Nische als Zuflucht an. Ich verehre Sie hier nun seit über fünfzig Jahren."

Im Laufe dieser Wochen bekam ich viel Inspiration dadurch, dass ich Ghanashyams Charakter studierte. „Ich bin dein Diener. Ich bin Dein Diener", sagte er zu mir. Er versuchte mir alles zu geben, was er hatte. Wir sangen zusammen für Gopijana Vallabha oder fächelten Ihnen mit einem Pfauenfedernwedel Luft zu. Jeden Tag bestand er darauf, dass ich das *Prasadam* des Herrn aß, drei Vraja Rotis, oder einfach Brote. Vraja Roti ist das meistverbreitete Nahrungsmittel bei den Einwohnern von Vrindavan. Aus einem alltäglichen Blickwinkel betrachtet, ist ein Vraja Roti einfach nur ein Stück flaches trockenes, grobkörniges, ungesäuertes Brot. Aber für diejenigen, die unerschütterliches Vertrauen haben, ist es ein unschätzbarer Segen. Das Korn wuchs in der Erde von Vrindavan, ein Devotee bereitete den Teig zu und brachte Krishna das fertige Brot dar – dadurch wird der Vraja Roti so etwas wie ein heiliges Sakrament. Dankbar aß ich die Vraja Rotis von Ghanashyam.

Eines Nachmittags sah ich zufällig einen mir bekannten Sadhu, als ich im Fluss badete. Da ich die üblichen Segnungen des Babas erwartete, traf es mich wie aus heiterem Himmel, dass er mich stattdessen hart rügte. „Wegen dir", rief er vom Ufer aus herüber, „verhungert Ghanashyam."

„Das verstehe ich nicht!", rief ich.

Er starrte mich zornig an. „Ein Vrajabasi bringt ihm jeden Tag drei Rotis. Das ist seine einzige Nahrung. Und jeden Tag isst du sie alle auf. Wie egoistisch!"

„Was?" Ich rang nach Luft, als ich das Ufer hochkletterte. „Das kann doch nicht wahr sein! Bitte, glaub mir, davon wusste ich nichts!"

Am nächsten Tag bat mich Ghanashyam, auf dem Boden seiner einfachen Behausung Platz zu nehmen und servierte mir liebevoll die Vraja Rotis. Ich schob den Blätterteller zur Seite. „Ich bin heute nicht hungrig und werde nichts essen."

Als Ghanashyam hörte, was ich sagte, war er voller Sorge: „Aber du musst essen. Das ist Essen von Gopijana Vallabha. Er hat es nur für dich aufbewahrt." Ich weigerte mich. Mit gefalteten Händen flehte er mich an. „Ist es wegen meiner Sünden, dass du meinen Dienst nicht annehmen willst? Bitte iss meine Rotis."

Es brach mir das Herz. Ich bat ihn inständig: „Ghanashyam, du verhungerst, weil ich all deine Rotis esse. Ich kann überall Rotis bekommen, aber du gehst nie hier weg."

„Aber ich habe so viele Rotis", Ghanashyam war beharrlich. „Es gibt keinen Mangel." Wieder schob er den Teller vor mich. „Bitte, ich bitte dich, iss die Rotis, guten Appetit."

Ich schob sie wieder beiseite. „Wenn du noch mehr Rotis hast, dann zeig sie mir."

„Nicht nötig, nicht nötig." Er sprach leise in einem ganz hohen Ton, in dem Verzweiflung mitschwang.

„Ich weigere mich, dein Essen anzunehmen, bis du mir mehr Rotis zeigst."

Er erhob seine Stimme, um meiner Herausforderung zu begegnen. „Nicht nötig, nicht nötig. Sie sind in dem Zimmer."

Ich sprang auf und durchsuchte das Zimmer, fand aber nichts. „Ghanashyam, es gibt hier keine Rotis. Du hungerst wegen mir. Bitte, bitte, iss diese Rotis."

Ghanashyams Augen füllten sich mit Tränen, als er mir sein Herz offenbarte. „Du bist Gopijana Vallabhas Freund, aber ich bin nur der Diener Seiner Diener. Mein einziges Glück im Leben besteht darin, den Devotees zu dienen. Ich bitte dich, iss diese Rotis." Mit gefalteten Händen bat er mich inständig: „Ich bitte dich, nimm mir nicht das einzige weg, wofür ich lebe." Ich weinte angesichts dieser selbstlosen Liebe. Zur Freude des lieben Ghanashyams aß ich alle seine Rotis auf.

Am nächsten Tag kam ich zwei Stunden später als gewöhnlich und nahm an, dass er zu diesem Zeitpunkt seine Rotis bereits gegessen hätte. Ghanashyam freute sich: „Krishna Das, Ratheen Krishna Das, endlich bis du da. Gopijana Vallabha hat auf dich gewartet." Ich traute meinen Augen nicht. Die Rotis waren immer noch auf dem Altar. Ghanashyam erklärte: „Mein Herr möchte meine Opferung nicht annehmen, bis Er die Gemeinschaft eines Freundes hat. Krishna hat diese Rotis nur für dich aufgehoben." Mit diesen Worten stellte er die Rotis vor mich hin. „Nur wenn du isst, wird Sri Radha mich als Ihren Diener annehmen." Wieder war ich geschlagen.

Eines Tages brachte ein Gönner Ghanashyam neue Kleider. Scheu blickte er weg und schüttete mir sein Herz aus: „Dieser Körper nimmt nur von Devotees getragene Kleidung an." Ghanashyam trug nur Sachen, die vorher von einem Sadhu getragen worden waren. Diese erachtete er als kostbar.

In einer anderen Nacht traf ich Ghanashyam allein an, er sang wunderschöne Ragas und spielte auf einem kleinen Harmonium. Völlig in seine Hingabe vertieft, merkte er gar nicht, dass ich den Raum betreten hatte. Obwohl ich die Sprache, in der er sang, nicht verstand, offenbarte die Stimmung seiner Hingabe doch alles. Manchmal überschlug sich seine Stimme vor Freude, dann wieder kamen klagende Laute, die das Gefühl der Trennung von Seinem Geliebten zum Ausdruck brachte. Ich hatte erfahren, dass er in seiner Jugend als Hofmusiker im Palast eines

Königs gespielt hatte. Er war so sehr in seinen Gesang vertieft, dass eine Stunde verstrich, bis er schließlich bemerkte, dass ich da war. Als er mich sah, strahlte er vor Freude. „Krishna Das, du bist gekommen." Er fragte, ob ich ihn dabei helfen könne, seine Deitys für die *Nacht* zu Bett zu bringen. Fünfzig Jahre lang hatte er das jede Nacht selbst gemacht, aber jetzt im Alter war er zu schwach, um Sie hochzuheben. Ich fühlte mich geehrt, ihm bei dieser Aufgabe zu helfen.

Als ich mich verabschiedete, fragte er : „Krishna Das, wo wirst du den Rest der Nacht verbringen?"

„Am Ufer der Yamuna, wo ich jede Nacht schlafe."

Er hielt meine Hand und strich mir wie ein besorgter Vater über den Kopf. „Aber es ist eisig kalter Winter. Heute Nacht musst du hier übernachten."

„Aber, Ghanashyam, ich schlafe doch jede Nacht dort."

„Heute Nacht schläfst du hier. Bitte!"

Er schlief auf dem Boden eines schmalen Flurs außerhalb der Nische. Die Familie benutze das als Durchgang zum Haus und stieg um ihn herum. Als ich am Boden lag, legte Ghanashyam seine einzige Decke über mich.

Das konnte ich nicht zulassen. Ich ergriff die zerschlissene Decke und reichte sie ihm zurück. „Das ist deine Decke. Du sollst sie benutzen."

„Nicht nötig, nicht nötig." Er seufzte mit hoher Stimme und weigerte sich, die Decke zurückzunehmen.

„Du bist ein alter Mann, ich bin jung. Du sollst sie nehmen." Wieder reichte ich ihm die Decke.

Aber er erwiderte sofort: „Nicht nötig, nicht nötig."

Ein Streitgespräch folgte. Als er insistierte, drohte ich damit, ans Ufer zurückzukehren. Ich ließ die Decke fallen und eilte zur Tür.

„Nicht nötig, nicht nötig." Er hob die Decke auf. „Ich werde sie nehmen."

So legte ich mich also neben ihn. Ich zog die Beine hoch, um mich in dieser kalten Winternacht warmzuhalten, und schlief ein. Später erwachte ich und frage mich, warum mir so warm war. Ich schaute hinüber zu Ghanashyam, der am Boden lag und vor Kälte zitterte wie Espenlaub. Die Decke war nicht über ihm. Ich merkte, dass er sie heimlich über mich gelegt hatte, nachdem ich eingeschlafen war. Leise deckte ich ihn mit ihr zu.

Sobald die Decke ihn berührte, fuhr er hoch und rief: „Nicht nötig, nicht nötig. Du bist Krishnas Freund. Du musst gut schlafen."

„Dann geh ich zur Yamuna!", rief ich aus und stürmte wieder zur Tür.

Wieder gab er sich einverstanden, die abgewetzte Decke anzunehmen, aber später in der Nacht wachte ich wieder auf und fühlte mich behaglich warm. Da war wieder mein lieber Ghanashyam mit seinem zerbrechlichen alten Körper und zitterte heftig in der Kälte. Ich versuchte wiederum, ihn mit der Decke zuzudecken. „Nicht nötig. Nicht nötig."

Ghanashyam liebte es, jedem zu dienen, den er traf. Fünfzig Jahre lang hatte er den Bereich um seinen kleinen Tempel nicht verlassen, außer um seinen *Deitys* Wasser zu holen. Er konnte sich nicht einmal vorstellen, Seine *Deitys* zu verlassen, denn Ihrem Dienst hatte er sein ganzes Leben gewidmet.

Als ich einmal früh morgens zum Fluss ging, war ich erstaunt, den vom Alter gezeichneten Ghanashyam in einem einsamen Gässchen zu sehen. Plötzlich stolperte er und fiel hin. Ich eilte ihm zu Hilfe. Unter großen Schmerzen mühte er sich ab, den Eimer zu tragen, mit dem er Wasser aus der Yamuna geholt hatte, um seine *Deitys* damit zu baden. Nach ein paar Schritten war er schon völlig erschöpft.

„Ghanashyam, bitte gestatte mir, den Eimer zu tragen."

Mit einem strengen Blick antwortete er: „Nicht nötig, nicht nötig."

Ich konnte es nicht ertragen, zu sehen wir er sich so quälte. „Bitte, bitte, ich bin jung. Ohne jede Schwierigkeit bringe ich den Eimer in fünf Minuten in deinen Tempel. Du bist sehr alt und schwach. Du würdest eine halbe Stunde brauchen. Bitte, lass mich den Eimer tragen."

Ein unschuldiges Lächeln huschte über sein Gesicht, als der kleine alte Ghanashyam inständig bat: „Du bist Gopijana Vallabhas junger Freund. Du solltest deine Zeit hier genießen. Ich bin Sein alter Diener. Mein Leben besteht darin zu dienen. Geh jetzt und erfreu dich an Vrindavana. Das wird mich glücklich machen."

Seine Demut ließ mein Herz schmelzen, beunruhigte aber gleichzeitig meinen Verstand. „Bitte, ich wäre wirklich froh, wenn ich deinen Eimer tragen könnte." Ich nahm den Henkel in die Hand und zog. Ghanashyams ganzer Körper wurde steif wie ein Baum. Er wurde ganz starr vor lauter Entschlossenheit und ergriff den Henkel mit seiner ganzen Kraft. Er hielt sich daran fest wie ein Mann, der an einem Kliff hängt und sich an ein Seil klammert, das ihn vor dem sicheren Tod bewahrt.

Verzweifelt versuchte er mir in die Augen zu sehen. „Ich bin ein armer alter Mann. Mein einziger Reichtum ist mein Dienst." Seine Augen liefen rot an und Tränen quollen hervor. „Wenn du mir meinen Dienst zum Herrn wegnimmst, nimmst du mir das Leben weg. Bitte erlaube mir zu leben. Bitte."

Mir wurde ganz schwer ums Herz. Was konnte ich schon tun? Ich gab ihm sein Leben zurück und somit seinen Eimer. Aber als er bemerkte, dass ich in größter Sorge um ihn war, willigte er ein, dass wir den Eimer gemeinsam trugen, Seite an Seite, und jede Minute fragte er mich, ob es gut gehe.

Eines Nachts schlug Ghanashyam vor, dass ich Varsana besuchen solle, ein nahegelegenes Dorf, die Heimat von Radha. Er rief aus: „Krishna Das, wenn du die Atmosphäre von Varsana erst mal gespürt hast, ist dein Leben nicht mehr das Gleiche." Als er meinen Enthusiasmus bemerkte, fügte er scheu hinzu: „Wenn du dahin gehst, könntest du Sri Radha bitte ausrichten, dass Ihr unbedeutender Diener Ghanashyam Sie sehen möchte."

Mein Herz war tief berührt von diesem kleinen alten Mann, der in völliger Abgeschiedenheit lebte. Er war kein gebildeter Gelehrter, kein berühmter Guru oder mystischer Yogi. Aber er war ein echter Heiliger, seine Demut ein Zeichen für seine Liebe zu Gott.

Wie viele Menschen im Westen hatte auch ich früher gedacht, dass Demut ein Akt der Selbstverleugnung sei, eine Schwäche, die einen Mangel an Selbstvertrauen widerspiegelte, manchmal gar eine Obsession, die zu einem Gefühl von Minderwertigkeit oder zu Depression führen könnte. Aber hier entdeckte ich nun in der Gemeinschaft von Menschen wie Ghanashyam, dass echte Demut das Gegenteil dessen war, denn sie verband uns mit einer unerschöpflichen Kraft, die sich jenseits unseres Einflusses befand, der Kraft der Gnade. Echte Demut ist die tiefe Erkenntnis der unendlichen Größe Gottes und die wahre Wertschätzung der guten Eigenschaften anderer Menschen.

Echte Demut bedeutete nicht – so schien es mir – dass ich mich feige verhalten oder vor Herausforderungen zurückschrecken sollte. Vielmehr sollte ich mich mit allem, was mir zur Verfügung steht, bemühen, den Herausforderungen mit Integrität, Respekt, Liebe und Dankbarkeit zu begegnen, und so weit wie möglich ein Instrument des Göttlichen zu sein.

Bei echter Demut herrscht ein tieferes Prinzip als unser trauriges Bedürfnis, uns über andere stellen. Dieses höhere Prinzip schützt uns davor, uns gegenüber anderen arrogant zu verhalten oder sie gering zu schätzen. Es schützt uns davor, jene zu beneiden, die mehr erreicht haben als wir. Wenn man demütig ist, fühlt man sich dankbar und hält alles für ein Verdienst des Herrn und derjenigen, die ihre Hilfe angeboten haben. Wenn man Demut im Herzen trägt, kann man leicht Fehler zugeben und das Herz für Neues öffnen. Demütig zu werden bedeutet nicht, das Ego zu töten, sondern das wahre Selbst zu befreien, das ewiglich in Liebe zu Gott und allen Lebewesen schwingt.

Das tiefste Geheimnis, so schien es mir, besteht darin, dass ein Mensch in dem Maße, in dem er diese edlen Eigenschaften aufweist, sich selbst als ganz klein betrachtet, als Teil Gottes und als Diener aller. Anderen selbstlos zu dienen war Ghanashyams einzige Herzensfreude. Ghanashyam Baba war einer der glücklichsten und reichsten Menschen, die ich je getroffen habe, ein einfacher Mensch, der einfach Gott liebte.

9

Eine schwarze Schlange kam unter dem Fels hervor, auf dem ich gerade saß, und ließ ihre glänzende Zunge herausschnellen. Unter dem blassen grauen Abendhimmel schwirrten Fliegen am Flussufer und mein Geist regte sich: *Angst ist die treibende Kraft im Leben. Angst vor Krankheit, Misserfolg, Angst, andere zu enttäuschen, oder die Angst vor einem wirtschaftlichem Zusammenbruch. Angst vor Feinden, Dieben, Betrügern oder eine Vielzahl anderer Gründe einschließlich Zweifel an der eigenen Lebensausrichtung.* Ich spürte, wie mich gerade eine Fliege in den Knöchel stach und vergegenwärtigte mir, dass jedes dieser kleinen Insekten mich durch die Übertragung des Malaria-Erregers umbringen könnte, und fragte mich auch, wo die Schlange geblieben war. *Sicher*, dachte ich, *ich muss der Realität ins Gesicht schauen und mich schützen, aber zu viel Furcht kann den Fortschritt hemmen, oder die Ängste können einen völlig auffressen.* In den Armen der Mutter hat das Baby keine Angst mehr. Wahrer Glaube, egal ob er auf wissenschaftlichen oder philosophischen Erkenntnissen oder einfach auf Vertrauen basiert, bringt Frieden. *Wahrer Glaube*, so dachte ich, *kommt durch die direkte Erfahrung einer höheren Wirklichkeit oder stellt sich in der Gemeinschaft mit Menschen ein, die einen solchen Glauben leben.* Das folgende Abenteuer veranschaulicht diese Wahrheit und wurde zu einem weiteren Wegweiser auf meiner inneren Reise.

Eines Tages empfahlen mir Krishna Das Babaji, Bon Maharaja und Asim, dass ich Varsana besuchen solle. Ich erinnerte mich an die Nacht, in der Ghanashyam mich auch gebeten hatte, dorthin zu gehen. Ghanashyam bat nie jemanden um etwas. Das war seine Natur. In seiner ihm eigenen Art voller Zuneigung führte er mich, glaube ich, tiefer in die Geheimnisse meines Pfades. Ein Pfad, der sich ganz allmählich entfaltete. So ergab es sich, dass ich einen ganz zurückgezogen lebenden Weisen in der sanften Hügelkette von Varsana kennenlernte. Die Stadt Varsana – etwa 30 Kilometer von Vrindavan entfernt – war Radha gewidmet. Es gab dort schöne Seen und Gärten, Paläste und palastartige Tempel. Um zu dem Weisen zu gelangen, stieg ich eine breite Treppe hinauf, die mich zu einem Berg und einem Tempel voller Kuppeln, Türmchen und Torbogen führte. Ich war überwältigt. Der Weg führte von diesem Tempel aus in einen mit Blumen übersäten Garten. Dann erreichte ich einen weiteren palastartigen Tempel. Ein paar Minuten später fand ich mich auf einem ungepflasterten Pfad wieder, der sich durch einen Wald voller Affen, Pfauen und exotischen, trillernden Vögeln schlängelte. Beim Gehen meditierte ich über das *Hare Krishna*-Mantra. Die Atmosphäre war voll von spiritueller Gnade und das Mantra erfüllte mich. So von innen und außen gesegnet, fand ich mich in einem wunderbaren Bewusstseinszustand. Dort – allein in Radhas Wald – bekam ich einen flüchtigen Einblick in Ihre tiefe spirituelle Liebe und fühlte, wie sie in mir erwachte; mein Herz quoll über vor betörendem Nektar. Ich schloss meine tränenerfüllten Augen. Ich fühlte, wie Radha und Krishna mich mit Ihrer Liebe überschütteten und mich riefen, Sie in meinem Herzen zu treffen. Ich zitterte. Der Wald, in dem ich mich befand, schien Millionen von Meilen von der Erde entfernt in einer ganz anderen Welt zu sein.

Voller Dankbarkeit wiederholte ich das *Hare Krishna*-Mantra. Ich spürte, dass dies nur ein winziger Blick auf das Göttliche war, der schon bald wieder verschwinden und in mir eine noch größere Sehnsucht hervorrufen würde. An diesem Nachmittag in Radhas Wald erkannte ich, dass diese Sehnsucht nach spiritueller Liebe, die durch das Mantra selbst hervorgerufen wurde, eine vollkommenere und tiefere Erfahrung war als alles andere, was mir bis dahin in meinem Leben begegnet war.

Ich wanderte diesen gewundenen Pfad weiter in diesem zauberhaften Wald in einem Zustand tiefer Freude, bis ich am Fuße des heiligen Hügels dieses Weisen angelangt war. Es war nun beinahe Abend, als ich den steilen Hang hochschaute, der noch vor mir lag. Ich kletterte die kantigen roten Felsen hoch, die wie Treppen zur Behausung des Weisen führten.

Oben angekommen, fand ich einen Tempel vor, der einen alten, verlassenen Eindruck machte und einzustürzen drohte. Eine Zeit lang saß ich einfach da, bis mich die Neugier in eine der Ruinen lockte. Als ich mich dem Eingang näherte, schlich eine lange Schlange nur ein paar Zentimeter von mir entfernt in ein Loch in der Wand. Ich wagte mich weiter hinein, musste aber meine Augen erst allmählich an die Dunkelheit gewöhnen. Als ich dann langsam wieder etwas sehen konnte, entdeckte ich einen hölzernen Altar, auf dem ein einziges verblichenes Bild stand. Lehmputz bröckelte von den Wänden und ließ den nackten gebrannten Ton schmutzig aussehen. Aus dem Schatten vernahm ich eine sanfte Stimme.

„Du wurdest von weither gerufen. Ich heiße dich willkommen." Ich drehte mich um. In einer düsteren Ecke der Ruine saß ein Mann mit rasiertem Kopf. Sein großer runder Bauch bildete einen starken Gegensatz zu seinen schlanken Gliedmaßen. Abgesehen von einem Lendenschurz über den Leisten war er nackt. Er mochte wohl vierzig Jahre alt sein. Er schien in eine Welt zu blicken, die man nicht mit materiellen Augen sehen konnte.

Ich stellte mich vor und bat den Weisen: „Könntest du mir bitte etwas über diesen Ort erzählen?"

Er schloss die Augen und vertiefte sich. „Du bist nach Man Garh gekommen, zum Hügel der wütenden Liebe. Sri Radha tut so, als sei Sie wütend auf Krishna, um so Ihre einzigartige Liebe zum Ausdruck zu bringen, und Er kommt hierher, um von Ihr diese Liebe zu erflehen." Jetzt blickte er mir tief in die Augen. „Liebe erobert den geliebten Herrn. Es ist Sein eigener Wille, dass Er so erobert werden möchte. Und wenn wir Radha mit unserer tiefen Aufrichtigkeit anflehen, wird Sie uns ebenfalls mit Liebe zu Gott segnen." Er schlug ein paar Mal mit der Hand auf die Erde neben sich und sagte: „Komm, setz dich bitte."

Er sprach sehr gut Englisch und stellte sich als Radha Charan Das vor, den Weisen, den ich gesucht hatte. „Aber die Leute hier nennen mich Ramesh Baba", fügte er hinzu. Wir sprachen ein wenig und gingen dann hinaus. Die Sonne ging gerade unter und der Himmel über den Hügeln und Tälern färbte sich golden und purpurrot. Als die Sterne am stillen Himmel leuchteten und die Luft sich allmählich abkühlte, versammelte sich ungefähr ein Dutzend Kinder aus einem nahe gelegenen Dorf auf dem Dach der Ruine. Die Kinder waren noch klein, dünn und in Lumpen gekleidet. Sie umringten Ramesh Baba, während er Harmonium spielte und klassische Ragas sang. Wenn Ramesh Baba sang, klang es wie aus einer anderen Welt. Die kleinen Kinder stimmten in den Gesang mit ein, standen auf und tanzten wild, als der Rhythmus schneller wurde. Ein Junge spielte mit zwei Ästen auf einer Trommel, ein anderer brachte einen metallenen Gong mit einem Holzschlägel zum Erklingen und andere begleiteten ihn auf Handzimbeln. Auf diesem sonst so einsamen Hügel tanzten sie und sangen mit ihren hohen, glockenhellen Stimmen, um den Herrn zu preisen. Als ihre Begeisterung sich noch weiter steigerte, stand der Baba von seinem Sitzplatz auf und tanzte in einer anmutigen Trance. Nachdem der Gesang gegen Ende noch einmal intensiver geworden war, setzte sich Ramesh Baba wieder hin, um eine langsame Melodie zu spielen, die die Seele berührte und in einem atemberaubenden Schweigen gipfelte.

Ein Junge von ungefähr sieben Jahren legte seine kleine Hand in meine und führte mich weg aufs Dach, wo er und seine Spielkameraden einen Altar gebaut hatten, nichts weiter als eine Strohhütte, die mit Bindfaden zusammengebunden war. Darin befand sich ein Bild von Krishna, der ein Kalb umarmt. Die schwarzen Augen des Jungen strahlten im Mondlicht. Er lächelte stolz und erklärte mir in einer Stimme, die sich vor Enthusiasmus überschlug: „Das ist mein Gott." Das sagte er mit einer solchen Überzeugung, dass ich ganz von Ehrfurcht ergriffen wurde. Dann ließ er meine Hand wieder los und rannte zu seinen Freunden. Ich war sprachlos. Er hatte aus einem Herzen gesprochen, das keine Arglist, Neid oder Einbildung kannte. Damit brachte er eine Art von Glauben zum Ausdruck, nach dem nur wenige Seelen streben, indem sie ein Leben lang spirituelle Praktiken ausführen und die Schriften ausführlich studieren. Ich erinnerte mich an die Worte Jesu: „*Wenn ihr nicht werdet wie die Kinder, könnt ihr nicht in das Königreich Gottes eingehen.*" In der Gegenwart dieses Kindes fühlte ich mich bestenfalls wie ein Agnostiker. Gedemütigt starrte ich auf dieses Bild und betete: *Mein Herr, werde ich jemals mit einem solch starken Vertrauen gesegnet sein?*

Sakhi Sharan Baba, die einzige andere Seele, die ebenfalls auf dem Hügel lebte, erzählte mir, was Ramesh Baba früher in seinem Leben gemacht hatte. Ramesh Baba wurde in Allahabad geboren, dem Ort der Kumbh Mela. Bereits als Kind zeichnete er sich durch sein außerordentliches Wissen in Sanskrit und Philosophie aus und im Alter von zwölf Jahren gewann er mit seiner Stimme den nationalen Preis bei einem gesamtindischen Musikwettbewerb. Trotz seiner vielversprechenden Zukunft lief er immer wieder von zu Hause weg, um seiner spirituellen Sehnsucht nachzukommen und ein Leben als Sadhu zu führen. Aber jedes Mal wurde er von einem Familienmitglied aufgespürt und wieder nach Hause gebracht. In seiner Jugend war er bereits ein solch überzeugender Prediger und Gelehrter, dass Tausende Menschen seine Vorträge besuchten. „Aber er gab all das auf, um hier an diesem einsamen Ort zu leben“, sagte Sakhi Sharan.

In einer stillen Nacht – wir saßen gerade im flackernden Lichtschein einer Laterne – fragte ich Ramesh Baba, warum er eine erfolgreiche Karriere als Redner ausgeschlagen hatte. Er verdrehte seine Augen nach oben und zog eine Grimasse, die sein Missfallen ausdrückte. Baba wollte überhaupt nicht über sich selbst sprechen. „Weil du gefragt hast“, sagte er, „ist es meine Pflicht zu antworten.“ Er schlug die Augen nieder. „Tausende Anhänger verfolgten meine Vorträge, aber mein Herz sehnte sich nach der Liebe von Sri Radha. Sie rief mich.“ Baba starrte in die Flamme der Laterne. Er fuhr fort: „Daher gab ich meine Tätigkeit als Prediger auf und kam nach Vrindavan, wo ich meinem Guru am Govardhan-Hügel begegnete. Dann kam ich hierher. Das war 1950; da war ich sechzehn Jahre alt. Damals war dieser Ort ein Dschungel, in dem wilde Tiere lebten. Der Gipfel dieses Hügels diente Mördern und Dieben als Versteck. Ich bin seit einundzwanzig Jahren hier und meditiere über den Namen von Sri Radha.“

Im Laufe der Jahre wurde Ramesh Baba einer der meistverehrten Heiligen von Vrindavan. Er war der einzige Sohn in seiner Familie. Als seine Mutter Witwe wurde, zog sie später in eine Hütte am Fuße des Hügels, um in der Nähe ihres Sohnes zu sein. Sie führte das Leben einer Asketin, sie wählte also ein einfaches Leben und vertiefte sich in die Verehrung des Herrn.

Da es auf dem Hügel keine Elektrizität, keine Rohrleitungen, kein Wasser oder Essen gab, stiegen Sakhi Sharan und ich mit Eimern die steile Seite des Hügels hinab, um Wasser aus einem Teich zu holen. Das Hinaufsteigen war in der Sonnenhitze so anstrengend, dass wir alle paar Schritte Pause machen mussten. Um die Mittagszeit kletterten wir die flache Rückseite des Hügels hinab, um in dem kleinen Dörfchen Manpur von Tür zu Tür, um etwas zum Essen zu betteln. In einem Haus blies eine Mutter gerade in ein Muschelhorn, um so die Familie zusammenzurufen, damit sie ihre Arbeit auf den Feldern ruhen ließen und nach Hause kamen. Bald schon hatte sich die ganze Familie eingefunden und sang einen wunderschönen Kirtan, um unsere Ankunft zu feiern. Der Vater spielte Harmonium und führte den Gesang an, und ein kleines Kind von vielleicht zehn Jahren spielte geschickt eine Doppelfell-Trommel, eine *Dolak*. Ein weiteres Kind begleitete sie mit Handzimbeln. Alle Frauen im Haushalt klatschten in die Hände und sangen glückselig. Nach ungefähr zwanzig Minuten Gesang legten sie ein Buch vor meinen Bettelpartner und baten um einen Vortrag. Sakhi Sharan Baba sprach ungefähr eine Viertelstunde in Hindi und die Familie hörte mit gespannter Aufmerksamkeit zu. Dann füllte die Mutter unsere Bettelschalen mit dicken groben Vraja Rotis und wir kehrten auf den Hügel zurück, um sie mit Ramesh Baba zu teilen.

Aber in dieser Welt besteht der Preis für Ehre und Ansehen darin, dass man auch beneidet und gehasst wird. Eine verschlagene Gruppe von Gaunern – die lokale Mafia – wurde von einigen Männern angestachelt. Ramesh Babas wachsende Beliebtheit und sein lautes Chanten der Namen des Herrn war ihnen ein Dorn im Auge. In einer ruhigen Nacht – ich saß gerade mit ihm auf dem Dach – entdeckte ich die Gangster, wie sie gerade mit Messern und Gewehren bewaffnet den Berg hinaufschlichen. Sie stürmten geradewegs auf uns zu. Mir war bekannt, dass an solch entlegenen Orten das Gesetz nicht viel zählte. Sie starrten mit wilden Blicken auf uns und ließen keine Zweifel offen, dass sie bereit waren, uns auf der Stelle die Kehle durchzuschneiden. Ihr Anführer wirkte wild, verdreckt, groß, stark und gewalttätig. Er hatte sich ein schwarzes Tuch um den Kopf gebunden und hatte einen dicken schwarzen Bart und verfaulte Zähne.

„Wir sind das Gesetz hier“, legte er wütend los. „Hör auf mit diesem Chanten oder du stirbst. Dich umzulegen ist für mich, als würde ich eine Fliege zerdrücken.“

Baba saß einfach nur friedlich da, äußerst gleichmütig, bis die Gang schließlich wieder verschwand. In einer anderen Nacht kam ein Anhänger von Baba aus dem nahegelegenen Dorf und erzählte, dass seine Familie Todesdrohungen erhielt. In diesen entlegenen Landstrichen waren Morde keineswegs eine Seltenheit. Ramesh Baba ließ sich davon nicht aus der Ruhe bringen. „Ich chante die Namen Gottes im Kirtan, wie es die Heiligen tun und die Schriften vorsehen“, erzählte er mir. „Wenn der

Herr mit mir zufrieden ist, ist es mir egal, was sie mit mir machen." Baba setzte einfach völlig unbeeindruckt seinen Kirtan fort. Ich erkannte, dass solch ein Vertrauen eine Eigenschaft war, die ich unbedingt entwickeln wollte. Denn dann wäre mein Herz ein geeignetes Gefäß, um das zu empfangen, wofür ich betete. Ja, Ramesh Baba hatte ein Ideal, für das er bereit war, zu leben und zu sterben.

Wir verbrachten die Nächte unter dem Sternenhimmel auf einer zementierten Plattform außerhalb des Tempels. Eines Nachts bemerkte ich, dass Ramesh Baba auf dem Rücken lag und einen ungefähr einen Meter langen Prügel neben sich liegen hatte. Neugierig richtete ich mich auf. „Ich habe noch nie gesehen, dass du dich mit einem Prügel schlafen legst. Baba, gibt es einen Grund dafür?"

Seine Stimme klang ruhig. „Ja, die Dorfbewohner haben mich darüber informiert, dass ein menschenfressender Leopard in der Gegend ist. Er hat schon einige Kühe gerissen und Dorfbewohner angegriffen." Dann zog er die Augenbrauen zusammen und hob den Stock hoch. „Heute Abend wurde der Leopard gesehen, wie er unseren Hügel hochstieg. Ich habe den Stock zu unserem Schutz." Er sprach ohne jede Regung, als sprächen wir über das Wetter.

Verwundert fragte ich: „Aber was soll denn so ein kleiner Stock gegen einen wilden Leoparden ausrichten?"

„Gar nichts, Krishna Das. Nur der Herr kann uns beschützen." Er gähnte lange und schloss die Augen und führte verschlafen seinen Gedanken weiter aus: „Es ist jedoch unsere Pflicht, Krishna zu zeigen, dass wir unseren Teil dazu beitragen." Ermutigt durch sein Vertrauen, schlief ich die ganze Nacht sehr gut. Und der Herr hat uns tatsächlich beschützt.

Ich blieb mehrere Male bei Ramesh Baba. In der Sommerzeit war es auf Babas Hügel brennend heiß, manchmal bis zu 45 Grad Celsius. Im Winter waren die Temperaturen auch extrem und sanken oft unter den Gefrierpunkt. Trotz des harten Klimas in den verschiedenen Jahreszeiten – ohne im Sommer einen Ventilator zur Abkühlung oder eine Heizung im Winter zu haben – war Ramesh Baba friedlich Tag und Nacht in sein Chanten und seine Meditation über Krishna vertieft. Da es keine Kanalisation geschweige denn eine Toilette gab, ging man mit einem Behälter voll Wasser in den Wald, um dem Ruf der Natur zu folgen. Wir setzten uns in die Hocke, entleerten uns, säuberten uns anschließend mit dem Wasser, das wir mitgebracht hatten, und schlossen den Vorgang mit einem Vollbad im Teich ab. Das war auch überall sonst auf meinen Reisen in Indien die Art und Weise, mit der Sadhus sich der Abfallprodukte ihres Körpers entledigten. Begierige Schweine – die örtliche Müllabfuhr – erschien häufig gleich, um sich an der Abfallmahlzeit gütlich zu tun.

An einem Nachmittag im Herbst litt ich plötzlich unter schwerem Durchfall und so hockte ich in den Büschen, um dem schreienden Ruf der Natur nachzukommen. Durch die Krankheit fieberte ich schon und war völlig erschöpft. Ein Schreck durchfuhr meine Glieder, als ich eine riesige Schlange aus den Büschen auf mich zu schlängeln sah. Sie war ungefähr zwei Meter lang und fünf Zentimeter dick mit grünen Punkten auf ihrer gelblichen Haut. An der dreieckigen Form ihres Kopfes erkannte ich, dass es eine Giftschlange war. Das Reptil starrte mich mit bleiernem Blick an und bewegte sich direkt auf meine nackten Füße zu, hielt inne und ruhte ihren kühlen Körper aus. Ich wagte es nicht, mich zu bewegen. Ich hielt den Atem an und dachte: *Der Tod kann dann kommen, wenn man ihn am wenigsten erwartet. Soll ich nun auf diese unrühmliche Art und Weise sterben?* Im Gegensatz zu Ramesh Baba, der den Tod nicht fürchtete, hatte ich Todesangst. Mein Herzklopfen und mein wilde Gedankenwelt zeigten mir, wie weit ich noch von meinem Ziel entfernt war, mich dem Herrn wirklich hinzugeben.

Ich dachte zurück an die starke Strömung des Ganges, die mich weggerissen hatte und mich rasch dem Tod näher brachte. Hier war ich nun wieder. Von ganzem Herzen und aus ganzer Seele chantete ich immer wieder ganz sanft *Hare Krishna Hare Krishna Krishna Krishna Hare Hare, Hare Rama Hare Rama Rama Rama Hare Hare.* Wie damals, als die Strömung des Ganges mich gepeitscht hatte, empfand ich allmählich durch die unvorstellbare Kraft des Mantras, wie sich ein Gefühl des Friedens in mir ausbreitete, und so wuchs meine Loslösung. Ich war in der Lage, die Schlange nicht als meinen Feind, sondern als meinen Bruder zu betrachten. In der Gegenwart von Krishnas Namen war alle Furcht von mir gewichen. Ich freute mich. Minuten verstrichen. Die Schlange schaute mir in die Augen. Dann drehte sie langsam ihren Kopf und schlängelte sich zurück in die Büsche. Gedemütigt dachte ich nach:

Der Herr hat mir heute offenbart, was für ein winziges Kind ich auf dem spirituellen Pfad bin. Wenn ein Kind in Gefahr ist, besteht sein einziger Schutz darin, die Mutter oder den Vater zu rufen. Heute kamen Mutter und Vater in der Form Ihrer Heiligen Namen und haben mich so beschützt.

Jede Nacht teilten Ramesh Baba und ich die Rotis auf dem staubigen Boden. Eines Nachts – wir saßen beim Schein der Laterne – fragte er mich: „Wo in den Vereinigten Staaten bist du denn aufgewachsen?"

„In einer Kleinstadt in der Nähe von Chicago", antwortete ich.

Er hörte auf zu kauen und Tränen des Mitleids traten ihm in die Augen. „Oh, Krishna Das. Chicago ist der Ort, an dem Kühe getötet werden." Ich nahm einen tiefen Atemzug, schloss die Augen und erinnerte mich traurig an den Gestank und die Schreie aus den Schlachthöfen, an denen wir oft im Auto vorbeifuhren, als ich noch ein kleiner Junge war. Ramesh Baba lebte so isoliert auf seinem einsamen Hügel und hatte seit Jahrzehnten keine Nachrichten aus der Welt gehört, woher wusste er das? Aber es stimmte. Im 19. Jahrhundert hatte die *Union Stockyards* in der Southside von Chicago den weltgrößten Schlachthofbetrieb aufgenommen und den Großteil der Fleischproduktion der USA abgefertigt. Es bewegte mich tief im Herzen, dass Ramesh Baba so viel Mitgefühl für Kühe hatte, die 10.000 Meilen entfernt lebten.

Ramesh Baba wurde ein Freund fürs Leben und eine große Inspiration. Er lebte und sprach, was er glaubte, ohne einen Cent auf die öffentliche Meinung zu geben. Ich fand es faszinierend, dass er unter ganz ähnlichen Umständen wie die Sadhus im Himalaja lebte, dabei aber Vrindavan nie verließ. Er war ein strikter Asket und tiefsinniger Gelehrter. Er verbrachte sein Leben damit, zu bitten und zu betteln, ein Werkzeug von Radhas und Krishnas sanfter Liebe sein zu dürfen. Wenn er sang oder wenn er einen Dienst ausführte, war diese Liebe offensichtlich. *Ja,* dachte ich, *der Weg der Bhakti ist sehr tief. Gütige Seelen wie Ramesh Baba und andere Heilige führen mich weiter auf meiner inneren Reise und entzündeten das Feuer in meinem Herzen, meinen Guru zu finden.* Ich glaubte aufrichtig daran, dass mir mein Lehrer offenbart werden würde, wenn ich bereit wäre.

10

Kinder in glänzenden Kostümen, mit glitzernden Kronen und funkelnden Schmuckstücken führten Spiele Krishnas auf. Sie hatten das Stück bis ins kleinste Detail einstudiert und sangen, tanzten und spielten nun für ein Publikum von über hundert begeisterten Dorfbewohnern, die sich im Garten eingefunden hatten. Solche Theaterstücke wurden zur gleichen Zeit überall in Vrindavan aufgeführt. Asim und ich besuchten sie manchmal. An diesem Abend spielten Krishna und seine Kuhhirtenfreunde Zöllner; sie verstellten Radha und ihren Kuhhirtenmädchen, die auf ihrem Kopf Tontöpfe mit Butter balancierten, den Weg. Asim übersetzte den Text für mich ins Englische.

Der süße Junge, der Krishna spielte, sagte zu Radha: „Bevor ich dich vorbeilasse, musst du für deine Schönheit, deinen Charme und deine süße Liebe Zoll bezahlen. Als Zoll verlange ich eure Buttertöpfe."

Das wunderschöne Kind, das Radhas Freundin Lalita spielte, antwortete: „Warum sollten wir dir Steuern bezahlen. Meine Radha ist die Königin von Vrindavan. Du solltest Steuern an sie bezahlen für all das Gras, das deine Kühe jeden Tag fressen."

Mit den lustigen Dialogen voller Witz, Charme und spiritueller Emotion eroberten die Schauspieler unser Herz. Die klassischen Geschichten wurden zudem mit Liedern und Tanzeinlagen untermalt. Bei jeder Begegnung besiegte Radha den verspielten Krishna mit ihrer Liebe. Im Laufe meiner Reise war mir klar geworden, dass die Essenz von Yoga bedeutete, einfach in der Liebe des Höchsten aufzugehen. Es wunderte mich aber immer wieder, wie viele verschiedene Möglichkeiten es dafür gab.

Das erste Licht der Morgendämmerung erhellte den geräumigen Hof hinter einem mittelalterlichen Sandsteintempel. Eine ungefähr drei Meter hohe, von blühenden grünen Kletterpflanzen überwucherte Backsteinmauer begrenzte den Hof. Laut summende Bienen schwirrten um die Blüten und Vögel, die sich in den Zweigen der Bäume versteckten, hoben an, ihr Morgenlied zur Begrüßung der aufgehenden Sonne zu singen. Dieser Platz war ein heiliger Ort, eine Zufluchtsstätte, zu der Devotees kamen, um still zu beten. Vorher hatte mir Krishna Das Babaji erklärt, dass sich in der Mitte dieses Hofes der Samadhi – das Grab – eines berühmten Heiligen namens Rupa Goswami befand. Er und sein älterer Bruder Sanatan hatten unter dem König als Premierminister Bengalen regiert. Diese jungen Aristokraten waren gut aussehend, gebildet, wohnten in Palästen und besaßen unvorstellbare Reichtümer. Obwohl sie sehr wohltätig waren und von allen geschätzt wurden, sehnten sie sich danach, der Gesellschaft das größte aller Geschenke zu machen – die Liebe zu Gott. Daher gaben sie alles auf, verschenken ihre Güter und zogen nach Vrindavan, wo sie unter den Bäumen im Wald schliefen. Inspiriert von Chaitanya Mahaprabhu verfassten die Brüder viele Bücher, um der Welt die vertraulicheren Geheimnissen spiritueller Liebe zu offenbaren. Gleichzeitig lebten sie ein Leben, in dem sie diese Lehren persönlich vorbildlich verkörperten. Seit mehr als fünf Jahrhunderten waren sie nun schon für zahllose Gläubige eine große Inspirationsquelle. Ich war so sehr von Rupa und Sanatans Hingabe angezogen, dass ich gar nicht genug über sie hören konnte.

Ich kniete vor Rupa Goswamis Grab nieder und betete still. Über der Erde, in der der Körper des Heiligen in einen Schrein eingeschlossen war, war ein kleiner quadratischer Raum aus Sandstein errichtet worden, über dem sich ein Dach in Form eines Kuppelgewölbes erhob, das mit einer Turmspitze gekrönt war. Aus religiösen Büchern verschiedener Glaubensrichtungen hatte ich gelernt, dass die Präsenz eines Heiligen an seinem Grab besonders stark sein soll. Was sich aber an jenem Tag ereignen sollte, war jenseits meines Vorstellungsvermögens. Ich nahm plötzlich eine unsichtbare Energie wahr, die aus dem Samadhi herausströmte. Sie war mystisch, aber gleichzeitig real. Es war so, als ob ein Wesen, das grenzenlose Gnade besaß, mich umarmte und mit Liebe erfüllte. Ich fühlte mich schwerelos, jenseits von Körper und Geist. Meine Glieder zitterten und ich bekam eine Gänsehaut, als Wellen der Dankbarkeit mein Herz erbeben ließen. Ich blickte hinunter auf die staubige Erde und fühlte mich unendlich klein und einer solch vertraulichen Erfahrung nicht würdig. War dies ein weiterer flüchtiger Einblick in die göttliche Liebe, nach der ich mich so sehnte und die mich dazu anspornen wollte, nach mehr zu suchen? Das war mein Eindruck. Mein Gefühl sagte ja. Mein Herr hatte mir wieder einen Anstoß gegeben, einen weiteren Schritt in die Richtung meiner Bestimmung zu tun.

Schlagartig war ich mir sicher, dass Bhakti der Weg war, dem ich mein Leben widmen wollte, und dass Krishnas Name mir mit der Zeit Seine Liebe zu mir offenbaren würde. Alle Vorbehalte, die mich zuvor davon abgehalten hatten, mich mit ganzem Herzen diesem Pfad hinzugeben, waren mit einem Mal aus dem Weg geräumt. Aber mir war klar, dass ich den Weg aufrichtig gehen musste, unter der Führung eines authentischen Lehrers oder Gurus, zu dem mich Krishna bestimmt führen würde.

Bhakti. Der Pfad der Hingabe. Mein Pfad war mir offenbart worden. Endlich konnte ich ihn annehmen.

Ich war nun seit einem Jahr in Indien. Wieder einmal sollte ich die Gelegenheit haben, folgende Lektion zu lernen: Alles Wunderbare bringt auch große Herausforderungen mit sich. Schon vor einigen Monaten war ich pflichtbewusst zum Einwanderungsamt im nahe gelegenen Mathura gegangen, um die Verlängerung meines Visums zu beantragen. Der Beamte schickte meinen Antrag nach New Delhi und versicherte mir, dass die Quittung als mein legales Visum gelten würde, bis die dortigen Beamten antworten würden.

Aber der Herbst verging und es wurde allmählich Winter und noch immer gab es keine Antwort. Das dachte ich zumindest. Ohne dass ich etwas davon erfuhr, war ein Brief in einem Aschram zugestellt worden. Der Empfänger hatte den Brief allerdings verloren und mich nie davon in Kenntnis gesetzt. Wie sich herausstellte, stand in dem Brief, dass ich mich unverzüglich bei der Behörde in Mathura melden sollte. Da ich davon nichts wusste, hatte ich mich auch nicht nach Mathura begeben. Die Zeit verstrich. Der für mich zuständige Beamte hatte wohl das Gefühl, ich würde seine Autorität missachten, und war sehr erzürnt. In der Zwischenzeit lebte ich mein einfaches Leben, ohne die geringste Ahnung davon zu haben, dass irgendetwas schiefgelaufen war.

Eines Tages eilte ein Tempelpriester zu mir auf die Straße. Sein Gesichtsausdruck war ernst. „Ein Regierungsbeamter ist hinter dir her“, sagte er, „er glaubt, du willst dich ihm widersetzen.“

„Worum handelt es sich denn?“, stieß ich verwirrt hervor. Was hätte ich denn schon getan haben können, das eine derart große Aufmerksamkeit gerechtfertigt hätte?

„Am Morgen kam er hierher und hat nach dir gesucht. Er schrie herum wie ein wild gewordener Köter, er drohte damit, dass er dich hart bestrafen wolle, sobald er dich findet.“ Der Priester verzerrte sein Gesicht voller Abscheu und fuhr mit gesenkter Stimme fort: „Ich kenne den Mann. Er ist gewalttätig und korrupt. Wir fürchten ihn mehr als die Verbrecher hier aus der Gegend, denn er hat die Macht alles zu tun.“

„Was soll ich jetzt machen?“, fragte ich. Ich hatte Herzklopfen.

„Sei vorsichtig.“

Wo ich auch hinging, überall erzählten mir die Leute, dass der Beamte auf der Suche nach mir sei. Dutzende Vrajabasis und Sadhus beteten für meinen Schutz.

In jenen Tagen, die ich mit Sripad Baba und Asim verbrachte, besuchte ich manchmal auch eine reiche Frau aus Delhi, Yogamaya, die hier ihren Zweitwohnsitz hatte. Sie hatte ein kleines Zwei-Zimmer-Apartment, in dem sie Devotees zum Kirtan-Singen einlud und dabei für alle kochte. An einem jener Abende hatte ich einen Mann aus Neu-Delhi getroffen, der von allen „der Ingenieur“ genannt wurde. Er war Maschinenbauingenieur von Beruf, groß, mittleren Alters, mit ordentlich zurück gekämmtem Haar und einem gepflegten Bart. Wie jeder in Yogamayas Wohnung war er eine gute Seele und ein aufrichtiger Devotee von Krishna. Nachdem er meinen Fall gehört hatte, versicherte er jedem, dass er durch seine Beziehungen in Neu-Delhi versuchen könne, dass meine Papiere bei der Einwanderungsbehörde wieder in Ordnung gebracht werden würden. Jeder im Haus bestand darauf, dass wir sofort aufbrechen sollten.

Im Schutz der Dunkelheit schlichen der Ingenieur und ich die schmalen Gassen von Vrindavan entlang zur Bushaltestelle. Als wir anstanden, um unsere Fahrkarte zu kaufen, ertönte eine Stimme wie ein Donnerschlag: „Verhaftet ihn!“ Schweigen senkte sich über die Bushaltestelle. Bevor ich richtig verstand, was los war, fühlte ich eine Hand im Nacken, die mich gegen eine Steinmauer schleuderte.

Ich stand dem Einwanderungsbeamten von Angesicht zu Angesicht gegenüber. „Du hast dich mir widersetzt!“, brüllte er los. „Jetzt hab ich dich!“ Seine Augen blitzen vor Wut. Der Ingenieur zog ihn am Ärmel und versuchte das Missverständnis aufzuklären, aber der Beamte war kein Mann, der ein offenes Ohr für vernünftige Argumente hatte. Er war ein Mann der Gewalt. Er schlug den Ingenieur mehrmals ins Gesicht und nagelte ihn dann an der Wand fest – neben mir. „Du wagst es, meine Autorität infrage zu stellen?!“, schrie er. „Wenn du noch einmal den Mund aufmachst, wirst du auch geschlagen und verhaftet.“ Frauen schrien, Männer schnappten nach Luft, Kinder weinten. Zwei Polizisten flankierten ihn. Sie waren mit Stöcken bewaffnet und sollten andere davon abhalten sich einzumischen. Als der Ingenieur sich an die Wand kauerte, griff der Beamte wieder meinen Hals und zog mich weg. Die Dorfbewohner schauten geschockt zu und riefen, „Er ist ein Sadhu, tun Sie ihm nichts. Tun Sie dem Jungen nicht weh!“

Der Beamte zerrte mich in den Bus Richtung Mathura. An der Tür wandte er sich an die zwei Polizisten. „Geht schon, ich brauche eure Hilfe nicht mehr. Der Schuldige gehört nun ganz allein mir.“ Er drückte mich in den vordersten Sitz und setzte sich neben mich. Ich sah ihn mir nun gut an. Er hatte die Statur eines Kämpfers, zerzaustes Haar und einen kurzen Bart. Er packte mich an den Schultern und schrie mir ins Gesicht: „Ich werde dich auspeitschen, hungern lassen und dafür sorgen, dass du dir wünschst, du wärst nie geboren worden!“ Der Speichel lief ihm aus dem Mund. Als ich mir seine Spucke aus dem Gesicht wischte, dachte ich: *Ich bin in den Händen eines Sadisten. Dieser Mann ist verrückt. Was kann ich jetzt machen?* Ich schloss die Augen und chantete leise das Mantra. Der überfüllte Bus setzte sich in Gang.

Wir fuhren schon eine Weile, als plötzlich im hinteren Teil des Busses ein Tumult ausbrach. Eine Auseinandersetzung zwischen zwei Bauern war eskaliert. Mein Kidnapper nahm die Gelegenheit wahr, seine Tapferkeit unter Beweis zu stellen. Er sprang von seinem Sitz auf, befahl dem Busfahrer, mich im Auge zu behalten, als ob ich aus einem Bus, der die Straße hinunter raste, irgendwohin hätte fliehen können. Brüllend eilte der Beamte nach hinten und schlug jeden zur Seite. Als er im im hinteren Teil des Busses angekommen war, stürzte er sich in das Handgemenge und drosch erbarmungslos auf die beiden Bauern ein. In diesen Moment dachte ich: *Die nächsten paar Sekunden sind vielleicht meine einzige Chance zu entfliehen.* Innerlich flehte ich um Führung.

Plötzlich hatte ich eine Idee. Ich sprang von meinem Sitzplatz auf, eilte zum Fahrer und rief: „Pani, pani, pani!“ – das bedeutete, dass ich Wasser lassen musste. Mit einer Geste seiner Hand gebot er mir, auf den Sitz zurückzukehren. Aber sehr zu seinem Missfallen ging ich nicht zurück, sondern hüpfte auf und ab, hielt die Hände wie ein kleiner Junge, der von den heftigen Schmerzen einer übervollen Blase gequält wurde, und schrie: „Pani, pani.“ Wieder befahl er mir, mich hinzusetzen. In diesem Moment sah ich, dass der Fahrer barfuß war. Das war meine einzige Chance zu entkommen und sie ging allmählich vorbei. Was ich als Nächstes tat, sollte als radikale Maßnahme in größter Not verstanden werden. Ich hockte mich neben den Fahrersitz und urinierte auf den Boden, dabei zielte ich sorgfältig, sodass die abprallenden Spritzer seine Füße trafen. Als er spürte, wie mein warmer Urin auf seinen Fuß spritzte, riss er schockiert die Augen auf und sperrte den Mund weit auf. In höchster Verwirrung trat er auf die Bremse, kurbelte die Tür auf und schrie: „Mach draußen!“

Ich rannte so schnell wie der Wind. Zu meiner Überraschung fuhr der Bus weiter. Ich nehme an, der Busfahrer wollte mich für immer loswerden. In einem Feld duckte ich mich hinter einen Busch und hörte, wie die Reifen quietschten. Ich beobachtete, wie der Bus nach fünfzig Metern abrupt zum Stillstand kam und dann rückwärts fuhr. Nur allzu gut konnte ich mir vorstellen, wie mein Kidnapper den Busfahrer gerade dafür schlug, dass er mich freigelassen hatte. Der Beamte stürmte in die Nacht hinaus und suchte wie wild mit einer Taschenlampe in der Hand die Straße nach mir ab, aber alles, was er fand, war eine einsame Landstraße. Frustriert stampfte er in den Bus zurück und fuhr nach Mathura. Ich schlich mich derweil durch die Felder, Wälder und kleinen Gässchen wieder zurück zu Yogamayas Haus.

Der Ingenieur war da. Er hatte den Devotees bereits von meiner Festnahme berichtet. Daraufhin hatten sie alle die ganze Nacht für meinen Schutz gebetet und gechantet. Sie wussten nicht, was sie sonst hätten tun können. Als ich in der Tür stand, sprangen sie alle auf, um mich zu begrüßen.

„Wie bist du entkommen?“, fragten alle wie aus einem Munde.

„Durch Krishnas Barmherzigkeit.“ Es war mir zu peinlich, meine unkonventionelle Methode zu beschreiben.

Später hörte ich in Berichten anderer Passagiere, die in jener Nacht im Bus saßen, was sich nach meiner Flucht abgespielt hatte. Als der Beamte vor Wut schäumte, machte sich eine alte Witwe über ihn lustig: „Du prahlst damit, ein so großer Mann zu sein? Ha, ha, ha! Aber jetzt hat dich ein kleiner dünner Sadhu ausgetrickst.“ Alle im Bus krümmten sich vor Lachen. Aufs Äußerste gedemütigt schwor er in aller Öffentlichkeit, sich für das, was ich ihm angetan hatte, zu rächen. Seit dieser Nacht hatte er nur eins im Sinn: mich – seine flüchtige Beute zu verfolgen. Die Vrajabasis schickten ihn auf eine falsche Fährte.

In der Zwischenzeit lernte ich jedes kleine Gässchen in Vrindavan kennen, da ich nicht wagte, die Hauptstraße zu betreten. Ich lebte wie ein Flüchtiger, dem ein besessener Vertreter des Gesetzes auf den Fersen war.

Eines Morgens – es war gerade 4 Uhr 30 – betete ich im *Radha Raman*-Tempel und trug Krishna meinen Fall vor: „Wenn ich versuche, Indien mit einem ungültigen Visum zu verlassen, werde ich nie wieder zurückkehren können. Wenn ich bleibe, ist es nur eine Frage der Zeit, bis ich festgenommen werde und für immer aus Vrindavan weggeschafft werde. Bitte tu mit mir, was Du für richtig hältst.“

In der Dunkelheit der frühen Morgenstunden verließ ich den Tempel und ging eine schmale Gasse entlang. Plötzlich hörte ich einen furchterregenden Schrei im Dunkeln. Ich verlangsamte meinen Schritt. Starr vor Schreck spürte ich, wie sich die Reißzähne eines Biests in meinen rechten Oberschenkel bohrten. Im Griff seines mächtigen Kiefers wurde ich zu Boden gezogen. Dann war auch schon alles vorbei. Ich drehte mich um und sah nur die undurchdringliche Dunkelheit. Das Vieh war genauso schnell in der Nacht verschwunden wie es aufgetaucht war. Mein Bein brannte vor Schmerz, ich humpelte vorwärts, verlor aber das Gleichgewicht und stolperte in einen Abwasserkanal und lag in einer dicken schwarzen Brühe. Ich zog meinen Körper wieder aus dem Dreck und schleppte mich zum *Radha Vallabha*-Tempel, wo ich freundlich von dem Hauptpriester und seinem Sohn, Radhesh Lal Goswami, begrüßt wurde. Sie sorgten dafür, dass ich ein Bad nehmen konnte. In ihrer herzlichen Gemeinschaft verlor der Schmerz in meinem Bein allmählich an Bedeutung.

Später saß ich mit Ghanashyam und zwei anderen Sadhus in seinem Tempel. Ghanashyam bemerkte, dass mein Bein blutete. Erschrocken zog dieser liebenswerte alte Mann die Augenbrauen hoch und fragte mit seiner hohen Stimme: „Krishna Das, was ist dir passiert?" Ich erklärte es ihm. Sie schüttelten bekümmert den Kopf. Ein älterer Sadhu seufzte. „Jeder wilde Hund, der so beißt, hat Tollwut. Du musst dich sofort behandeln lassen."

Betrübt antwortete ich: „Besser in Vrindavan sterben, als weggeschickt werden."

Unruhig rutschten sie hin und her und schauten mich an wie Bettler, die um etwas zu essen betteln. „Tollwut macht dich total verrückt. Wir bestehen darauf, dass du dich richtig behandeln lässt."

Die Bude, in der kostenlos medizinische Versorgung angeboten wurde, bestand aus einer Holzhütte direkt an der Hauptstraße. Da der Beamte auf der Jagd nach mir war, schien es mir besonders gefährlich, dort zu sein. Ich riskierte es dennoch. Dutzende Menschen, deutlich von der Armut gezeichnet, standen vor mir in der Schlange. Surrende Mücken schwirrten um uns und stachen zu. Der Arzt hatte nur einen ganz kleinen Vorrat an Arzneien. Ich beobachtete genau, wie er einem Kranken eine Injektion gab, die Nadel dann in eine Tasse mit Alkohol tunkte und sie dann beim nächsten Patienten wieder benutze und dann beim nächsten und dann beim nächsten. Dann war ich an der Reihe. Der Arzt schaute sich meine Wunde an und runzelte bestürzt die Stirn. Er rief: „Du musst wohl Tollwut haben. Kannst du mir sagen, welches Tier dich gebissen hat?"

„Doktor, es ist in der Dunkelheit verschwunden", antwortete ich. „Ich weiß nicht, was es war."

Er sagte, ich solle auf den blanken Holztisch steigen und mich auf den Rücken legen. Er fingerte in einer Metallbox herum und brachte schließlich eine riesige Nadel zum Vorschein. Sie war angelaufen und verbogen. Vor meinen Augen schärfte er sie mit einer Feile. Dann zog er langsam das Serum in die Spritze auf. „Verzeihung, aber ich muss in den Bauch spritzen. Das wird sehr schmerzhaft." Der Arzt stieß die stumpfe Nadel in meinen Bauch, aber sie wollte die Bauchdecke nicht durchdringen.

Immer wieder versuchte er es und mühte sich ab, sie tiefer zu drücken, als ich mich schon vor Schmerzen wand. Offenkundig frustriert, da Dutzende Kranker in der Schlange standen und warteten, rief er: „Wenn ich dieses Serum nicht hineinbekomme, wirst du sterben. Im Notfall müssen wir manchmal konventionelle Techniken außer Acht lassen.“ Voller Leidenschaft rammte er mir die Nadel mit solcher Kraft in den Bauch, dass mein ganzer Körper vom Tisch abhob. Es war qualvoll. Schließlich ging die Nadel durch. Ich kam mir vor, als würde ich entzweigerissen. Der Arzt drückte langsam das Serum in meine Muskeln und in meinen Blutkreislauf. Mein Bauch schwoll an. Ich wünschte mir nichts sehnlicher, als wegzugehen und nie mehr hierher zurückzukommen. Als ich davon stolperte, kündigte er an: „Du musst die nächsten zwei Wochen jeden Tag wiederkommen und diese Injektionen bekommen.“

Ich wusste, dass es mir unmöglich wäre, eine solche Tortur ein weiteres Mal zu überleben. „Ich kann nicht zurückkommen“, sagte ich.

„Wenn du nicht kommst, wirst du verrückt werden, unkontrollierbare Krämpfe bekommen und sterben.“

Ich erklärte ihm meine schwierige Lage. „Wenn ich jeden Tag auf diese Hauptstraße komme, werde ich sicher verhaftet.“

Als wir so sprachen, wurde er immer freundlicher und dann versicherte er mir: „Ich bin ein vom Staat angestellter Arzt. Ich werde einen Brief aufsetzen und mit einem offiziellen Stempel versehen. Damit gehst du dann nach Delhi und die müssen dir dann ein gültiges Visum ausstellen.“

Am nächsten Tag war mein Bauch grün und blau und geschwollen. Aber es gab keine Atempause. Die schmerzhafte Tortur musste an dreizehn aufeinanderfolgenden Tagen wiederholt werden, ohne Wenn und Aber. Der arme Arzt versuchte wirklich sein Bestes mit dem, was er zur Verfügung hatte. Er versprach, dass er eine bessere Nadel bringen würde, wenn ich das nächste Mal käme. Wie er mir aufgetragen hatte, bestieg ich einen Bus dritter Klasse nach Neu-Delhi. Als ich im Innenministerium angelangt war, wurde ich an einen hochrangigen Beamten verwiesen, da ich ein Sonderfall war. Der Beamte las den Brief des Arztes, in dem stand, dass ich Tollwut hatte und ohne geeignete Behandlung sterben würde. Er bat dringend, dass man mir ein gültiges Visum gewähren möge, damit er meine Behandlung fortsetzen könne.

Als der Visumsbeamte das Schreiben zu Ende gelesen hatte, schaute er mir ernst in die Augen. „Ich werde nachts nicht schlafen können, wenn ich weiß, dass ich die Ursache für deinen Tod bin." Er bat darum, dass meine Unterlagen gebracht werden. Mit großer Sorgfalt regelte er meinen Aufenthaltsstatus. „Jetzt bist du völlig legal in Indien. Jetzt gibt es keine Probleme mehr." Und mit diesen Worten stempelte er ein neues Visum in den Pass.

Ich kehrte mit dem Gefühl nach Vrindavan zurück, dass ich eine weitere notwendige Läuterung durchlebt hatte, die mich auf mein Schicksal vorbereitete. Ich sollte nicht mehr von dem Regierungsbeamten belästigt werden, da man nun nach ihm suchte und er bald wegen Amtsmissbrauchs gefeuert werden würde. Es stand mir frei, an diesem Ort zu bleiben, und ich hatte das überwältigende Gefühl, dass sich schon bald etwas Wunderbares für mich hier ereignen sollte.

In einer kühlen Nacht saß ich allein unter einem Kadamba-Baum am Flussufer und lauschte dem ruhig dahinfließenden Lied der Yamuna. Das Mondlicht glitzerte auf der Wasseroberfläche und das sanfte Zirpen der Nachtvögel erfüllte die Luft. Mein Geist wurde zu einem Filmprojektor und der Fluss zur Kinoleinwand, auf der ich die Ereignisse meines Lebens anschaute. Ich sah die Freuden und Leiden meiner Kindheit und die sinnlosen Streiche meiner Teenager-Zeit. Ich sah Gary und mich – stark durch die Kraft der Jugend – wie wir unser Heimatland verließen, um nach dem Sinn des Lebens zu suchen. Wir waren durch Europa gereist, hatten Sehenswürdigkeiten besichtigt, Freude gefunden und jedwede Erfahrung in uns aufgesogen. Die eine Konstante bei all dem war die Sehnsucht nach Gott, die zu einer Obsession wurde. Woher kam diese Sehnsucht? Ich wusste es nicht.

Auf der Suche hatte ich mich eingehend mit verschiedenen Religionen und Philosophien befasst und als Kind in Synagogen, später in Klöstern, Kathedralen, Moscheen und Tempeln gebetet. Als ich so in die Strömung blickte, floss mein Geist zurück zu jenem schicksalshaften Sonnenuntergang auf der Insel Kreta, wo ich mich entschlossen hatte, auf meine Pilgerreise nach Indien aufzubrechen. Lektionen, die mein Leben nachhaltig verändern sollten, begleiteten mich auf meiner Reise durch den Mittleren Osten. Als ich den Heiligen Koran studierte, war ich ständig von Gefahren oder Krankheiten bedroht. Als ich tiefer in den Fluss schaute, sah ich vor meinem geistigen Auge die Schönheit des Himalaja-Panoramas. Ich stellte mir noch einmal die großen Rishis, Mystiker, Asketen, Yogis und Lamas vor, von denen ich so eifrig gelernt hatte. Sie waren alle so gütig zu mir gewesen und in meinem Herzen dankte ich jedem einzelnen von ihnen. Dann hatte ich vor Augen, wie ich in jenem Reisfeld in Nepal wundersamerweise wieder mit Gary zusammentraf. Ich fragte mich, wo er wohl jetzt sein mochte und warum wir schon wieder getrennt waren. An jenem Ufer hörte ich all die nie enden wollenden Gebete wieder, die ich auf meiner beschwerlichen Pilgerreise mit dem Wunsch gebetet hatte, dass mein spiritueller Pfad mir offenbart werden solle. Ich erinnerte mich daran, dass Rama in Rama Sevaka Swamis Traum erschienen war und über mich gesagt hatte: „Dieser Junge ist ein Devotee von Krishna und Vrindavan ist der Ort seiner Verehrung." Damals hatte ich die Worte nicht weiter beachtet, aber nun, da ich fünf Monate in Vrindavan gelebt hatte, hatte ich das Gefühl echter Hingabe und hatte schließlich akzeptiert, dass Hingabe zu Krishna mein spiritueller Weg war.

Dennoch verspürte ich innerlich eine Leere. Ich wusste, dass ich einen Guru annehmen musste, dem ich voll und ganz vertrauen konnte. Diese Notwendigkeit entsprach der Tradition und den Schriften. Das eigene Leben in Einklang mit einem Dienst zu bringen, der entsprechend der Lehren eines Gurus ausgeführt wurde, war der Pfad, dem erleuchtete Seelen seit unendlichen Zeiten gefolgt waren. Ich blickte auf den dunklen Strom der Yamuna und betete um Führung.

Inzwischen war die Nacht schon sehr fortgeschritten. Mit diesen Gedanken im Kopf legte ich mich am Flussufer zum Schlafen nieder, wurde aber von einem seltsamen Traum heimgesucht. Ich befand mich in einem schönen Haus in Amerika und war von Leuten umgeben, die sich über belanglose Dinge unterhielten, während im Hintergrund der Fernseher lief. Ruckartig erwachte ich. *Warum habe ich Vrindavan verlassen?* rief ich. Verwirrt wälzte ich mich am Ufer hin und her und schluchzte in der Dunkelheit, *warum nur habe ich Vrindavan verlassen? Warum habe ich Vrindavan verlassen?* Allmählich erkannte ich die Yamuna und ganz in der Nähe einen Kadamba-Baum. *Ich bin in Vrindavan.* Ich war überglücklich. „Ich bin noch in Vrindavan", sagte ich laut. Ich presste meinen Körper auf die kalte Erde und spürte, dass ich niemals würde gehen wollen. Als ich mich wieder etwas gefasst hatte, kam ich zu der Schlussfolgerung: *Dieses kalte, staubige Ufer in Vrindavan ist mir viel mehr wert als ein schicker Bungalow im meinem Herkunftsland.*

Später am selben Morgen ging ich ein schmales Gässchen entlang. Ich wich einer Kuh aus, die sich müde auf meinem Weg hingelegt hatte. Als ich den Weg hochschaute, sah ich einen westlich aussehenden Mann in der safranfarbenen Kleidung eines Mönchs, der schnell auf mich zukam und mir zuwinkte. „Richard, Richard." Es schien so, als kenne ich diesen Menschen. Als er näher kam, erkannte ich, dass er der Devotee war, den ich neun Monate zuvor in Bombay getroffen hatte. Ich hatte nie einen dieser westlichen Schüler von Srila Prabhupada in Vrindavan gesehen. Ich war begeistert.

„Morgen kommt Srila Prabhupada!", rief er. Zwitschernde Vögel huschten über den Himmel. Die Kuh erhob sich ganz langsam aus ihrem Schlaf, ihre Hufe klackten auf dem Fußweg, und mit einem sanften Muhen schritt sie von dannen. Ein seltsames Gefühl von Aufregung durchströmte meinen Körper, als er fortfuhr: „Wusstest du, dass Srila Prabhupada ein Einwohner von Vrindavan ist? Er kehrt nun zurück, nachdem er die Kultur von Bhakti überall auf der Welt verbreitet hat." Er schlug mir auf die Schulter. „Srila Prabhupada wird sich so freuen, dich hier zu treffen. Wir haben uns schon die ganze Zeit gefragt, wo du wohl sein mochtest. Komm, bitte."

11

Es war der 26. November 1971. Ich stand am Straßenrand und beobachtete, wie sich ein klappriger Bus Vrindavan näherte. Er hielt an, die Tür ging auf und ein kleiner, älterer Herr stieg aus. Er trug safranfarbene Tücher und hielt einen hölzernen Spazierstock in der Hand. Srila Prabhupada, so sollte ich erfahren, war der Botschafter Vrindavans in der Welt. Aus allen vier Himmelsrichtungen eilte Jung und Alt herbei, um ihn zu begrüßen. Als ich den Mann sah, der mir so viel Herzlichkeit hatte zuteilwerden lassen, schmolz ich dahin vor Freude.

Was nun geschah, löste einen Sturm der Begeisterung unter den Bewohnern von Vrindavan aus. Dem Bus entstiegen nämlich vierzig Krishna-Devotees, Männer und Frauen, aus ganz unterschiedlichen Ländern und verschiedener Rassen, Europäer, Amerikaner, Lateinamerikaner, Afrikaner und Inder. Es war das erste Mal in der Geschichte, dass eine so große Gruppe von Ausländern angereist war. Als sie aus dem Bus kletterten, jubelten die Priester und Pilger vor Freude, Kinder lachten lebhaft und Bauern schauten ungläubig.

Krishna wird von Millionen von Indern verehrt und Vrindavan ist ihr heiligster Pilgerort. Die Einwohner Vrindavans waren von Stolz erfüllt, als sie sahen, wie Menschen ganz anderer Nationalitäten das mit ihnen teilten, was ihnen selbst am meisten am Herzen lag. Eine Zeremonie begann, bei der verschiedene Würdenträger, darunter auch der Bürgermeister, Regierungsvertreter, Priester und religiöse Führungspersönlichkeiten Srila Prabhupada bei seiner Rückkehr nach Hause willkommen hießen. Dieser ältere Sadhu, der Vrindavan ohne einen Cent in der Tasche verlassen hatte und nur von einem Traum getragen worden war, kehrte nun als weltberühmter Lehrer zurück.

Srila Prabhupada war als Abhay Charan 1896 in Kalkutta in eine tief religiöse Familie hineingeboren worden. Als ich in Bombay war, hatte ich gelesen, dass er 1922 als junger Abhay Charan seinem Guru, Srila

Bhaktisiddhanta Saraswati, begegnet war. Bei ihrem ersten Treffen, sagte ihm Srila Bhaktisiddhanta: „Du bist ein gebildeter junger Mann. Warum verbreitest du nicht die Botschaft von Sri Chaitanya auf der ganzen Welt?"

Abhay traute seinen Ohren nicht. Sie hatten sich kaum getroffen und schon erhielt er von diesem Sadhu eine Lebensaufgabe. Zu der damaligen Zeit war er gerade in Mahatma Gandhis Unabhängigkeitsbewegung aktiv.

„Wer wird unserer Botschaft schon zuhören?", entgegnete Abhay. „Wie können wir die indische Kultur verbreiten, wenn wir noch unter britischer Herrschaft sind?"

Srila Bhaktisiddhanta antwortete: „Ob die eine oder die andere Macht regiert, ist eine Frage der Zeit. Unsere ewige Wirklichkeit besteht darin, dass wir uns nicht mit den Dingen identifizieren, die sich auf den Körper beziehen. Vielmehr ist jeder von uns eine spirituelle Seele, die ewig und voller Glückseligkeit ist. Wahre Wohlfahrtsarbeit, egal ob nun individuell, sozial oder politisch, sollte einem Menschen dabei helfen, seine ewige Beziehung zu der Höchsten Wirklichkeit, Krishna, wiederherzustellen."

Als Abhay hörte, wie Bhaktisiddhanta die Schriften mit Herz und Verstand zitierte, war er überzeugt. Tief in seinem Herzen hatte er Bhaktisiddhanta Saraswati als seinen spirituellen Meister angenommen und trat seiner Bewegung aus voller Überzeugung bei.

„Mein alter Freund!", rief jemand aus. Ich drehte mich um und sah einen lächelnden hellhäutigen, in weiße Tücher gekleideten Mann. Er war kräftig gebaut, mit leuchtend grünen Augen und hatte den Kopf kahl rasiert; er hatte die Arme hochgerissen und lief auf mich zu. Es war Gurudas, diese kühne Seele, die mich neun Monate zuvor in Bombay mit auf die Bühne geholt hatte, um Srila Prabhupada zum ersten Mal zu treffen. Er umarmte mich. „Wir treffen uns wieder und dazu noch an einem heiligen Ort!" Später am gleichen Tag führte er mich durch eine Reihe von Gassen und Straßen, bis wir den geschwungenen Eingang eines mittelalterlichen Tempels erreichten und hineingingen. Hier in einem kleinen Raum erzählte er mir mehr über das Leben von Srila Prabhupada.

„1954 kam Srila Prabhupada als Mönch nach Vrindavan. In diesem kleinen Zimmer, in dem wir heute sitzen, lebte er sechs Jahre lang sehr zurückgezogen und bereitete sich auf das vor, was kommen sollte." Auf dem Boden sitzend, ließ ich meine Augen durch den winzigen Raum schweifen. Eine schmale grüne Eidechse, die ungefähr zwanzig Zentimeter lang war, mit einem langen wedelnden Schwanz krächzte und raste dann über die mit Lehm verputzten Backsteinwände. Ein niedriger Tisch und ein Holzbettrahmen mit einem kreuzweise gespannten Seil, auf dem eine Matratze liegen könnte, waren die einzigen Möbelstücke. „Genau hier", fuhr Gurudas fort, „übersetzte er die Sanskritschriften ins Englische."

Ich nickte und drängte ihn, mir mehr zu erzählen.

„1959 nahm er das Gelübde eines Swamis auf sich, und ihm wurde der Titel A. C. Bhaktivedanta Swami verliehen", sagte Gurudas. „Im Alter von neunundsechzig Jahren – das war 1965 – verließ er seine Heimat Vrindavan, um seine Lebensmission zu erfüllen. Mit weniger als sieben Dollar und einer Freikarte bestieg er die Jaladuta, ein Frachtschiff auf dem Weg nach Amerika. Die See war rau, und er erlitt zwei Herzanfälle. Auf der Reise wurde er siebzig, kam ganz allein in Boston an und reiste dann weiter nach New York City."

Eine kühle Winterbrise wehte draußen vom Innenhof herein, als Tempelglocken erklangen und Priester als Teil einer Zeremonie hölzerne Schlägel auf Messinggongs schlugen. *Bong bong, bong bong, bong bong.* Viele Menschen drängten in den Innenhof des Tempels, um an dem Ritual teilzuhaben. Gurudas erzählte weiter: „Als Srila Prabhupada am New Yorker Hafen ankam, kannte er keine Menschenseele. Er kämpfte allein, er lebte in der Bowery und der Lower East Side, bis seine wunderbaren Eigenschaften und sein immenses Wissen aufrichtig Suchende aus der Gegenkultur anzog. Er transformierte die Herzen vieler junger Amerikaner und Europäer. 1967 wurde ich in San Francisco sein Schüler. Wir nannten ihn liebevoll *Srila Prabhupada*, das bedeutet ‚derjenige, zu dessen Füßen große Meister sitzen'. Nach nur wenigen Jahren im Ausland war es ihm gelungen, eine weltweit tätige Bewegung zu schaffen, und nun bringt er zum allerersten Mal eine Gruppe seiner wissbegierigen Schüler zu sich nach Hause, nach Vrindavan."

Ich konnte angesichts dieser Reise von Srila Prabhupada nur den Kopf schütteln. Zwar war ich ja auch mittellos durch fremde Länder gereist und kannte niemanden, aber ich war neunzehn Jahre alt und bei guter

Gesundheit. Er begann seine Reise im Alter von siebzig und reiste durch fremde Länder, ohne jemanden zu kennen – er tat alles, um ein Werkzeug von Gottes Mitgefühl zu sein.

An jenem Abend kehrte ich in den Tempel zurück, um Srila Prabhupada zu hören. In einer überfüllten Halle mit klappernden Ventilatoren an der Decke saß ich am Boden und wartete. Durch die Fenster waren zwitschernde und trillernde Vögel zu hören, als die versammelten Menschen andächtige Lieder anstimmten. Als Srila Prabhupada eintrat, legte sich ein Schweigen über den Raum. Schüler verneigten sich, alte Freunde umarmten ihn und Gäste standen ehrfurchtsvoll da. Als Swami trug er safranfarbene Tücher, alles war ganz sauber und ordentlich. Er saß im Schneidersitz auf einem roten erhöhten Polster. Die letzten Sonnenstrahlen schienen durch die vielen Fenster und ließen seinen sanften Teint in einem dunklen Gold leuchten. Seine tiefen dunkelbraunen Augen waren zwar alt und weise, aber sie glänzten mit der Unschuld eines Kindes, als er jeden in der Zuhörerschaft voller Herzlichkeit anschaute. Von seiner Statur her war er recht klein, vielleicht 1 Meter 65 groß, aber seine Präsenz war enorm. Seine Hände hatte er zu einer betenden Geste zusammengeführt und verneigte den Kopf zur Begrüßung. Dann räusperte er sich. Er sprach mit tiefer Stimme in ein Mikrofon.

„Ein Grundprinzip des Lebens besteht darin, dass wir ganz allgemein die Neigung haben, jemanden zu lieben", begann er. „Niemand kann leben, ohne jemanden zu lieben. Diese Neigung ist in jedem Lebewesen gegenwärtig. Die Frage ist nur, wohin können wir unsere Liebe richten, damit jeder berücksichtigt und glücklich ist." Er machte eine Pause und schaute gedankenvoll ins Publikum. „Im Moment wird in der menschlichen Gesellschaft gelehrt, wir sollen unser Land, unsere Familie oder uns selbst lieben, aber es gibt keine Hinweise darauf, wohin wir unsere Neigung zu lieben richten sollen, damit jeder glücklich wird."

Seine Stimme überschlug sich, weil er emotional so tief bewegt war. Ich spürte, dass er nicht nur etwas lehrte, sondern dass er jeden im Publikum inständig anflehte, die Dringlichkeit seiner Botschaft zu verstehen. Da war ein Mensch, dem das, was er sagte, wirklich eine Herzensangelegenheit war, und die ganze Zuhörerschaft hing an seinen Lippen.

„Es ist uns nicht gelungen, Frieden und Harmonie in der menschlichen Gesellschaft zu etablieren. Obwohl es großartige Versuche gab, wie beispielsweise die Gründung der die *Vereinten Nationen* oder unsere Fortschritte in Wirtschaft und Wissenschaft, haben wir trotzdem dieses Ziel verfehlt." Er schloss kurz seine feuchten Augen und fiel in eine Trance, bei der er die Leiden der ganzen Welt zu fühlen schien. „Was uns fehlt, können wir entdecken, wenn wir unsere ursprüngliche Liebe zu Krishna wiederentdecken. Wenn wir lernen, wie man Krishna liebt, wird es uns leicht fallen, sofort alle Lebewesen gleichzeitig zu lieben. Es ist so, als ob wir die Wurzeln eines Baumes begießen – dann werden auch alle anderen Teile des Baumes genährt. Oder wenn wir dem Magen Essen zuführen – werden auch alle anderen Körperteile versorgt. Wenn wir in einem solchen Bewusstsein fest verankert sind, können wir ein glückliches Leben führen."

Zu diesem Zeitpunkt in meinem Leben war ich intensiv auf meine spirituelle Suche konzentriert, und die Dringlichkeit, mit der er uns bat, unsere verlorene Liebe zu Gott wiederzubeleben, berührte mich zutiefst.

Die Devotees luden mich ein, in einem Haus bei ihnen zu bleiben, aber dabei fühlte ich mich nicht gut. Ich zog es vor, unter den Bäumen am Ufer der Yamuna zu schlafen. Aber nach meinem Bad in der Yamuna in der Frühe und meiner Meditation ging ich jeden Morgen zu Srila Prabhupadas Morgenvorlesung. Obwohl ich gewisse Vorbehalte gegenüber seinen Schülern hatte – mir kam es beispielsweise seltsam vor, dass einige von ihnen Fotoapparate und Kassettenrekorder mitführten, so etwas hatte ich noch nie bei Sadhus gesehen – war ich von Tag zu Tag mehr beeindruckt von Srila Prabhupadas Wissen und persönlichen Eigenschaften. Er hatte die Gabe, selbst komplexe philosophische Themen einfach und souverän zu erklären. Und jeden Morgen nahm uns Srila Prabhupada persönlich auf einen Rundgang um Vrindavan mit. Als ich ihn begleitete, sah ich viele Orte, die ich schon oft gesehen hatte, aber in seiner Gegenwart machte ich Erfahrungen wie nie zuvor, als ob eine tiefere Schicht der Wirklichkeit sich offenbarte. Wenn er die Geschichten erzählte, die sich an einem bestimmten Ort zugetragen hatten, war es so, als ob ich sie mit meinen eigenen Augen sehen würde. Nach dem Mittagessen saß ich mehrere Stunden lang in seinem Zimmer, während er sich in diesem ungezwungenen Rahmen mit Gästen unterhielt. Da ich in seiner Gegenwart extrem schüchtern war, stellte ich keine Fragen, sondern war damit zufrieden, einfach nur da zu sein.

Als ich eines Nachmittags wieder in seinem Zimmer saß, kam mir zu Ohren, wie ich die Zielscheibe der Kritik eines Schülers wurde. „Diese Treffen sind doch nur für Gäste gedacht", sagte er. „Bitte geh raus. Alle Devotees verrichten nun ihren Dienst. Das ist die Regel." Obwohl ich keinen glatt rasierten Kopf hatte wie all die anderen männlichen Schüler, war ich die einzige Person aus dem Westen in seinem Zimmer. Offensichtlich betrachtete mich dieser Mann nicht als Gast.

Ich nahm eine Locke zwischen meinen Daumen und Zeigefinger und schüttelte sie sanft hin und her. „Aber schau doch, ich bin kein Devotee."

Sichtlich genervt schaute der Schüler hilfesuchend zu Srila Prabhupada. Ich wartete bange auf das Urteil, aber ich wollte auch sehr gern bleiben. Srila Prabhupada zog die Augenbrauen hoch, lächelte mir zu und brach dann in lautes Lachen aus: „Er ist kein Devotee. Lass ihn hier." Der Schüler gab sich geschlagen und verließ den Raum. Mit ernster aber wohlwollender Miene sagte Srila Prabhupada zu mir: „Ich weiß deine Wissbegierde zu schätzen." Dieser sehr persönliche Austausch ließ mein Herz schmelzen.

An einem anderen Tag traf ich zufällig Krishna Das Babaji auf der Straße. „Hare Krishna!" begrüßte er mich. Nachdem ich seinen Gruß erwidert hatte, erzählte ich ihm, dass Srila Prabhupada gekommen war. Er strahlte übers ganze Gesicht. „Wunderbar. Bitte nimm mich mit zu meinem liebenswerten Bruder." So gingen wir schnellen Schrittes durch die Gassen und bemühten uns, den hupenden Rikschas und den Wasserbüffeln auszuweichen, die auf der Straße schliefen. Nachdem wir ein paar Stufen erklommen hatten, betraten wir Srila Prabhupadas Zimmer. Srila Prabhupada saß hinter einem niedrigen Tischchen und sprach zu einem Dutzend Gästen. Als wir eintraten und diese beiden großen Seelen sich in die Augen sahen, strahlten sie vor Freude. Krishna Das Babaji lachte übers ganze Gesicht und rief: „Hare Krishna!"

Srila Prabhupada strahlte mit einer solcher Glückseligkeit, die ich nie zuvor im Gesicht eines Menschen gesehen hatte. Sein Lachen reichte von Ohr zu Ohr und seine Augen glänzten vor Freudentränen. Er rief ebenfalls „Hare Krishna!" aus und sprang von seinem Sitz auf, um Babaji zu begrüßen. Beide liefen schnell aufeinander zu und umarmten sich unter Freudentränen. Srila Prabhupada führte Babaji dann zu seinem Platz zurück und bot ihm an, auf dem gleichen Kissen Platz zu nehmen wie er. In der nächsten Stunde füllte sich der Raum mit viel Lachen, als sich die beiden angeregt in ihrer Muttersprache Bengali unterhielten und dabei alle andern im Raum völlig vergessen zu haben schienen. Ich saß nur einige Meter entfernt, beobachtete alles und platzte schier vor Aufregung. Welch unglaubliche spirituelle Beziehung diese beiden Männer hatten! Nie zuvor hatte ich so einen Austausch voller Liebe und Anerkennung erlebt. Ich hatte das Gefühl, einen kleinen Blick in die spirituelle Welt geworfen zu haben.

Es waren nur wenige Tage vergangen, als mich einige Schüler von Srila Prabhupada bedrängten, doch eine feste Entscheidung zu treffen. „Es ist nicht richtig, dass du in Vrindavan lebst", sagten sie. „Du solltest dich unserer Bewegung anschließen und mit uns reisen." Obwohl ich inzwischen mit diesem Druck umgehen konnte, fühlte ich mich nicht wohl damit. Wenn ich je einen Lehrer annehmen sollte, was ich ja von ganzem Herzen wollte, dann sollte sich diese Entscheidung auf tiefem Vertrauen und Inspiration gründen und nicht durch den Druck eines anderen herbeigeführt werden.

Eines Nachmittags eilte ich in einen Garten, in dem Srila Prabhupada sprechen sollte, aber ich war etwas spät dran. So fand ich mich inmitten von grasenden Kühen wieder. In den Laubbäumen sangen die Vögel schon ihr Abendlied. Eine Gruppe von Vrajabasis war unter der warmen Wintersonne zusammengekommen. Srila Prabhupada war gerade im Aufbruch begriffen, und Hunderte Menschen säumten den Pfad und verbeugten sich vor ihm als Zeichen ihres Respekts. Ich war einer von ihnen. Als ich meinen Kopf von dem sandigen Boden erhob, sah ich seine Füße in einfachen Leinenpantoffeln nur ein paar Zentimeter von meinem Gesicht entfernt. Ich kniete und schaute hoch, da blickte ich direkt in sein Gesicht. Sein Ausdruck war ernst.

„Wie lange lebst du schon in Vrindavan?", fragte er.

Ich zuckte innerlich zusammen, denn ich fürchtete schon, er würde mich auch dafür zurechtweisen, dass ich hier lebte. Ich antwortete: „Ungefähr sechs Monate, Srila Prabhupada."

Seine großen dunklen Augen schauten tief in meine. Es war, als existierte nichts als dieser Blick. Ich spürte, er wusste alles über mich – meine Stärken und Schwächen, meine Tugenden und Fehler, alles, wonach ich mich sehnte und alles, wofür ich betete und was ich überwinden wollte. Ich war sprachlos. Eine Minute mochte so wohl verstrichen sein. Dann verwandelte sich sein Gesicht vor meinen Augen und ein freigebiges Lächeln erstrahlte. „Sehr gut", sagte er und tätschelte mir zuneigungsvoll den Kopf. „Vrindavan ist ein so wunderbarer Ort."

In seinem Blick und in diesem kurzen Austausch erfuhr ich die Liebe eines ewigen Freundes, eines wohlmeinenden Elternteils und die Liebe Gottes. Langsam drehte er sich um und ging den Pfad weiter nach unten. Dabei begleitete sein Holzstock jeden seiner Schritte. Ich schloss die Augen und dachte nach.

> *Er ist ein so viel beschäftigter Mann, Zehntausende Menschen auf der ganzen Welt warten darauf, eine Minute mit ihm zu verbringen. Warum hielt er wegen mir an? Ich habe nichts zu bieten, ich bin nur ein Niemand ohne einen einzigen Cent, der unter einem Baum schläft.*

Diese kleine Geste hinterließ einen tiefen Eindruck bei mir und hatte eine weitreichendere Wirkung als all die Wunder, die ich gesehen hatte. Es war ein Eindruck, den ich weder verstehen noch erklären konnte. *Vielleicht*, dachte ich, *ist das Wunder, ein Werkzeug der Gnade und Freundlichkeit zu sein, das allermächtigste.*

Seit einiger Zeit quälte mich die grundlegende philosophische Streitfrage, ob Gott letztendlich unpersönlich oder persönlich sei. Einerseits hatte ich von einigen Yogis und Philosophen gehört, dass Gott letztendlich unpersönlich und ohne Form sei, dass er aber eine zeitweilige materielle Form als *Avatar* annehmen würde, wenn er zum Nutzen aller Lebewesen auf die Erde herabsteigt. Sobald er seine Mission erfüllt habe, würde er wieder in seine formlose Existenz eingehen. Jede Form und Persönlichkeit –

so die Unpersönlichkeitsanhänger – seien ein zeitweiliges Produkt Mayas, der materiellen Energie. Im letzten Stadium der Befreiung löse sich die Seele von der Schicht ihrer zeitweiligen Identität und werde eins mit Gott, indem sie in die alldurchdringende spirituelle Existenz eingehe.

Andererseits hatte ich von anderen Yogis und Philosophen gehört, dass Gott die Höchste Person sei, dass Seine spirituelle Form ewig, voller Wissen und Glückseligkeit sei. Zum Zeitpunkt der Befreiung gehe die Seele ins Königreich Gottes ein, wo sie ewig in reiner Liebe Gott als Person diene.

Ich dachte häufig über diesen offenkundigen Widerspruch nach. *Wie können beide richtig sein? Gott muss letztendlich entweder das eine oder andere sein. Entweder muss er letztendlich unpersönlich oder persönlich sein.* Aus Respekt gegenüber meinen geliebten Lehrern war es schwierig für mich anzunehmen, dass einer von ihnen falsch lag. Einige kritisierten heftig den Standpunkt der Vertreter der jeweils anderen Auffassung, während andere sich zurückhielten und das Thema eher vage behandelten. Ich hatte den Eindruck, dass sich viele spirituelle Lehren sehr ähnlich waren – bis auf diesen Punkt.

Was ist das Ziel, das ich anstreben sollte? Ich fragte mich, ob ich danach streben sollte, die Dualitäten zu transzendieren und eins mit einem unpersönlichen formlosen Gott zu werden. Oder sollte ich danach trachten, mein Herz zu läutern, um einem persönlichen Gott mit bedingungsloser Liebe in seinem ewigen Reich zu dienen?

Eines Nachmittags stellte ein Gast Srila Prabhupada eben diese Frage. „Ist Gott formlos und unpersönlich oder hat Er eine Form und eine Persönlichkeit?“ Die gespannte Erwartung meines Herzens blendete das Geschnatter der Vögel, das Kreischen der Affen und die Hupen der fernen Rikscha-Fahrer völlig aus. Ich setzte mich aufrecht hin und fieberte der Antwort entgegen. Srila Prabhupada neigte sich langsam nach vorn, sein Gesicht war ganz entspannt und die Mundwinkel seiner vollen Lippen zeigten nach unten. Er saß im Schneidersitz auf dem Boden und stützte die Ellbogen auf einen niedrigen Tisch. Seine Hände umfassten das Kinn. Mit einem durchdringenden Blick zitierte er aus den vedischen Schriften und erklärte: „Zunächst müssen wir einmal die unfassbare

Natur Gottes verstehen. Der Höchste Herr ist gleichzeitig persönlich und unpersönlich. Es ist eine ewige Wahrheit, dass Er sowohl formlos ist als auch eine ewige, glückselige Form hat."

Ich spürte, wie sich ein warmes, friedvolles Gefühl meine Brust erfüllte. Srila Prabhupada erhob den Zeigefinger einer Hand. „Die unpersönliche, alldurchdringende Energie des Herrn wird *Brahman* genannt. Und *Bhagavan* ist die persönliche Form Gottes, die Energiequelle, die nie unter dem Einfluss der Illusion steht. Nehmen wir das Beispiel der Sonne. Die Form der Sonne als Himmelskörper und das formlose Sonnenlicht können nie voneinander getrennt werden, da sie immer gleichzeitig existieren. Sie sind verschiedene Aspekte der Sonne. Ebenso gibt es zwei verschiedene Schulen von Transzendentalisten, die sich auf verschiedene Aspekte der einen Wahrheit konzentrieren. Die Unpersönlichkeitsanhänger versuchen Befreiung im unpersönlichen, formlosen Licht des Herrn zu erlangen, während die Persönlichkeitsanhänger danach streben, im ewigen hingebungsvollen Dienst zu der alles anziehenden Form des Herrn beschäftigt zu sein. Es gibt keinen Widerspruch.

In ähnlicher Weise ist die Seele ein Teil des Herrn, also gleichzeitig eins mit Gott und verschieden von Gott. Betrachtet man die Eigenschaften, so sind wir eins mit Gott, ewig, voller Wissen und voller Glückseligkeit. Aber quantitativ betrachtet sind wir immer nur ein Teil, wie der Sonnenstrahl ein winziger Teil der Sonne ist, und dennoch die gleichen Eigenschaften aufweist wie die Sonne. Wir sind gleichzeitig eins mit Gott und verschieden von Ihm. Gott ist unabhängig und hat alles unter Kontrolle. Wenn aber die Seele ihre von Gott gegebene Unabhängigkeit missbraucht, vergisst sie ihre Beziehung zum Herrn, fällt der Illusion anheim und erfährt somit in der Folge Leid."

Er lehnte sich zurück an die Wand, neigte seinen Kopf leicht und schaute mir direkt in die Augen. „Die beiden Schulen, die Persönlichkeitsanhänger und die Unpersönlichkeitsanhänger, nähern sich dem einen Gott über zwei verschiedene Aspekte." Er führte weiter aus, wie Krishna, Seine Form, Seine Eigenschaften, Seine Persönlichkeit und Sein Reich völlig unbegrenzt sind, und dass alle wahren Religionen der Welt denselben Einen Gott verehrten. Er hatte sich lediglich zu unterschiedlichen Zeiten auf unterschiedliche Art und Weise offenbart.

Wie schön. Mit diesen einfachen und intelligenten Worten hatte Srila Prabhupada zwei scheinbar gegensätzliche Ansichten in Einklang miteinander gebracht. Als ich ihm zuhörte, traten mir Tränen der Wertschätzung in die Augen. *Ja, jetzt ergibt alles einen Sinn,* dachte ich. Ein Dilemma, das meinen Fortschritt behindert hatte, war nun völlig aus dem Weg geräumt. Ein spontanes, freudvolles Lächeln legte sich über mein Gesicht. Srila Prabhupada erwiderte meinem Blick mit einem Lächeln, das Weisheit und heitere Gelassenheit ausstrahlte.

Ein Gast fragte ihn. „Sind Sie der Guru der ganzen Welt?"

Srila Prabhupada senkte bescheiden den Kopf und richtete seinen Blick auf den Boden. „Ich bin der Diener eines jeden", sagte er. „Das ist alles."

Ich fand, diesem Austausch wohnte ein besonderer Charme inne. Srila Prabhupada war so einfach, so frei und souverän in allem, was er tat oder sagte. Ich dachte an die Demut des lieben Ghanashyam, der fünfzig Jahre in einem Flur vor seiner Nische verbracht hatte. Srila Prabhupada war ein gebildeter Gelehrter, ein wortgewandter Sprecher und mächtiger Yogi, der eine weltweite Gesellschaft mit Tausenden von Anhängern gegründet hatte. Honoratioren kamen täglich, um ihn zu würdigen. Dennoch war dieser natürliche Zug der Demut spürbar. „Ich bin klein. Gott ist alles." Paradoxerweise führte diese Demut zu grenzenlosem Vertrauen und fester Entschlossenheit.

Nach diesem Treffen stand ich auf und gab Srila Prabhupada eine Rose. Er roch an ihr und verneigte sich gütig. Als ich das Haus verließ, ging ich freudig erregt zurück zur Yamuna. Was Prabhupada gesagt hatte, fügte Stück für Stück das Puzzle aus Persönlichkeitslehre und Unpersönlichkeitslehre in ein klares Bild zusammen. In so vielerlei Hinsicht hatte er einen sehr tiefen Eindruck bei mir hinterlassen. *Aber wer ist dieser wunderbare Mensch?* fragte ich mich. *Und wie ist er als Person?*

12

Im Dezember wurden die Tage allmählich kürzer und die Temperatur fiel. Ich wickelte mir ein Tuch um den Kopf und ging den Pilgerweg hinunter zur Yamuna. Leben regte sich im Wald. Vögel und Pfauen stimmten ihr Abendlied an, die Bauern kehrten von den Feldern zurück und die Vrajabasi-Frauen in ihren orangen, grünen und gelben Saris schritten mit riesigen Wassergefäßen auf dem Kopf den Pfad entlang. In diesem Moment entdeckte ich jemanden vor mir, dessen Statur mir wohlbekannt war. Es war Shyamasundar, der Devotee, der mir geweihte Speise in Amsterdam gegeben hatte und in Bombay so sehr um mein Wohlergehen besorgt war. Selbst von hinten erkannte ich diesen großgewachsenen Amerikaner, der Srila Prabhupada als persönlicher Sekretär diente. Seine rechte Hand steckte in einem Beutel mit einer Gebetskette und er chantete, als er sich dem Fluss näherte. Ich beschleunigte meinen Schritt, um ihn einzuholen, und rief ihn beim Namen. Er drehte sich um und ein Lächeln erhellte sein Gesicht, als er mich erkannte. „Ah, Richard, oder wie wirst du jetzt genannt?"

„Manche sagen Krishna Das zu mir."

Er legte seinen langen Arm um meine Schulter und zog mich näher zu sich heran. „Hey, Krishna Das, ich habe gehört, dass du seit einiger Zeit in Vrindavan lebst. Wie schön, dich wiederzusehen!" Wir hielten einen Augenblick an und tauschten uns aus. Etwas tief in meinem Herzen sagte mir, dass dieser Mensch im Laufe der Zeit einen ganz besonderen Platz in meinem Herzen einnehmen würde. Es schien, als kenne ich ihn schon seit Ewigkeiten. „Srila Prabhupada mag dich sehr gern", begann er. „Er fragt oft nach dir."

„Du hast ja so ein großes Glück, dass du ihm so nahe bist", sagte ich freudig erregt. „Und das jeden Tag, das kann ich mir nicht einmal vorstellen ..."

„Ja", lachte er bescheiden. „Manchmal kneif ich mich, um zu sehen, ob ich träume. Ich bin jetzt schon vier Jahre mit ihm unterwegs, und er scheint jeden Tag jünger und faszinierender zu werden. Er ist immer quicklebendig, ich habe ihn noch nicht einmal schlafen gesehen."

„Erinnerst du dich daran, als du ihn zum ersten Mal getroffen hast?", fragte ich. Ich wollte unbedingt so viel wie möglich über Prabhupada hören, um zu verstehen, wie andere Menschen zu der Entscheidung kamen, ihr Leben so radikal zu ändern, um ihm zu folgen.

Als wir am Ufer im Schneidersitz saßen, wiegte sich Syhamsundar langsam vor und zurück. „Das war in Haight-Ashbury, San Francisco, im Januar 1967. Meine Freunde und ich hatten ein riesiges Rock 'n' Roll-Event im *Avalon Ballroom* organisiert. Wir nannten es *Mantra Rock Dance*. Alle waren sie da, um ‚den Swami' an der Westküste zu begrüßen – Grateful Dead, Janis Joplin, Jefferson Airplane, Canned Heat, Quicksilver und Moby Grape, sie spielten alle. Selbst Allen Ginsberg, Timothy Leary und Ken Kesey waren da. All die Hippie-Ikonen kamen." Shyamasundar wurde ganz aufgeregt und sein Körper bewegte sich schneller. „Stell dir mal die Szene vor – der ganze Raum voll mit pulsierendem Stroboskoplicht und Rock 'n' Roll, vollgepackt mit langhaarigen Jugendlichen, die meisten auf Acid. Und dann betritt gegen Mitternacht Srila Prabhupada ganz ruhig die Bühne und setzt sich auf einem leicht erhöhten Sitzplatz in den Schneidersitz. Es ist mucksmäuschenstill. Srila Prabhupada beginnt, demütig das *Hare Krishna*-Mantra zu chanten. Ein Strahler findet ihn endlich und allmählich stimmt die Menge in sein Chanten ein. Dann kommt eine Rockband nach der anderen auf die Bühne, um mit ihm zu singen, und der Rest ist Geschichte. Prabhupada leitete zwei Stunden lang den unglaublichsten Kirtan, den du dir vorstellen kannst. Als er dann mit erhobenen Armen tanzte, hatte er die Herzen von Tausenden erobert. Oder wie er es später selbst formulierte: ‚Ich habe aus Hippies Happys gemacht.'"

Ich versuchte mir vorzustellen, wie Srila Prabhupada in Haight-Ashbury lebte, dem Weltzentrum der Hippie-Kultur. Gary und ich waren 1968 eine Zeitlang dort gewesen. Soweit ich mich erinnerte, war es wie ein Universum voller friedliebender Hippies, naiver Suchender, Drogendealer, Junkies, Touristen, Unternehmer und Hells Angels, die auf ihren blank polierten Harleys die Straßen rauf und runter donnerten. „Wie lange blieb er denn da?", fragte ich.

„Vier Monate. Er lebte zusammen mit uns Ami-Kids. Wir haben ja kaum verstanden, was uns der Swami erzählt hat. Wir wussten einfach nur, dass wir ihn liebten, diesen einzigartigen Menschen, der einfach in einem kleinen Apartment über dem Waschsalon saß und glücklich damit war, mit jedem zu sprechen, der ihn sehen wollte. Und was mich dann voll vom Hocker gerissen hat – er war immer zu Scherzen aufgelegt. Manchmal lehnte er sich zurück und lachte so sehr, dass man all seine Zähne sehen konnte und ihm die Tränen über die Wangen liefen."

Unten am Fluss wurde es allmählich dunkel und kühl, die Luft war erfüllt vom Rauch der Holzfeuerstellen, auf denen die Dorfbewohner kochten. Ich schlug vor, zum *Keshi Ghat* zu gehen.

Wir standen beide auf, und er klopfte sich den Staub aus der Kleidung. Als wir so am Fluss entlang schlenderten, erzählte Shyamsundar weiter, wie Prabhupada auch das Herz der Beatles erobert hatte und insbesondere George Harrison von ihm angetan war. Die Freundschaft zwischen den Devotees und den Superstars wurde immer enger und einige wohnten sogar monatelang in John Lennons Landsitz. „Wie konnte das geschehen, wenn nicht durch göttliche Vorhersehung?", fragte er.

Ich konnte dazu nur lächeln.

„Und Prabhupada wollte gar nichts von diesen Typen. Er wollte ihnen nur das Geheimnis des Lebens weitergeben. Bei unserem ersten Treffen mit John und George sah Prabhupuda ihnen ins Herz. Er war dabei so menschlich und sympathisch, er erzählte ihnen ganz einfach, dass Krishna die Höchste Person sei, beschrieb, wie Er aussah, was Er sagte und tat, und wie sehr Er Musik, Singen und Tanzen liebte. Dann versprach er ihnen, sie könnten Krishna von Angesicht zu Angesicht sehen."

Ich hielt inne, ich konnte einfach nicht glauben, was ich da über die Beatles hörte, als ich an der Yamuna entlanglief – ich musste einfach lachen.

Auch Shyamasundar blieb einen Augenblick stehen, ganz aufgeregt, seine Geschichte weiterzuerzählen. Eine Träne lief ihm über die Wange, als er fast schon stotterte: „Ich weiß noch, vor ihrem ersten Treffen, flüsterte mir George vor Prabhupadas Tür zu, dass er wirklich Angst habe, größere Angst als vor der *Ed Sullivan Show* oder dem Treffen mit Elvis. Aber als er sich verbeugte und Prabhupada ihn herzlich begrüßte, sah es so aus, als würden sich zwei alte Freunde wiedertreffen und gleich da weitermachen, wo sie stehen geblieben waren. Als wir das Zimmer nach diesem ersten Treffen zusammen verließen, drehte sich George zu mir und meinte: „Ja, Prabhupada ist echt."

Es war jetzt über ein Jahr her, dass ich das letzte Mal Rock 'n' Roll-Musik gehört hatte. Zehntausend Meilen von zu Hause entfernt, in einem Dorf in Indien gab es kaum etwas, das weiter weg von mir war als das. Dennoch fand ich die Vorstellung gut, dass George Harrison von den Beatles sein spirituelles Leben so ernst nahm. Ich fühlte mich mit ihm wie mit einem Bruder verbunden, der mein in Ehren gehaltenes Ideal teilte. *Wie klein und wunderbar die Welt doch manchmal ist,* dachte ich.

Als ich mit meinem neuen Freund auf den Stufen am Keshi Ghat saß, sah ich im Norden einen Meteoritenregen. Shyamasundar schaute auf und fing an, mir von Srila Prabhupadas Besuch in Russland zu berichten. Wegen des Eisernen Vorhangs kam damals eigentlich niemand nach Russland. Aber wieder einmal ebnete Krishna den Weg, um den Wunsch Seines Devotees zu erfüllen.

„Wir hatten keinen Plan, kein richtiges Essen. Wir übernachteten in winzigen, schlecht beleuchteten Zimmern und überall herrschte eine drückende Atmosphäre voller Angst, Repression und Schwermut. Was sollten wir fünf Tage lang machen?" Shyamsundar fuhr fort, dass er um den Roten Platz herum gegangen sei, als er den Sohn des indischen Botschafters und einen jungen Russen namens Anatoly traf, der mit zum Hotel kam, um den Guru zu treffen.

„Drei Tage und Nächte blieb Anatoly an Prabhupadas Seite und saugte alles auf wie ein Schwamm, was Prabhupada ihm beibrachte. Prabhupada war so zuvorkommend und lustig, aber auch ganz klar und deutlich, als er Anatoly den ganzen Vorgang des Krishna-Bewusstseins lehrte. Dann verließen wir Moskau wieder. Aber von diesem Samen aus verbreiten sich die Lehren Krishnas nun wie ein Buschfeuer im Untergrund, hinter dem Eisernen Vorhang."

Ich sah stromaufwärts zum Horizont und erinnerte mich daran, wie ich in Amerika aufgewachsen war und wie mir die Angst vor den Russen eingetrichtert worden war. Als Schulkinder hatten wir Luftangriff-Alarmübungen und man brachte uns bei, dass wir uns im Fall eines russischen Bombenangriffs unter den Schulbank verkriechen sollten. Es ging sogar soweit, dass einige der besser gestellten Familien bei uns im Viertel sich Schutzbunker hinter dem Haus bauen ließen, weil sie so sehr mit einem Angriff der Russen rechneten. Dennoch waren Shyamasundar und Srila Prabhupada auf der Höhe des Kalten Krieges in Moskau und gaben glückselig die Lehren des Bhakti Yoga an einen Russen weiter.

„Warum hat Srila Prabhupada euch westliche Devotees nach Indien mitgebracht?"

Shyamsundar blickte gedankenversunken in die Ferne, bevor er antwortete: „Prabhupada hat uns oft erzählt, dass sich in diesem Land immer mehr Menschen von wahrer Religion abwenden. Anstelle von Gott wollen sie Fernseher und Autos." Ich erinnerte mich an den falschen Guru, den ich in Janakpur getroffen hatte, dessen höchste Ambition im Leben darin bestand, ein reicher Amerikaner zu werden. „Ich glaube, er kam hierher zurück und hat einige von uns mitgebracht, um den Indern zu sagen: ‚Schaut her, diese jungen Männer und Frauen aus dem Westen haben alles, Fernseher, Autos, mehr, als ihr jemals haben werdet – und dennoch waren sie nicht glücklich, bis sie Krishna gefunden haben. Ihr habt etwas, das sie wollen, Krishna, ihr solltet also Krishna exportieren.' Prabhupada sagte oft, dass die Welt mit indischer Philosophie und amerikanischem Reichtum wirklich aufblühen könnte. Er nennt uns westliche Devotees seine *tanzenden weißen Elefanten*!"

Ich lachte und dachte, wie genial eine Synthese aus östlicher Philosophie und westlicher Technologie wäre. Ich merkte, dass ich so mit meiner eigenen Suche nach Gott beschäftigt gewesen war, dass der Gedanke, anderen Menschen Spiritualität näherzubringen, ganz weit von mir entfernt war. Ich fragte: „Und wie reagieren die Menschen in Indien auf euch?"

„Hier in Indien werden wir überall mit einem Freudenfest empfangen. Aber manchmal wird Srila Prabhupada auch kritisiert – er bekam sogar schon Morddrohungen –, weil er Menschen aus dem Westen eingeweiht hat, das Kastensystem ignoriert und auch Frauen in Dienste der Priester einweist." Das beeindruckte mich. Auf meinen Reisen in Indien hatte ich die Unterdrückung der niederen Kasten und von Frauen beobachtet und es hatte mich traurig gemacht. Srila Prabhupadas Mut, dagegen anzukämpfen, inspirierte mich.

Shyamasundar fuhr fort: „Srila Prabhupada ist ein echter Revolutionär.“ Er beugte sich hinunter, um sich zur Erfrischung etwas Wasser ins Gesicht zu spritzen, dann stand er auf und streckte sich. „Krishna Das, es war mir wirklich eine Freude, dass ich dich heute Abend wieder getroffen habe. Kann ich noch etwas für dich tun?“

„Was soll ich sagen?“ Ich stand auf. „Ich bin dir so dankbar.“ Ich legte meine Hand auf seine Schulter. „Ich habe schon so viel von deiner Zeit in Anspruch genommen. Ich sehe dich dann bei der Vorlesung morgen früh.“

Shyamasundar lächelte. „Danke. Du hast recht. Ich sollte jetzt besser zurückgehen.“ Er umfasste meine Hände und sagte: „Srila Prabhupada wird sich sehr freuen, wenn er hört, dass wir uns heute getroffen haben.“

Als ich ihm nachschaute, wie er so davon eilte, fühlte ich unermessliche Dankbarkeit und dabei auch eine wachsende Neugier.

13

In den kostbaren, ruhigen Augenblicken kurz vor der Morgendämmerung war es für mich etwas ganz Natürliches, dass ich mich Gott nahe fühlte. Ich erhob mich vom Flussufer und ging zur Morgenvorlesung.

„Alles ist potenziell spirituell", begann Srila Prabhupada, als ob er den Faden meiner eigenen Gedanken gerade wieder aufnahm. „Alles ist die Energie des Herrn. Materielles Bewusstsein bedeutet, dass man die Beziehung zwischen einem Objekt und dem Herrn vergessen hat. Spirituelles Bewusstsein bedeutet, alles in Beziehung zu Gott zu sehen und alles im liebevollen Dienst zu verwenden." Prabhupada klopfte ans Mikrofon, um diesen Punkt zu illustrieren. „Nehmen wir beispielsweise dieses Mikrofon. Wenn wir es dazu einsetzen, Lieder voll weltlicher Leidenschaft zu singen, ist es materiell. Wenn wir es dagegen einsetzen, um die Herrlichkeiten Gottes zu lobpreisen, ist es spirituell. Es ist alles eine Frage des Bewusstseins. Wir wollen alles für einen spirituellen Zweck einsetzen. Bhakti Yoga ist die Kunst, durch liebevolle Hingabe materielle Energie in spirituelle Energie umzuwandeln."

Das erschütterte meine Welt wie ein Erdbeben. *Dieses Konzept ist revolutionär,* dachte ich. *Das stellt den Kern meiner Vorstellung von Loslösung infrage.* Ich hatte angenommen, Loslösung bedeute, alles aufzugeben und nur mit dem äußersten Minimum zu überleben. Als ich aufrichtig tief in meinem Herzen forschte, musste ich zugeben, dass ich auf eine subtile Art und Weise stolz darauf war, wie ich in Indien gelebt hatte, und ich fand, dass dieser Lebensstil dem westlichen deutlich überlegen war. *Aber vielleicht ist diese Vorstellung von Loslösung einfach ein weiteres Produkt des täuschenden Egos, das mich dazu verführt, mich anderen überlegen zu fühlen.* Meine Welt war erschüttert. Es war sehr einfach, die wunderschöne Natur in Vrindavan, die Tempel und die *Deitys* für spirituell zu halten. Aber ein Mikrofon? Ich musste daran denken, wie ich die westlichen Anhänger von Prabhupada dafür kritisiert hatte, dass sie Fotoapparate und Kassettenrekorder benutzten.

> *Wie blöd von mir, so auf sie herabzuschauen und zu denken, ich selbst sei wegen meiner asketischen Lebensweise etwas Besseres. Nun verstehe ich, dass Loslösung nur dann heilig ist, wenn sie Demut, Respekt und Liebe fördert.*

Mit wenigen Worten ließ Srila Prabhupada mein Weltbild zusammenbrechen. Mein Ego war angeschlagen, aber dennoch war ich dankbar.

Man sagt, dass eine heilige Persönlichkeit zarter als eine Rose und härter als ein Donnerschlag sein kann. An diesem Morgen war ein Gast in der Vorlesung, der eine Entschuldigung nach der anderen vorbrachte, um sein unmoralisches Verhalten und seine spirituellen Schwächen zu verteidigen. Srila Prabhupada hörte zu und sprach dann mit einer Donnerstimme: „Wenn du schwach bist, korrigiere dich. Wenn du nicht entschlossen bist, dann hast du keinen Charakter. Was unterscheidet dich von einem Tier?" Der Mann sank in sich zusammen wie ein Häufchen Asche. Er verneigte sich und versprach, nun das zu tun, was seines Wissens nach richtig sei. Wenn nötig konnte Srila Prabhupada sehr streng sein, um klarzustellen, in welch misslicher Lage sich ein Mensch befand, damit er sich möglichst schnell daraus befreien konnte. Wie ein Skalpell in den Händen eines geschulten Chirurgen konnten seine Worte nicht nur schneiden, sondern auch heilen. Oder mit seinen eigenen Worten: „Ein spiritueller Lehrer muss den Mut eines britischen Generals und das Herz einer bengalischen Mutter haben."

Srila Prabhupada sprach weiter und wandte sich dabei in einem flehentlichen Ton an jeden einzelnen von uns: „Wenn ein Wassertropfen aus den Wolken fällt, ist er durchsichtig. Aber sobald er mit Schmutz in Berührung kommt, verliert er seine Transparenz. Mit Filtern können wir ihm wieder seine ursprünglichen Eigenschaften verleihen. In ähnlicher Weise ist unser Bewusstsein ursprünglich rein, aber in Verbindung mit der materiellen Energie hat es seine Transparenz verloren. Wenn wir die Namen des Herrn chanten, können wir unseren natürlichen, glückseligen Zustand wieder beleben." Er erklärte, dass wir uns über sektiererische

Tendenzen erheben sollten und verstehen müssten, dass Gott viele Namen habe und Er alle mit seiner göttlichen Macht ausgestattet habe. „Der Name Krishna bedeutet all-anziehend", sagte er. „Er ist all-anziehend, weil Er das Behältnis aller Schönheit, Weisheit, Stärke, allen Ruhms und aller Entsagung ist. Wenn man nur einen Funken dieser Eigenschaften besitzt, gilt man schon als große Persönlichkeit. Gott ist groß, weil Er der Ursprung all dieser Schätze ist und sie in grenzenlosem Ausmaß besitzt. Das versteht man unter Gott als Höchste Person."

Er erklärte weiter, dass dies alles ein natürlicher Vorgang sei. Je mehr wir über Krishna hörten, desto mehr erwacht die schlummernde Anziehung zu Gott in der Seele. Auf dem Pfad der Bhakti dreht sich alles um das Hören über Krishna und das Chanten Seiner Heiligen Namen. Wenn unsere Liebe erweckt wird, wächst auch unsere Bereitschaft zu dienen. Ich hatte schon oft gehört, „Gott ist groß", aber diese Erklärung dessen, was Ihn groß machte, begeisterte mich. Mir lief es heiß und kalt den Rücken hinunter.

An diesem Abend saß ich auf dem Hügel, der von dem uralten *Madan Mohan*-Tempel gekrönt ist. Ich schaute über die Yamuna und las ein Gebet, das Srila Prabhupada geschrieben hatte, als er auf dem Frachtschiff Jaladuta auf seiner Reise nach Amerika mitten auf dem Ozean im Alter von siebzig Jahren in kurzen Abständen mehrere Herzinfarkte erlitt. Er hatte nur sieben Dollar in indischer Währung und kannte außerhalb von Indien keine Menschenseele. Nach dreißig Tagen auf See näherte sich das Schiff dem Hafen von Boston und dort verfasste er ein persönliches Gedicht an Krishna. Jahre später fanden seine Schüler das Gedicht auf einem Zettel in einer alten Kiste.

In der Abgeschiedenheit des Hügels hörte ich, wie die Bäume im Wind rauschten und wie etwas weiter entfernt die Kühe muhten und die Männer auf den Booten sich etwas zuriefen. Mit ruhigem Geist meditierte ich über folgende Verse, die man nun als die *Jaladuta*-Gebete kennt:

> *Mein lieber Krishna, du bist so barmherzig zu mir, einer nutzlosen Seele, ich weiß nicht, warum du mich hierhergebracht hast. Nun kannst du mit mir tun, was dir beliebt.*

Aber ich glaube, dass du hier etwas mit mir vorhast, denn warum sonst solltest du mich an diesen Ort bringen?
Wie dem auch sei, oh mein Herr, du hast mich hierhergebracht, damit ich über dich sprechen kann. Nun liegt es an dir, mein Herr, du kannst mich erfolgreich werden oder scheitern lassen, ganz wie es dir beliebt.
Oh, spiritueller Meister aller Welten, ich kann einfach nur deine Botschaft wiederholen; wenn es dir also gefällt, kannst du mich Worte finden lassen, die diese Menschen verstehen können.
Nur durch deine grundlose Barmherzigkeit werden meine Worte rein sein. Ich bin sicher, wenn diese transzendentale Botschaft in ihre Herzen dringt, werden sie bestimmt erfreut sein und dadurch von allen unglücklichen Lebensumständen frei werden.
Oh Herr, ich bin nur wie eine Marionette in deinen Händen. Wenn du mich also hierhergebracht hast, um zu tanzen, dann lass mich tanzen, lass mich tanzen, oh mein Herr, lass mich tanzen, wie es dir beliebt.
Ich habe weder Hingabe noch Wissen, aber ich habe das feste Vertrauen in den heiligen Namen Krishna. Man hat mir den Titel Bhaktivedanta *verliehen, jemand, der Hingabe und Wissen besitzt, und nun kannst du, wenn es dir gefällt, den wahren Sinn von Bhaktivedanta in Erfüllung gehen lassen.*
Gezeichnet, der unglückseligste, unbedeutende Bettler, A. C. Bhaktivedanta Swami
Auf dem Schiff Jaladuta, Commonwealth Pier,
Boston, Massachusetts, USA
18. September 1965

Von dem Hügel schaute ich hinunter auf die Yamuna und folgte ihrem Lauf, wie sie sich über die Ebene schlängelte. Als ich über Srila Prabhupadas Gebet meditierte, schweiften meine Gedanken immer wieder ab. Ich betrachtete die Parallelen zwischen meiner beschwerlichen Reise von Amerika nach Indien auf der Suche nach Lehrern, die Wissen von Gott vermitteln konnten, und Srila Prabhupadas unglaublicher Reise von Indien nach Amerika auf der Suche nach Schülern, denen er Wissen von Gott weitergeben konnte.

Vielleicht offenbart Gott, so dachte ich, *der Welt wahre Liebe durch das*

Leben derjenigen, die Ihn lieben. Prabhupadas Gebet zeugte von einer Demut, die dem Herzen eines Menschen entsprang, der alles für das spirituelle Wohl anderer aufgegeben hatte. Ein alter Mann, der ernsthaft erkrankt, mittellos und allein in einem fremden Land war, bat Gott nur um eine einzige Segnung: dass er als Werkzeug für Gottes Barmherzigkeit eingesetzt werden möge.

Am nächsten Morgen erwachte ich früh durch die Tempelglocken, die in der Ferne läuteten. Ich lag lange Zeit am Flussufer und schaute auf den Morgenstern und erinnerte mich an das Gebet, das ich in der Nacht zuvor gelesen hatte. Heute war Srila Prabhupadas achter und letzter Tag in Vrindavan. Wie ich es mir zu Gewohnheit gemacht hatte, badete ich in dem eiskalten Wasser und stand dann bis zu den Schultern im Wasser und betete. Das sanfte Mondlicht leuchtete in der Ferne auf die Silhouetten der Tempeltürmchen. Schweigen legte sich über den Äther wie ein Federbett. Die Einsamkeit war mein einziger Begleiter zu dieser Stunde. Zitternd in der Kälte presste ich meine Handflächen und Finger zusammen und betete zu Radha und Krishna um Führung. Dann kletterte ich wieder ans Flussufer, wrang das Wasser aus meiner Kleidung und legte sie wieder an, die ganze Zeit zitterte ich vor Kälte. Ich setzte mich hin, um die heiligen Namen des Herrn auf Holzperlen zu chanten. Der Gedanke an Srila Prabhupadas Abreise aus Vrindavan später an diesem Tag beschäftigte mich immer wieder.

Eine Stunde später lief ich durch die dämmrigen Gassen von Vrindavan, da ich unbedingt Srila Prabhupadas letzte Vorlesung besuchen wollte. Die Stille der Morgendämmerung wurde gelegentlich durchbrochen von Tempelglocken, Gongs, dem Gesang der Gläubigen oder den Händlern, die ihre Läden öffneten. Als ich ankam, setzte ich mich auf den Boden. Die Halle war brechend voll – Schüler und Gäste chanteten leise das Maha-Mantra zum Rhythmus der Trommeln und Zimbeln. An diesem fröstelnd kalten Wintermorgen hatten sich einige Wollschals umgeschlungen, Mützen aufgesetzt oder Pullover angezogen. Ein süßer Duft stieg von den Sandelholz-Räucherstäbchen auf, aber ein bittersüßes Gefühl verband die versammelten Menschen – niemand wollte, dass Srila Prabhupada Vrindavan verließ.

Als Srila Prabhupada hereinkam, wurde der Kirtan lauter und schneller, verebbte dann aber ganz schnell, als er auf seinem Sitz Platz nahm. Die zarten Strahlen der aufgehenden Wintersonne fielen durch das Fenster und auf sein leuchtendes Antlitz. Draußen sangen die Papageien ihre ausführlichen Lieder. Srila Prabhupada begleitete diese Vogelsymphonie mit dem Klang seiner Handzimbeln. Dann sang er mit geschlossenen Augen ein wunderschönes andächtiges Gebet: „Jaya Radha Madhava Kunjabihari, Gopijana-vallabha Girivara-dhari." Als er von der Liebe zwischen dem Herrn und seinen liebenden Devotees sang, hörte ich auf die Stimme in meinem Herzen. *Srila Prabhupadas Liebe zu Gott erobert mich.*

Srila Prabhupadas Gesang bahnte sich seinen Weg durch meine Ohren und strömte in meine Brust. Ich fühlte, dass alle Ereignisse meines bisherigen Daseins so miteinander verknüpft waren, dass sie mich an diesen Punkt führen konnten. Vom tiefsten Grund meines Wesens fühlte ich, wie sich ein Gefühl der Akzeptanz breitmachte, ja, dass Gott mir meinen Guru offenbart hatte. Ich fühlte, wie sich meine Seele erhob und auf einer riesigen Welle des Vertrauens wirbelte, die mich in den Ozean der Dankbarkeit warf. In diesem außergewöhnlichen Zustand überflutete Freude mein Herz.

Meine Gedanken gingen zurück zu meinem ersten Treffen mit Srila Prabhupada in Bombay. Damals hatte eine Stimme in meinem Herzen verkündet: „Das ist dein Guru." Aber ich war weder überzeugt noch bereit das anzunehmen, was diese Stimme mir mitteilte. Als mein Verstand mit meinem Herzen eine Schlacht austrug, nahm ich die Stimme nicht ernst und setzte einfach meine Suche fort, eine Suche, die mich letztendlich nach Vrindavan und zu Krishna brachte. Nun waren mein Herz und mein Verstand in Einklang durch eine Kraft, die unendlich viel größer war, als wenn nur einer der beiden überzeugt gewesen wäre. *Ja, ja,* konnte ich mein Herz jauchzen hören. Meine Suche, die eine halbe Weltreise entfernt in Highland Park in Illinois begonnen hatte, hatte mich nun endlich zu den Füßen meines Gurus geführt. In diesem Augenblick erkannte ich, dass es kein größeres Lebensziel für mich geben könne, als Srila Prabhupada dabei zu helfen, die Liebe zu Gott auf der Welt zu verbreiten. Wie ich mich danach sehnte, auch nur das kleinste Werkzeug in dieser barmherzigen Mission zu sein.

Allmählich kamen mir auch andere Gedanken. Ich erinnerte mich an den ägyptischen Mystiker im Himalaja, der mir prophezeit hat: „Du musst geduldig ausharren, denn du wirst durch eine Macht, die größer ist als du selbst, eben denjenigen erkennen, den du suchst."

„Glaube daran, das ist dein Schicksal, dein Meister wird zu dir kommen." Seine Vorhersage sollte sich bewahrheiten.

Mein Herr hatte mir einen Samen des Vertrauens in meinen Meister offenbart und ich schien in einem Meer der Euphorie zu schwimmen. Aber innerhalb weniger irdischer Augenblicke, musste ich mich aufrichtig mit meiner Wirklichkeit konfrontieren.

Kann ich wirklich den Lehren meines Gurus treu folgen? In der Welt gibt es endlos viele Versuchungen. Ihn zu blamieren wäre ein Akt größter Undankbarkeit. Und dann waren da noch seine westlichen Schüler – obwohl ich sie inzwischen respektieren konnte, waren sie doch so ganz anders als ich. Kann ich mit ihnen leben? Ich habe großes Vertrauen zu ihm, aber nur wenig zu mir selbst. Bin ich wahrhaftig qualifiziert, sein Schüler zu sein?

Tränen traten mir in die Augen, meine Glieder kribbelten und mein Herz schlug mit einem warmen Gefühl, als ich zu der Schlussfolgerung kam, dass ich nicht qualifiziert, aber entschlossen war, mich im Laufe der Zeit darauf vorzubereiten.

Als die Sonne die Welt an diesem kühlen Wintermorgen erwärmte, ließ ich mich einfach in der beträchtlichen Mengenmenge treiben, die sich draußen versammelt hatte, um Srila Prabhupada und seine Schüler zu verabschieden. Ein paar Augenblicke später wurde ich von der Menge so vorwärts gedrückt, dass ich plötzlich direkt vor ihm stand und in seine tiefen braunen Augen blickte und er in meine. Ein mystisches Gefühl überwältigte mich, es war mir, als ob der Herr selbst durch Srila Prabhupadas Augen in meine sah. Alles andere schien zu verschwinden. Er stand still und wartete, dass ich anfing zu sprechen. Mit stockender Stimme und stürmischen Gefühlen voller Dankbarkeit sagte ich scheu: „Srila Prabhupada, ich möchte dir mein Leben geben."

Endlos viel Zeit verstrich in dem stillen Augenblick, der folgte. Dann berührte er freundlich meine betenden Hände mit seinen Fingerspitzen und lächelte sanft. Seine Augen waren feucht vor Zuneigung wie die eines Vaters, der seinen missratenen Sohn nach unzähligen Jahren der Trennung zu Hause willkommen hieß. In seinen Augen erblickte ich ein endloses Meer voller Weisheit, die über die zeitliche Dimension hinausging. Ich fühlte eine so tiefe und persönliche Liebe, die mir Trost spendete, den ich nie zuvor kannte. Mit einem leichten Nicken sagte er: „Ja, du bist zu Hause."

Aufwallende Gefühle der Dankbarkeit ließen mir die Tränen in die Augen schießen. Ich versuchte vergeblich, meine überwältigenden Gefühle im Zaum zu halten, und daher verbeugte ich mich. Srila Prabhupada neigte den Kopf, reichte Shyamsundar seinen Stock und stieg in den Wagen. Dann lächelte er und neigte seinen Kopf zu seinen Freuden und Bewunderern. Mit lauten Jubelrufen, Winken und Tränen schauten wir zu, wie sich Srila Prabhupada und sein Gefolge entfernte, bis sie am Horizont nur noch ganz klein waren.

Ich rührte mich nicht und schaute in den klaren Morgenhimmel. Heute spürte ich, dass die Sonne des Vertrauens die Schatten meines Geistes erhellten. Es war eine Sonne, von der ich glaubte, dass sie niemals untergehen würde.

Ein überwältigendes Gefühl von Dankbarkeit entsprang meinem Herzen. Für diese Segnung hatte ich Risiken und schwere Mühen auf mich genommen. Diesen Schatz zu erhalten war das eigentliche Ziel meiner Reise gewesen. Nach diesem kostbaren Augenblick hatte sich meine Seele so sehr gesehnt. Gott hatte mir meinen Pfad offenbart. Der Nebel des Zweifels und der Sorgen hatte sich gelichtet, jetzt fand ich mich vor einem völlig erleuchteten spirituellen Meister, dem ich mein Leben widmen konnte. Das, wofür ich Tausende Gebete gebetet und endlose Tränen geweint hatte, war mir nun offenbart worden. Und dazu noch auf eine so süße Art und Weise.

Meine Freude war grenzenlos. In seiner heiligen Persönlichkeit verkörperte Srila Prabhupada die Lehren, die ich als Kern in allen Traditionen entdeckt und eingehend studiert hatte. Wenn er sprach, spürte ich, wie die zeitlose Liebe und Weisheit von Galaxien von Heiligen auf mich herabströmten und jeden Zweifel erstickten. Er verkündete eine Botschaft, die sich durch die verschiedenen Zeitalter hindurch in einer un-

unterbrochenen Linie von Meistern bis heute erhalten hat, die uns darin unterweist, unsere enge Beziehung mit dem all-anziehenden Geliebten zu erkennen. In meinem Herzen war der Glaube erwacht, dass dieser demütige Heilige, so klein von Gestalt, Krishna voll und ganz liebte und dass Krishna, der Höchste Herr, auch ihn voll und ganz liebte.

Auf meiner Reise hatte ich es mir zur Gewohnheit gemacht, meine Lehrer nicht miteinander zu vergleichen, als ob einer besser wäre als der andere. Ich habe ihre Lehren und meine Erlebnisse mit ihnen einfach wie ein Schwamm absorbiert in dem Vertrauen, dass Gott mir meinen Weg und meinen Guru offenbaren würde. In Bombay pflanzte Srila Prabhupada den Samen unserer Beziehung in mein Herz, wie eine spirituelle Empfängnis. Sie war verborgen und wurde ausgetragen, als ich meinen Weg zu Krishnas Geburtsort in Vrindavan fand und ihn zu meinem Zuhause machte. Nun, nach neun Monaten seit jener spirituellen Empfängnis, wurde sie in diesem heiligen Land geboren. Im Rückblick auf die Ereignisse meines Lebens erkannte ich allmählich, wie die unsichtbare Hand meines Herrn mich die ganze Zeit schon geführt hatte.

Ich konnte jeden Lebensabschnitt als eine schöne Segnung betrachten. Ich blickte zurück auf Zeiten voller Freude und voller Leid, Stolz und Scham, Erfolge und Misserfolge und wie sie mich alle auf meinem Weg voranbrachten. Ich erinnerte mich an diejenigen, die mich mit Zuneigung überhäuft hatten, wie Kailash Baba, oder diejenigen, die mich verachtet hatten oder mir sogar nach dem Leben trachteten wie die Angreifer in Istanbul. Sie waren alle Teil eines wunderbaren Plans. Wie das Wasser eines Flusses schließlich seinen Weg zum Meer findet, so brachte mich meine Berufung im Leben schließlich zu den Füßen meines Krishnas und meines geliebten Guru. Mit Tränen der Dankbarkeit konnte ich spüren, wie mein Herr ausrief. „Ich bin da, ich war es, der dich hierhergebracht hat, und ich bin derjenige, zu dem du gehörst."

Gedankenversunken lief ich zurück in den kleinen Raum in dem uralten Tempel, in dem Prabhupada sechs Jahre lang ganz zurückgezogen gelebt hatte. Ich saß am Boden an der winzigen Kochstelle und schaute aus dem Fenster und traute meinen Augen kaum. Ich bemerkte, dass sich nur ein paar Meter von Srila Prabhupadas Klause entfernt der Samadhi von Rupa Goswami befand, eben jener Ort, an dem ich eine lebensverändernde Offenbarung hatte, der Ort, an dem mir mein spiritueller Pfad endlich offenbart worden war.

Ich kehrte zu meinem Platz am Flussufer zurück und würdigte die Erfahrung dieses unvergesslichen Tages. Es wurde allmählich spät. In der Ruhe des Mondlichts dachte ich darüber nach, warum ich auf meinen Reisen von Flüssen so fasziniert war. Jeder zog mich an sein Ufer, nährte mich mit Weisheit und bot mir einen Zufluchtsort. Als ich mit meinem geistigen Auge die Wellen der Yamuna betrachtete, konnte ich auch den Bach in Gettysburg, den Fluss in Luxemburg, die Kanäle in Amsterdam, die Themse in London, den Tiber in Rom und den schönen Ganges sehen. Jeder hatte mir in kritischen Momenten und in Zeiten der Not etwas zugeflüstert.

Nun schaute ich in die sanfte Strömung der Yamuna und meditierte darüber, wie sie ihre Reise hoch im Himalaja begann, wo sie durch die Wälder, entlang der Wohnstätten der Yogis und weisen Männer, floss und schließlich von etwas jenseits ihrer Macht unweigerlich nach Vrindavan gezogen wurde. Ich dachte, dass auch ich in ähnlicher Weise nach meiner Ankunft in Indien meine Reise im Himalaja begonnen hatte, wo mich mein Schicksalsfluss durch die Wohnstätten der Yogis und weisen Männer im Wald geführt hatte und ich schließlich unweigerlich durch eine übermächtige Kraft nach Vrindavan gezogen worden war, in das Land der Bhakti, zu den Füßen meines Gurus.

Im Mondlicht schaute ich auf den Fluss und sah die Silhouette meines eigenen Spiegelbilds. Die ganze Zeit über hatte der Herr bereits versucht, mir im Fluss meines Lebens zu zeigen, wer ich wirklich war. Als ich mich auf die Erde am Flussufer niederlegte, erinnerte ich mich daran, wie ich in meinem Zimmer in Highland Park zu meinem Herrn gebetet hatte und musste lächeln: „Ja, du hast die ganze Zeit über zugehört."

14

Es war im April 1972 und beinahe vier Monate waren vergangen, seit Srila Prabhupada Vrindavan verlassen hatte. Seit seiner Abreise hatte ich mich in den ruhigen Wäldern in meine spirituellen Praktiken vertieft und Zeit damit verbracht, die Menschen und Tempel zu besuchen, die mir mit der Zeit so sehr ans Herz gewachsen waren.

Ich hoffte, ewig bleiben zu können, aber mein Visum sollte schon bald wieder seine Gültigkeit verlieren und damit rückte der Tag meiner Abreise aus Vrindavan und aus Indien immer näher. Es schien eine Ewigkeit her zu sein, dass ich auf dem Weg in den Himalaja mysteriöserweise hier am Tag von Krishnas Geburt gestrandet war. Wonach ich mich so sehr gesehnt hatte – meinen spirituellen Pfad und meinen geliebten Guru zu finden – war mir hier offenbart worden.

In den letzten Tagen vor meiner Abreise verneigte ich meinen Kopf vor dem Wald, allen Tempeln und allen Menschen, die mir so lieb geworden waren. Ich zählte jeden Augenblick, der mir noch blieb, als unverdientes Glück.

Eines Morgens, ein paar Tage vor meiner Abreise, saß ich mit Ghanashyam und einigen unserer Freunde in seinem Nischentempel, wo sie mich so herzlich mit Geschenken, die mich an Vrindavan erinnern sollten, überschütteten. Eine Devotee aus Australien namens Radha Devi, die eine Schülerin von Sripad Baba war und außer Asim und mir als einzige Devotee aus dem Westen stammte und in Vrindavan lebte, malte mir verschiedene Szenen von Vrindavan in ein Notizbuch und übergab es mir als Geschenk, damit ich mich in der Ferne zu Hause fühlen konnte.

Am Tag vor meiner Abreise besuchten Asim und ich einen Ort, der uns beiden sehr lieb war, den Govardhan-Hügel. Seit Tausenden von Jahren hatten Pilger und Heilige diesen Berg umkreist und selbst den kleinsten Stein dieses Hügels verehrt, denn dort fanden die vertraulichsten

Spiele zwischen Radha und Krishna statt. Im Alter von nur sieben Jahren hob Krishna mühelos diesen Hügel hoch und hielt ihn mit dem kleinen Finger sieben Tag lang wie einen Regenschirm hoch, um seine Devotees vor verheerenden Regenfällen zu schützen. Vorbei an ruhigen Wäldern, Seen, Kühen und Hunderten von ergebenen Pilgern liefen wir die zweiundzwanzig Kilometer um den Govardhan-Hügel mit Gefühlen von Freude und Trauer, denn am nächsten Tag würde ich weg sein.

Als ich wieder in das Dorf Vrindavan zurückgekehrt war, besuchte ich die Orte, die ich am meisten schätzte. An jedem Platz sammelte ich etwas staubige Erde und streute sie in einen kleinen Stoffbeutel, damit ich Vrindavan überall dahin mitnehmen konnte, wohin mich das Schicksal führen sollte. Ich betete zu Krishna, *Wohin mich das Leben auch führt, bitte erlaube mir, Dich immer in meinem Herzen zu tragen.* In jener Nacht saß ich am Ufer der Yamuna im Sternenlicht und chantete mein Mantra.

Am nächsten Morgen kam Asim bei Sonnenaufgang, um mich zum Bahnhof in Vrindavan zu begleiten, wo wir in einen Zug stiegen, der uns nach Mathura brachte. Sobald wir im Zug saßen teilten wir, was wir auf dem Herzen hatten und unser Lieblingsessen, Vraja Rotis und Gur. Mir traten die Tränen in die Augen bei dem Gedanken, wie sehr ich dieses Essen der armen Bauern vermissen würde. „Ich weiß nicht, wann ich je wieder Vraja Rotis und Gur sehen werde."

Asim lächelte und überreichte mir eine Stofftasche. „Bitte, mach sie auf." Darin befanden sich einige Dutzend Vraja Rotis und ein Stück Gur.

Am Bahnhof in Mathura stiegen wir aus und warteten auf den Zug, der mich von Indien nach Nepal bringen sollte. Auf dem Bahnsteig verabschiedete ich mich von meinem Freund und Bruder. Wir hatten so viele unvergessliche Erfahrungen gemeinsam gesammelt. Als der Zug herannahte, konnte ich meine Emotionen kaum mehr im Zaum halten. Ich konnte einfach nicht glauben, dass ich den Ort, den ich so sehr liebte, den Ort, an dem Krishna all meine Gebete beantwortet hatte, verlassen musste. Tränen strömten die Wangen hinab. Asim umklammerte meine Hände, um mich zu trösten. Er lächelte durch seine Tränen und sprach eine Segnung aus. „Krishna Das, wo immer du dich an Krishna erinnerst, da wirst du auch Vrindavan finden. Ich werde dafür beten, dass du zurückkommst."

Ich konnte nicht mehr sprechen, denn ich war schon zu sehr vom Schmerz der Trennung überwältigt. Mit vor den Herzen zusammengeführten Händen tauschten wir *Pranams** aus. „Danke für alles", sagte ich sanft und stieg in den Zug. Ich verabschiedete mich von Vrindavan, meinem spirituellen Zuhause, als die Lokomotive davontuckerte.

Ich reiste weiter nach Kathmandu und ich fragte mich, ob bei dem *American Express*-Büro wohl etwas für mich hinterlegt wäre. Dem war so. Obwohl ich meinem Vater geschrieben hatte, dass ich schon irgendwie zurückkommen würde, hatte mir mein Vater, der mich unbedingt wiedersehen wollte, dreihundertfünfzig Dollar geschickt, damit ich davon ein Flugticket kaufen konnte. In der indischen Botschaft in Kathmandu bekam ich ein Zwei-Wochen-Transitvisum für Indien, wo ich einen Flug von Neu-Delhi nach Belgien und von dort weiter in die USA nehmen würde.

Vor meiner Abreise aus Kathmandu machte ich einen nostalgischen Spaziergang nach Swayambhunath und schaute auf dieses schicksalshafte Reisfeld, auf dem ich Gary wieder getroffen hatte. Ich vermisste meinen alten Freund. So viele dramatische Ereignisse hatten in meinem Leben stattgefunden, seit sich unsere Wege getrennt hatten, und ich wollte diese Erlebnisse gern mit ihm teilen. *Ich lebe ja immer noch wie ein heimatloser Wanderer. Er auch?* Es müsste schon ein Wunder geschehen, damit wir uns wiedersehen konnten.

Dann schlenderte ich am Ufer des Flusses Bagmati entlang nach Pashupatinath. Als ich in der mondhellen Nacht am Ufer saß, erinnerte ich mich an die Tränen der Sehnsucht, die ich ungefähr ein Jahr zuvor hier geweint hatte und die vielen Segnungen, die mir seit jener Nacht zuteil geworden waren. Am Morgen nahm ich ein Abschiedsbad und stieg dann – ein einsamer Wanderer, der ich nun mal war – auf die Ladefläche eines Lastwagens, der auf dem Weg ins Pokharatal zurück Richtung Indien war. Diese Straße gehört zu den landschaftlich schönsten Stecken

* *pranama* bedeutet „Verneigung, ehrfürchtiger Gruß", bei dem man die Handflächen zusammenlegt oder erst die Füße des anderen und danach die eigene Stirn berührt oder sich niederwirft. (nach M. Mittwede: *Spirituelles Wörterbuch*)

im Himalaja. Das Tal war von schneebedeckten Himalajagipfeln umgeben. Hoch oben auf einer steilen Felsenklippe, die zu einem Fluss abfiel, fand ich eine Höhle. Die nächsten sieben Tage verbrachte ich damit, mit einem Boot in die Mitte des Phewala-Sees zu rudern und dort von Sonnenaufgang bis Sonnenuntergang zu meditieren. In dieser Woche sah ich kaum eine Menschenseele, lediglich ein Bauer oder ein Fischer tauchte gelegentlich auf. Am siebten Tag – zwei Tage vor Ablauf meines Nepal-Visums – sprach ich sanft zu den Bergen, dem Himmel und dem Wasser. „Ich verabschiede mich von dir, du schönes Pokhara. Morgen muss ich abreisen." Nachdem ich ans Ufer gerudert war, legte ich die Ruder über mein Boot und lief im letzten Tageslicht über die Felder.

In einem entfernten Waldstück überquerte ich eine dunkle einsame Straße und begann gerade mit dem Abstieg zu meiner Höhle, als ein Bus vorbeischaukelte. Als ich meinen ersten Schritt auf die Klippe setzte, hörte ich einen seltsamen Schrei. Neugierig drehte ich mich um. Der Bus hielt in ungefähr 20 Meter Entfernung kurz an und fuhr dann wieder davon. Aus der Dunkelheit eilte eine gespenstige Gestalt auf mich zu. *Werde ich gleich angegriffen? Soll ich fliehen?* Als der Schatten näherkam, verharrte mein Blick auf ihm, um herauszufinden, wer das war. Schritt für Schritt wurde die Silhouette klarer. *Konnte das wahr sein? Mein Gott, ja.*

„Gary!" Ich sprang in die Luft und raste auf ihn zu. Wir umarmten uns wild vor Freude und unbeschreiblicher Dankbarkeit. Fassungslos konnten wir immer nur wiederholen. „Das ist Gottes Wille."

Hinter Gary schälte sich eine weitere bekannte Gestalt aus der Dunkelheit. Wer mochte das sein? Nicht möglich. Es war unser Freund Hackett aus Brooklyn. Bei den Hacketts zu Hause hatte ich damals ja Garys Anruf bekommen – diesen Anruf, der mich auf meine Reise katapultiert hatte. Was Hackett gesagt hatte, als wir nach Europa aufbrachen, erklang jetzt wieder in meinem Herzen. „Ich werde euch schon aufspüren – im Himmel oder in der Hölle, merkt euch das!" Zweifellos hatte er uns aufgespürt – 800 Meter über dem Meeresspiegel in einem paradiesischen Himalajatal. Fast zwei Jahre später standen wir drei nun wie hypnotisiert unter dem Sternenhimmel in dieser einsamen Gebirgslandschaft in Nepal.

Ich lud sie ein, die Nacht bei mir zu verbringen. Sie folgten mir die steile Felsenklippe hinunter zu dem Plateau vor meiner Höhle. Meine beiden Freunde waren erstaunt, mein Quartier zu sehen – eine primitive Höhle in einer Kliffmauer mitten im Nirgendwo. Wir saßen zusammen auf dem Steinboden. Als Gastgeber offerierte ich ihnen alles, was ich noch hatte: Bruchreis, Bachwasser die letzten Reste meiner Vraja Rotis mit Gur. Da es kein Essbesteck gab, aßen sie mit der bloßen Hand.

Als Gary seine Holzschale auf den Boden stellte, sagte er: „Wir sind heute Morgen in Kathmandu mit dem Bus zu einem Treck in den Bergen aufgebrochen." Er kratzte sich am Kopf, er konnte immer noch nicht fassen, dass wir uns wiedergetroffen hatten. „Monk oder Richard oder wie heißt du jetzt?"

„Manche nennen mich Krishna Das."

„Also gut, Krishna Das, ich schlief in dem fahrenden Bus, und gerade als ich die Augen aufgemacht habe, sah ich, wie die Scheinwerfer dich einen Augenblick lang anstrahlten, als du dabei warst, das Kliff runter zusteigen. Ich schrie auf, damit der Bus anhielt und sprang heraus, mitten im Nirgendwo." Gary grinste. „Das wird uns keiner jemals glauben."

Hackett konnte sich nicht mehr zurückhalten, warf seine Schüssel auf den Boden und rief aus: „Ich kann es bezeugen, und kann es selbst kaum glauben." Seine Augen blitzten auf bei dem Gedanken. „Ich schätze, ihr habt wohl recht. Es muss einen Gott geben."

Angesichts dieses Wunders wurden wir still. Aus unserer kleinen Höhle hoch über dem Flussbett starrten wir träumerisch auf die Berg-Silhouetten jenseits des Tals. Schließlich brach ich das Schweigen. „Es tut mir wirklich leid, was ich euch jetzt sagen muss, aber morgen bei Sonnenaufgang muss ich gehen."

Immerhin hatten wir ja noch die ganze mondhelle Nacht vor uns. Hackett war todmüde von der strapaziösen Busfahrt. Trotz seiner Bemühung, wach zu bleiben, schlief er bald ein. Gary und ich hatten in der Zwischenzeit einiges nachzuholen. Gary erzählte mir, wie auch er als Sadhu gelebt und verschiedene Aschrams und heilige Orte besucht hatte. Und ich erzählte ihm von Vrindavan. Als er meine Unterkunft betrachtete, grinste er. „Wer kann dich verstehen, Krishna Das. Jetzt hast du Geld, das dein Vater dir geschickt hat, und trotzdem lebst du lieber in einer Höhle im Wald. Verrückt."

Bis er das erwähnte, hatte ich überhaupt nicht darüber nachgedacht. „Ja, stimmt", gab ich zu, „Gary, es ist schon so lange her, dass ich vergessen habe, wie man Geld ausgibt."

An diesem mystischen Platz über dem Flusstal tauschten wir unsere Erlebnisse und Erkenntnisse aus. Die ganze Nacht schauten wir über das Tal und sahen zu, wie der Mond sein silbernes Licht auf die nahe gelegenen Berge warf. Unter uns erklang das stetige Lied des Flusses.

Über die Jahre hatte Gary die Transformationen in meinem Leben miterlebt. Als kleine Kinder spielten wir zusammen, gingen zusammen in die Schule und handelten uns gemeinsam Ärger ein. Als Teenager rebellierten wir gegen die sozialen Normen und schlossen uns der Gegenkultur an. In Europa ließen wir die Kunstwerke und die Kultur fremder Orte auf uns wirken. Er war Zeuge, wie meine spirituelle Sehnsucht allmählich mein Schicksal formte. Wir reisten zusammen, als mein innerer Ruf mich zu Gebeten in Synagogen, Klöster, Kathedralen und Meditation in Höhlen und auf Bergen führte. Von meiner Höhle in Kreta aus folgte ich meinem inneren Ruf. Dann fand er mich ein Jahr später auf einem Reisfeld in Nepal wieder – einen unverbesserlichen Asketen, bei dem das entsagte Leben mit Yogis und Lamas seine Spuren hinterlassen hatte. Damals war ich noch voller Sehnsucht nach meinem Pfad und meinem Guru. Heute Nacht fand er seinen alten Freund wieder, völlig fixiert auf seinen Pfad, der ihm von dem Einen Gott offenbart worden war. Der Herr hatte mich zu meinem geliebten spirituellen Vater, Srila Prabhupada, geführt, dessen Barmherzigkeit mein Vertrauen und meine Liebe angezogen hatte. Nun versuchte ich von ganzem Herzen Demut und Liebe zu Krishna und eine echte Dienstbereitschaft zu entwickeln, die der Menschheit zugutekommen sollte.

Als die Sonne aufging, rann Gary eine Träne über die Wange und lief in seinen Bart hinein. Er flüsterte: „Ich freue mich so für dich, Bruder. Gott hat deine Gebete erhört." Gary lächelte. „Das war wirklich eine erstaunliche Reise."

Ich schloss die Augen und atmete tief ein. Jetzt war es an der Zeit, sich wieder zu verabschieden. Wir umarmten uns lange und wünschten uns gegenseitig eine gute Reise. Lächelnd kletterte ich den steilen Hügel auf die Straße hinauf.

„Mein Bruder!", rief mir Gary nach.

Mitten auf dem Bergkliff klammerte ich mich an einen Felsen als Stütze und sah auf das Plateau hinab, auf dem Gary stand. Er sah etwas verloren aus und Tränen strömten aus seinen Augen. Er strich sich durch den Bart und rief aus: „Ich frage mich, ob wir uns wohl je wiedersehen?"

Ich schaute auf die Höhle im Himalaja, die mir Schutz geboten hatte und hörte auf die süße Melodie des Flusses. Mit Tränen der Dankbarkeit rief ich Gary zu: „Ich glaube schon, wenn wir weiterhin diesem inneren Ruf folgen."

Auf dem Flughafen in Neu-Delhi nahm ich einen Flug mit Air India nach Aston in Belgien. Ich trug die Kleider eines Bettelmönchs und hatte als Gepäck lediglich eine Stofftasche um die Schulter geschlungen und eine metallene Bettelschale – so bot ich unter den internationalen Touristen und Geschäftsleuten einen recht seltsamen Anblick. Ein Ire saß neben mir in der Economy Class und paffte unablässig eine Zigarette nach der anderen. Der Rauch brannte mir in den Augen und erstickte meinen Atem, aber den Raucher schien das alles nicht im Geringsten zu kümmern. Die Herausforderung, die mit meiner Rückkehr in den Westen verbunden war, hatte schon ihren Anfang genommen.

Als ich sah, wie die Stewardess das Essen servierte, erinnerte ich mich gleich daran, dass ich ja noch einen Schatz in meiner Tasche hatte, der dieses Flugzeug in eine spirituelle Oase verwandeln konnte. Mein lieber Bruder Asim hatte mir doch Vraja Rotis mit Gur geschenkt. Sie mochten nun zwar alt und trocken sein, aber mir schienen sie höchst köstlich. Auf diesem Flug aß ich in 10.000 Metern Höhe triumphierend meine Vraja Rotis mit Gur und war dabei völlig in Gedanken an mein spirituelles Zuhause vertieft.

Von Belgien aus trampte ich nach Holland, um die ersten Freunde zu besuchen, die Gary und ich in Europa getroffen hatten. Als ich bei Kosmos Wohnung in Abcoude ankam, erfuhr ich von seiner Mutter, dass er nach Amsterdam umgezogen war. Als ich unangekündigt in seinem Apartment ankam, sprangen Kosmos, Chooch und ihre Freunde auf, um mich an der Tür zu begrüßen. Laute Rock-Musik lief im Hintergrund, einige tranken Bier, andere rauchten Marihuana. In der Dunstwolke lagen Männer und Frauen in leidenschaftlicher Umarmung am Boden.

Mir war schwer ums Herz.

Vor zwei Tagen lebte ich noch bei weisen Männern in heiligen Wäldern in Indien und nun fand ich mich inmitten einer Partyszene wieder und stand da in der Kleidung eines Sadhus mit meiner Gebetskette und Bettelschale. Ich war verwirrt und fragte mich, *was ist nur mit meinen Freunden geschehen?* Dann erinnerte ich mich an mein Treffen mit Sean am Connaught Circus, und es dämmerte mir allmählich. *Die eigentliche Frage ist – was war mit mir geschehen?* Wir unterhielten uns ein paar Stunden und dann verabschiedete ich mich höflich.

Als ich durch die Straßen Amsterdams lief, erschien mir die ganze Umgebung völlig fremd. Wie sich die Leute kleideten und miteinander umgingen, wirkte seltsam. Es wurde Abend und so ging ich in eine Jugendherberge, wo ich das untere Bett eines Etagenbettes in einem Gemeinschaftsschlafsaal zugewiesen bekam. *Wenn ich einfach nur still im Bett liegen kann,* so dachte ich, *kann ich mich vielleicht an diese drastischen Veränderungen gewöhnen.*

Am Tag zuvor war ich noch an den Ufern eines heiligen Flusses gewesen. Nun war ich in Amsterdam. Von der Reise war ich ziemlich ermüdet und fiel schon bald in einen tiefen Schlaf. Plötzlich begann mein Bett mitten in der Nacht zu quietschen und zu wackeln. Als ich durchgeschüttelt wurde, fragte ich mich, ob es wohl ein Erdbeben gab. Dann wurde mir alles klar. Aus dem oberen Etagenbett hörte ich das leidenschaftliche Gestöhne eines jungen Mannes und einer jungen Frau. Auf diesen Kulturschock war ich nicht vorbereitet. *Wo bin ich nur? Warum bin ich hier? Wo ist mein Schlafplatz am Ufer des heiligen Flusses?* Ich schlich mich aus der Jugendherberge und lief durch die Straßen, bis es schließlich hell wurde. Dann setzte ich mich in einen Park und aß die letzten Reste meiner Vraja Rotis mit Gur. Später am gleichen Tag schrieb ich einen Brief an meine Eltern, in dem ich ihnen erklärte, dass ich nicht direkt nach Hause fliegen konnte. Ich brauchte einfach noch ein wenig Zeit, mich an die westliche Welt zu gewöhnen.

In Amsterdam aß ich einfach nur Erdnüsse mit Joghurt. Ich wusste nicht, wie man im Westen als Vegetarier lebt, aber ich war mit meiner einfachen Diät sehr zufrieden.

An einem Abend besuchte ich das *Cosmos.* Das war der Nachtclub, in dem ich zum allerersten Mal Menschen getroffen hatte, die einen rasierten Kopf mit kleinem Pferdeschwanz trugen und mir einfach eine Kelle voll tropfendem Fruchtsalat in die Hände geschöpft hatten. Und der gleiche Mann, Shyamsundar, war in Bombay und Vrindavan wiederaufgetaucht und ein guter Freund geworden. Ich staunte über die Biegungen und Wendungen meines Lebens und hatte das Gefühl, dass sich der Kreis schloss.

Es war so gegen 23 Uhr an einem Samstagabend, als ich wegging und mich versehentlich inmitten von Hunderten laut krakeelender amerikanischer Seeleute wiederfand, die die Straße mit ständig aufblinkenden Neonlichtern entlanggingen. Auf beiden Straßenseiten befanden sich überfüllte Diskotheken, Pubs, Nachtclubs und Bordelle. Livemusik plärrte von allen Seiten und der Geruch von Alkohol und gebratenem Fleisch hing in der Luft. Ich trug immer noch die Kleidung eines Sadhus. Eine stark parfümierte Prostituierte mit glänzend roten Lippen und dicker Wimperntusche packte mich an der Hand und zog mich weg, aber ich konnte mich widersetzten. Eine Truppe betrunkener Matrosen kreiste mich ein. Einer schrie: „Was bist 'n du für 'n Freak?" Sie schubsten mich hin und her von einem zum anderen. Als einer mich quer über den Brustkorb klammerte, grölte ein anderer in lautem Gelächter: „Zum Wohl, Kumpel!" und mit diesen Worten schüttete er mir einen riesigen Krug kaltes Bier über den Kopf. Auf welchem Planeten war ich nur gelandet? Schließlich ließen sie ab von mir.

Dann lief ich einfach ziellos durch den Großstadtdschungel voller Raubtiere, die mir mehr Angst einflößten als alle Leoparden, Elefanten oder Schlangen des Himalaja. Ich wanderte verzweifelt durch die riesige Stadt und war plötzlich in einer schmalen Gasse im Rotlichtbezirk. Auf beiden Seiten waren Bordelle, Ratten sprangen im Schatten davon. In den Fenstern hingen Bilder von äußerst leicht bekleideten Damen, die so ihre Kunden verführen wollten. Über der Ladentür stand in großen Lettern „Sexshop". Links von dem Sexshop war ein Garagentor mit einer kleineren Tür. Darüber hing ein Schild auf dem „*Radha Krishna*-Tempel" stand.

Konnte das wahr sein? Ich klopfte. Ein lächelnder Devotee öffnete die Tür. „Bitte, komm rein und mach es dir bequem." Nachdem ich geduscht hatte, setzte ich mich hin, um mich zu erholen. Süße spirituelle Musik erklang leise im Hintergrund. Religiöse Kunst mit Bildern von Radha und Krishna in Vrindavan zierte die Wände. Räucherstäbchenduft erfüllte die Luft. „Hier, eine heiße Milch", sagte der Devotee. Die dampfende Milch war angereichert mit Bananen und mit Kardamom gewürzt. Voller Erleichterung blickte ich mich um. Es kam mir so vor, als habe ich in der endlosen Wüste eine Oase betreten. An der Wand sah ich dann ein Bild von Srila Prabhupada, der mich wieder einmal mit einem sanften Lächeln zu begrüßen schien. Still dankte ich ihm dafür, dass er vor Jahren die Reise mit einem Frachter aus Indien angetreten hatte. Dank seiner Bemühungen sollten noch viele solcher Oasen überall auf der Welt entstehen.

Von Amsterdam ging ich nach London und verbrachte einige Zeit in einem Aschram in der Nähe des Britischen Museums. Dann nahm ich einen Flug nach New York. Als ich am Schalter der US-Einwanderungsbehörde anstand, begrüßte mich eine Beamtin, die jede einzelne Seite meines Reisepasses aufs Sorgfältigste unter die Lupe nahm. Dann rief sie jemandem am Telefon an und stempelte daraufhin eine Seite ab. Als ich weiterlief, stellten sich mir zwei riesige Männer in Anzügen in den Weg. Sie sahen unerhört offiziell aus, als sie mir ihre Dienstmarke ins Gesicht hielten.

Sie konfiszierten meinen Pass. „Wir sind von der Bundespolizei. Bitte folgen Sie uns." Sie führten mich in einen Privatraum und starrten mich von oben bis unten an. Der Polizist erklärte: „Sie werden wegen Schmuggelns illegaler Drogen in die USA festgehalten. Wenn Sie es zugeben und freiwillig mit uns kooperieren, vermindert sich das Strafmaß."

„Ich habe keine Drogen", antwortete ich kleinlaut.

„Wir wissen mit Sicherheit, dass Sie Drogen haben. Geben Sie sie heraus oder wir finden sie!" Er schlug mit der Faust auf einen Holztisch. „Ich warne Sie, provozieren Sie uns nicht."

Sie untersuchten sorgfältig meine Tasche. Als Sie die kleinen Beutel fanden, in denen ich meine Sammlung von Sand aus Vrindavan aufbewahrte, triumphierten sie. Die ließen sie vor meinem Gesicht hin und her baumeln, und einer der Beamten fragte herausfordernd: „Und was haben wir hier?"

„Das ist Sand von einem heiligen Ort."

Er untersuchte den Sand sorgfältig, zerrieb ihn zwischen den Fingern und roch daran. Enttäuscht verschloss er den Beutel und legte ihn beiseite.

Einer der Beamten tastete meinen Körper ab. Plötzlich blitzten seine Augen auf, als er seine Hände voller Begeisterung zusammenschlug. „Ich hab's, ich hab's gefunden! Der Stoff ist hier." Er fühlte einen harten Klumpen an meinem Steißbein. „Was ist das?", rief er.

„Das ist mein Lendenschurz." Offensichtlich hatten sie noch nie den Lendenschurz eines Sadhus gesehen.

„Ziehen Sie Ihre Kleider aus", verlangten sie. Ich zog alles bis auf meinen Lendenschurz aus. „Was ist das denn?", fragte der eine Beamte. Fassungslos spottete er: „Also, *Fruit of the Loom* ist das auf jeden Fall nicht." Sie untersuchten meinen Lendenschurz, der schon etwas vergilbt und voller Flecken war, da ich ja Hunderte Male in schlammigen Flüssen und Teichen gebadet hatte. „Ziehen Sie sich wieder an", sagten sie. Dann erklärte einer der Beamten mit einer Art offizieller Höflichkeit, dass sie bei Stempeln aus Afghanistan, Pakistan und Nepal im Pass sofort an Drogenhandel denken. Er entschuldigte sich. „Bitte entschuldigen Sie die Unannehmlichkeit, aber bitte verstehen Sie, es ist unsere Pflicht, Amerika zu beschützen." Damit überreichten sie mir meinen Reisepass und eskortierten mich durch den Zoll zur Tür.

Ich hatte mein Zuhause als Student und Teenager verlassen, um die Sommerferien in Europa zu verbringen und kam nach zwei Jahren als Asket zurück, der einem uralten spirituellen Pfad folgte. Als ich heimkehrte, hatte meine Familie unser Haus in Highland Park verkauft und ein Apartment in Miami Beach in Florida gekauft. Vom John F. Kennedy Flughafen nahm ich einen Inlandflug nach Miami. Mein Vater kam auf Krücken, weil er sich ein Bein gebrochen hatte, und mein kleiner Bruder Larry begleitete ihn zum Flughafen. Sie fanden mich am Boden sitzend – mit geschlossenen Augen meditierend – ich hatte nichts dabei außer einer verblichenen Stofftasche und meine metallene Bettelschale. Meinem Vater versagte vor Aufregung fast die Stimme, als es aus ihm herausbrach: „Sohn, Gott sei Dank, endlich bist du wieder zu Hause!"

Ich sprang auf, um ihn zu begrüßen. Mit Tränen in den Augen schloss er mich in seine Arme und hielt mich eng umschlungen. Er seufzte, als

Jahre des Schmerzes endlich von ihm abfielen. Freudig erregt lächelte mich mein kleiner Bruder Larry an – er war jetzt schon siebzehn Jahre alt –, als wir uns brüderlich umarmten. Er starrte mich an, als sei ich so etwas wie ein heimkehrender Held.

Als wir unser neues Apartment betraten, lief meine Mutter an die Tür und rief aus: „Richard, wir haben dich so vermisst." Sie weinte Tränen, die ich nie vergessen werde, umarmte mich wieder und wieder und küsste mich auf die Stirn. „Du bist so dünn geworden", sagte sie und fuhr fort. „Schau, ich lerne, wie man vegetarisch kocht, für dich." Auf dem Küchenregal sah ich eine kleine Bibliothek vegetarischer Kochbücher. In der Hoffnung, mich zufriedenzustellen, servierte sie sofort ein Abendessen, das aus Suppe, Salat, gebratenem Gemüse, einem Auflauf, Reis und Apfelstrudel als Dessert bestand.

Das Telefon läutete; mein älterer Bruder Marty rief mich vom College in Arizona an, um mich ebenfalls zu Hause willkommen zu heißen. Ich war überwältigt davon, wie viel Mühe sich meine Eltern gaben, mich glücklich zu machen. Es war zwar schwierig für sie, meine Entscheidung zu akzeptieren, aber sie bemühten sich aufrichtig, meine Art zu leben zu verstehen und zu akzeptieren. Ich versuchte aufrichtig, meine Liebe für sie zum Ausdruck zu bringen, und gleichzeitig die Ideale, die mir heilig waren, aufrecht zu erhalten. Obwohl Welten zwischen unseren Leben lagen, standen doch die Zuneigung und gegenseitige Achtung im Vordergrund. Durch die Praxis der Hingabe zu Gott, lernte ich allmählich, dass viel Vergebung, Toleranz, Geduld, Dankbarkeit und Demut notwendig sind, um liebevolle Beziehungen aufrechtzuerhalten. Ein essenzieller Bestandteil von Demut ist, andere Menschen so anzunehmen, wie sie sind – trotz aller Unterschiede. Ich beobachtete immer wieder, dass die Neigung, andere zu beurteilen, oft ein Symptom von Unsicherheit, Unreife oder Egoismus ist, und ich sehnte mich danach, mich über diese Stufe zu erheben. *Jeder ist ein Kind Gottes. Gott liebt alle Seine Kinder. Wenn ich Gott lieben möchte, muss ich lernen, die zu lieben, die Er liebt.*

Wir wussten alle, dass ich nicht allzu lange zu Hause bleiben würde. Obwohl meine Mutter mir ein schönes Zimmer eingerichtet hatte, zog ich es vor, auf dem Betonboden unseres Balkons im fünften

Stock zu schlafen. In den stillen Stunden vor Sonnenaufgang blickte ich über den leeren Swimmingpool zur Bucht hinüber, die mit Palmen und Eukalyptus-Bäumen gesäumt war, die sich im Wind wiegten. Als ich meditierte, hörte ich das leise Lied des Meeres aus der Ferne. Ich spürte, wie sich der Balkon in meinen geliebten Felsen im Ganges verwandelte. Als ich im Stillen das göttliche Mantra chantete, das ich vom Fluss empfangen hatte, konnte ich mit meinem geistigen Auge sehen, wie der Ganges mühelos in das gleiche Meer floss, das nun vor mir lag. Ich fühlte mich Vrindavan, meinem Guru und meinem Herrn unglaublich nah, jenseits von Raum und Zeit. Ich nahm einen tiefen Atemzug der salzigen Meeresluft und Dankbarkeit überströmte mein Herz. Ich lächelte und flüsterte: „Es war eine unglaubliche Reise, und Du hast meine Gebete erhört. Wo auch immer ich an Dich denke, dort bin ich zu Hause."

NACHWORT

Seit meinem Aufbruch in den Osten sind fast vier Jahrzehnte vergangen. Im Laufe der Jahre habe ich gelernt, dass wir unser ewiges Zuhause in uns tragen können, wenn wir unser Leben im Geiste der Hingabe zu Gott harmonisieren, ganz unabhängig davon, ob wir nun an einem heiligen Ort in Indien leben oder in einer verstopften Großstadt in den USA.

Kurz nachdem ich zu meiner Familie zurückgekehrt war, entschloss ich mich, in einem Aschram in den USA zu leben. Zweimal bot mir mein Guru an, mich einzuweihen, aber ich lehnte dankend ab, weil ich mir immer noch unwürdig vorkam. Ich schnitt mir auch das Haar nicht ab oder ließ mir den Kopf kahl scheren wie all die anderen Mönche, bis ich mir absolut sicher war, dass ich bereit für die Einweihung sein würde. Im Frühjahr 1973 feierten wir den Erscheinungstag von Chaitanya Mahaprabhu, der Inkarnation Krishnas für dieses Zeitalter. Ich fastete also bis zum Mondaufgang und zog mich auf den dunklen Dachboden zurück – das war das einzige, was einer Höhle halbwegs ähnlich war – und ich schwor mir, die heiligen Namen auf meiner Holzgebetskette hunderttausendmal zu chanten. Nach ungefähr sechs Stunden kam eine besondere Inspiration von innen. Ich betete: „Mein lieber Herr, was kann ich Dir an Deinem Geburtstag schenken." Es verging eine weitere Stunde, in der ich über das Maha-Mantra meditierte. Als ich „Hare Krishna … Hare Rama" chantete, erschien meine Frage wie ein Echo im Hintergrund. „Mein lieber Herr, was kann ich Dir geben?" Als ich den letzten der hunderttausend Namen gechantet hatte, rief eine Stimme aus meinem Herzen die Antwort auf meine Frage: „Gib mir dein Haar."

Mir war klar, was das bedeutete. In der Vergangenheit hatte ich mir ja geschworen, die Haare nur dann schneiden zu lassen, wenn ich bereit war, die Gelübde der Einweihung durch einen spirituellen Meister auf mich zu nehmen. Ich glaubte, dass dies die Stimme des Herrn war, die mir bestätigte, dass ich nun bereit war, das Gelübde auf mich zu nehmen, das ich wiederholt abgelehnt hatte, obwohl große Seelen mir es auf meinem Pfad angeboten hatten. Im Sommer 1973 nahm ich die formalen Einweihungsgelübde auf mich. Damals gab mir Srila Prabhupada liebevoll den Namen Radhanath Das – der Diener Krishnas, der der Geliebte von Radha ist.

Zur Erinnerung an diesen besonderen Tag schenkte mir ein Freund eine gerahmte Fotografie. Weder er noch ich waren auf die erstaunliche Reaktion vorbereitet, die es auslösen sollte. Ich zitterte am ganzen Körper und ich war sprachlos. Ich konnte einfach nicht glauben, was ich da sah! Es war das gleiche Bild wie auf der Rückseite der Broschüre, die ich beim *Randall's Island Rock Festival* in New York bekommen hatte. Das war am Tag vor dem schicksalshaften Anruf von Gary. Der Tag bevor mich das Schicksal aus meinem bisherigen Leben reißen sollte und mich in einen Bereich sandte, in dem sich alles verändern sollte. Wochen später, als ich hinten in dem überfüllten Transporter saß, in dem ich durch England trampte, hatte ich zum ersten Mal einen Blick darauf geworfen und mir fiel die Person auf dieser Fotografie wirklich auf, und ich dachte damals: „Wenn es irgendjemand in dieser Schöpfung gibt, der spirituelle Glückseligkeit kennt, dann dieser Mensch." Am nächsten Tag verlor ich die Broschüre und hatte nie wieder daran gedacht. Nun hatte ich zum ersten Mal den Zusammenhang hergestellt. Die Person auf dem Bild war mein Guru Srila Prabhupada. Ich konnte es nicht glauben. Der Kreis des Schicksals hatte sich geschlossen. Ganz am Anfang meiner spirituellen Suche hatte der Herr mir schon einen kleinen Hinweis gegeben, wer mein Guru sein sollte und welchen Pfad ich einschlagen würde. Das Geheimnis wurde erst am Tage meiner Einweihung gelüftet.

In den nächsten sechs Jahren führte ich ein sehr entsagungsreiches Leben in einem entlegenen Kloster auf einem Berggipfel. Um dorthin zu gelangen, musste man zunächst drei Meilen auf einem schlammigen Pfad durch den Wald gehen. Die verschneiten Winter waren eisig und wir hatten keine Heizung. Um uns zu waschen, mussten wir erst einmal mit einem Stein eine Eisschicht durchschlagen, um dann in das eiskalte Wasser zu steigen. Unsere Toilette bestand darin, dass wir mit einer

Schaufel bewaffnet den Hügel hinabkletterten und unsere Exkremente in der Erde vergruben. An diesem Ort fand ich ein Leben, das dem von Ghanashyam glich, denn ich diente Tag und Nacht dem Deity des Herrn und bemühte mich intensiv, spirituelle Prinzipien zu befolgen und mich außerdem um die Kühe zu kümmern.

Nach all den Jahren, die ich dort in der Meditation über die Barmherzigkeit meines Gurus verbracht hatte, entwickelte ich allmählich eine tiefe Sehnsucht danach, diese Geschenke mit anderen zu teilen. Die darauffolgenden acht Jahre gab ich viele Vorträge an Colleges und Universitäten, vor allem in Ohio und West-Pennsylvania. Professoren luden mich ein, über Themen wie Philosophie, Religion, Soziologie, interreligiösen Dialog oder die Bhagavad Gita zu sprechen; außerdem gab ich auch Kurse für vegetarisches Kochen.

Mein geliebter Gurudeva Srila Prabhupada verließ diese Welt am 14. November 1977 in Vrindavan. Dieser Tag ist für immer in mein Herz eingemeißelt. Durch die Trennung von ihm fühlte ich mich wie in eine große Leere geworfen. Als nicht enden wollende Tränen all meine Geduld wegwuschen, schrie mein Herz auf: *Wohin soll ich nun gehen, mein liebster Freund und Mentor hat mich allein in dieser Welt voller Konflikte und Verwirrung zurückgelassen. Wie soll ich ohne seine Liebe, sein Lächeln, seine Weisheit weitermachen?* Jetzt musste ich seine Gegenwart in meinem Herzen wahrnehmen. Meine Aufrichtigkeit würde sich darin zeigen, inwiefern es mir gelang, seiner heiligen Anweisung zu folgen, Krishna zu lieben und ein Werkzeug dieser Liebe in meinem Leben zu sein. Aber für jemanden, der aufrichtig seinem Guru folgt, ist er immer gegenwärtig, um den Schüler zu führen und zu beschützen. Dienst in Trennung ist ein Test unserer Dankbarkeit und Liebe, und diese Trennung, so schien es mir, ist gleichzeitig auch die süßeste Vereinigung.

1982 drängte mich die Gemeinschaft der Devotees dazu, das Gelübde eines Swamis, eines zölibatär lebenden Mönchs, der sein Leben ausschließlich dem Dienste Gottes widmet, auf mich zu nehmen. Ich hatte große Bedenken und widersetzte mich dem Vorschlag, da ich den Eindruck hatte, dass die Ehre und Auszeichnung, die damit einherging, eher eine Last und Ablenkung war. Abgesehen davon fühlte ich mich unwürdig. Dennoch wiederholten sich die Anfragen und der Druck. *Was sollte ich tun?* Ich betete zu Srila Prabhupada und dem Herrn. In den kommenden Monaten wurde mir durch ältere Devotees und die Stimme meines Gurus im Herzen klar, dass ich primär unter dem Gesichtspunkt entscheiden sollte, wie ich dem Herrn am besten dienen könnte. Im Mai 1982 legte ich das Gelübde eines *Sannyasin* ab. Damals wurde mir der Titel Radhanath Swami verliehen.

Nach elf Jahren im Westen kehrte ich 1983 zum ersten Mal nach Indien zurück. Ich flog mit dem Flugzeug von London nach Neu-Delhi. Die gleiche Reise, die mich per Anhalter über sechs Monate gekostet hatte, war nun nach neun Stunden im Flugzeug bereits zu Ende. Die Geschwindigkeit und die Sicherheit an Bord des Flugzeugs konnten allerdings dem Vergleich mit den lebensverändernden Erfahrungen nicht standhalten, die ich auf der Landroute gesammelt hatte. In Indien konnte ich endlich in mein geliebtes Zuhause, nach Vrindavan, pilgern. Die überbordende Freude über die Rückkehr wurde davon getrübt, dass ich doch sehr betroffen war, dass so viele alte Freunde schon verschieden waren. Ich wanderte von einer Einsiedelei zur nächsten, nur um festzustellen, dass ein weiterer Freund gegangen war.

Ich beeilte mich, eine besonders liebe Seele wiederzusehen und betete, dass es nicht schon zu spät war. In der Nähe eines alten Sandsteintempels bot sich mir ein Anblick, der mein Herz dahinschmelzen ließ. Auf den Steinstufen saß ein Mensch, dessen Eigenschaften der Welt verborgen waren, aber für mich in Gedanken immer strahlten. Es war der liebe Ghanashyam. Seit ich ihn zum letzten Mal gesehen hatte, war sein Körper nun noch mehr vom Alter gezeichnet. Seine schmale Gestalt war jetzt so dünn und zerbrechlich, dass es schien, als könne ihn schon ein starker Luftzug zu Boden werfen. Seine Augen waren tränenerfüllt, sein Blick nach unten gerichtet, als er langsam Radhas und Krishnas Namen chantete. Ich setzte mich behutsam neben ihn und weinte vor Freude und flüsterte: „Ghanashyam Baba, erinnerst du dich an mich? Ich habe jeden Tag meines Lebens an dich gedacht."

Er schaute mir ins Gesicht und blinzelte mit seinen kindlichen Augen, um herauszufinden, wer denn dieser zudringliche Fremde war. Nachdem lange Sekunden vergangen waren, brach er das Schweigen und wisperte erstaunt: „Krishna Das?" Plötzlich strömten ihm Tränen über die Wangen. Er zitterte vor Aufregung und rief: „Krishna Das, bist du's wirklich?" Seine zitternde Hand strich mir über die Wange und er blickte mir tief in die Augen. Jeder Muskel seines gealterten Gesichts war angespannt, als er ausrief: „Ja, du bist es, Krishna Das, du bist es." Unter großer Anstrengung beugte er sich nieder und berührte in Dankbarkeit zu Gott den Boden mit seinem Kopf. Dann erhob er sich langsam und hielt schüchtern meine Hand. Seine Stimme überschlug sich und er freute sich unbändig: „Komm Krishna Das, Gopijana Vallabha haben schon so lange auf dich gewartet. Komm bitte." Ghanashyam führte mich langsam ein paar Schritte durch diesen schmalen Durchgang, von dem ich so oft geträumt hatte, zu seiner kleinen Nische. Welch ein Festtag für meine Augen und meine Seele! Dass ich Radha Gopijana Vallabha und ihren allerliebsten Ghanashyam von Angesicht zu Angesicht sehen konnte! Dann machte er sich daran, mir seine Vraja Rotis und praktisch alles, was er hatte, anzubieten. Stundenlang saß ich da in einer Art Trance der Dankbarkeit – ich war wieder zu Hause.

Aber wegen meiner Verpflichtungen an den Universitäten kehrte ich schon bald wieder in die USA zurück. Im darauffolgenden Jahr kehrte ich wieder nach Vrindavan zurück, beschwingt von der Aussicht, meinen geliebten Ghanashyam wiederzusehen. Vor lauter Vorfreude bebend überquerte ich den Abwasserkanal und betrat das Haus. Aber Radha Gopijana Vallabhas private Tempelnische war nun nur eine Nische, die als Lagerort diente. Die *Deitys* waren weg. Über sechzig Jahre lang diente diese Nische als prächtiger Tempel für den Herrn, der aus der Erde erschienen war, um den Dienst von dem guten Ghanashyam anzunehmen. Jetzt war sie vollgestopft mit Besen, Eimern, Unterwäsche und Werkzeug. In diesem Augenblick unterbrach die Mutter im Haus kurz das Kochen, um zu sehen, was ich wollte.

„Wo sind Radha Gopijana Vallabha?", fragte ich.

„Sie haben ein anderes Zuhause gefunden."

„Wo ist Ghanashyam Baba?", rief ich aus.

Sie hob ihre Hand nach oben gegen den Himmel und antwortete: „Er ist zu Krishna gegangen."

Wie betäubt ging ich nach draußen. Dort schaute ich in den Himmel über Vrindavan und weinte. Ich flüsterte: „Ghanashyam, du wirst immer in der kleinen Nische in meinem Herzen wohnen. Dort werde ich immer Wärme unter deiner Decke aus Demut finden und mich von den Vraja Rotis deiner selbstlosen Liebe nähren lassen."

An einem Tag im Jahr 1985 führte ich eine Gruppe von Devotees um den Govardhan-Hügel in Vrindavan, als ich nichtsahnend eine unglaubliche Überraschung erlebte: Wie aus dem Nichts war plötzlich mein alter Freund Asim aufgetaucht und stand mir direkt gegenüber. Freudig erregt und voller Dankbarkeit umarmten wir uns. An einem der letzten Tage, die wir vor 14 Jahren zusammen verbracht hatten, waren wir auch um den Govardhan-Hügel gepilgert. Es war so, als ob wir uns genau da getroffen hatten, wo wir das letzte Mal gemeinsam gepilgert waren. Er war so stolz darauf, dass ich nun ein Swami war. Wir fanden einen ungestörten Ort und saßen zusammen.

In der Zwischenzeit hatte Asim an der *Columbia University* studiert und in Sanskrit promoviert. In der akademischen Welt kannte man ihn unter dem Namen Alan Shapiro, er unterstütze bekannte Gelehrte überall auf der Welt bei ihren Sanskrit-Studien. Aber Vrindavan war immer noch sein Zuhause.

Asim lächelte. „Warte hier, Swamiji." Ein paar Minuten später kehrte er mit einer Stofftasche zurück. Ich konnte das Lachen nicht mehr unterdrücken, denn ich wusste genau, was sich darin befand. Wir bestaunten die Vorkehrungen des Höchsten Herrn und die Schönheit des Govardhan-Hügels und feierten unser Zusammentreffen mit einem Festmahl aus Vraja Rotis mit Gur. Wir hielten unsere edle Freundschaft aufrecht, bis er nach dem Willen des Herrn 1998 verschied.

Meine Tätigkeit als Swami führte mich auf immer längere und weitere Reisen, als ich begann, Vorträge vor einem breiteren Publikum zu halten.

Im Sommer 1988 hatte sich ein Freund bereit erklärt, mich von Los Angeles an der Küste entlang nach Big Sur zu fahren, wo ich mich mit einem besonderen Freund treffen wollte – Pater Bede Griffith, einem katholischen Mönch und Autor mehrerer Bücher, in denen er die Gemeinsamkeiten von Christentum und Hinduismus herausarbeitete. Er hatte mich eingeladen, in einem Benediktinerkloster ein Seminar zu geben. So sausten wir bei geöffnetem Fenster den Highway 1 hinauf und genossen die Brise, die vom Pazifik herüber wehte. An einer Tankstelle hielt mein Freund an, um zu tanken. Von einem Telefonhäuschen an der Straßenseite aus erledigte ich kurz einen Anruf. Als ich den Hörer einhängte, fiel mir etwas Besonderes auf. Direkt unter meiner Nase war das Telefonbuch auf einer Seite aufgeschlagen, die ganz oben mit „Lis" begann. Der Nachname meines Freundes Gary, den ich schon lange vermisste, lautete ja Liss. Ich folgte einem Impuls und fuhr mit dem Finger der Spalte entlang nach unten und war fassungslos, als ich tatsächlich den Namen Gary Liss fand. *Das kann nicht sein. Seit 1972 in der Höhle in Nepal habe ich nichts mehr von ihm gehört. Das ist nun 17 Jahre her.* Die Adresse hieß Malibu Road in Malibu Beach. Als ich hochschaute, entdeckte ich ein Straßenschild direkt über dem Telefonhäuschen. *Malibu Road* stand dort. Ich blickte über die Straße und den Block hinunter und entdeckte ein kleines Haus mit genau der Adresse aus dem Telefonbuch. Ich dachte mir, dass es natürlich Tausende Leute mit dem Namen Gary Liss in Amerika geben musste. Man hatte uns geraten, dass wir vor Einbruch der Dunkelheit in Big Sur ankommen sollten; daher siegte die Vernunft über meine Begeisterung angesichts der winzig kleinen Chance, meinen alten Freund wiederzutreffen. Ich notierte mir aber die Adresse und beschloss zurückzukehren und die Suche fortzusetzen, sobald es mir möglich wäre.

Ein Jahr später im Sommer 1989 – als ich gerade von Indien zurückkam, lieh ich mir einen Wagen und fuhr allein von Los Angeles hoch nach Malibu Beach. Alles wurde noch rätselhafter. An der Stelle, an der das kleine Haus gestanden hatte, war nun nur ein leerer Platz. Ich fragte einen Nachbarn: „Was ist aus dem Haus geworden?"

„Das wurde vergangenen Monat abgerissen."

„Kennen Sie den Namen der Person, die dort wohnte?"

„Nein, tut mir leid."

Verwirrt stand ich da und fragte mich, was ich nun tun sollte. Hinter dem leeren Platz war ein Tennisplatz und dahinter ein schönes Haus mit Meeresblick. Mit meinem kahl rasierten Kopf und meiner safranfarbenen Kleidung auf dem verlassenen Platz in der schicken Gegend von Malibu muss ich wohl schon aufgefallen sein. Plötzlich kam aus dem schönen

Haus ein Mann mittleren Alters mit Stiernacken und riesigen Muskelpaketen an Armen und Brust. Der Bodybuilder starrte mich genauso neugierig an, wie ich ihn anschaute. Er schritt über den Tennisplatz in meine Richtung. *Vielleicht sollte ich hier nicht herumstehen,* dachte ich. Als er näher kam, erkannte ich hinter dem Muskelberg und dem Zahn der Zeit etwas ganz Bekanntes. Beglückt rief ich aus: „Gary, ich bin's, der Sadhu aus der Höhle. Erinnerst du dich?"

„Mein Bruder, du bist es!", rief er aus. „Ich glaub's ja nicht!"

Die unsichtbare Hand des Herrn hatte uns einmal mehr zusammengeführt.

Achtzehn Jahre waren vergangen, und wir hatten uns beide stark verändert. Ich wog immer noch um die fünfundfünfzig Kilo, aber meine langen Locken waren der Glatze gewichen und ich trug die safranfarbene Kleidung eines Swamis. Auch Garys lange Haare und sein Bart waren verschwunden. Sein kurzes Haar war ordentlich gescheitelt. Sein ehemals schmaler Körper war nun von riesigen Muskelpaketen überzogen. Es konnte nicht augenfälliger sein, dass wir uns für ganz unterschiedliche Wege entschieden hatten. In unseren Herzen meldete sich eine gewisse Befürchtung zu Wort: *Habe ich mit diesem Menschen noch etwas gemeinsam?*

Gary fragte, „Wie nennst du dich jetzt, Richard, Monk, Krishna Das oder was?"

„Man nennt mich jetzt Radhanath Swami, aber du kannst mich einfach *Swami* nennen."

„Also gut, Swami", sagte er, „in den letzten achtzehn Jahren hat sich vieles verändert. Erwarte nicht, dass ich derjenige bin, der ich mal war."

„Bitte Gary, komm, lass und darüber sprechen, was in all den Jahren passiert ist."

Es stellte sich heraus, dass er sein altes Haus auf dem Platz, auf dem wir gerade standen, abreißen ließ, weil er ein neues bauen lassen wollte. Er lud mich nun in ein elegantes Haus an der Küste ein, das seiner Tante und seinem Onkel gehörte. Hier verbrachten wir Stunde um Stunde und erzählten einander unsere Lebensgeschichten.

Gary erzählte mir, dass er von Indien aus durch ganz Afrika, Südamerika und Mittelamerika getrampt war und dann schließlich durch Mexiko nach Norden gereist war. Er hatte fast sieben Jahre als überzeugter Globetrotter verbracht, bis er schließlich in die USA zurückkehrte. Da er von Mahatma Gandhi inspiriert war, studierte er Jura. Als er sich auf sein Examen vorbereitete, versuchte er seine Gesundheit, die durch das viele Reisen etwas angeschlagen war, durch Bodybuilding wieder auf Vordermann zu bringen. Er machte seinen Abschluss und heiratete, und wurde in der Zwischenzeit nebenbei auch regionaler Bodybuilding Meister. Als er Jahre später einen Job als Trainer an dem berühmten *Malibu-Studio* angeboten bekam, entschied er sich dafür, in diesem Bereich Karriere zu machen. Seither bestritt er seinen Lebensunterhalt dadurch, dass er die Reichen und Schönen von Malibu, Hollywood und Los Angeles trainierte.

„Gary!", rief ich aus. „Ich hätte niemals gedacht, dass du mal hier in Malibu Beach als Fitnesstrainer für die High Society landen würdest. Die Geheimnisse des Lebens werden mich wohl immer aufs Neue faszinieren." In dem vornehmen Haus direkt am Meer sprachen wir den ganzen Tag und die ganze Nacht lang, nur mit dem Lied der Brandung im Hintergrund. Ich saß im Schneidersitz auf dem Teppichboden und lehnte mit dem Rücken an die Wand. Ich stellte fest: „Gary, obwohl dein Körper und deine gesellschaftliche Position sich wirklich in jeder Hinsicht verändert haben, finde ich dennoch, dass das gleiche gute Wesen, die gleiche Loyalität und die spirituelle Suche immer noch in dir lebendig sind." Alle Vorbehalte, die vielleicht anfänglich zwischen uns bestanden hatten, waren nach dieser Nacht, in der wir uns über die vergangenen Jahre austauschten, wie weggewischt. Es kam mir vor, als ob sich die Höhle im Himalaja in diese luxuriöse Wohnung in Malibu Beach verwandelt hätte. Es schien, als seien seit unserem letzten Treffen nur einige Augenblicke verstrichen. Wir verstanden uns nun wieder auf einer höheren Ebene als je zuvor.

Nachdem Gary meine Geschichte gehört hatte, hatte er Tränen in den Augen. „Swami, ich habe tausendmal an dich gedacht. Ich wusste, dass du so etwas in der Art machen würdest. Ich erinnere mich an diesen schicksalsträchtigen Abend in Kreta, als die Stimme dich gerufen hat. Nach all den Jahren folgst du also immer noch diesem inneren Ruf. Faszinierend."

Wie Wellen rollten die Erinnerungen heran und zogen sich dann wieder in den Ozean unserer dankbaren Herzen zurück.

„Swami“, sagte Gary, „unsere Leben sind total gegensätzlich. Was haben wir überhaupt noch gemeinsam? Ich bin ein Fitnesstrainer und überzeuge die Menschen davon, dass sie glücklich werden, wenn sie einen gesunden, schönen Körper haben. Aber du bist ein Swami und überzeugst die Menschen davon, dass sie glücklich werden, wenn sie erkennen, dass sie überhaupt nicht der Körper sind, sondern eine ewige spirituelle Seele.“

Da musste ich lächeln und antwortete: „Weil der Herr im Herzen eines jeden weilt, ist der Körper ein Tempel Gottes. Gary, wir können unsere Talente ja aufeinander abstimmen. Du bringst den Leuten bei, wie sie ihren Tempel verschönern können, und ich werde versuchen, sie zu lehren, was sie darin machen können.“

Gary strahlte vor Freude. „Ja genau! Unsere Reise beginnt von Neuem!“

Im Laufe der Jahre spürte ich, dass ich dem Land und den Menschen in Indien etwas schuldig war. Oft erinnerte ich mich daran, wie ich damals ohne einen einzigen Cent verzweifelt an der indischen Grenze stand, und ich dann dem Einwanderungsbeamten, einem Sikh, ein Versprechen gegeben hatte. „Eines Tages werde ich etwas Gutes für Ihre Landsleute tun“, hatte ich gesagt.

1986 kehrte ich zurück, um meinen ständigen Wohnsitz nach Indien zu verlegen. Ich hatte das Gefühl, wo große Not herrscht, gibt es auch besonders viele Gelegenheiten, den Menschen zu dienen. Mit diesem Gedanken ließ ich mich im Zentrum von Mumbai nieder. Als Dienst für meinen Guru und das schöne indische Volk, hatte ich das Glück, bei der Errichtung mehrerer Tempel mitwirken zu können. Diese dienen als spirituelle Ausbildungszentren und Aschrams, an denen ein reiner Lebensstil praktiziert werden kann. Außerdem konnte ich etwas zur Gründung einer Klinik beitragen, in der Patienten mit schulmedizinischen, aber auch alternativen Methoden behandelt werden. Die Klinik verfolgt außerdem das Ziel, eine bessere Lebensqualität für Körper, Geist und Seele zu vermitteln. Diese Einrichtung wird auch nach außen hin tätig, indem sie kostenlose medizinische Versorgung in Camps anbietet, und zwar nicht nur in „normalen Zeiten“, sondern auch bei Katastrophen wie Terroranschlägen, Erdbeben und Tsunamis. Mit meinem lebenslangen Freund Ramesh Baba und seiner Gruppe bieten wir außerdem jedes Jahr ein *Augen-Camp* in Vrindavan an und operieren dort jedes Jahr sechs- bis siebenhundert Menschen, die an grauem Star leiden. Im Laufe der Jahre hatten wir die Möglichkeit, Schulen zu errichten, in denen die Kinder nicht nur in akademischen Fächern, sondern auch in ethischen und spirituellen Bereichen ausgebildet werden; daneben unterhalten wir auch ein Waisenhaus für verwahrloste Kinder, eine Farm, auf der nachhaltig umweltfreundlich gewirtschaftet und Kuhschutz praktiziert wird, aber auch Küchen, die täglich nahrhafte Mittagessen an 150.000 unterernährte Kinder in Schulen der Slums verteilen. Da unmoralisches Verhalten und religiös bedingte Spannungen immer mehr zunehmen, bieten wir in mehreren Grund- und weiterführenden Schulen Kurse an, in denen universale ethische Werte anhand von Geschichten und Analogien aus allen großen Weltreligionen vermittelt werden; dabei unterrichten wir Schüler, die aus Gemeinden von Hindus, Muslimen, Christen, Juden, Jains, Buddhisten und Parsen stammen. Außerdem organisieren wir jede Woche an ungefähr dreißig Colleges in der Gegend Veranstaltungen, in denen die Studenten für einen Führungsstil in der Zukunft inspiriert werden, der auf dem Prinzip der Integrität gründet.

Aber ich muss gestehen, dass das alles nur ein unzureichendes Pfand für all die Schätze ist, die ich von den Menschen in Indien – seien es Heilige oder ganz gewöhnliche Menschen – erhalten habe. Sie haben mein Leben mit Krishna, meinem geliebten Guru und nicht enden wollenden Gelegenheiten, ihnen zu dienen, gesegnet und diesen Segen mit der Welt geteilt.

1989 besuchten meine Mutter und mein Vater mich zum ersten Mal in Indien. Es war eine lebensverändernde Erfahrung für sie. Sie verliebten sich geradezu in die Devotees in Mumbai, von denen einige zu ihren engsten Freunden wurden. Als meine geliebte Mutter 2004 in Chicago von dieser Welt verschied, baten mein Vater und meine Brüder mich, die Trauerrede für meine Mutter zu halten und ihre Asche nach Indien mitzunehmen. Sie sagten: „Sie war so stolz auf das, was du dort tust und sie hatte so viel Liebe für deine Devotees."

Bei der Zeremonie, bei der fast zweitausend Devotees am Ufer des Ganges aufrichtig beteten und chanteten, verstreute ich die Asche meiner Mutter in den Ganges. Unter Tränen der Dankbarkeit erinnerte ich mich daran, wie ich vierunddreißig Jahre zuvor Mutter Ganges als eine Mutter angenommen hatte. Als die Asche sich mit dem dahinfließenden Strom vermischte, flüsterte ich unter Tränen ein Gebet: „Heute haben sich die Mutter meiner physischen Geburt und die Mutter meiner spirituellen Geburt vereint, und in diesem wunderschönen Strom fließen sie nun weiter, um sich ins Meer zu ergießen. Ich bete, mein lieber Herr, bitte trage die Seele meiner Mutter in das Meer deiner ewigen Barmherzigkeit."

Dieser Augenblick hatte eine tiefe symbolische Bedeutung für mich. *Yoga* bedeutet Vereinigung mit unserer spirituellen Essenz und Religion soll uns wieder zurück zu dieser Essenz führen. Bhakti Yoga ist die Wissenschaft, mit der man Materielles in Spirituelles verwandeln kann. Indem wir unsere Beziehungen, Talente und unseren Besitz in Einklang bringen mit dem Herrn, erwacht unsere spirituelle Liebe. So werden der physische Körper und die spirituelle Seele für eine Bestimmung vereint, und die Liebe, die wir mit dieser Welt teilen, erreicht die ewige spirituelle Ebene. Die Bhagavad Gita offenbart dieses Geheimnis als die Perfektion des Yoga und die Erfüllung des Lebens.

Im Rückblick bin ich ewiglich dankbar für diese Reise und allen Menschen, die mich in meiner Entwicklung auf dem Weg unterstützt haben. Niemals hätte ich mir vorstellen können, wohin die unsichtbare Hand des Schicksals mich führen sollte. Bei all dem bin ich zu folgender Erkenntnis gelangt: Wenn wir einfach an unseren heiligen Idealen festhalten und uns nicht von Erfolgen oder Misserfolgen ablenken lassen, dann können wir diese faszinierende Macht erleben, die unsere eigene bei Weitem übersteigt und die da ist, um uns zu testen, zu schützen und zu ermächtigen.

Ich bete, dass meine einfache Geschichte meine Leser mit Hoffnung erfüllt. Unser wahres Zuhause erwartet uns am Ende unserer gefährlichen Lebensreise. Es ist ein Ort ewigen Friedens, der zu uns herüberwinkt, damit wir ausharren, bis auch wir uns mit unserer verlorenen Liebe erneut vereinen.

ANMERKUNG DES AUTORS

Im Laufe der Jahre haben mich viele Menschen dazu gedrängt, diese Geschichte doch niederzuschreiben. Ich widersetzte mich zunächst, da ich es für unangemessen hielt, ein Buch über mich selbst zu schreiben, aber schließlich geschah etwas, das meine Einstellung änderte. Im Mai 2005 rief mich mein langjähriger Freund Bhakti Tirtha Swami zu sich. Er lag im Sterben und wollte, dass ich bei ihm war. Bhakti Tirtha Swami war ein Afroamerikaner, der im Ghetto von Cleveland groß geworden war und ein weltbekannter spiritueller Lehrer wurde, zu dessen Bewunderern unter anderem auch Nelson Mandela, Muhammed Ali und Alice Coltrane zählen.

Ich kam in einem bescheidenen Haus im ländlichen Pennsylvania an, in dem Bhakti Tirtha Swami die letzten Stadien von Hautkrebs durchmachte. Er schaute mich von seinem Bett aus an und sagte mit einem strahlenden Lächeln: „Ich möchte in deinen Armen sterben. Bitte bleib bei mir." In den nächsten sieben Wochen blieb ich an seinem Bett, und wir sprachen über Geheimnisse und Wunder und erfreuten uns an Geschichten aus den heiligen Sanskrit-Schriften.

Keiner kannte mich besser als Bhakti Tirtha Swami. Er kannte viele Einzelheiten meiner spirituellen Suche, aber auch meine Zurückhaltung, darüber zu schreiben. Eines Tages packte er meine Hand, schaute mir in die Augen und sagte: „Das ist nicht deine Geschichte. Es ist eine Geschichte darüber, wie Gott einen jungen Mann auf einer erstaunlichen Reise führte, als er die inneren Geheimnisse zu ergründen suchte, die in uns allen verborgen liegen. Sei nicht so geizig. Teile mit anderen, was dir gegeben wurde." Seine Stimme versagte und eine Träne rollte über seine ebenholzfarbene Wange. „Versprich mir", sagte er, „hier an meinem Totenbett, dass du die Geschichte aufschreiben wirst." Ein paar Tage später, am 27. Juni 2005, verließ er diese Welt. Dieses Buch ist mein Versuch, seinem Wunsch gerecht zu werden.

DANK

Ich möchte meinen aufrichtigen Dank all jenen Freunden aussprechen, die mir dabei geholfen haben, dieses Buch Wirklichkeit werden zu lassen, allen voran Joshua Greene, der mir wie ein Bruder zugetan ist und mir mit seiner Erfahrung und seinem Können in allen Stadien dieses Projektes zur Seite stand. Seine Inspiration ist ein unschätzbares Geschenk. Mein Dank auch an Dr. Marguerite Regan und ihren Gatten David Carter für ihren unschätzbaren Beitrag zum Manuskript durch ihre Forschung, Schreib- und Editierkenntnisse, ihre Liebe und ihren Humor, und für ihre Versuche, mir das Schreiben beizubringen. Ihnen bin ich ewig zu Dank verpflichtet. Und ihrem Guru Tamal Krishna Goswami, der seinen Segen zu dieser Arbeit gab. Mein Dank auch an Kyra Ryan, eine begabte Lektorin, die mir Details aus der Erinnerung herauskitzelte, die längst vergessen schienen, und deren Kenntnisse und Einsichten das Manuskript zu dem machten, was wir heute in Händen halten. Ich schulde ihr meinen Dank für ihre Sensibilität und Weisheit.

Mein aufrichtiger Dank gilt Satsvarupa Das Goswami, Sacinandana Swami, Giriraja Swami, Niranjana Swami, Devamrita Swami, Bhakti Vijnana Goswami, Shyamasundara, Gurudas, Gaura Vani Buchwald, Radha Vallabha, Yajna Purusha, Gadadhara Pandit, Kaustubha, Raghunath Cappo, Atmananda, Steven Rosen, Kristin Dornig, Arish Fyzee, Gary Liss, Vraja Lila, Jambavati, Jay Gurupada, Namamrita, Shyamasundari, Balarama, Kishori Lila und meiner herzensguten Gottschwester Rukmini Devi für ihre Ermutigung und unschätzbar wertvollen Vorschläge.

Von Herzen möchte ich auch der Gemeinde des *Radha Gopinath*-Tempels in Mumbai in Indien danken, insbesondere Rajiv Srivastava, Narendra Desai, Kushal Desai und Hrishikesh Mafatlal für ihren Enthusiasmus und Bereitschaft, das Buch in jeder erdenklichen Form zu unterstützen. Mein Dank geht auch an Govinda, Gauranga, Gaura

Gopal, Gaura Govinda, Radhey Shyama, Chaitanya Charana, Radha Kunda, Jagannath Priya, Radha Gopinath, Devananda Pandit, Shyamananda und Sanat Kumara für ihre Beiträge. Danke auch an Jagannath Kirtan für die Landkarten, Gopinath Charan für seine Fotos und Arjun Mehra dafür, dass er eine Webseite gestaltet hat.

Es war mir ein Vergnügen, mit meinem guten Freund Raoul Goff von *Mandala Publishing* zusammenzuarbeiten, der nicht nur seine langjährige Erfahrung, sondern auch sein Herzblut in dieses Buch einfließen ließ. Außerdem möchte ich auch Arjuna van der Kooij, Ashley Nicolaus, Jake Gerli, Chris Maas und Rasikananda meinen Dank aussprechen.

Die Zuneigung meines Vaters Jerry Slavin, meiner verstorbenen Mutter Idelle und meiner beiden Brüder Marty und Larry mit ihren Familien, die unbedingt wollten, dass das Buch veröffentlicht wird, hat meine Bemühungen umso bedeutsamer gemacht.

Zum Abschluss gilt mein aufrichtigster Dank auch Ihnen, der Leserin oder der Leser, dafür, dass Sie mir erlaubt haben, Ihnen mit diesem demütigen Versuch zu dienen.

Johannes Baumgartner
Gopal Kripa Das
Kochen für
Krishna
Die besten Menüs und Gerichte der indisch-ayurvedischen Kochkunst
HANS-NIETSCH-VERLAG